Astrologia Para leigos

Se deseja usar a astrologia para entender a si mesmo e outras pessoas, você precisa conhecer os elementos básicos dela e o que eles representam: os 12 **signos do zodíaco**; o Sol, a Lua e os planetas; e as 12 casas astrológicas.

SIGNOS DO ZODÍACO: SÍMBOLOS, DATAS, CARACTERÍSTICAS E REGENTES PLANETÁRIOS

Qual é seu signo? O signo zodiacal é a posição do zodíaco ocupada pelo Sol no momento em que você nasceu. Pelo fato de o Sol permanecer em cada signo do zodíaco durante cerca de um mês, esses signos também são conhecido como *signos solares*. A tabela a seguir mostra os 12 signos solares, junto com seus símbolos astrológicos, datas, características essenciais associadas e regentes planetários:

Signo	Símbolos	Datas	Características	Regente
Áries	♈	21 de março – 19 de abril	Energia, iniciativa	Marte
Touro	♉	20 de abril – 20 de maio	Credibilidade, persistência	Vênus
Gêmeos	♊	21 de maio – 21 de junho	Versatilidade, curiosidade	Mercúrio
Câncer	♋	22 de junho – 22 de julho	Intuição, solidariedade	Lua
Leão	♌	23 de julho – 22 de agosto	Confiança, autoafirmação	Sol
Virgem	♍	23 de agosto – 22 de setembro	Capacidade analítica, perfeccionismo	Mercúrio
Libra	♎	23 de setembro – 22 de outubro	Equilíbrio, harmonia	Vênus
Escorpião	♏	23 de outubro – 21 de novembro	Paixão, intensidade	Plutão (moderno), Marte (antigo)
Sagitário	♐	22 de novembro – 21 de dezembro	Espírito de aventura, independência	Júpiter
Capricórnio	♑	22 de dezembro – 19 de janeiro	Ambição, organização	Saturno
Aquário	♒	20 de janeiro – 18 de fevereiro	Originalidade, visão	Urano (moderno), Saturno (antigo)
Peixes	♓	19 de fevereiro – 20 de março	Sensibilidade, fé	Netuno (moderno), Júpiter (antigo)

ASTROLOGIA: SÍMBOLOS PLANETÁRIOS E INFLUÊNCIAS

A astrologia defende que o Sol, a Lua e os planetas representam facetas diferentes de quem você é e expressam suas energias através dos signos que ocupam em seu mapa natal. Esta tabela mostra o símbolo astrológico para cada um desses corpos celestes (além dos Nodos Lunares e o asteroide Quíron) e o que eles representam.

Planetas: Símbolos e Influências

Planeta	Símbolo	Áreas de Influência
Sol	☉	Ego, preocupações maiores, vitalidade
Lua	☽	Emoções, instintos, hábitos
Mercúrio	☿	Comunicação, intelecto, razão
Vênus	♀	Amor, beleza, arte
Marte	♂	Ação, desejo, agressão
Júpiter	♃	Expansão, otimismo, fartura
Saturno	♄	Restrição, pessimismo, estrutura
Urano	♅	Rebeldia, excentricidade, agitação
Netuno	♆	Imaginação, sonhos, delírios
Plutão	♇	Transformação, obsessão, poder
Nodo Norte	☊	Seu potencial
Nodo Sul	☋	Seu passado cármico
Quíron	⚷	Ponto de cura

Astrologia
para leigos

Astrologia
Para leigos

Tradução da 3ª Edição

Rae Orion

ALTA BOOKS
E D I T O R A
Rio de Janeiro, 2021

Astrologia Para Leigos® – Tradução da 3ª Edição
Copyright © 2021 da Starlin Alta Editora e Consultoria Eireli. ISBN: 978-85-5081-569-5

Translated from original Astrology For Dummies®, 3rd Edition. Copyright © 2020 by John Wiley & Sons, Inc. ISBN 978-1-119-59416-1. This translation is published and sold by permission of John Wiley & Sons, Inc., the owner of all rights to publish and sell the same. PORTUGUESE language edition published by Starlin Alta Editora e Consultoria Eireli, Copyright © 2021 by Starlin Alta Editora e Consultoria Eireli.

Todos os direitos estão reservados e protegidos por Lei. Nenhuma parte deste livro, sem autorização prévia por escrito da editora, poderá ser reproduzida ou transmitida. A violação dos Direitos Autorais é crime estabelecido na Lei nº 9.610/98 e com punição de acordo com o artigo 184 do Código Penal.

A editora não se responsabiliza pelo conteúdo da obra, formulada exclusivamente pelo(s) autor(es).

Marcas Registradas: Todos os termos mencionados e reconhecidos como Marca Registrada e/ou Comercial são de responsabilidade de seus proprietários. A editora informa não estar associada a nenhum produto e/ou fornecedor apresentado no livro.

Impresso no Brasil — 1ª Edição, 2021 — Edição revisada conforme o Acordo Ortográfico da Língua Portuguesa de 2009.

Produção Editorial Editora Alta Books	**Produtor Editorial** Thiê Alves	**Equipe de Marketing** Livia Carvalho Gabriela Carvalho marketing@altabooks.com.br	**Editor de Aquisição** José Rugeri j.rugeri@altabooks.com.br
Gerência Editorial Anderson Vieira		**Coordenação de Eventos** Viviane Paiva comercial@altabooks.com.brw	
Gerência Comercial Daniele Fonseca			
Equipe Editorial Ian Verçosa Illysabelle Trajano Juliana de Oliveira Luana Goulart Maria de Lourdes Borges	Raquel Porto Rodrigo Ramos Thales Silva	**Equipe de Design** Larissa Lima Marcelli Ferreira Paulo Gomes	**Equipe Comercial** Daiana Costa Daniel Leal Kaique Luiz Tairone Oliveira Vanessa Leite
Tradução Maíra Meyer	**Revisão Gramatical** Carolina Gaio Alberto Gassul Streicher	**Revisão Técnica** Arlete Sousa Sakurata Astróloga e Editora	**Diagramação** Luisa Maria Gomes
Copidesque Eveline Vieira Machado			

Publique seu livro com a Alta Books. Para mais informações envie um e-mail para autoria@altabooks.com.br

Obra disponível para venda corporativa e/ou personalizada. Para mais informações, fale com projetos@altabooks.com.br

Erratas e arquivos de apoio: No site da editora relatamos, com a devida correção, qualquer erro encontrado em nossos livros, bem como disponibilizamos arquivos de apoio se aplicáveis à obra em questão.

Acesse o site **www.altabooks.com.br** e procure pelo título do livro desejado para ter acesso às erratas, aos arquivos de apoio e/ou a outros conteúdos aplicáveis à obra.

Suporte Técnico: A obra é comercializada na forma em que está, sem direito a suporte técnico ou orientação pessoal/exclusiva ao leitor.

A editora não se responsabiliza pela manutenção, atualização e idioma dos sites referidos pelos autores nesta obra.

Ouvidoria: ouvidoria@altabooks.com.br

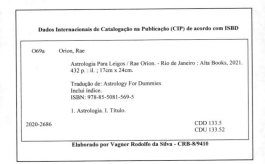

Dados Internacionais de Catalogação na Publicação (CIP) de acordo com ISBD

O69a	Orion, Rae Astrologia Para Leigos / Rae Orion. - Rio de Janeiro : Alta Books, 2021. 432 p. : il. ; 17cm x 24cm. Tradução de: Astrology For Dummies Inclui índice. ISBN: 978-85-5081-569-5 1. Astrologia. I. Título.
2020-2686	CDD 133.5 CDU 133.52

Elaborado por Vagner Rodolfo da Silva - CRB-8/9410

Rua Viúva Cláudio, 291 — Bairro Industrial do Jacaré
CEP: 20.970-031 — Rio de Janeiro (RJ)
Tels.: (21) 3278-8069 / 3278-8419
www.altabooks.com.br — altabooks@altabooks.com.br
www.facebook.com/altabooks — www.instagram.com/altabooks

Sobre a Autora

Rae Orion tem feito horóscopos durante toda a vida adulta, desde que se tornou a astróloga oficial de uma livraria esotérica no noroeste do Pacífico e começou a fazer previsões para desconhecidos. Além de escrever sobre astrologia, redigiu livros e artigos sobre mitologia, astronomia e vários outros temas. Ela mora na cidade de Nova York.

Dedicatória

Para George, sempre.

Agradecimentos da Autora

Dois capricornianos merecem que eu lhes rasgue elogios: meu marido, George, e minha editora, Chrissy Guthrie. Ambos são atenciosos, sérios, organizados, gentis e muito mais divertidos do que o que geralmente se divulga sobre esse signo. Também quero agradecer a Steven Hayes, que tornou isso possível (Áries tem dessas coisas); a Tracy Boggier, que me reapresentou ao estilo de vida *Para Leigos*; à excelente Mary Plumb; ao editor de produções Siddique Shaik; e a outros na Wiley cuja presença nos bastidores sempre foi um alívio.

Sumário Resumido

Introdução 1

Parte 1: Mapeando Seu Lugar no Cosmos 7
- **CAPÍTULO 1:** Um Panorama Astrológico: O Horóscopo Resumido 9
- **CAPÍTULO 2:** Obtendo Seu Mapa Preciso: À Moda Antiga, pela Internet e em Software 29
- **CAPÍTULO 3:** A História da Astrologia: 5.000 Anos de Altos e Baixos Cósmicos 41

Parte 2: Lá Vem o Sol 59
- **CAPÍTULO 4:** Os Signos do Outono: Áries, Touro e Gêmeos 61
- **CAPÍTULO 5:** Os Signos do Inverno: Câncer, Leão e Virgem 81
- **CAPÍTULO 6:** Os Signos da Primavera: Libra, Escorpião e Sagitário 101
- **CAPÍTULO 7:** Os Signos do Verão: Capricórnio, Aquário e Peixes 121

Parte 3: Folheando o Livro de Receitas Cósmico 143
- **CAPÍTULO 8:** Signos Lunares: O Mundo da Lua 145
- **CAPÍTULO 9:** Os Planetas Interiores 157
- **CAPÍTULO 10:** Os Planetas Exteriores (E Outros) 177
- **CAPÍTULO 11:** Visão versus Realidade: O Signo Ascendente (E Mais) 197
- **CAPÍTULO 12:** O Sol, a Lua e os Planetas nas Casas 215
- **CAPÍTULO 13:** Aspectos Incríveis: Os Segredos da Geometria Cósmica 241
- **CAPÍTULO 14:** Guia para Interpretar Seu Mapa Natal 271

Parte 4: Usando a Astrologia em 3, 2, 1... 291
- **CAPÍTULO 15:** As Combinações entre Signos Solares 293
- **CAPÍTULO 16:** A Melhor Fase de Nossas Vidas (ou Não): Trânsitos 313
- **CAPÍTULO 17:** Tomo Um Banho de Lua: Usando a Astrologia na Vida Diária ... 339
- **CAPÍTULO 18:** Inferno Astral? A Verdade Revelada 349
- **CAPÍTULO 19:** Criatividade: Está Escrito nas Estrelas 361

Parte 5: A Parte dos Dez 379
- **CAPÍTULO 20:** Dez Talentos que Você Pode Identificar em um Mapa 381
- **CAPÍTULO 21:** Dez Maneiras (e Uma Extra) de Usar a Astrologia em Sua Vida: A Arte da Sincronia 395

Índice 405

Sumário

INTRODUÇÃO 1
    Sobre Este Livro. 1
    Penso que... 3
    Ícones Usados Neste Livro 4
    Além Deste Livro 4
    De Lá para Cá, Daqui para Lá 5

PARTE 1: MAPEANDO SEU LUGAR NO COSMOS 7

CAPÍTULO 1: Um Panorama Astrológico: O Horóscopo Resumido 9
    Observando o Céu Estrelado 10
    Identificando os Signos do Zodíaco 13
    Entendendo os Signos Solares 16
        Polaridade: Dividindo o zodíaco por dois 16
        Modalidade: Dividindo o zodíaco por três 17
        Elementos: Dividindo o zodíaco por quatro 17
        Montando novamente o zodíaco 18
    Analisando o Sol, a Lua, os Planetas e mais 20
    Quem É o Mandachuva? Descobrindo os Regentes dos Signos. ... 21
    Definindo Dignidades Planetárias 23
        Dignidades essenciais 23
        Dignidades acidentais 24
    Analisando o Ascendente 25
    Passeando pelas Casas 26

CAPÍTULO 2: Obtendo Seu Mapa Preciso: À Moda Antiga, pela Internet e em Software 29
    Fazendo Seu Mapa à Moda Antiga 30
    Uma Coisa de Cada Vez: Reunindoas Informações Necessárias ... 31
        Lidando com horários aproximados de nascimento 32
        Encarando uma informação ausente 32
    Conseguindo Seu Mapa Online de Graça 34
    Investindo em Software 36
        Maximizando o Mac 36
        Brincando com o PC 37
    Ativando um App 38
    Navegando pelo Ciberespaço 38

CAPÍTULO 3: A História da Astrologia: 5.000 Anos de Altos e Baixos Cósmicos 41

Examinando a Astrologia Antiga 42
Passeando pelas Épocas Clássicas 43
    Um Gostinho Romano 44
    O valor dos astrólogos árabes 46
Passeando pela Europa Medieval 47
Homenageando o Renascimento 49
    Descobrindo o Dr. Dee 49
    Uma observação sobre Nostradamus 50
    Vagando pelo malfadado mundo de Shakespeare 51
    Prevendo a catástrofe com William Lilly 52
Assistindo ao Declínio da Astrologia 52
Saudando os Tempos Modernos 54
    Seguindo o Sol 55
    Os astrólogos de Hitler 56
    Cumprimentando o alvorecer 57

PARTE 2: LÁ VEM O SOL 59

CAPÍTULO 4: Os Signos do Outono: Áries, Touro e Gêmeos ... 61

Áries, ou Carneiro: 21 de Março–19 de Abril 62
    O lado luz 63
    O lado sombra 63
    Relacionamentos 64
    Trabalho 64
    Saúde e bem-estar 65
    A mitologia de Áries 66
    A constelação de Áries 66
Touro: 20 de Abril–20 de Maio 68
    O lado luz 69
    O lado sombra 69
    Relacionamentos 70
    Trabalho 70
    Saúde e bem-estar 71
    A mitologia de Touro 72
    A constelação de Touro 72
Gêmeos: 21 de Maio–21 de Junho 74
    O lado luz 75
    O lado sombra 75
    Relacionamentos 76
    Trabalho 76

Saúde e bem-estar 77
A mitologia de Gêmeos 77
A constelação de Gêmeos 78

CAPÍTULO 5: Os Signos do Inverno: Câncer, Leão e Virgem ... 81

Câncer, o Caranguejo: 22 de Junho–22 de Julho 82
O lado luz 82
O lado sombra 83
Relacionamentos 83
Trabalho 84
Saúde e bem-estar 85
A mitologia de Câncer 85
A constelação de Câncer 86

Leão: 23 de Julho–22 de Agosto 88
O lado luz 89
O lado sombra 89
Relacionamentos 90
Trabalho 90
Saúde e bem-estar 91
A mitologia de Leão 92
A constelação de Leão 92

Virgem: 23 de Agosto–22 de Setembro 95
O lado luz 95
O lado sombra 96
Relacionamentos 96
Trabalho 97
Saúde e bem-estar 97
A mitologia de Virgem 98
A constelação de Virgem 98

CAPÍTULO 6: Os Signos da Primavera: Libra, Escorpião e Sagitário ... 101

Libra, ou Balança: 23 de Setembro–22 de Outubro 102
O lado luz 103
O lado sombra 103
Relacionamentos 104
Trabalho 104
Saúde e bem-estar 105
A mitologia de Libra 105
A constelação de Libra 106

Escorpião: 23 de Outubro–21 de Novembro 108
O lado luz 109
O lado sombra 109

Relacionamentos..110
Trabalho..110
Saúde e bem-estar..111
A mitologia de Escorpião.......................................111
A constelação de Escorpião.....................................112
Sagitário: 22 de Novembro–21 de Dezembro..........................114
O lado luz..115
O lado sombra...115
Relacionamentos...116
Trabalho..116
Saúde e bem-estar...117
A mitologia de Sagitário......................................117
A constelação de Sagitário....................................118

CAPÍTULO 7: Os Signos do Verão: Capricórnio, Aquário e Peixes 121

Capricórnio: 22 de Dezembro–19 de Janeiro........................122
O lado luz..122
O lado sombra...123
Relacionamentos...124
Trabalho..124
Saúde e bem-estar...125
A mitologia de Capricórnio....................................125
A constelação de Capricórnio..................................126
Aquário: 20 de Janeiro–18 de Fevereiro...........................129
O lado luz..130
O lado sombra...130
Relacionamentos...131
Trabalho..131
Saúde e bem-estar...132
A mitologia de Aquário..133
A constelação de Aquário......................................133
Peixes: 19 de Fevereiro–20 de Março..............................136
O lado luz..136
O lado sombra...137
Relacionamentos...137
Trabalho..138
Saúde e bem-estar...139
A mitologia de Peixes...139
A constelação de Peixes.......................................140

PARTE 3: FOLHEANDO O LIVRO DE RECEITAS CÓSMICO 143

CAPÍTULO 8: Signos Lunares: O Mundo da Lua 145
A Mitologia da Lua.. 146
A Lua nos Signos 146
Os Nodos da Lua.. 150
A Mitologia dos Nodos Lunares 151
Os Nodos nos Signos 152

CAPÍTULO 9: Os Planetas Interiores............................... 157
Localizando Seus Planetas... 158
Mercúrio: Comunicando-se com Estilo 159
Vênus: O Amor Conquista Tudo 162
Marte: O Guerreiro da Estrada 165
Júpiter: Mais É Melhor... 168
Saturno: O Senhor dos Anéis 172

CAPÍTULO 10: Os Planetas Exteriores (E Outros)................ 177
Urano: O Rebelde 178
    O mito por trás do planeta 179
    Compreendendo Urano 180
    Urano nos signos 180
Netuno: O Sonhador... 183
    O mito por trás do planeta 184
    Analisando a influência de Netuno 185
    Netuno nos signos 185
Plutão: O Poder da Transformação 188
    O mito por trás do planeta 189
    Detectando a influência de Plutão 190
    Plutão nos signos 190
Quíron: O Curandeiro Ferido 192
    O mito por trás do... menor corpo do Sistema Solar 192
    A influência de Quíron 193
    Quíron nos signos 194
E Mais... 196

CAPÍTULO 11: Visão versus Realidade: O Signo Ascendente (E Mais).. 197
Identificando Seu Ascendente 198
O Que Seu Ascendente Diz sobre Você 199
Descobrindo e Entendendo Seu Descendente 206
Observando Seu Meio do Céu e o Fundo do Céu 208

CAPÍTULO 12: O Sol, a Lua e os Planetas nas Casas 215

Pensando nas Casas..217
O Sol nas Casas..218
A Lua nas Casas..219
Os Nodos da Lua na Casa...................................221
Mercúrio nas Casas..223
Vênus nas Casas...224
Marte nas Casas...226
Júpiter nas Casas...229
Saturno nas Casas...230
Urano nas Casas...232
Netuno nas Casas..233
Plutão nas Casas..235
Interpretando as Casas Vazias.............................237

CAPÍTULO 13: Aspectos Incríveis: Os Segredos da Geometria Cósmica 241

Identificando os Aspectos Maiores.........................242
Descobrindo Seus Aspectos.................................244
Lendo um Quadro de Aspectos...............................246
Uma Observação sobre os Aspectos Menores..................247
Uma Palavrinha sobre Recepção Mútua.......................247
Interpretando os Aspectos.................................248
    Aspectos do Sol......................................248
    Aspectos da Lua......................................253
    Aspectos de Mercúrio.................................256
    Aspectos de Vênus....................................259
    Aspectos de Marte....................................262
    Aspectos de Júpiter..................................264
    Aspectos de Saturno..................................266
    Aspectos de Urano, Netuno e Plutão...................267

CAPÍTULO 14: Guia para Interpretar Seu Mapa Natal 271

Passo Um: Identificando Padrões Gerais....................271
    Análise por hemisfério...............................272
    Análise padrão.......................................273
    Considerando os signos...............................278
    Apertem os Cintos: Os Elementos Sumiram..............280
    Modalidades em Fuga..................................281
    Descobrindo fatores atenuantes.......................281
Passo Dois: Seis Componentes de um Mapa Natal.............282

Passo Três: Procurando Padrões de Aspectos 285
Passo Quatro: Montando o Quebra-cabeça. 288

PARTE 4: USANDO A ASTROLOGIA EM 3, 2, 1... 291

CAPÍTULO 15: As Combinações entre Signos Solares 293

Áries Apaixonado. 294
Touro Apaixonado. 296
Gêmeos Apaixonado 298
Câncer Apaixonado. 300
Leão Apaixonado. 301
Virgem Apaixonado. 303
Libra Apaixonado 304
Escorpião Apaixonado 306
Sagitário Apaixonado 307
Capricórnio Apaixonado. 308
Aquário Apaixonado. 309
Peixes Apaixonado 310
Encontrando Outros Laços 311

CAPÍTULO 16: A Melhor Fase de Nossas Vidas (ou Não): Trânsitos 313

Investigando Trânsitos 314
    Visualizando trânsitos 315
    Mostrando a importância dos trânsitos 315
Rastreando Marte 318
Ativando Júpiter 321
Lidando com Saturno. 324
Urano, o Imprevisível 328
Netuno, o Nebuloso 331
O Ambicioso Plutão. 334
Cuidado: A Maldição do Astrólogo 336

CAPÍTULO 17: Tomo Um Banho de Lua: Usando a Astrologia na Vida Diária 339

Escolhendo o Momento Certo para Agir conforme as Fases da Lua. 340
Observando a Lua. 341
Tirando Proveito da Lua nos Signos. 342
Acompanhando a Lua pelas Casas 343
Extraindo o Máximo das Influências Lunares Momentâneas 345
Fora de Curso? Estou Fora. 346

CAPÍTULO 18: Inferno Astral? A Verdade Revelada..............349
    A Retrogradação Revelada....................350
    Tendo Sucesso ao Lidar com Mercúrio Retrógrado.............350
        Aproveitando ao máximo....................351
        Revelando o ritmo da retrogradação.................352
        A sombra decodificada da retrogradação...............355
    Em Busca da Vênus Retrógrada.................355
    Os Outros Planetas....................358

CAPÍTULO 19: Criatividade: Está Escrito nas Estrelas..........361
    Circulando pelo Zodíaco....................362
        Áries....................362
        Touro....................363
        Gêmeos....................364
        Câncer....................365
        Leão....................366
        Virgem....................367
        Libra....................368
        Escorpião....................369
        Sagitário....................370
        Capricórnio....................371
        Aquário....................372
        Peixes....................373
    Descobrindo o Cerne Criativo de Todos os Mapas.............374
        Signos....................374
        Planetas....................374
        Casas....................375
        Aspectos....................376

PARTE 5: A PARTE DOS DEZ....................379

CAPÍTULO 20: Dez Talentos que Você Pode Identificar em um Mapa....................381
    Aptidão para Esportes....................381
    Beleza (ou Poder de Atração)....................382
    Apelo de Celebridade....................383
    Mãos de Cura....................385
    Talento para os Negócios....................387
    Ganhar Dinheiro....................389
    Competência para o Ativismo....................390
    Paranormalidade....................391
    Tornar-se Astrólogo....................393
    Escrita....................394

CAPÍTULO 21: Dez Maneiras (e Uma Extra) de Usar a Astrologia em Sua Vida: A Arte da Sincronia ...395

    Casar-se 396
    Ir a um Primeiro Encontro 397
    Abrir um Negócio 398
    Agendar uma Reunião 399
    Dar uma Festa 399
    Adquirir Aparatos Tecnológicos 400
    Comprar uma Casa 400
    Fazer uma Cirurgia 401
    Começar uma Dieta ou um Programa de Exercícios 402
    Escrever um Romance, uma Biografia ou um Roteiro 402
    Relaxar.. 403

ÍNDICE 405

Introdução

A astrologia pode mudar sua vida. Mudou a minha. Ela ilumina os recantos secretos do ego, expande sua percepção sobre si mesmo e sobre os outros, intensifica sua benevolência, esclarece o passado e até mesmo proporciona um vislumbre sobre o futuro possível. Além disso, assim como em todas as grandes áreas de conhecimento estruturado, a astrologia tem o poder de alterar a percepção. Depois de conhecer algumas informações sobre ela, você nunca mais verá o mundo do mesmo jeito novamente.

Agraciada com um vocabulário objetivo e poético ao mesmo tempo, a astrologia estimula o intelecto e fomenta a curiosidade. À medida que absorve os princípios dela, todo mundo que você conhece se transforma em um mistério à espera de resolução. Mesmo personalidades públicas e personagens do passado — digamos, Frida Kahlo ou Vincent Van Gogh — adquirem um brilho mais vívido quando vistos através das lentes da astrologia. Acima de tudo, ela oferece um método inigualável para conhecer a si mesmo, não apenas como uma pessoa nascida sob este ou aquele signo, mas como alguém com um conjunto de qualidades e habilidades nunca vistas antes, alguém cuja essência individual reflete o cosmos.

Muitas pessoas pensam que a astrologia divide os seres humanos em 12 grupos. Não poderiam estar mais erradas! A astrologia ensina que todos os seres humanos estão sujeitos às necessidades e aos desejos universais, e que cada indivíduo é único em seu total esplendor.

Sobre Este Livro

A astrologia é um sistema antigo e em evolução que tem muitas dimensões e surge sob várias formas. A astrologia ocidental não é idêntica à astrologia chinesa ou à astrologia védica. Este livro aborda a astrologia ocidental, mas mesmo dentro dela há muitas subdivisões. Praticantes de astrologia mundana avaliam horóscopos para eventos públicos e examinam o destino dos países. Astrólogos eletivos são especialistas em escolher datas e épocas para ocasiões como casamentos, compras de imóveis ou a noite de inauguração de um teatro. Astrólogos de finanças acompanham o mercado. Profissionais da astrologia horária respondem a perguntas que abordam de tudo, de preocupações com o relacionamento ou a saúde até a localização de objetos perdidos. Neste livro, foco a *astrologia natal*, a interpretação de um mapa natal para obter informações sobre personalidade, inclinações, talentos e aflições de uma pessoa.

Começo apresentando os principais elementos de um mapa natal e mostrando como conseguir uma cópia fiel de seu mapa na internet. Depois, informo como analisar os aspectos mais essenciais de seu mapa, compará-lo com o de outra pessoa e usar a astrologia para melhorar sua vida. Pode parecer exagero afirmar que a astrologia o ajuda a se alinhar com o Universo, mas é a mais pura verdade.

Considero a astrologia uma ferramenta — uma ferramenta objetiva — para entender a si mesmo e os outros, enfrentar adversidades, aproveitar oportunidades, analisar relacionamentos e tomar decisões fundamentais. Nesta 3ª edição de *Astrologia Para Leigos*, mostro como usar essa ferramenta em benefício próprio.

À medida que folheia estas páginas, há algumas convenções das quais deve ficar ciente:

» Você notará vários símbolos espalhados em todo mapa natal, como um punhado de pedras preciosas. Esses símbolos que parecem mágicos representam os signos, os planetas e os outros componentes de um mapa astral. Considero-os parte fundamental do charme da astrologia e recomendo a você que os saiba de cor. Mas não é necessário saber, porque providenciei uma Folha de Cola prática que identifica cada símbolo e lhe dá uma descrição em miniatura de todos. Veja, nesta introdução, a seção "Além Deste Livro" para saber mais sobre a Folha de Cola, inclusive como acessá-la.

Usando a Folha de Cola, é possível traduzir esses símbolos para uma língua que você de fato fala. Portanto, se está refletindo sobre um mapa natal e vê algo parecido com isto:

☿28♒05℞

você conseguirá perceber no ato que Mercúrio (☿) está em Aquário (♒) aos 28 graus e 05 minutos. E, sim, está retrógrado (℞). (Para saber mais sobre esse assunto complicado, veja o Capítulo 18.)

» No texto, sempre que me refiro a uma posição planetária, como a do exemplo anterior, descrevo-a como 28°05' em Aquário, especificando o signo e usando os símbolos internacionais para grau (°) e minuto ('). Nos mapas reais — imagens redondas, semelhantes a mandalas, ao longo deste livro —, omito esses indicadores minúsculos. Em vez deles, os mapas neste livro informam com tipologia suas posições planetárias: o número do grau aparece em uma fonte em negrito, enquanto os minutos são mostrados em uma fonte padrão mais clara. O símbolo para o signo relevante do zodíaco fica bem no meio, entre o grau e os minutos, desta maneira: **28**♒05.

» Outra característica da 3ª edição de *Astrologia Para Leigos* é que você pode começar por qualquer parte. Como autora, gosto de pensar que você começará do início e lerá com obstinação até o fim. Mas sou realista. Sei que, quando a maioria das pessoas pega um livro de astrologia, vai direto para o próprio signo solar (ou signo estelar, como muita gente gosta de

> chamá-lo). Escrevi este livro pensando nisso. Você pode iniciar em qualquer lugar, com a certeza de que, se houver um fato de algum capítulo anterior que necessariamente precise saber, eu lhe direi. Este livro está cheio de referências cruzadas e lembretes especificamente para esse fim. Você pode pular para qualquer parte.

Penso que...

Apesar do título deste livro, suponho que você não seja nenhum tonto. Se é um total iniciante ou um devoto de longa data das artes cósmicas, presumo que tenha bom senso suficiente para saber que a astrologia oferece conhecimento — não os números ganhadores da loteria. Ela pode ajudá-lo a se tornar sua versão mais realizada. Pode até fazer previsões e, nas mãos de praticantes altamente habilidosos, podem ser certeiras. Porém, apesar de sua associação com a alquimia, a adivinhação e o ocultismo, astrologia não é mágica.

Presumo que esteja intrigado pela perspectiva proporcionada pela astrologia e curioso sobre como pode aplicá-la a você, e garanto que seu interesse especial é pelo próprio mapa natal. É o interesse da maioria de nós, e por um bom motivo: investigar o próprio mapa é edificante e revelador, fazendo disso, talvez, o passo mais instrutivo que você pode dar ao aprender astrologia. Mas esmiuçar o próprio mapa não é propriamente um exercício para novatos. Mesmo astrólogos experientes se perdem nos próprios mapas. E quando ouvem falar de um corpo celeste recém-descoberto ou de uma técnica antiga que foi recuperada após anos sem uso, asseguro que eles os testam primeiro nos próprios mapas. Explorar o mapa pessoal é um trabalho para toda a vida.

Suponho que você tenha acesso fácil à internet. Independentemente de tê-lo por meio de um laptop, um smartphone, um computador em uma biblioteca pública ou um aparelho que ainda está para ser inventado, o acesso à internet lhe permitirá criar mapas natais na hora e rastrear as posições diárias do Sol, da Lua e dos planetas.

Por fim, presumo que você saiba que astrologia não tem a ver com destino ou predestinação, mas com possibilidades e propensão, com aproveitar ao máximo seus pontos fortes, reconhecer suas limitações, compreender outras pessoas e se alinhar com o cosmos. Quando eu estava aprendendo astrologia, ensinaram-me que "os astros impelem, não compelem". Sir Francis Bacon (1561–1626), pai do método científico, assim afirma: "Não há nenhum imperativo fatalista nos astros; mas eles mais predispõem do que compelem." Quatro séculos se passaram desde então, e isso ainda é verdade.

Ícones Usados Neste Livro

Quatro ícones espalhados ao longo deste livro funcionam como placas de sinalização. Aqui está o que eles significam:

EXEMPLO

Em um mundo ideal, todo posicionamento, aspecto e trânsito planetário abordado no texto estaria acompanhado por um exemplo da vida de um ser humano de carne e osso. No mundo real, o espaço do livro é limitado, logo, comparativamente, consigo usar poucos exemplos. Este ícone destaca esses exemplos. Na maioria dos casos, exemplos reais incluem estrelas de cinema, músicos, escritores, artistas, políticos e outros personagens conhecidos, do passado ou do presente. De vez em quando, escrevo sobre pessoas que conheço de perto. Nesses casos, os nomes foram trocados. A astrologia continua a mesma.

LEMBRE-SE

Certos fatos e princípios são essenciais para ler um mapa natal. Abordo a maioria deles nos capítulos iniciais. Mas quando você precisa relembrar um fato a fim de compreender uma faceta específica de um mapa natal, tento lembrá-lo, delicadamente, usando este ícone.

PAPO DE ESPECIALISTA

É impossível falar de astrologia sem dar de cara com a astronomia e a matemática. Sempre que dou uma explicação científica pormenorizada sobre um fenômeno astrológico (ou astronômico), aviso antecipadamente com este ícone. Quer pular a explicação? Vá em frente. Na maior parte das vezes, você pode ignorá-lo e seguir o que programou.

DICA

Um parágrafo marcado com este ícone pode sugerir um jeito mais fácil de fazer algo. Ele pode lhe indicar um livro, um app ou um podcast que trata de conteúdo similar ao que está sendo abordado no texto. Ele pode sugerir uma maneira de lidar com um problema que poderia surgir com certa configuração planetária em um mapa. Ou pode lhe informar como, digamos, seduzir um capricorniano. Que nunca digam que a astrologia não é útil.

Além Deste Livro

Você pode acessar a Folha de Cola online no site da editora Alta Books. Procure pelo título ou ISBN do livro. Faça o download da Folha de Cola completa, bem como de erratas e possíveis arquivos de apoio.

De Lá para Cá, Daqui para Lá

A astrologia é mais do que parece. Usando uma linguagem simbólica repleta de mitologia e metáforas, fala com a psique e se sintoniza com a alma. Ainda assim, também pode ser pé no chão e específica. Ela abrange uma grande área e se beneficia de uma variedade estonteante de técnicas e abordagens. É por isso que, se você se dedicar, poderá estudar astrologia durante o resto de sua vida. É bem interessante e muito divertido.

Então, por onde começar? O Capítulo 1 abrange os fundamentos. O Capítulo 2 informa como conseguir uma cópia de seu mapa natal. De posse desse documento essencial, você está pronto para mergulhar no estudo mais fascinante já inventado sobre os seres humanos. Sugiro que comece indo para os Capítulos 4 a 7 para ler sobre seu signo solar e, em segundo lugar, os signos de outras pessoas que conheça. Depois, você pode ir para os Capítulos 8, 9 e 10 para ler sobre sua Lua e planetas; para o Capítulo 11 para descobrir seu signo Ascendente; e para o Capítulo 12 para ler sobre as casas que seus planetas ocupam. Ou talvez você queira ir direto para o Capítulo 15 para ver como seu signo pode se dar bem com, digamos, Touro. Também não faz mal.

Por fim, talvez você acabe percorrendo as páginas deste livro sem nenhuma ordem específica. Não é o que recomendo. Até onde sei, os capítulos estão numerados por um motivo. Mas não há nada de errado em ficar pulando. Qualquer que seja seu método, espero que se delicie — e se beneficie — com a sabedoria dos astros.

1
Mapeando Seu Lugar no Cosmos

NESTA PARTE...

Compreenda o essencial da astrologia e veja o que está incluído em um horóscopo.

Descubra como conseguir seu mapa natal para usar como referência ao longo do livro.

Faça um passeio por uma breve história dos altos e baixos da astrologia, e sua influência oscilante através dos séculos.

> **NESTE CAPÍTULO**
> » Descrevendo o Sistema Solar
> » Passeando pelo zodíaco
> » Classificando os signos por polaridade, modalidade e elemento
> » Contemplando o Sol, a Lua e os planetas
> » Apresentando os regentes de cada signo
> » Definindo dignidades planetárias
> » Descobrindo o Ascendente
> » Caminhando pelas casas

Capítulo **1**

Um Panorama Astrológico: O Horóscopo Resumido

Diz a lenda que Sir Isaac Newton, um dos maiores gênios da ciência de todos os tempos, tinha interesse por astrologia. Newton tinha uma mente complexa, ampla. Além de inventar cálculos, formular as leis do movimento e descobrir a lei universal da gravidade, escreveu comentários bíblicos e fez especulações sobre datas possíveis para o fim do mundo (todas, aliás, em nosso século atual). Ele fez experimentos com a pesquisa alquímica para transformar metais comuns em ouro e, como consequência, pode ter sido vítima de envenenamento por mercúrio. E ele apreciava a astrologia, afirmando que um livro que leu sobre o tema na época em que estudava na Universidade de Cambridge impulsionou seu interesse por ciências. Quando seu amigo Edmund Halley, inspiração para o nome do cometa, fez um comentário depreciando a astrologia, Newton, um capricorniano conservador, disparou logo: "Senhor, eu estudei o assunto. Você não." Pelo menos, é o que se diz.

Como qualquer outro astrólogo, gosto de acreditar que a história é verdadeira. Afinal, a astrologia já entrou e saiu de moda, mas nunca deixou de ter seguidores. Há 2.500 anos, astrólogos babilônios já faziam horóscopos personalizados. Os romanos consultavam os astrólogos com frequência. O imperador Augusto visitou um astrólogo em 44 a.C., ano em que Júlio César foi assassinado, e o orador Cícero, que se pronunciava energicamente contra a astrologia, enumerava vários praticantes famosos entre seus amigos. No século oito, Carlos Magno estudou astrologia sob o patrocínio de um monge inglês. Catarina de Médici consultou Nostradamus, a Rainha Elizabeth I buscou aconselhamento do astrólogo John Dee, e outros astrólogos assessoraram Ricardo Coração de Leão, Napoleão, George Washington, J. P. Morgan e Ronald Reagan. Contudo, durante todo esse tempo, ninguém deu uma explicação satisfatória sobre como a astrologia funciona. Ao longo dos séculos, defensores da antiga arte têm sugerido que a gravidade deve ser o motor da astrologia... ou o eletromagnetismo... ou a metafísica "lei da correspondência". Carl G. Jung resumiu essa ideia ao escrever: "Nascemos em um dado momento, em um dado lugar e, assim como os vinhos no ano da colheita, temos as qualidades do ano e da estação em que nascemos."

Não sei como a astrologia funciona, não mais do que Sir Isaac sabia. O que sei é que o padrão que os planetas estabeleceram quando você nasceu — seu mapa natal, ou horóscopo — descreve suas habilidades, desafios e potencial. Ele não prevê seu futuro, embora torne, de fato, algumas coisas futuras mais facilmente atingíveis do que outras. A condição exata de seu destino, creio eu, depende de você.

Neste capítulo, dou um panorama dos principais elementos de um mapa astrológico: os planetas, os signos e as casas. Você pode pensar neles desta maneira:

» Os planetas representam os movimentos, as necessidades e as energias fundamentais.
» Os signos representam as maneiras como essas forças se expressam.
» As casas representam as áreas da vida, como carreira, parcerias, sexo, dinheiro e saúde.

Observando o Céu Estrelado

Imagine, se puder, nosso Sistema Solar. No meio, fica o Sol, nossa estrela. Ao redor dela giram a Terra e os outros planetas, ao lado de inúmeros asteroides, planetoides, cometas e uma nave espacial meio solitária. Suas órbitas rodeiam o Sol mais ou menos como as ranhuras de um disco de vinil circundam a etiqueta no centro (embora, que fique claro, as órbitas não sejam perfeitamente circulares, e o Sistema Solar, ao contrário do disco, não seja perfeitamente plano).

A ideia de que os planetas orbitam o Sol, incutida na maioria de nós durante a infância, teria impressionado astrônomos antigos. Eles nunca tiveram dúvidas de que o Sol, a Lua e os planetas giravam ao redor da Terra. E apesar de sabermos a verdade, pensar assim não os tornava burros. A Lua, de fato, gira em torno da Terra — sobre isso, eles não estavam errados —, e certamente o Sol parece girar. Ele parece surgir no leste e se pôr no oeste, e sempre percorre uma faixa estreita de céu que circunda a Terra como um aro gigante. Essa trajetória se chama *eclíptica*. Ela traça a jornada anual do Sol.

PAPO DE ESPECIALISTA

Aqui estão os fatos mais importantes sobre a eclíptica:

» A eclíptica representa a trajetória aparente do Sol ao redor da Terra; aparente porque, na verdade, o Sol não gira em torno da Terra, apenas parece girar. A Lua e os planetas parecem percorrer um trajeto similar, vagando um pouco ao norte e ao sul do Sol, mas, basicamente, seguindo a mesma rota.

» Assim como um círculo, a eclíptica tem 360 graus. Esses 360 graus, divididos em 12 seções iguais, compõem os signos do zodíaco. Os primeiros 30 graus — um duodécimo do total — são de Áries, os próximos 30 pertencem a Touro, e assim por diante. Cada signo recebe a mesma quantidade de espaço.

» As estrelas, espalhadas como poeira ao longo da eclíptica, formam as constelações do zodíaco. Elas são o cenário, um tipo de papel de parede celestial contra o qual o Sol, a Lua e os planetas se movimentam.

LEMBRE-SE

Aí vem a parte confusa: os signos do zodíaco e as constelações que levam seus nomes não são a mesma coisa. Os signos são divisões geométricas da eclíptica, cada um com 30 graus e exatamente do mesmo tamanho. Por outro lado, as constelações variam de tamanho, da extensa Virgem, a segunda maior constelação no céu, até Capricórnio, um tímido conjunto de estrelas com menos de um terço do tamanho de Virgem. Embora os nomes dos signos do zodíaco venham das constelações, os signos e as estrelas não têm nada a ver uns com os outros. Explico essa situação triste no box a seguir, intitulado "Os signos, as constelações e a precessão dos equinócios".

OS SIGNOS, AS CONSTELAÇÕES E A PRECESSÃO DOS EQUINÓCIOS

Há milhares de anos, quando os babilônios definiam os princípios da astrologia, as constelações e os signos do zodíaco estavam mais ou menos alinhados. No *equinócio vernal* (o primeiro dia da primavera), o Sol estava "na" constelação de Áries, isto é, se você observasse o Sol e as estrelas ao mesmo tempo, veria o Sol entre as estrelas do carneiro. Naqueles dias felizes, conhecidos como a Era de Áries, os signos e as constelações eram mais ou menos coincidentes.

Infelizmente, não é mais o caso. No equinócio vernal de hoje, o Sol aparece entre as (fracas) estrelas de Peixes — algo totalmente diferente. O motivo dessa mudança é que a Terra não é uma esfera perfeita. Ela é mais larga no meio e sua massa é distribuída de maneira desigual. Portanto, ela oscila em seu eixo, que traça um círculo no espaço como o fuso de um pião. Conforme a Terra gira em torno do Sol, o eixo muda gradualmente sua orientação. Ao longo dos anos, as constelações parecem deslizar para trás, um fenômeno identificado pela primeira vez pelo astrônomo Hiparco, no século 2 a.C. A quantidade de deslocamentos durante uma vida é minúscula — cerca de um grau a cada 72 anos —, mas, ao longo de gerações, ela aumenta. No zodíaco, cada equinócio ocorre ligeiramente mais cedo que o anterior. Esse processo se chama *precessão dos equinócios*. Ele explica por que o equinócio vernal, que costumava ocorrer na constelação de Áries, agora ocorre tecnicamente em Peixes. Também explica por que os signos e as constelações não estão mais alinhados.

Qualquer dia desses, o equinócio deslizará ainda mais até a constelação do Aguadeiro, e a Era de Aquário começará oficialmente. Astrólogos divergem sobre quando isso ocorrerá porque depende de como se medem as constelações. Se ao menos elas fossem mais organizadas! E tivessem o mesmo tamanho! Pelo contrário, elas esbarram umas nas outras e se sobrepõem, e seus limites são uma questão de opinião. Você usa limites artificiais, retangulares e com cara de colcha de retalhos designados a cada constelação pela União Astronômica Internacional em 1930? Ou observa a eclíptica, que foi artificialmente dividida em 12 seções iguais, uma por signo? Um astrônomo belga, usando as medições da UAI, sugere que a Era de Aquário começará em 2597. Outro belga, que escreveu em 1890, anunciou que essa era começará exatamente no próximo mês. O ano 1844 foi citado, bem como 1962, 2012 e 3573. Junto meu voto ao do astrônomo inglês Nicholas Campion, que acredita que a Era de Aquário começará, ou começou, entre 1447 e 3596. Errado não está.

Resumindo, não há consenso, com exceção de uma questão: mais cedo ou mais tarde, o ponto de equinócio retrocederá em ciclos pelo zodíaco até voltar a Áries. Esse processo leva cerca de 25.800 anos e é conhecido como o Grande Ano. Nosso Grande Ano atual começou por volta de 2000 a.C. Por volta do ano de 23.800, terá início o próximo. O equinócio vernal voltará para Áries. As constelações e as divisões da eclíptica se alinharão, e os astrólogos conseguirão pular toda essa explicação. Por ora, as constelações e os signos do zodíaco não são os mesmos.

Céticos que atacam a astrologia — e, por algum motivo, essa gente briguenta pode ser inacreditavelmente hostil — com frequência apontam para a posição variável das constelações e a precessão dos equinócios como prova de que astrologia é uma farsa. A verdade é que os astrólogos estão bem cientes desse fenômeno. Na astrologia ocidental, as constelações são sinais, ou símbolos. O que importa é a divisão da eclíptica. As estrelas, apesar de magníficas, não têm nada a ver com seu signo.

Por essa razão, evito a expressão "signo estelar". É uma expressão encantadora, e gostaria de poder usá-la com a consciência tranquila. Não uso porque ela deturpa a astrologia da maneira como usualmente é praticada. Prefiro a precisão e a simplicidade de "signo solar", e é essa expressão que utilizo neste livro.

Identificando os Signos do Zodíaco

Há 12 signos na roda do zodíaco, cada um com o nome de uma constelação, todos com estilo e essência próprios. Juntos, eles tecem uma narrativa da história humana, uma progressão que funciona mais ou menos assim:

- **Áries** inicia o ciclo com muita atividade. Assim como o Big Bang, ele coloca tudo em movimento. É o signo da ação.
- **Touro** acalma e consolida essa energia violenta, trazendo-a à terra em uma forma tangível e para dentro do corpo. Touro é o signo das sensações.
- **Gêmeos** ativa a mente, estimula a curiosidade e estabelece conexões através da comunicação. É o signo da linguagem.
- **Câncer** é introspectivo, trazendo os sentimentos para a consciência, cultivando a ideia de lar e família, e buscando segurança. É o signo da emoção.
- **Leão** comemora, dramatiza e cria. É o signo da autoexpressão.
- **Virgem** organiza, avalia e desenvolve técnicas, e se atém a detalhes. É o signo da análise.

- » **Libra** extrapola a si mesmo, procurando por equilíbrio através de interações com os outros e da força das ideias. É o signo das relações.
- » **Escorpião** investiga os mistérios da natureza humana, mergulhando fundo no mundo interior e no eu oculto. É o signo da transformação.
- » **Sagitário** busca independência, aventura, conhecimento e a sabedoria da filosofia ou da religião. É o signo das buscas.
- » **Capricórnio** eleva os propósitos, assume responsabilidades e cria civilizações. É o signo da estrutura.
- » **Aquário** busca liberdade, foca a sociedade e, ao mesmo tempo, apoia a individualidade. É o signo da comunidade.
- » **Peixes** abrange a compaixão e o lado espiritual da vida. É o signo dos sonhos e da imaginação. Também controla o caos, do qual surgirá o fogo criativo de Áries. E, assim, o ciclo começará de novo.

OFIÚCO E O 13º SIGNO

Acontece esporadicamente, tão certo quanto a força da gravidade: alguém anuncia que há 13 constelações no zodíaco, não 12. Resultado? Comoção geral.

Essa loucura virou história em 1970, quando um livro chamado *Astrologia 14*, de Steven Schmidt, afirmou que há duas grandes constelações — Cetus, a Baleia, e Ofiúco, o Serpentário — ao longo da faixa da eclíptica, portanto, seria preciso expandir o zodíaco e incluí-las. O livro teve imensa divulgação, incluindo uma crítica na revista *Time*, e a ideia pegou, embora não completamente. Cetus, que mal encosta na eclíptica, nunca inspirou muitos seguidores. Mas Ofiúco, uma ampla constelação espremida entre Escorpião e Sagitário, sim.

Desde então, livros defendendo a inclusão de Ofiúco como o 13º signo têm aparecido com estrondosa regularidade. Em 1995, o astrólogo britânico Walter Berg publicou *The 13 Signs of the Zodiac* [Os 13 Signos do Zodíaco, em tradução livre], que teve vendas consideráveis no Reino Unido, mas se tornou um best-seller colossal quando foi traduzido para o japonês e publicado lá. Em 2011, a história irrompeu novamente, quando a Sociedade Planetária de Minnesota anunciou que as constelações tinham se movido. Ofiúco agora era parte do zodíaco, disseram, e os astrólogos deveriam ficar alertas e atentos. A BBC transmitiu as descobertas. A Fox News, também. Até a *Time*, primeira a publicar a história em 1970, opinou. Seu artigo começava assim: "Notícias cósmicas chegaram sem aviso."

> Pela enésima vez, astrólogos reagiram. Eles reconheceram que, por conta da precessão dos equinócios, as constelações tinham se movido (fato que abordo nas páginas anteriores). Isso não é novidade para os astrólogos.
>
> E também não importa, porque na astrologia ocidental os signos são determinados pela posição do Sol na eclíptica, não pelas estrelas. No equinócio vernal, quando o dia e a noite são mais ou menos iguais, o Sol entra na parte da eclíptica conhecida como Áries e o ano astrológico começa. Seguem-se os outros signos, 30 graus de cada vez. As estrelas e as constelações não definem os signos.
>
> Então você pode ser um ofiucano? Em uma palavra: não. Não neste mundo.

LEMBRE-SE

O signo que o Sol estava ocupando no instante de seu nascimento é o fato astrológico mais básico sobre você. Ele define seu ego, motivações e como você lida com a vida. Mas o Sol não é o único planeta, e seu signo solar não é seu único signo. (Em termos de astrologia, ambos os astros — o Sol e a Lua — são chamados de planetas. Faça um favor a si mesmo e não use essa terminologia ao conversar com astrônomos.) Mercúrio, Vênus, a Lua, Marte, Júpiter, Saturno, Urano, Netuno e Plutão representam tipos distintos de energia, e cada um deles se expressa no estilo do signo que ocupa. Ao observar seu mapa, você verá que nem todo signo tem um planeta dentro de seus limites. Não obstante, cada signo se encontra em algum lugar de seu mapa. O zodíaco inteiro mora dentro de cada um de nós.

LEMBRE-SE

Falando em termos astrológicos, seu signo solar é o fato mais essencial sobre você. Para verificar seu signo, use a Tabela 1-1. Mas lembre-se de que as datas têm uma ligeira variação de um ano para outro. Isso porque um círculo tem 360 graus, com cada signo alocando, precisamente, 30 graus. Mas um ano tem 365 dias, sem contar os anos bissextos. Graças a essa diferença chata, os signos não se dividem em dias de um jeito tão organizado como seria desejável, e variações menores aparecem com regularidade. Pegue o primeiro dia de Câncer. Em geral, é o dia 22 de junho. Porém, em 2012, 2016 e outros anos eventuais, foi 21 de junho. Conclusão? Se você nasceu no primeiro ou no último dia de qualquer signo — isto é, se você nasceu "na cúspide" —, recomendo cautela. Antes de vestir aquele moletom de Sagitário ou investir naquela tatuagem de Escorpião, obtenha uma cópia precisa de seu mapa natal e verifique seu signo solar.

TABELA 1-1 Os Signos Solares

Signo	Datas	Símbolo
Áries (ou Carneiro)	21 de março–19 de abril	♈
Touro	20 de abril–20 de maio	♉
Gêmeos	21 de maio–21 de junho	♊
Câncer (ou Caranguejo)	22 de junho–22 de julho	♋
Leão	23 de julho–22 de agosto	♌
Virgem	23 de agosto–22 de setembro	♍
Libra (ou Balança)	23 de setembro–22 de outubro	♎
Escorpião	23 de outubro–21 de novembro	♏
Sagitário	22 de novembro–21 de dezembro	♐
Capricórnio	22 de dezembro–19 de janeiro	♑
Aquário	20 de janeiro–18 de fevereiro	♒
Peixes	19 de fevereiro–20 de março	♓

Entendendo os Signos Solares

Como qualquer sistema verdadeiramente satisfatório, a astrologia classifica e interpreta de várias maneiras seus elementos fundamentais. Os 12 signos podem ser divididos em dois grupos, cada um associado a uma *polaridade* positiva ou negativa. Eles podem ser organizados em três grupos, cada um designado por uma qualidade ou *modalidade*: cardinal, fixa ou mutável. Sua divisão mais conhecida é em quatro grupos, cada um associado a um *elemento*: fogo, terra, ar e água.

Polaridade: Dividindo o zodíaco por dois

Começando com Áries, seis signos *positivos*, ou *masculinos*, alternam com seis signos *negativos*, ou *femininos*. A linguagem sexista, lamento informar, é a tradição. Muitos astrólogos usam os termos yin e yang no lugar. Independentemente de como você os chama, ambas as qualidades fazem parte de todo mapa personalizado. Os significados são os seguintes:

> **Signos positivos, ou yang** — Áries, Gêmeos, Leão, Libra, Sagitário e Aquário; são mais extrovertidos, objetivos, assertivos, aguerridos, enérgicos e determinados.

> **Signos negativos, ou yin** — Touro, Câncer, Virgem, Escorpião, Capricórnio e Peixes; são mais introvertidos, subjetivos, receptivos, reflexivos, abertos e carinhosos.

Modalidade: Dividindo o zodíaco por três

O zodíaco também pode ser dividido em três grupos, cada um com sua própria maneira de interagir com o mundo, em seu jeito próprio de funcionamento, ou *modalidade*. As três modalidades (cardinal, fixa e mutável) ocorrem em uma sequência repetida: primeiro um signo cardinal, depois um fixo, depois um mutável.

> **Os signos cardinais** são líderes naturais, empreendedores e incentivadores, que dão início a mudanças e fazem as coisas acontecerem. Os signos cardinais são Áries, Câncer, Libra e Capricórnio.

> **Os signos fixos** são focados, persistentes e resolutos. São Touro, Leão, Escorpião e Aquário.

> **Os signos mutáveis** adaptam-se e ajustam-se. São conhecidos pela flexibilidade e resiliência. São eles: Gêmeos, Virgem, Sagitário e Peixes.

Elementos: Dividindo o zodíaco por quatro

Atribuir cada signo a um dos antigos quatro elementos do pensamento ocidental provavelmente é o método de classificação mais conhecido e sugestivo. Os quatro elementos são fogo, terra, ar e água.

> **O fogo** é o primeiro dos elementos tradicionais, e não é preciso ser astrólogo para adivinhar o que ele significa. Astrólogos antigos associavam o fogo às forças da criação. Essa associação permanece. O fogo traz vitalidade, atividade e desejo. Gera calor. Pessoas nascidas sob esses signos dinâmicos têm vigor e coragem. Também são incansáveis e impacientes, e têm problemas em aceitar limites — talvez o motivo pelo qual sejam suscetíveis ao esgotamento. Os signos de fogo são Áries, Leão e Sagitário.

> **Os signos de terra** transformam a centelha do fogo em algo palpável. Cautelosos nas situações em que os de fogo são ousados, os signos de terra são sensíveis, produtivos e materialistas — e não estou falando no mau sentido. Sensoriais e eficazes, eles compreendem e respeitam os bens

materiais, inclusive a natureza. Estão conectados com a realidade e colocam as coisas em prática. Os signos de terra são Touro, Virgem e Capricórnio.

» **O ar** dá vida ao intelecto e intensifica a sociabilidade. Os nascidos sob sua influência são brilhantes, curiosos, versáteis e intelectualmente incansáveis, sempre coletando informações, testando ideias e conectando pessoas. Eles gostam de conversar e são extremamente sociáveis. Os signos de ar são Gêmeos, Libra e Aquário.

» **A água** amplifica as emoções e a percepção. Vulneráveis e receptivas, as pessoas nascidas sob sua influência são altamente sensíveis e com frequência atingidas pelos próprios sentimentos. São intuitivas, empáticas e respondem de maneira instantânea ao clima emocional. Também têm uma inclinação para a espiritualidade. Os signos de água são Câncer, Escorpião e Peixes.

Montando novamente o zodíaco

Uma vez que você conhece a ordem dos signos, é fácil atribuir a eles a polaridade, a modalidade e o elemento corretos. Não precisa se incomodar em memorizá-los, porque essas classificações sempre ocorrem em sequência, conforme você pode ver claramente na Tabela 1-2. Mesmo que não saiba mais nada sobre um signo, essas classificações já dizem muito.

TABELA 1-2   As Qualidades dos Signos

Signo	Polaridade	Modalidade	Elemento
Áries	Positiva	Cardinal	Fogo
Touro	Negativa	Fixa	Terra
Gêmeos	Positiva	Mutável	Ar
Câncer	Negativa	Cardinal	Água
Leão	Positiva	Fixa	Fogo
Virgem	Negativa	Mutável	Terra
Libra	Positiva	Cardinal	Ar
Escorpião	Negativa	Fixa	Água
Sagitário	Positiva	Mutável	Fogo
Capricórnio	Negativa	Cardinal	Terra
Aquário	Positiva	Fixa	Ar
Peixes	Negativa	Mutável	Água

O ZODÍACO E O CORPO

O zodíaco forma um arco no cosmos, imenso e incrivelmente remoto. Seu equivalente simbólico, pequeno e surpreendentemente próximo, é o corpo humano. Cerca de 2 mil anos atrás, o astrólogo romano Marco Manílio relacionou cada signo do zodíaco a uma parte do corpo em uma sequência que começa na cabeça, com Áries, e desce até os pés, que pertencem a Peixes. Artes medievais, tanto europeias como islâmicas, incluem muitas belas representações do chamado Homem Zodíaco, personagem que também aparece em textos médicos antigos. De fato, a medicina praticada no passado contava com a astrologia não apenas para compreender as doenças — a Peste Negra, que varreu a Europa entre 1347 e 1351, foi amplamente atribuída a uma conjunção planetária e a um eclipse —, mas também em busca de curas. Durante toda a Idade Média (e posteriormente), estudantes de medicina da Universidade de Bolonha e de outros lugares eram obrigados a estudar astrologia.

Tenho reservas em relação à astrologia médica. Vi casos em que o diagnóstico astrológico se provou estranhamente preciso. Ainda assim, não é coisa para amadores. Fazer um diagnóstico exato por meio da astrologia exige conhecimento sólido. De qualquer modo, adoro esse desenho porque ele nos lembra de que o espectro da experiência representado pelos signos do zodíaco é universal e vive em cada um de nós.

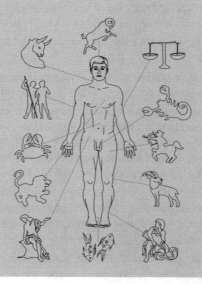

Considere, por exemplo, Câncer. É o signo de água, negativo e cardinal. Isso mostra que o Caranguejo tende a ser introvertido e receptivo (negativo, ou yin), com uma tendência para tomar a iniciativa (cardinal) e um senso profundo de percepção emocional (água).

CAPÍTULO 1 **Um Panorama Astrológico: O Horóscopo Resumido**   19

Ou observe Leão, vizinho de Câncer, mas que exibe uma personalidade muito diferente, como sempre acontece com os signos adjacentes. Leão é o signo de fogo positivo e fixo. Seus nativos tendem a ser extrovertidos e assertivos (positivo, ou yang), determinados (fixo), calorosos e cheios de personalidade (fogo).

LEMBRE-SE

A polaridade, a modalidade e o elemento fornecem uma noção rudimentar sobre cada signo. Para ter uma descrição detalhada dos signos, vá para a Parte 2.

Analisando o Sol, a Lua, os Planetas e mais

O Sol, a Lua e os planetas cumprem papéis específicos em seu mapa. Cada um carrega certo tipo de energia e representa uma faceta diferente do que significa ser humano. Seus significados são os seguintes:

» **O Sol** representa seu eu essencial, sua vontade e sua individualidade. Mais que qualquer outro corpo celeste, ele representa quem você é.
» **A Lua** representa emoções, subconsciente, instintos, hábitos e memória.
» **Mercúrio** simboliza como você lida com a comunicação, sua capacidade de raciocínio, a maneira como pensa e sua curiosidade.
» **Vênus** representa sua relação com amor, atração, beleza, dinheiro, posses e artes.
» **Marte** é o planeta da ação, do desejo e da agressividade. Ele representa sua energia física, combatividade, iniciativa e coragem.
» **Júpiter** é o planeta da expansão e da boa sorte. Representa crescimento, prosperidade, abundância, generosidade, religião, filosofia e sabedoria. (Diz-se que Júpiter representa a "mente superior", enquanto Mercúrio, o planeta da fofoca e dos jogos de palavras, deve se contentar com a "mente inferior".) A posição de Júpiter em um horóscopo informa onde você tem sorte e é mais provável que seus esforços sejam recompensados.
» **Saturno** representa limitação, cautela, organização, perseverança e disciplina. Ele informa onde você deve encarar seus medos, e também onde estão suas ambições.
» **Urano** representa a rebeldia, mudança revolucionária, originalidade, independência e tudo que é inesperado e não convencional. Também representa a tecnologia, a eletricidade e as invenções.
» **Netuno** representa espiritualidade, sonhos, habilidade psíquica, intuição, desintegração, compaixão, abnegação, decepção, ilusão e imaginação.
» **Plutão**, que foi oficialmente rebaixado a planeta anão em 2006, mas mantém seu status dentro da comunidade astrológica, representa destruição, regeneração, renovação e transformação.

Além dos planetas, muitos astrólogos infiltram alguns outros corpos celestiais em seus mapas. O mais famoso é Quíron, descoberto em 1977. Ele foi classificado como um asteroide, um planeta menor, um cometa e, por fim, um centauro. Assim como o ser mitológico metade homem/cavalo de quem recebem o nome, os centauros são híbridos, parte asteroide e parte cometa. *Quíron* representa feridas antigas e caminhos para a cura. Muitos astrólogos o associam à medicina holística.

LEMBRE-SE

Em todo mapa, alguns planetas são mais potentes que outros. Mas todo mapa inclui todos os planetas, e cada planeta tem seu próprio significado. Um jeito de resumir tudo isso é associar uma única palavra a cada planeta. Essas palavras-chave aparecem na Tabela 1-3.

TABELA 1-3   Palavras-chave dos Planetas

Planeta	Palavra-chave	Símbolo
Sol	Ego	☉
Lua	Emoção	☽
Mercúrio	Comunicação	☿
Vênus	Amor	♀
Marte	Ação	♂
Júpiter	Expansão	♃
Saturno	Restrição	♄
Urano	Revolução	♅
Netuno	Imaginação	♆
Plutão	Transformação	♇ ♀
Quíron	Cura	⚷

Quem É o Mandachuva? Descobrindo os Regentes dos Signos

Em um universo ideal, cada planeta atuaria perfeitamente bem em cada signo. Mas astrólogos têm notado há muito tempo que alguns posicionamentos parecem funcionar melhor que outros. O signo em que um planeta é mais eficiente, isto é, o signo com o qual tem a maior afinidade, aquele cujo estilo é mais parecido com o seu próprio, é o signo denominado regente. Dois mil anos atrás,

CAPÍTULO 1 **Um Panorama Astrológico: O Horóscopo Resumido**   21 quando os astrólogos tinham que se preocupar apenas com o Sol, a Lua e cinco planetas, eles ligavam os planetas e os signos desta forma:

- O Sol regia Leão.
- A Lua regia Câncer.
- Mercúrio regia Gêmeos e Virgem.
- Vênus regia Touro e Libra.
- Marte regia Áries e Escorpião.
- Júpiter regia Peixes e Sagitário.
- Saturno regia Aquário e Capricórnio.

Após a descoberta de Urano, em 1781, seguida de Netuno, em 1846, e de Plutão, em 1930, os astrólogos modificaram o sistema, alocando cada signo a cada um dos planetas recém-descobertos. Urano foi nomeado regente de Aquário, Netuno foi declarado o senhor de Peixes, e Plutão foi delegado a Escorpião. Mercúrio e Vênus continuaram a reger dois signos cada um. Até pouco tempo atrás, as regências planetárias mais comumente aceitas eram as seguintes:

- O Sol rege Leão.
- A Lua rege Câncer.
- Mercúrio rege Gêmeos e Virgem.
- Vênus rege Touro e Libra.
- Marte rege Áries.
- Júpiter rege Sagitário.
- Saturno rege Capricórnio.
- Urano rege Aquário.
- Netuno rege Peixes.
- Plutão rege Escorpião.

Hoje, o consenso relacionado aos regentes começou a se desmantelar, com muitos astrólogos dando mais importância aos regentes tradicionais do que se costumava fazer apenas algumas décadas atrás. Alguns astrólogos retomaram por completo os regentes pré-industriais, eliminando Urano, Netuno e Plutão. Outros decidiram manter os regentes antigos, além dos novos planetas. Os signos mais afetados por essa conduta são Escorpião, Aquário e Peixes, cada um deles com a possibilidade de ostentar dois regentes, um tradicional e um moderno:

> » Escorpião é regido por Marte, seu regente tradicional, e Plutão.
> » Aquário é regido por Saturno, seu regente tradicional, e Urano.
> » Peixes é regido por Júpiter, seu regente tradicional, e Netuno.

Quanto a Quíron, alguns astrólogos acreditam que ele rege Virgem, Peixes ou ambos. Outros o associam a Sagitário. Muitos não se incomodam nem um pouco com ele, que não foi oficialmente atribuído a um signo. O mesmo vale para outros asteroides, planetas anões e pontos astronômicos. Os astrólogos até podem colocá-los em um mapa, mas não lhes concederam domínio sobre signos específicos.

Definindo Dignidades Planetárias

A tradição astrológica afirma que cada planeta, além do signo que rege, tem desempenho alto em outro signo — o da *exaltação*. O planeta tem desempenho mais baixo em dois outros signos: o de seu *detrimento*, oposto ao signo que rege, e o de sua *queda*, que se opõe ao signo de sua exaltação. A Tabela 1-4 dá mais detalhes.

Como isso afeta seu mapa? Um planeta exaltado ou em seu signo em domicílio se expressa com facilidade e tem "dignidade" atribuída a si. Um planeta em detrimento ou queda — posições às vezes citadas como debilidades — pode se sentir impedido ou fraco. Tome Marte como exemplo. Em Áries, Marte não tem problema algum em ser assertivo. Áries dá conta. No diplomático Libra, o signo oposto, o espírito aguerrido de Marte se sente oprimido, sufocado. Todo planeta é mais feliz nos signos em que pode expressar melhor sua essência fundamental.

Um planeta pode obter dignidade de, pelo menos, cinco maneiras. Examinarei apenas duas: dignidade essencial, que depende do signo que o planeta ocupa, e dignidade acidental, que depende da posição da casa.

Dignidades essenciais

Não é o primeiro aspecto a se considerar ao fazer um mapa. Mas ele de fato fornece um pouco mais de informações, outra questão em que pensar. Dou atenção especial quando um planeta ocupa seu signo domiciliar ou de exaltação. Não importa as outras coisas que acontecem com esse planeta, ele é mais forte do que pode parecer. As dignidades estão listadas na Tabela 1-4.

TABELA 1-4 Tabela das Dignidades Planetárias Essenciais

Planeta	Regência	Detrimento	Exaltação	Queda
Sol	Leão	Aquário	Áries	Libra
Lua	Câncer	Capricórnio	Touro	Escorpião
Mercúrio	Gêmeos	Sagitário	Aquário	Leão
	Virgem	Peixes		
Vênus	Touro	Escorpião	Peixes	Virgem
	Libra	Áries		
Marte	Áries	Libra	Capricórnio	Câncer
	Escorpião	Touro		
Júpiter	Sagitário	Gêmeos	Câncer	Capricórnio
	Peixes	Virgem		
Saturno	Capricórnio	Câncer	Libra	Áries
	Aquário	Leão		
Urano*	Aquário	Leão		
Netuno*	Peixes	Virgem		
Plutão*	Escorpião	Touro		

Embora astrólogos tenham nomeado com segurança Urano, Netuno e Plutão como regentes, ou corregentes, de Aquário, Peixes e Escorpião, esses planetas não receberam signos de exaltação ou queda. Essas coisas levam tempo.

Dignidades acidentais

Outra maneira de dignificar um planeta é por meio do posicionamento da casa. Imagine que a primeira casa equivale a Áries, o primeiro signo. Se Marte, regente de Áries, está na primeira casa, acidentalmente ele é dignificado, independentemente do signo que ocupa. De maneira semelhante, Saturno é o regente de Capricórnio, o décimo signo, logo, ele é acidentalmente dignificado na décima casa, não importa o signo que esteja nela. A Tabela 1-5 mostra onde cada planeta está dignificado.

EXEMPLO

O que Muhammad Ali, Albert Einstein e Kim Kardashian têm em comum? À primeira vista, não muito. Mas os três possuem Saturno acidentalmente dignificado na décima casa, uma posição relacionada a sucesso, reconhecimento do público e fama.

TABELA 1-5   Tabela das Dignidades Planetárias Acidentais

Casa	Dignidade planetária acidental
1	Marte
2	Vênus
3	Mercúrio
4	Lua
5	Sol
6	Mercúrio
7	Vênus
8	Marte e Plutão
9	Júpiter
10	Saturno
11	Saturno e Urano
12	Netuno e Júpiter

Analisando o Ascendente

Outro elemento importante de seu mapa é o *Ascendente*, ou o *sol nascente* — o signo que estava se elevando no horizonte leste no momento em que você nasceu. Ele descreve sua máscara, ou persona, a personalidade superficial que você mostra ao mundo.

Você já teve uma amiga que era a própria Miss Simpatia — até conhecê-la? Já encontrou alguém que parecia retraído e frio à primeira vista, mas que depois ficou amoroso? Conhece alguém cujo comportamento imprudente e despreocupado mascara uma mente calculista e manipuladora? E já se perguntou qual é a impressão que você causa em outras pessoas, sobretudo quando elas não o conhecem bem? Seu mapa natal tem a resposta. Ainda que seu signo solar possa não ser visível às pessoas, elas definitivamente notam seu Ascendente. Ele é sua imagem, sua fachada, sua superfície. Em conflito ou harmonia com seu signo solar, ele descreve a maneira como as pessoas o enxergam e a impressão que você passa. Na verdade, alguns astrólogos consideram o regente do Ascendente, isto é, o planeta que rege seu signo do sol nascente, o regente geral de seu mapa.

Independentemente de seu signo solar, qualquer um dos 12 signos se elevou no horizonte leste no instante de seu nascimento. Se você nasceu ao amanhecer, quando o Sol estava começando a espreitar o horizonte, já sabe seu signo do sol nascente: é o mesmo que seu signo solar. Se nasceu em outro período do dia, seu signo Ascendente e o solar são diferentes.

Para quem tem signo solar e Ascendente idênticos, a superfície e a substância são a mesma. Para as outras pessoas, o que se vê não é necessariamente o que se recebe.

Considere o artista Vincent Van Gogh. Com Ascendente em Câncer, sua sensibilidade emocional era óbvia. Podemos observá-la inclusive hoje, na expressão desconfiada (e orelha enfaixada) de seus vários autorretratos. Porém, sua vulnerabilidade extrema era apenas parte de sua natureza. Por trás da insegurança, ele era ariano, incansável, competitivo e corajoso. Sua essência pioneira e enérgica é claramente visível em suas pinceladas confiantes e rápidas, na mistura de cores e no vigor frenético de suas telas inovadoras.

Se você tem uma cópia de seu mapa, é fácil descobrir seu Ascendente: é o signo que, na roda, equivale ao ponteiro pequeno apontando para o número nove no relógio. Se não tem um mapa, pode consegui-lo acessando um dos sites listados no Capítulo 2 e inserindo sua data de nascimento conforme as instruções. E se não tiver a hora certa do nascimento? Não se preocupe com isso. Mesmo sem um Ascendente exato, seu mapa natal é um guia de seu mais profundo eu, e proporciona continentes inteiros de informações a explorar.

Passeando pelas Casas

Se é um virginiano workaholic ou um pisciano com tendências espiritualistas, você ainda tem que lidar com dinheiro, trabalho, saúde, irmãos e todas as outras coisas que fazem parte da vida. Essas áreas são descritas pelas *casas*. Elas dividem o céu em 12 partes, começando pelo Ascendente e pela primeira casa. Seus significados estão descritos na Tabela 1-6.

Assim como todo mapa inclui todos os planetas, todo horóscopo tem todas as 12 casas. Nem toda casa será ocupada por um planeta. Mas toda casa terá um signo na *cúspide*, ou início da casa, que descreve como você lida com as questões dessa casa. Por exemplo, se Touro está na cúspide de sua sexta casa da saúde e do trabalho, é provável que você seja confiável, produtivo e paciente no emprego, mesmo que essa casa esteja vazia. Você trabalha duro. E outra coisa: provavelmente gosta de ter um cachorro.

A palavra *cúspide* é usada de duas maneiras na astrologia. Quando os astrólogos mencionam a cúspide de uma casa, estão falando da porta de entrada dessa casa, o lugar no qual ela começa. Quando as pessoas dizem que nasceram "na cúspide", geralmente estão querendo dizer que seu aniversário cai no fim de um signo ou no início de outro, e não têm certeza de qual é seu próprio signo, uma questão que abordo no box a seguir, "Questlove na cúspide".

Agora, você tem o básico. Juntos, os signos, os planetas e as casas compõem o vocabulário essencial da astrologia. Há mais (sempre há). Mas, por ora, você tem tudo de que precisa para começar a escavar seu mapa. Se não tem uma cópia dele, o próximo capítulo lhe dirá como sanar essa situação.

TABELA 1-6   **As Casas e Seus Significados**

Casas	Áreas de Interesse
Primeira casa	Aparência, personalidade superficial e a impressão que você causa nos outros
Segunda casa	Dinheiro, posses, riqueza; as coisas que você valoriza; sua urgência em conquistar
Terceira casa	Comunicação, linguagem, viagens curtas, irmãos e irmãs, vizinhos, ensino fundamental, atitude em relação ao aprendizado
Quarta casa	Lar, raízes, imóveis, segurança, um dos pais (geralmente a mãe); e também circunstâncias no fim da vida
Quinta casa	Romance, filhos, lazer, criatividade, autoexpressão
Sexta casa	Trabalho, saúde e cura, serviços, hábitos e rotinas; e também animais de estimação
Sétima casa	Relacionamentos, parcerias, inimigos declarados e público em geral
Oitava casa	Sexo, morte, transformação, recursos comuns, dinheiro alheio, mistério, magia e interesses ocultos
Nona casa	Ensino superior, viagens longas, deslocamentos, religião, filosofia e divulgação
Décima casa	Carreira, vocação, status, reputação, um dos pais (geralmente o pai)
Décima primeira casa	Amigos, comunidade, trabalho em equipe, esperanças, desejos e aspirações
Décima segunda casa	Reclusão, segredos, o subconsciente, inimigos ocultos, interesses espirituais

QUESTLOVE NA CÚSPIDE

Vejamos o caso de Ahmir Khalib Thompson, mais conhecido como Questlove, baterista vencedor do Grammy e cofundador do The Roots, a banda de hip-hop da casa no *Tonight Show*, com Jimmy Fallon. Ele é DJ, produtor musical, gastrônomo empreendedor, autor, professor adjunto e mais. Mas qual é o signo dele? Ele nasceu no dia 20 de janeiro de 1971, em horário desconhecido. E é aí que mora o problema. Será que ele é um capricorniano objetivo e disciplinado, signo conhecido por sua ética profissional, ou um aquariano rebelde e iconoclasta? Ele não pode ser os dois… ou pode?

Se ele nasceu antes de 0h13, é capricorniano, o que sem dúvida explicaria sua ambição e produtividade. Se nasceu depois de 0h13, é um aquariano que ama a liberdade, altamente individualista.

Então, qual dos dois? A variedade de suas conquistas, musicais e outras, e seu interesse pela colaboração argumentam em favor de Aquário. Comparado a Capricórnio, Aquário é mais peculiar e individualista, o signo do dissidente e do vanguardista. Na teoria, ele parece mais "in" e criativo. Suspeito que ele próprio prefira esse signo.

Por outro lado, ele não entrou no mundo da música como uma forma de rebeldia. Pelo contrário: música, de acordo com sua frase, é "negócio de família" (seu pai foi um conhecido vocalista de doo-wop). Ele chegou até ela como um capricorniano responsável, não um aquariano rebelde. Trabalhador incansável, construiu sua marca com cuidado, fazendo uma turnê atrás da outra e se aliando a instituições consolidadas como o *Tonight Show* e a Universidade de Nova York.

Então, qual é o signo dele? Na ausência de uma certidão de nascimento completa, uma palavra de esclarecimento de sua mãe ou uma retificação de um astrólogo especialista nessa técnica, só ele pode decidir qual signo tem maior sintonia com a pessoa que ele sabe que é.

Se sua situação é parecida, o mesmo vale para você. Astrólogos dirão que seu Sol está em um signo ou em outro, não em ambos. Isso é verdade. Mas há outros planetas, e eles também trazem certa contribuição. Questlove tem Mercúrio em Capricórnio e o nodo norte da Lua em Aquário. Mesmo sem o Sol, ele tem um "quê" de ambos os signos. Então, onde está seu Sol? Bem lá no fundo, provavelmente ele sabe.

> **NESTE CAPÍTULO**
>
> » Elaborando seu mapa à moda antiga
> » Reunindo informações sobre seu nascimento
> » Obtendo seu mapa natal gratuito
> » Examinando softwares de astrologia
> » Avaliando apps
> » Navegando pela web

Capítulo **2**

Obtendo Seu Mapa Preciso: À Moda Antiga, pela Internet e em Software

O que poderia ser mais incrivelmente misterioso do que um mapa astrológico? Bem, várias coisas: símbolos alquímicos, diagramas cabalísticos, amuletos mágicos — você escolhe. Porém, este livro não é sobre eles. É sobre astrologia, que pode parecer esotérica à primeira vista, mas, na verdade, não é. Isso porque um mapa astrológico, apesar de todos os seus símbolos com aparência enigmática e formato de mandala, não tem nada de místico. É uma mera representação do mundo real, ou seja, um retrato, em forma simplificada, do Sistema Solar na hora de seu nascimento. A interpretação pode ser complicada e cheia de nuances, mas a imagem em si é simples.

Para visualizar como estava o cosmos quando você nasceu, imagine-se na Terra naquele exato momento. Imagine, também, que você esteja voltado para o sul e olhando para um relógio gigante sobreposto no céu. À sua esquerda, na posição do ponteiro apontando para o número nove, fica o horizonte leste. Esse é seu Ascendente. Se você nasceu perto do amanhecer, aí é onde está o Sol. Se nasceu por volta do meio-dia, seu Sol está alto no céu e à sua frente, perto da marca das 12 horas no relógio. À sua direita, na posição das três horas, fica o horizonte oeste. Se você nasceu perto do anoitecer, aí é onde está o Sol. E se veio ao mundo por volta da meia-noite, quando sua parte do mundo estava escura e o outro lado do planeta estava banhado de luz, seu Sol pode ser encontrado próximo à base do mapa, em algum lugar perto das seis horas.

Se por acaso souber a fase da Lua no instante em que nasceu, pode localizá-la de modo similar. Você nasceu sob uma Lua nova? Então, sua Lua e seu Sol estão mais ou menos no mesmo lugar. Nasceu sob uma Lua cheia? Então, o Sol e a Lua estão opostos, separados por 180°. Se um está surgindo, outro está se pondo.

A questão é: seu mapa natal não é nem um construto metafísico nem um diagrama místico. É um mapa estilizado dos céus que mostra o Sol, a Lua e os planetas em um momento preciso no tempo, a partir de um lugar específico. A função do astrólogo é interpretar todas essas informações. Porém, primeiro você precisa conseguir uma cópia exata do seu mapa.

Fazendo Seu Mapa à Moda Antiga

No passado, antes de o computador e a tecnologia relacionada tomarem conta de cada molécula da existência humana, fazer um mapa era mais que um desafio. Era um compromisso. Exigia horas de tempo livre, uma atitude destemida em relação à matemática, capacidade de se concentrar em detalhes e disposição para lidar com longitude, latitude, meridianos padrão, hora local, horário de verão, hora universal, tempo sideral e uma tabela de logaritmos proporcionais. Se cometesse um erro — e era fácil cometer, somando quando deveria ter subtraído ou copiando os algarismos errados de uma página totalmente coberta por linhas e colunas de números —, bem, você deveria começar tudo de novo. Muitas pessoas não tinham paciência.

Meu sentimento era diferente. Eu gostava de ficar acordada até tarde com um bule de chá e todos os meus apetrechos astrológicos: um almanaque planetário, ou efeméride, um atlas pesado, um livro de fusos horários e mudanças de tempo, um *Table of Houses* [Tabela de Casas, em tradução livre] (o meu de capa dura, detonado — deve estar por aqui em algum lugar —, tinha uma data copyright de 1893), blocos de papel amarelo e esboços especiais de horóscopo que eu comprava em uma livraria esotérica. Conforme calculava cada posição planetária e cúspide da casa, desenhava os símbolos dos signos e planetas na roda do mapa, descobria as relações geométricas entre os planetas, contava quantos estavam em signos de fogo, quantos em terra e assim por diante; o mapa — e a pessoa — aos poucos ficava claro em minha mente.

Esse processo leva tempo, e não o faço mais. Uso um computador, como qualquer outro astrólogo. Com um computador ou um smartphone, qualquer um pode gerar um mapa preciso em menos tempo do que leva para apontar um lápis. É uma forma satisfatória de retorno imediato, e é por isso que, mesmo sentindo uma nostalgia ocasional por aquelas antigas noites de cálculo e revelações, não voltaria atrás.

Naquela época, muitas pessoas fascinadas por astrologia nunca a aprenderam porque se sentiam desestimuladas pela matemática ou pela quantidade de tempo exigida. Esses problemas não existem mais. No restante deste capítulo, informarei como obter, do jeito fácil, uma cópia precisa de seu mapa — pela internet.

Uma Coisa de Cada Vez: Reunindo as Informações Necessárias

Antes de se deslumbrar com as maravilhas de seu mapa, você precisa das seguintes informações:

- » Mês, dia e ano de nascimento.
- » Local de nascimento.
- » A hora exata de seu nascimento.

A maioria das pessoas sabe o mês, o dia, o ano e o local do próprio nascimento. Se existe um problema, geralmente é com a hora. Ela é importante porque determina seu Ascendente (veja o Capítulo 11), bem como as posições das casas dos seus planetas (veja o Capítulo 12). Sem um horário de nascimento, não é possível conhecer esses elementos do mapa. Ter um horário preciso também é importante se um de seus planetas mudou de signo no dia em que você nasceu. Sua Lua é em Leão ou em Virgem? Há uma grande diferença. É por isso que recomendo que confirme seu horário de nascimento por meio do registro oficial, sua certidão de nascimento.

DICA

Se você ainda não tem uma cópia de sua certidão de nascimento, a maneira mais segura de conseguir uma é consultando o Registro Civil em `https://registrocivil.org.br/birth-certificate` e preencher os campos obrigatórios. Clique em seu local de nascimento (estado e cidade), siga as instruções e prepare-se para pagar uma taxa, diferente em cada lugar.

De posse da certidão de nascimento, você pode ter certeza de que as informações nela estão mais ou menos corretas, embora eu fique chocada com o grande número de pessoas que, de acordo com suas certidões, nasceram na hora ou na meia hora exatas. Estatisticamente falando, há muitos e muitos de nós. Ainda assim, o horário em sua certidão de nascimento, embora possa estar arredondado, deve ser considerado o modelo de excelência.

Se você não tem certidão de nascimento, banque o detetive. Comece perguntando à sua mãe. Mas não fique surpreso se a lembrança que ela tem do que certamente foi o ponto alto da própria vida acabar sendo inconsistente. É chocante a quantidade de pais que não consegue se lembrar de quando os filhos nasceram. Eles sabem as datas — aniversários são fáceis —, mas o horário é outra história. Eles não conseguem lembrar se foi às 2h05 ou às 5h02. Não sabem se foi da manhã ou da tarde. Uma mãe me confessou que não tinha certeza de quem havia nascido às 10h06: a filha ou ela mesma. Como todo advogado de tribunal sabe, testemunhas oculares são muito pouco confiáveis. É apenas um exemplo dessa verdade.

Lidando com horários aproximados de nascimento

Pode acontecer, sobretudo se você nasceu no Reino Unido, na Irlanda, na Austrália, no Canadá ou na Índia, de uma certidão de nascimento não incluir um horário. Nesse caso, você talvez tenha que recorrer a histórias de família. Talvez tenham lhe dito que você nasceu depois do café da manhã ou no meio do *Saturday Night Live*. Se essa é a situação, pegue a informação e investigue-a. Quando estiver pronto para obter seu mapa, escolha um horário que corresponda à história. Nasceu bem no meio da hora do rush? Coloque 18h e vá em frente.

Encarando uma informação ausente

Um problema mais significativo surge quando você não tem a menor ideia de sua hora de nascimento e nenhum meio para descobri-la. Tenho uma amiga querida, em uma família com muitos filhos, que nunca soube o horário em que nasceu. Então, um dia, as coisas pioraram bem rápido. Durante uma conversa surpreendente com uma irmã mais velha, ela descobriu que ninguém da família poderia confirmar com 100% de certeza o dia de seu nascimento, ou mesmo o mês. De uma hora para outra, ela não tinha certeza se era de Libra (nem pensar) ou de Escorpião (sim). Essa situação rara é o cenário mais desfavorável para um astrólogo.

Se houve uma perda irrecuperável de seu horário de nascimento, seu Ascendente e posições de casas são desconhecidos. Você também enfrenta um pequeno problema extra: o que fazer quando um site de astrologia ou software solicita que preencha um horário de nascimento. Há três maneiras de lidar com isso:

» Presuma que você nasceu ao meio-dia. Assim, os cálculos não podem destoar mais do que 12 horas. Mesmo a Lua, que gira pelo zodíaco inteiro em um mês, não pode estar mais de seis graus e meio fora. Portanto, as posições planetárias estarão mais ou menos corretas. Mas as posições das casas não, o que significa que o Sol não está, de fato, no topo de seu mapa (a menos que, por coincidência, você realmente tenha nascido por volta do meio-dia). É assim que funciona.

» Presuma que você nasceu ao amanhecer. Nem todos os sites de astrologia permitem essa possibilidade, mas muitos, sim. É só escolher a opção "amanhecer" e prosseguir. Assim como em relação aos mapas do meio-dia, lembre-se de que o Sol provavelmente não está na primeira casa (a menos que você realmente tenha nascido ao amanhecer) e a posição das casas é apenas um palpite (se você nasceu por cesariana, mas não sabe exatamente quando, talvez queira presumir que nasceu às 8h, que é, estatisticamente, a hora de nascimento mais comum em certos países, tudo isso graças aos partos por cesárea).

» Use o que é conhecido como "casas naturais". Com elas, Áries sempre ocupa toda a primeira casa, Touro ocupa a segunda, e assim por diante até chegar a Peixes, que abrange toda a décima segunda casa. Logo, se você nasceu sob Libra, que é o sétimo signo do zodíaco, seu Sol estará na sétima casa. Repito, já que você não sabe quando nasceu, essas posições de casas são somente provisórias. Mas, sem elas, você estaria observando pouco mais que uma lista. Ao usar casas naturais, você pode ver como os planetas estão dispostos, em que signos estão e como interagem entre si — e isso é muita informação.

Por fim, se sua hora de nascimento realmente se perdeu, há mais uma opção. É possível pagar um astrólogo profissional para *retificar* seu mapa. A retificação é um processo complexo, árduo. Envolve um trabalho de retrospectiva dos acontecimentos mais importantes de sua vida (como casamento, divórcio, o nascimento de um filho ou a morte de um dos pais) para elaborar uma suposição sobre o horário provável em que você nasceu. Alguns softwares de astrologia incluem módulos de retificação, possibilitando que você faça isso sozinho. Mas eu não aconselharia; é fácil demais deixar pensamentos tendenciosos influenciarem os resultados. Peça a um profissional gabaritado, alguém que tenha experiência substancial com essa técnica específica. Retificação não é uma aposta segura, sobretudo em mãos de amadores. Mas, quando funciona, é para valer.

Conseguindo Seu Mapa Online de Graça

Se um dia você resolver deixar o emprego e virar astrólogo profissional, talvez queira aprender como fazer um mapa à moda antiga. Não seria perda de tempo, e se decidir se tornar um astrólogo credenciado através de uma das associações astrológicas oficiais, como a Associação Brasileira de Astrologia, você será obrigado a dominar essa habilidade. No entanto, por ora não há necessidade de superar esse desafio em particular, pois você pode obter uma cópia gratuita de seu mapa apenas acessando um site de astrologia e inserindo a data, o horário e o local de nascimento. Muitos sites disponibilizam mapas gratuitos. Aqui estão alguns dos melhores [conteúdos em inglês]:

» **Astrolabe** (https://alabe.com): O Astrolabe fornece um mapa natal simples, com duas ou três páginas de interpretação. Seus recursos e serviços não são tão extensos como os de outros sites, nem seus mapas tão bonitos. Mas, se acessar esse site, procurar por "Free Astro Chart" (ou algo do tipo), inserir sua data de nascimento e pressionar "submit" [enviar], seu mapa natal será encaminhado instantaneamente para você. O Astrolabe não o seduz com excesso de recursos e acessórios (não se preocupe, nos próximos itens informo onde satisfazer esse desejo). Porém, se quer um mapa natal com algumas interpretações básicas e fácil de ler, você pode conseguir aqui — rápido e gratuito.

» **Astro-charts** (https://astro-charts.com): A primeira coisa que você notará aqui são as palavras "Welcome to the home of beautiful astrology charts" [Bem-vindo ao lar dos belos mapas astrológicos]. É um exagero, mas os mapas são realmente bonitos, vêm acompanhados de listas de posicionamentos e aspectos planetários, e também padrões gráficos (veja o Capítulo 14 para saber mais sobre esse tema). Porém, eles não vêm com interpretação. Para isso, é preciso pagar. Outra ressalva: esse site exige horário de nascimento. Opções como "desconhecido" ou "ao amanhecer" não constam. Se você não sabe a hora em que nasceu, recomendo criar um mapa para o meio-dia inserindo 12h como seu horário.

» **Cafe Astrology** (https://cafeastrology.com): "Where do I begin?" [Por onde começo?], pergunta a página inicial. Uma ou duas linhas abaixo, você verá os termos "How to obtain my natal chart" [Como obter meu mapa natal]. Clique aí, siga as instruções e receberá uma análise de seu mapa. O mapa em si não aparece até o fim do documento. Continue rolando para baixo, passando pelas tabelas introdutórias multicoloridas e pelos parágrafos com as interpretações, quase até o fim. É um mapa bonito, mas você terá que observar com cuidado as cúspides das casas, que estão indicadas com algarismos romanos e traços delicados. O Cafe Astrology também disponibiliza dezenas de artigos, horóscopos diários, sínteses anuais, todo tipo de previsão que você puder comprar e um horóscopo anual gratuito com base no dia do seu nascimento. Procure por "If Today Is Your Birthday" [Se hoje for seu aniversário], mesmo que seu aniversário não seja hoje. Alguns cliques a mais o levarão aonde deseja ir.

» **Astrodienst** (www.astro.com): E assim chegamos ao site de astrologia mais antigo, respeitado e profissional. No Astrodienst, um site suíço inaugurado em 1980, você pode fazer mais do que se divertir; pode se instruir. Mas navegar nesse site pode ser um desafio. Veja como conseguir seu mapa natal gratuito:

1. Vá para "Free Horoscopes" [Mapas Gratuitos], visível no topo da página inicial à esquerda. Passe o cursor do mouse sobre "Free Horoscopes", aparecerá um menu. Um dos itens (no momento em que este livro estava sendo escrito, ficava do lado direito) é "Natal Chart/Ascendant" [Mapa Natal/Ascendente]. Clique aí.

2. Agora, você está em uma página de boas-vindas a usuários convidados e registrados. Por ora, considere-se convidado. Clique nas palavras "click here to go to the data entry page" [clique aqui para acessar os dados da página de entrada].

3. Nos dados da página de entrada, marque o box aceitando a política de privacidade. Depois, preencha sua data de nascimento e clique em "continue" [continuar]. Seu mapa aparecerá como mágica. Para imprimi-lo em uma página só dele, sem anúncios, clique no pequeno círculo do meio do mapa.

Agora é hora de se esbaldar. Você pode navegar pela seção chamada "Free Horoscopes". Quer um resumo sobre Amor, Paquera e Sexo, conforme refletido em seu mapa? Um Perfil Psicológico? Uma Análise de Mapa Anual? Um Oráculo Colorido? (Divertido, embora eu não saiba o que isso tem a ver com astrologia.) Para um relatório completo, você terá que pagar. Felizmente, o pessoal do Astrodienst está distribuindo amostras e, apesar de elas serem simplificadas, são perspicazes e interessantes. Também há aulas de astrologia disponíveis, uma enorme coleção de artigos de múltiplas fontes, previsões diárias e semanais, e um banco de dados astrológicos de 56.611 figuras públicas (e o número está aumentando). Quanto mais você navegar pelo site, mais descobertas fará.

LEMBRE-SE

São apenas alguns sites que disponibilizam mapas natais gratuitos. Para verificar outros, é só colocar no Google "mapa de nascimento gratuito" ou "mapa natal gratuito" e escolher.

No Brasil, temos, entre outros, os sites Personare (www.personare.com.br) e Somos Todos Um (www.somostodosum.com.br), que disponibilizam, em parte ou integralmente, mapas natais gratuitos.

CAPÍTULO 2 **Obtendo Seu Mapa Preciso...** 35

Investindo em Software

No mundo da astrologia, nada é mais divertido que conseguir fazer mapas para as pessoas a qualquer hora. Softwares de astrologia são uma diversão sem fim, mas não são baratos. Se decidir que vale a pena o investimento, aqui estão algumas recomendações.

Maximizando o Mac

Até hoje, apesar da genialidade do falecido Steve Jobs e da irrefreável expansão dos produtos da Apple em todas as cafeterias do planeta, os usuários do Macintosh — e somos uma multidão — têm opções espantosamente limitadas de softwares de astrologia. Teoricamente, na época em que este livro for publicado, isso terá mudado. Tomara que sim. Por enquanto, recomendo estes programas [conteúdos em inglês]:

» **TimePassages:** Henry Seltzer, criador do Astrograph Software, projetou este software como uma ferramenta universal, compatível tanto com o Mac como o Windows. Além de calcular mapas natais, trânsitos, gráficos de comparação e mais, ele oferece um recurso irresistível, sobretudo para iniciantes. Após gerar o mapa, você clica em qualquer coisa dentro dele — um planeta, uma cúspide de casa, uma linha de elemento entre dois planetas ou um símbolo na grade de elementos — e uma interpretação aparecerá. Não tem certeza do que significa ter a Lua na décima casa? Ou um Grande Trígono, o que, por sorte, ele também tem? Um só clique gera uma explicação em um parágrafo. Para uma demonstração gratuita, vá para https://www.astrograph.com.

» **Io Programs:** A Time Cycles Research Programs oferece este software para profissionais, mas você não precisa ser um para usá-lo. O Io Edition, o programa principal, calcula mapas; o Io Interpreter disponibiliza análises; o Io Forecast, o Io Solar Return e o Io Lunar Return dão uma espiada no futuro; o Io Body and Soul oferece uma abordagem astrológica holística de saúde e bem-estar. E há opções adicionais. Você pode conseguir o Cycles por e-mail em astrology@timecycles.com ou pela web em www.timecycles.com.

» **Solar Fire.** Durante muito tempo, este programa ambicioso e de primeira linha ficou disponível apenas para Windows. Fui informada que, quando este livro for publicado, ele também estará disponível para computadores Macintosh. Para descobrir o que o Solar Fire pode fazer (resposta rápida: pode fazer quase tudo), continue lendo.

DICA

Se você decidir investir em um software de astrologia, mas sentir necessidade de conselhos de um especialista conhecido, há apenas uma coisa a fazer: entre em contato com o astrólogo Hank Friedman, analista de softwares de longa data do *Mountain Astrologer* e outros periódicos. A consulta é gratuita, e ele vende todos os softwares com desconto. Você pode enviar um e-mail a ele, stars@soulhealing.com, ou visitar seu site em https://www.soulhealing.com [conteúdo em inglês]. Aqui, você encontrará informações sobre softwares, links para demonstrações gratuitas de software, mais de 150 tutoriais gratuitos sobre astrologia ocidental e védica, e uma variedade impressionante de receitas com chocolate.

Brincando com o PC

As opções de software para PC são muito diversas para fazer jus aqui. Pedi a Hank Friedman que desse algumas sugestões. As recomendações dele são as seguintes [conteúdos em inglês]:

» **Solar Fire Gold.** Uma vasta gama de recursos faz do Solar Fire o programa mais popular para astrólogos profissionais. Ele respalda, literalmente, qualquer tipo de cálculo imaginável, e seus elementos de design gráfico são espetaculares. Você pode customizar tudo. Além de mapas natais, trânsitos, uma enciclopédia de astrologia e todos os recursos usuais, pode trabalhar com ciclos de eclipse, planetas hipotéticos (sim), mapas geocêntricos ou heliocêntricos, mapas de relocação, astrologias védica e medieval, astrologias mundana, financeira e esotérica, pontos médios, mais de mil asteroides e planetas menores, e dezoito (!) variedades de mapa pré-natais.

Usando o Solar Fire é possível fazer um mapa para qualquer pessoa nascida a partir de 5401 a.C. até 5399 d.C. São muitos anos, e muitas informações. Se suspeitar que isso é mais do que você possivelmente conseguiria desejar ou digerir — e, confie em mim, só estou lhe mostrando um catálogo parcial —, pode decidir considerar o Solar Fire uma mera aspiração e passá-lo adiante, ao menos por ora. Por outro lado, se essa lista, embora incompleta, estimular sua curiosidade, vá o quanto antes para o site de Hank, em www.soulhealing.com, e leia tudo a respeito.

» **Janus 5.** Este software versátil não é tão potente quanto o Solar Fire, mas custa menos e, mesmo assim, tem mais recursos do que a maioria das pessoas um dia precisará. Além da astrologia natal tradicional, trânsitos etc., ele disponibiliza astrologias védica, eletiva, horária, mapas de relocação e muito, muito mais. Hank Friedman chama o Janus 5 de "o canivete suíço dos programas". Não tem nada mais útil. Para ter mais informações, acesse www.soulhealing.com.

LEMBRE-SE

A astrologia *mundana* aborda política, história e questões nacionais. A astrologia *eletiva* é a arte de escolher datas para eventos, como o início de uma campanha, um casamento ou a abertura de uma empresa. A astrologia *horária* é a arte de responder questões, de importância crucial ou banalidade total.

Em português, há o software Pegasus, compatível com Windows. Para ter mais informações, acesse https://www.regulus.com.br/softwares/pegasus.htm. O Vega Plus Online também é uma excelente opção de software. Mais informações no site http://vegaplus.com.br.

Ativando um App

É ótimo ter um software sério instalado no laptop, mas ter um no bolso ou no iPad pode ser ainda melhor. Há muitos apps, de várias faixas de preço. Aqui estão dois que valem a pena considerar [conteúdos em inglês]. Em português, confira o app Aura Astrologia, para Android, e o Horos, para iPhone:

» **AstroGold.** Feito pelo mesmo pessoal que lhe trouxe o Solar Fire, este é um software profissional com inúmeras opções. Excelente app se você está interessado em praticar astrologia em um nível avançado, ele está disponível para Android, iPhone e iPad, e é totalmente compatível com a versão para desktop do Solar Fire. Para adquiri-lo, entre em contato com Hank Friedman em www.soulhealing.com ou se está usando um aparelho da Apple, vá para a loja iTunes.

» **TimePassages Pro**. É um app bem projetado para qualquer pessoa que deseje criar mapas em tempo real, e você pode baixá-lo gratuitamente (nesse exato instante, ele está disponível somente para iPhone, mas uma versão para Android está a caminho). Você faz seu mapa natal, um mapa diário mostrando onde estão os planetas no momento e várias interpretações de apoio. Há uma pequena taxa para mapas extras ou você pode pular essas cobranças adicionais e fazer um upgrade completo para o Timepassages Pro. No momento da escrita deste livro, o preço era US$29,99, e vale muito a pena. É provável que eu dê uma olhada nesse app todos os dias. Onde está a Lua? Mercúrio ainda está retrógrado? Meu amigo José deve fazer uma oferta por aquela casa? E o que aconteceu com meu médico (sim), que acabou de me pedir para olhar o mapa dele? TimePassages Pro ao resgate!

Navegando pelo Ciberespaço

Assim como calças boca de sino ou sandálias gladiadoras, a astrologia entra e sai de moda. Quando estava aprendendo astrologia, ela estava no ar e nas paradas de sucesso. Pela primeira vez, um livro de astrologia — *Signos do Zodíaco*, de Linda Goodman — esteve no topo da lista de best-sellers do *New York Times*, e todas as pessoas que eu conhecia, inclusive as que se diziam céticas, aparentemente sabiam o próprio signo. Consegui um emprego de meio período fazendo mapas para uma livraria esotérica e outro, acredite se quiser, ensinando astrologia em uma escola pública alternativa de ensino médio. Era o auge da astrologia, eu pensava.

Mas estava errada. O auge da astrologia é exatamente agora. Além de livros, revistas (*The Mountain Astrologer*, em particular), uma série interminável de horóscopos por e-mail e uma comunidade crescente de astrólogos, há sites, webinars, conferências e retiros, vídeos, apps e podcasts, sem falar das publicações estreladas no Facebook, Twitter, Instagram e em qualquer outra mídia social que eu tenha omitido sem querer. Entre eles, estão o astrólogo helenista Chris Brennan (@chrisbrennan7); Astro Butterfly (@Astro_Butterfly); Mary English e seu maravilhoso podcast caseiro, *Learn Astrology with Mary English*; AstroTwins, Ophira e Tali Odit, e seu site, `https://astrostyle.com`; e estes outros [conteúdos em inglês]:

» **Anne Ortelee.** Em seu prático podcast semanal, ela imagina a dança dos planetas como um tipo de reality show, cheio de figuras exigentes e alianças instáveis. Energias similares, explica ela, ficarão evidentes em situações que você pode (e, na minha experiência, é quase certo que sim) encontrar na semana posterior. Dê uma olhada no Twitter dela (@AnneOrtelee) ou escute seu podcast, *Anne Ortelee Weekly Weather*.

» **Susan Miller.** Ela é popular no mundo todo, e não somente porque é uma astróloga de primeira, embora seja. Seu otimismo e cordialidade, seu senso de viabilidade, profundo conhecimento do tema e visão prática do mundo são seus traços distintivos. Ela escreve muito, e suas previsões mensais podem ser absolutamente incríveis. Ela também explica o significado dos eclipses, aprofunda-se na retrogradação de Mercúrio, fornece previsões diárias, produz um calendário de parede anual e um livro anual de prognósticos, tudo isso no ciberespaço. Seus seguidores a adoram. Interaja com Susan em seu site (astrologyzone.com), no Facebook (Susan Miller's Astrology Zone), no Twitter e no Instagram (@Astrologyzone) e através de seu app para celular, o Daily Horoscope Astrology Zone, disponível para iOS, Windows e Apple Watch. Assim como vários outros apps, há uma versão gratuita e uma mais substancial, que é paga. De graça, você recebe previsões diárias, uma previsão mensal extensa para seu signo, perfis dos signos solares, acesso aos tuítes de Susan e um calendário bonitinho descrevendo acontecimentos astrológicos importantes para os próximos meses. Pagando, você recebe mais. Não dá para perder.

» **Rob Brezsny.** Seus mapas, disponíveis em `freewillastrology.com`, são incomparáveis. Em vez de ficar falando sobre signos e planetas, ele descreve uma cena de filme, cita um poeta, reflete sobre um ritual cultural ou uma descoberta científica, reconta um episódio da biografia de um personagem histórico ou um gênio da música desconhecido. Então, como um mestre das metáforas, conecta isso à sua vida. As histórias nem sempre têm sintonia. Mas geralmente, sim, e quando isso acontece, você sente como se uma porta tivesse sido aberta e tudo o que tem de fazer é passar por ela e respirar o ar renovado. Seus mapas são mais que empáticos e descritivos, são incentivadores. Além disso, ele disponibiliza bastante material de leitura, incluindo um relato de boas notícias frequentemente atualizado — imagine só! — do mundo todo. Gosto da marca dele: Free Will Astrology [Astrologia do Livre Arbítrio, em tradução livre]. É exatamente assim que vejo as coisas, e espero que você também veja.

» **Chani Nicholas.** Chani é uma ativista feminista lutando pela equidade social, com conhecimento em mitologia e ciente dos direitos LGBTQ, cujo trabalho astrológico inteligente e perspicaz provém dessa plataforma politicamente engajada. Ela a chama de "astrologia para místicos radicais, politizados e críticos". Você pode segui-la no Instagram, no Twitter (@chaninicholas) ou acessar seu site (`https://chaninicholas.com`) para refletir sobre horóscopos mensais da Lua nova e meditações guiadas, admirar suas colagens bem elaboradas e adquirir workshops, aulas e leituras individuais. Como alguém chamada de deusa, estrela do rock e favorita dos cults, ela apareceu em jornais e revistas como *Vogue*, *Vanity Fair*, *Oprah*, *Out* e *Rolling Stone*. Como astróloga, o que ela oferece de mais original é uma aparição mensal de "horóscopos em forma de playlists", atualizados e escolhidos tematicamente, disponíveis pelo Spotify. Não é seu horóscopo usual, mas por que deveria ser? Astrologia do século XXI. Até que enfim.

No Brasil, há ótimos e renomados profissionais da Astrologia. Entre eles, Nilton Schutz (siga-o no Instagram, @nilton.schutz ou acesse seu site `https://niltonschutz.com.br`) e Cláudia Lisboa (`www.claudialisboa.com.br` ou @claudialisboa). Ambos também possuem canal no YouTube e milhares de seguidores.

> **NESTE CAPÍTULO**
> » Valorizando a astrologia antiga
> » Considerando o período clássico
> » Caminhando pela Idade Média
> » Saboreando o Renascimento
> » Testemunhando o declínio da astrologia
> » Saudando o ressurgimento moderno

Capítulo **3**

A História da Astrologia: 5.000 Anos de Altos e Baixos Cósmicos

Em 410 a.C., um astrólogo babilônio fez um mapa natal para uma criança nascida no dia 29 de abril. O mapa, o nascimento de um "filho de Shuma-usur, filho de Shumaiddina, Descendente de Deke", é o mais antigo que temos do gênero. É fácil imaginar o astrólogo dizendo palavras reconfortantes para os pais da criança (presumindo que foram eles que encomendaram o mapa natal). Ele teria visto que o Sol estava em Touro e a Lua em Libra, uma combinação tranquila e amorosa. Vênus em Touro e Júpiter em Peixes o teriam encantado, já que ambos os planetas estavam fortemente posicionados nos signos que regem: bons auspícios para ninguém botar defeito. O mapa tinha seus desafios — não há nenhum que não tenha — mas, no geral, ele deve tê-lo considerado agradável. Certamente os pais da criança teriam ficado contentes ao ouvir sua análise, isto é, a menos que estivessem esperando um líder militar. A tendência desse mapa é para as artes.

Por volta do século V a.C., quando esse mapa foi elaborado, a astrologia estava florescendo. Neste capítulo, sou seu guia pela história da astrologia no mundo ocidental, seus períodos de popularidade na época clássica e no Renascimento, os séculos de censura, quando ela foi difamada e rejeitada, e os períodos em que ressurgiu com força total, como em nossos dias.

Examinando a Astrologia Antiga

Povos antigos olhavam para o céu como nós não olhamos: com atenção. Cerca de 34 mil anos atrás, observadores da Idade da Pedra registravam o ciclo da Lua em pedaços de ossos e chifres. Uns 17 mil anos mais tarde, seus descendentes pintaram o Touro e a constelação das Plêiades — não há dúvidas sobre essas identificações — nas paredes de uma caverna do que hoje é a França. Na China, a atividade astrológica remonta ao quinto milênio a.C. No mundo ocidental, a atividade astronômica mais concentrada fica na Mesopotâmia. Por volta de 3.000 a.C., astrônomos babilônios haviam mapeado as constelações, determinado a extensão do mês lunar (pouco mais de 29 dias e meio), registrado o ciclo de Vênus, anotado a aparência dos cometas, meteoros, arco-íris, tempestades e formações de nuvens, e percebido correlações entre eventos celestes e terrestres. Durante o segundo milênio a.C., eles registraram as descobertas em dezenas de tábuas de argila conhecidas coletivamente como *Enuma Anu Enlil*, traduzida como "*Quando Anu e Enlil*" e referente ao deus do céu Anu e a seu filho Enlil, senhor do ar e do clima. Isso não era a astrologia como conhecemos. Não era uma análise de personalidade sem sentido algum. Pelo contrário, era uma coleção de presságios úteis. Veja os típicos:

» Quando Júpiter sair por trás da Lua, haverá hostilidade na Terra.
» Quando a luz flamejante de Vênus iluminar o tórax de Escorpião, a chuva e as inundações devastarão a Terra.
» Quando Mercúrio estiver visível em Kislev,[1] haverá ladrões na Terra.
» Quando Mercúrio se aproximar de Espiga, as lavouras na terra vicejarão, os rebanhos serão numerosos nos campos, o rei se fortalecerá. Haverá sésamo e tâmaras com abundância.

Essas declarações eram mensagens dos deuses. Elas eram políticas ou relacionadas ao tempo, com foco na guerra e na paz, inundações e fome. Vagas e frequentemente agourentas, eram o arauto da catástrofe ou, com menos frequência, da prosperidade. Mas não eram pessoais (a menos que você fosse o rei).

---

[1] Terceiro mês do ano civil e nono mês do ano religioso no calendário judaico. [N. da T.]

Por volta da metade do primeiro milênio a.C., astrônomos e astrólogos ocidentais — não havia diferença — ajustaram o zodíaco conforme o conhecemos, reduzindo-o de 18 para 12 constelações. Igualmente importante foi a identificação da eclíptica feita por eles, o caminho seguido pelo Sol conforme ele percorre o céu, e o dividiram em 12 seções, cada uma com 30 graus de extensão. Esse progresso permitiu a criação dos signos (distintos das constelações), cada um com duração, extensão e valor iguais. Assim, as sementes da astrologia moderna estavam espalhadas na antiga Babilônia. Dali, brotaram no Egito, na Grécia e ao longo da Mesopotâmia até chegar a Caldeia, uma pequena região do sudeste onde observadores registravam eclipses e outros fenômenos celestes. Com o tempo, conforme Caldeia foi se fundindo à Babilônia, maior e mais poderosa, aos poucos o termo "caldeu" passou a significar uma coisa só: astrólogo.

Passeando pelas Épocas Clássicas

Mudanças políticas atravessaram o mundo antigo durante o primeiro milênio a.C. Em 539 a.C., sob Ciro, o Grande, os persas conquistaram a Mesopotâmia e o restante do Oriente Médio. Duzentos anos mais tarde, Alexandre, o Grande, derrotou a mesma região e se aventurou para além dela, rumo ao Egito e à fronteira da Índia.

O resultado devastador dessas invasões — os persas do oriente em 539 e os gregos do ocidente em 331 — não foi só militar ou político. Foi cultural. Por toda a região conquistada, o grego se tornou a língua comum e a polinização cultural virou norma, em benefício da astrologia. Astrólogos egípcios ofereciam um calendário solar junto com uma ênfase nas inclinações do mapa e o que quer que estivesse em ascensão, fosse uma estrela ou uma constelação. A astrologia babilônica disponibilizava o zodíaco, tabelas de movimento dos planetas, uma fonte inesgotável de tradição lunar e planetária, e a noção de que planetas eram deuses. Os gregos, que valorizavam a astronomia e a matemática, mas nunca tinham feito muita coisa relacionada à astrologia, absorveram-na. Mesmo Platão, que tinha lá suas reservas, ficou curioso o bastante para estudá-la durante a velhice com um — isso mesmo — caldeu.

Por que os gregos, que supostamente prezavam a lucidez e a razão, reagiram com tanto ímpeto a uma área que, segundo os céticos, não possui nenhuma dessas qualidades? Porque ela os surpreendeu como algo científico, estruturado e com base em medições precisas, ao contrário de outros métodos de adivinhação, como interpretar o voo de aves ou tentar decifrar as afirmações de um oráculo inalando vapores de um caldeirão, como o de Delfos. Assim como a geometria, a astrologia parecia imensamente racional, e a classe intelectual a aceitou. Levou um tempo para separar o joio do trigo. Mas ela conseguiu.

Para aprender astrologia na Grécia antiga, ia-se até a ilha de Cós, terra natal do médico Hipócrates. Em 280 a.C., um babilônio chamado Berosso, que era astrólogo, historiador e sacerdote da deusa Bel Marduk, fundou uma escola de astrologia lá e fez milhares de mapas natais, dos quais nenhum sobreviveu. Plínio, o Velho, o naturalista romano que morreu durante a erupção do Monte Vesúvio, em 79 d.C., relatou que Berosso era tão admirado que, após sua morte, os cidadãos de Atenas construíram uma estátua dele com uma língua dourada.

A contribuição clássica mais importante para a astrologia veio de um geógrafo, matemático, astrônomo e astrólogo egípcio chamado Cláudio Ptolomeu, que viveu em Alexandria. Nascido por volta de 100 a.C., Ptolomeu escreveu dois livros de interesse dos astrólogos: o *Almagesto*, livro de astronomia que inclui tabelas e instruções matemáticas detalhadas para determinar posicionamentos planetários e de casas; e o *Tetrabiblos*, o mais influente livro de astrologia já escrito (em quatro partes, daí o título). Ele explicava elementos, aspectos, estrelas fixas, a astrologia das nações, de defeitos congênitos, de pais e mães, irmãos e irmãs, gêmeos, doenças, morte etc. Ainda no século XVII, o *Tetrabiblos* de Ptolomeu era ensinado em universidades. Ele foi descrito como a Bíblia da astrologia.

Um Gostinho Romano

No Império Romano, astrologia e adivinhação roubavam a cena. Os romanos ficavam de olho em presságios, e havia presságios de sobra: cometas, sonhos, relâmpagos, serpentes, lanternas que de repente tremeluziam (um bom augúrio, pelo menos de acordo com Tibério), estátuas rindo, estátuas decapitadas, árvores crescendo em direções inesperadas e aves — corvos, águias, abutres, pombas, corruíras e galinhas sagradas — com mau comportamento. Nem todo mundo apoiava a astrologia. Cícero, por exemplo, questionava-a. Mas imperadores consultavam astrólogos, e faziam isso com certa frequência.

Em 44 a.C., Shakespeare nos informa, Júlio César ignorou, com imprudência, o conselho de um adivinho para "Tomar Cuidado com os Idos de Março". Esse vidente, de acordo com Cícero, era Vestrício Espurina, que podia ler o futuro nas estrelas e nas entranhas de animais sacrificados.

O sucessor de César foi seu filho adotivo Augusto, que, na juventude, visitou o astrólogo Teógenes com seu amigo Agripa. Teógenes profetizou uma boa sorte tão admirável para Agripa que Augusto teve certeza de que, em comparação, sofreria. Porém, após Teógenes fazer seu mapa, ele se atirou aos pés de Augusto. Ele ficou tão animado que fez com que publicassem seu mapa natal e emitiu moedas inscritas com o símbolo de Capricórnio, deixando, assim, historiadores em um frenesi que durou mais de 2 mil anos (veja o box a seguir).

AUGUSTO ERA CAPRICORNIANO?

Ele não era, embora gostasse do símbolo. O historiador romano Suetônio relata que Augusto nasceu antes do amanhecer, no dia 23 de setembro de 63 a.C. Faça o mapa desse dia e verá que Augusto era de Virgem (não de Libra) e com Lua em Capricórnio. Mas naquela época a astrologia não nascia e se punha com o Sol. Outros planetas tinham a mesma importância. Portanto, sua ligação com Capricórnio talvez fosse uma alusão ao seu signo lunar ou uma referência à sua concepção, evento que astrólogos romanos afirmam ter ocorrido 273 dias antes do nascimento. Nesse caso, Augusto teria sido concebido no fim de dezembro — em Capricórnio. Talvez, ele só quisesse lucrar com a grandeza imperial de Capricórnio. Talvez sua estima pela cabra fosse uma forma de identidade visual. O astrônomo do século XVII Johannes Kepler, que era um astrólogo completo, investigou o assunto para o imperador Rudolph II, na esperança de descobrir por que Augusto tinha afinidade com o signo. Ele nunca chegou a uma conclusão, e estudiosos ainda especulam sobre isso.

Após Augusto, veio Tibério, a quem Plínio, o Velho, considerava "o mais sombrio dos homens". Tibério acreditava em astrologia, mas não confiava em astrólogos, então ele os testava. Ele e o astrólogo, acompanhados de um ex-escravo extremamente forte, subiriam até o topo de um penhasco bem acima do mar, onde o astrólogo interpretaria seu mapa. Se Tibério se sentisse enganado ou insatisfeito, o ex-escravo arremessaria o astrólogo do penhasco.

Assim, quando o astrólogo Trasilo foi incumbido de dar uma consulta ao lado do penhasco, previu um futuro glorioso para Tibério. Então, o imperador perguntou como ele via os próprios presságios. Tibério pegou um mapa e, tremendo, exclamou que uma crise perigosa, possivelmente fatal, estava pairando sobre ele. Tibério, que sabia que isso era verdade porque realmente estava pensando naquele penhasco, parabenizou o astrólogo por sua perspicácia e o recebeu como membro de sua residência. Eles se tornaram amigos íntimos, mas depois de um tempo, Tibério foi ficando cético. Certo dia, enquanto ele e Trasilo caminhavam pelo penhasco, o astrólogo apontou um navio distante e afirmou que ele traria boas notícias. Dessa vez, ele estava certo: "Um golpe de sorte", diz Suetônio, "que convenceu Tibério de sua idoneidade".

A realidade era que a maioria dos romanos acreditava em astrologia, mas a associavam à mão implacável do destino. Portanto, ela os fascinava e afligia, e de tempos em tempos eles ficavam em cima do muro. Ao menos em oito ocasiões entre 139 a.C. e 175 d.C., dignitários descontentes expulsaram astrólogos em massa (mesmo que dessem um jeito de permitir que seus videntes pessoais ficassem). A crença em astrologia era quase universal. Mas os astrólogos não tinham garantia alguma de trabalho. Eles sempre estavam sob avaliação.

O MAPA NATAL DE NERO

Quando Nero nasceu, no dia 15 de dezembro de 37 d.C., o astrólogo de plantão deu uma única olhada no mapa do menino e desmaiou na hora. Por que ele ficou tão atordoado? Nero tinha um bélico Marte, um dos dois planetas "maléficos", em ascensão em Sagitário formando conjunção bem próxima com o Sol e o Ascendente, e uma quadratura com o outro maléfico, Saturno — uma combinação agressiva, defensiva, irascível e desumana. Sua Lua no extravagante Leão formava quadratura com Júpiter em Escorpião, ampliando sua arrogância, exageros e maneiras de chamar a atenção. A Lua e Júpiter estavam, ambos, em semiquadratura com Saturno, dando um toque de pessimismo e suspeita. E o que o astrólogo não sabia, Plutão (que só seria descoberto cerca de 1.900 anos depois) estava em conjunção exata com o Sol, acrescentando uma característica tirânica e obsessiva a um mapa arrogante e propenso à violência.

Para ser franca, a história de que Nero tocava lira enquanto Roma pegava fogo é um mito. Ele não começou o incêndio, afirma Tácito, porque sequer estava na cidade. Outros autores insistem que ele começou, sim, talvez para liberar espaço para um palácio que queria construir. Todos concordam que ele trabalhou para reconstruir a cidade devastada e culpou os cristãos, muitos dos quais executou de maneiras terríveis. E também não foram essas as únicas pessoas que ele matou. Seu astrólogo, que previu e acertou que ele mataria a mãe, não ficou surpreso.

À medida que o cristianismo ganhava força, a astrologia perdia. Após Constantino ter se convertido ao cristianismo, em 312 d.C., práticas antigas foram gradualmente proibidas, bem como a adivinhação e a astrologia, que eram relacionadas ao paganismo e, pensava-se, negavam o livre-arbítrio. Por volta de 364 d.C., uma assembleia de clérigos condenou a magia e a astrologia. Até Santo Agostinho, que se convertera ao cristianismo em 386 d.C., juntou-se a eles. Ele defendeu que a estrela de Natal anunciava o fim da astrologia. Estava errado. Mas isso não importava. O apogeu da astrologia no Ocidente chegara ao fim.

O valor dos astrólogos árabes

Após o colapso do Império Romano, em 476 d.C., a aura dourada da astrologia diminuiu na Europa e no ex-Império Romano. No Império Bizantino, em terras árabes e ao longo do Oriente Médio, ela continuou a brilhar. A astrologia podia ser encontrada em qualquer lugar, dos estaleiros aos tribunais, onde astrólogos tinham cargos oficiais e recebiam salários. Mesmo assim, a astrologia não obteve apoio universal, sobretudo após o surgimento do Islã no século VII. Líderes religiosos muçulmanos, de quem somente Deus podia prever o futuro, atacavam a astrologia, assim como vários filósofos e poetas influentes. E, ainda assim, a "ciência dos decretos estelares", como era denominada, continuava a atrair adeptos.

No ano de 762, líderes do califado de Abássida fundaram uma nova capital no Rio Tigre com a ajuda de astrólogos, entre eles, um árabe judeu chamado Masha'Allah, que escolheu uma época auspiciosa para iniciar a construção. Alguns anos depois, foi inaugurada a primeira escola de astrologia de Bagdá. O filósofo Al-Kindi, cuja obra variava de criptografia a música, passando por maneiras de se fabricar perfume, foi o primeiro diretor da escola. Ele escreveu sobre o ciclo de 960 anos de Júpiter-Saturno; as chamadas 97 partes ou lotes árabes, pontos imaginários obtidos com fórmulas e que simbolizavam quase tudo; e raios estelares que, como acreditava, explicavam a energia das estrelas.

Durante esse período, fazia-se um trabalho extraordinário sobre astrologia, filosofia, matemática, astronomia e outras disciplinas. Mesmo assim, sempre havia discussões envolvendo astrologia. No século IX, um astrólogo chamado Abū Ma'shar (mais conhecido como Albumasar) escreveu uma defesa vigorosa com introdução que foi traduzida para o grego e o latim, divulgada amplamente e lida durante séculos. No século XI, o brilhante Muhammad ibn Ahmad al-Bīrūnī foi encarregado de elaborar um manual de astrologia. Ele o fez, abrangendo toda a organização da astrologia islâmica. Porém, ao mesmo tempo, ciente das possíveis críticas, ele se protegeu, explicando que estava apenas tentando mostrar ao leitor inteligente o que evitar e auxiliar o astrônomo carente a ganhar a vida.

Durante a Era de Ouro do Islã, que se estendeu aproximadamente do século VIII ao XIII, matemáticos, engenheiros, astrólogos, astrônomos e outros cientistas fizeram progressos consideráveis, sendo a invenção da álgebra um exemplo. Porém, o trabalho mais importante durante esse período foi a tradução. Eruditos árabes traduziam escritores clássicos como Aristóteles, Ptolomeu, seu contemporâneo Vétio Valens, e o astrólogo e poeta helenista Doroteu de Sidon para o grego, sânscrito, persa, indiano e outras línguas. Mais tarde, quando muitas dessas obras clássicas se perderam na Europa, traduções árabes permitiram que elas fossem recuperadas. Séculos de conhecimento árabe mantiveram vivo o aprendizado.

Passeando pela Europa Medieval

No século XII, o *Tetrabiblos* de Ptolomeu, escrito em grego, foi traduzido do árabe para o latim, e o renascimento da astrologia começou. Tabelas planetárias elaboradas por astrólogos árabes em Toledo, Espanha, apareciam nas mesas de astrólogos na França e na Inglaterra. Reis europeus se aconselhavam com astrólogos árabes eruditos, como o médico e astrólogo judeu Abrahan ibn Ezra. Universidades ofereciam cursos de astrologia e medicina. E os maiores escritores da época passaram a considerá-la.

O *INFERNO* DE DANTE

O poeta italiano Dante Alighieri (1265 a 1321) passa um bom tempo no *Inferno* punindo malfeitores. Conforme percorre os nove círculos do inferno com seu guia imaginário, o poeta romano Virgílio, ele observa almas atormentadas por toda parte — luxuriosos, glutões, iracundos, avarentos, ladrões e assim por diante. Todas estão sendo torturadas de maneiras horríveis, fantasiosas, e a punição sempre combina com o pecado. No oitavo círculo, Dante encontra dois astrólogos chorando. São eles: Guido Bonatti (1207 a 1296), o astrólogo mais famoso da época, e Michael Scot (1175 a 1234), um astrólogo escocês que trabalhava para papas e imperadores e que, de acordo com Dante, "conhecia de fato o jogo da mágica fraudulenta". Suas cabeças estavam viradas para trás; por terem tentado espiar o futuro, agora eles só podiam olhar para trás.

Mas Scot e Bonatti parecem ter sido substitutos para o astrólogo que era a verdadeira pedra no sapato de Dante: Cecco d'Ascoli (1257-1327), professor de astrologia na Universidade de Bologna que criticava o uso de artifícios ficcionais de Dante e visava "corrigir" erros literários do poeta com um poema de sua própria autoria, ao mesmo tempo que tentava engatar uma troca de correspondência com ele. Embora D'Ascoli tenha trabalhado para o papa João XXII, tinha ideias que não agradavam a igreja. Resultado: foi levado a julgamento por heresia e orientado a não dar aulas. Ele não captou a mensagem. Alguns anos depois, dando aulas de novo, fez um mapa natal para Jesus Cristo sugerindo, assim, que as estrelas, e não Deus, controlavam o destino de Cristo. Por conta disso, ele foi queimado na fogueira; único astrólogo e primeiro professor universitário a receber uma punição desse calibre.

A astrologia invadiu por inteiro a vida medieval. Quando a Peste Negra avançou pela Europa, em 1348, dizimando pelo menos um terço da população, o rei da França pediu à faculdade de medicina da Universidade de Paris que a investigasse. Eles logo averiguaram que a peste bubônica era resultado de uma conjunção impressionante de Júpiter, Saturno e Marte em março de 1345. Um eclipse lunar naquele mesmo mês apenas agravou a maldade cósmica. Embora as pessoas tivessem outras teorias sobre a causa da peste, essa fez mais sentido e foi mais amplamente aceita, mesmo que a conjunção tenha acontecido três anos antes da peste. Os médicos haviam diagnosticado o problema.

Nos séculos seguintes, a astrologia permeou cada setor da sociedade e cada castelo. Às vezes, havia polêmicas. Astrólogos eram homenageados por alguns e condenados por outros. Eles aconselhavam papas e reis, escolhiam épocas propícias para batalhas e coroações, eram pegos em escândalos reais, debatiam com teólogos e filósofos, eram condecorados e até — na Inglaterra, em 1441 — arrastados e esquartejados. Mas esse astrólogo infeliz tinha feito um mapa que previu a morte do rei. Em outras palavras, cometeu traição.

Homenageando o Renascimento

Durante o Renascimento, a astrologia continuou a vicejar, mesmo com a ciência ficando mais proeminente. Astrólogos desfrutavam de prestígio social e, com ele, acesso a ricos e poderosos.

Em Florença, o filósofo Marsílio Ficino (1433–1499) traduziu para o latim as obras de Platão e de outros autores gregos. Astrólogo, médico e padre católico, ele chefiou uma academia cujo objetivo era reproduzir a academia de Platão em Atenas, e foi amplamente responsável pelo ressurgimento da cultura clássica na Renascença. Porém, em 1489, alguém o denunciou ao papa Inocêncio VIII, acusando-o de heresia e magia. Ficino tinha amigos influentes — um embaixador e um arcebispo — com condições de defender sua causa junto ao papa. Ficino não foi acusado, e o papa pediu para se encontrar com ele. Não se sabe se o encontro aconteceu. Mas Ficino deve tê-lo considerado, porque pediu ao arcebispo que lhe enviasse uma descrição do mapa natal, temperamento e estado de saúde do papa, e prometeu preparar um medicamento útil.

Descobrindo o Dr. Dee

Na Inglaterra, John Dee (1527–1608) também conhecia pessoas em altos cargos. Ele era matemático, mágico, cartógrafo, mestre de cenografia, filósofo, um bibliófilo que compilou a melhor biblioteca particular da Inglaterra, colecionador de equipamentos de astronomia e matemática, um astrônomo que apoiava a teoria radical de que o Sol, e não a Terra, era o centro do Universo, e um astrólogo acusado de traição por fazer mapas da rainha Mary, de seu marido e sua meia-irmã Elizabeth, acusação da qual, de algum modo, ele conseguiu se safar.

Quando Elizabeth se tornou rainha, ele passou a ser o conselheiro dela, função pela qual é mais conhecido. Dee foi seu tutor de astrologia, escolheu 1559 como o ano de sua coroação, aconselhou-a sobre política externa, acalmou o medo que tinha de um cometa grande e a recebeu mais de uma vez na própria casa, embora nunca tenha obtido boa parte do reconhecimento que esperava dela, ou o dinheiro.

Em 1582, Dee se envolveu com um carismático médium, alquimista e falsário convicto chamado Edward Kelley. Aficionado pelo oculto, Dee vinha tentando há muito tempo ver imagens em cristais e se comunicar com anjos, habilidades que almejava possuir. Kelley, leonino exuberante com Sol na oitava casa, assegurou-lhe de que ele tinha esses talentos. E assim teve início uma dramática união que se desenvolveu na Inglaterra, migrou por alguns anos para a Europa oriental e foi permeada por mensagens angelicais. Uma vez, por exemplo, Kelley teve visões — uma mensagem em um pergaminho com um anjo seminu — cujo significado, entendeu ele, era que Kelley e Dee deveriam compartilhar suas esposas. Isso foi uma crise espiritual para Dee, mas ele seguiu em frente e, nove meses depois, sua esposa Jane deu à luz uma criança a quem chamaram de Theodore: presente de Deus. Quando Dee voltou à Inglaterra pouco tempo depois, descobriu que sua famosa livraria tinha sido vandalizada: um golpe duro. Ele nunca mais viu Kelley de novo, mas ficou sabendo que seu ex-compatriota fora condecorado pelo imperador Rudolf II em Praga e, mais tarde, quando suas habilidades alquímicas se provaram inadequadas, preso. Dee voltou a fazer mapas natais. Ele nunca parou de tentar se comunicar com anjos.

Uma observação sobre Nostradamus

John Dee está longe de ter sido o único astrólogo do Renascimento que serviu à realeza. Outro vidente do tipo foi Michel de Nostradame (1503–1566), astrólogo de Catarina de Médici, rainha da França. Nostradamus escreveu uma coleção de 942 profecias impenetráveis em forma de versos. Embora fazer previsões usando esses versos ambíguos tenha demonstrado ser uma tarefa e tanto, aplicá-las a eventos que já tinham ocorrido é outra história, com a opacidade dos versos facilmente trespassada por hipóteses interpretativas, anagramas, numerologia e erros de tradução. As profecias também são imitadas com facilidade. Apesar de vários boatos atribuídos ao nome dele, incluindo uma quadra inventada por um estudante universitário que supostamente previu os acontecimentos do 11 de Setembro, Nostradamus continua a surpreender e a intrigar.

DR. DEE E 007

Com Sol, Mercúrio e Júpiter na oitava casa dos mistérios, e Marte em Escorpião na décima segunda casa das coisas ocultas, John Dee não conseguiu resistir ao fascínio das coisas misteriosas. Ele adorava cristais, espelhos mágicos e símbolos secretos, alguns dos quais inventou. Entre eles:

- Uma letra E maiúscula com uma coroa no topo que ele usava para representar a rainha Elizabeth.

- Dois símbolos que usava para representar a si mesmo: um delta grego (Δ) e um desenho complexo que combinava os símbolos do Sol, da Lua, dos elementos e do fogo. Parece algo como o glifo de Mercúrio e também lembra a imagem inventada pelo músico Prince (que também tinha Sol na oitava casa e muito Escorpião).

- Um símbolo que ele usava na correspondência com a rainha Elizabeth que se parecia com um número sete e dois zeros em seu traço estendido, significando que essa carta era só para ela. Séculos após a morte de Dee, esse símbolo chamou a atenção do romancista Ian Fleming, criador de James Bond, e 007 renasceu.

Pelo menos, ele era um bom astrólogo? Catarina de Médici, ao que parece, achava que não; ela preferia outra pessoa. Mas certamente ele entendia um pouco de astrologia, pois suas profecias são repletas de referências planetárias específicas. Uma dessas profecias inspirou Orson Welles a prever um terremoto em 1988, no sul da Califórnia. Você poderia argumentar que não é difícil prever um terremoto na Califórnia. E esse aí sequer chegou a acontecer. Mas *houve* um terremoto no norte da Califórnia no ano seguinte, então, acredite se quiser...

Vagando pelo malfadado mundo de Shakespeare

No Renascimento, a astrologia impregnava a vida cotidiana, então não é de surpreender que as peças de William Shakespeare (1564–1616) sejam cheias de cometas, eclipses, sóis, luas, planetas e estrelas, a maioria delas acompanhada de um adjetivo. Além de perenes, brilhantes, resplandecentes, cadentes, reluzentes, errantes, fixas e que caminham pela Terra, as estrelas de Shakespeare são auspiciosas, benevolentes, castas, confortáveis, justas, favoráveis, gloriosas, boas, felizes, joviais e afortunadas — ou nervosas, más, repugnantes, vis, mortais, frustrantes, simples, desfavoráveis, malignas e nefastas. Mas a influência primordial da astrologia sobre Shakespeare é mais que uma questão de descrição. Ele pensa em termos astrológicos. Suas peças são moldadas por signos (Escorpião em *Macbeth*; Câncer em *Sonho de Uma Noite de Verão*; Gêmeos em *Romeu e Julieta*). Seus personagens são forjados pela luz dos quatro elementos ou modelados com base em planetas, como o sagaz Mercúrio (Mercúcio, amigo de Romeu) ou o melancólico Saturno (Rei Lear). Até seus enredos são moldados pela astrologia. Nas peças de Shakespeare, presságios nunca são alarmes falsos. Quando uma previsão é proferida, ela se realiza. Embora alguns personagens se pronunciem contra a astrologia e a favor do livre-arbítrio, geralmente não são aqueles de quem gostamos. "A culpa, caro Brutus, não é das estrelas, mas de nós mesmos", afirma Cássio em uma observação citada com bastante frequência. Mas Cássio é aquele que tem aparência simplória e faminta, que arquiteta o assassinato de César e que — em uma obra literária de outra era — acaba no nono círculo do inferno de Dante ao lado de Brutus, seu comparsa no assassinato, e de Judas Escariotes: todos traidores.

Provavelmente não se sabe se Shakespeare, pessoalmente, acreditava em astrologia. Que ele conhecia a astrologia é outra questão. Em *Tudo Bem Quando Termina Bem*, dois personagens chegam, inclusive, a debochar do efeito de Marte retrógrado. Shakespeare encontrou na astrologia um princípio organizador, e uma oportunidade para o humor. "Saturno e Vênus em conjunção este ano!", diz o príncipe Hal, em *Henrique IV Parte II*, enquanto observa um envelhecido Falstaff cortejando uma jovem atrevida. Como aponta Priscilla Costello, em *Shakespeare and the Stars* [Shakespeare e as Estrelas, em tradução livre], qualquer um teria sacado as referências planetárias e dado risada; tinha um pouco de piada suja. Shakespeare foi um exemplo para sua época.

DICA

Assisti a quase todas as peças de Shakespeare e li todas. Mas até descobrir o livro milagroso de Priscilla Costello, *Shakespeare and the Stars: The Hidden Astrological Keys to Understanding the World's Greatest Playwright* ["Shakespeare e as Estrelas: As Chaves Astrológicas para Entender o Maior Dramaturgo do Mundo", em tradução livre] (Ibis Press, 2016), não tinha compreendido a magnitude da influência da astrologia sobre o poeta. Leitura imperdível.

Prevendo a catástrofe com William Lilly

Outro homem que foi um exemplo para sua época era William Lilly (1602–1680), o astrólogo mais influente do século XVII. Seu livro, *Christian Astrology* ["Astrologia Cristã", em tradução livre] — um título enganoso, nada na obra é especificamente cristão —, é repleto de conselhos para o aprendiz de astrologia sobre tópicos como maneiras de calcular a duração da vida (é assustadoramente complexo) e responder a perguntas típicas sobre encontrar objetos perdidos, alugar uma casa, identificar um ladrão, prever o rumo de uma doença ou verificar se pagarão o dinheiro que lhe devem. Esses problemas eram examinados por meio da astrologia horária, segundo a qual o astrólogo elabora um mapa para o momento em que o cliente faz a pergunta, e o mapa traz a resposta dentro dele.

Lilly era um mestre nisso. Ele conseguia responder qualquer dúvida e prever, com precisão, o resultado de uma batalha ou conflito político. Ele é mais conhecido por ter previsto, 17 anos antes dos acontecimentos reais, que em 1665 ("ou próximo a esse ano... mais ou menos nessa época") a cidade de Londres sucumbiria a "uma peste devastadora" e a "vários incêndios". E foi o que ocorreu. Em 1664, pulgas portando a peste bubônica invadiram Londres, e o número de vítimas começou a aumentar. Em setembro de 1665, morriam até 7 mil pessoas por semana e todos aqueles que tinham condições de ir embora partiam. Quase um quarto da população morreu.

Um ano depois, começou um incêndio na casa de um padeiro em Pudding Lane que deixou a cidade em chamas. Em quatro dias, quatro quintos de Londres estavam destruídos. Lilly foi chamado perante a Câmara dos Comuns e questionado. Ele foi absolvido de todas as infrações. Não obstante, com a cidade em ruínas, mudou-se para o campo, dedicou-se à medicina e se contentou em publicar um almanaque anual. Sua previsão continua com o status de um dos grandes momentos da astrologia.

Assistindo ao Declínio da Astrologia

Durante um bom tempo, a astronomia e a astrologia andaram juntas. Mesmo os cientistas mais importantes da época sabiam como elaborar mapas, e alguns deles faziam isso muito bem.

» Nicolau Copérnico (1473-1543) deu início à Revolução Científica argumentando que a Terra girava em torno do Sol, e não o contrário. Ele também estudou astrologia e tinha sentimentos exaltados e entusiasmados sobre o Sol que não passavam nem perto de científicos.

» Galileu Galilei (1564-1642) descobriu as quatro maiores luas de Júpiter, provando, assim, que todos os corpos celestes não giram ao redor da Terra. Isso despertou a ira da Igreja, que o acusou de heresia e o sentenciou à prisão domiciliar para o resto de sua vida, tudo isso porque ele apoiou Copérnico. Galileu fez, por vontade própria, mapas para sua filha, para si mesmo e para clientes.

» Johannes Kepler (1572-1630) definiu as leis do movimento planetário, lamentou a importância que as pessoas davam à astrologia e, não obstante, fez mais de 800 mapas natais, muitos com comentários perspicazes e previsões assustadoramente precisas.

» Até Isaac Newton (1642-1726), que descobriu a lei universal da gravidade, nutria certa curiosidade pela astrologia, embora achasse a alquimia mais atraente. Newton é uma figura em transição. Estava tão imerso na busca pela pedra filosofal que pode ter morrido por envenenamento por mercúrio, efeito colateral de seus experimentos alquímicos, e ainda assim suas contribuições científicas e matemáticas foram tão essenciais que ele é considerado um dos pais fundadores da Idade da Razão.

No século XVIII, o Iluminismo, ou Idade da Razão, pairava sobre nós, e a astrologia com frequência era ridicularizada. Em 1708, o escritor satírico inglês Jonathan Swift, autor de *As Viagens de Gulliver*, quase arruinou a vida de John Partridge, um ex-sapateiro, escritor de almanaques e astrólogo cuja morte ele "previu" e depois "comunicou" na data apontada. Escrevendo sob o pseudônimo Isaac Bickerstaff, Swift chegou a compor uma elegia para o homem com um breve epitáfio em versos dísticos rimados. "Aqui jaz, a um metro e meio, de costas no chão/Um sapateiro, astrólogo e charlatão", começava. Partridge teve que dispensar os supostos embalsamadores que iam à sua porta.

Entretanto, a astrologia fazia parte do cotidiano, conforme sugere a venda constante de almanaques. Eles continham dados úteis sobre o clima, marés e assim por diante. Mas também estavam cheios de informações celestes. Nas colônias britânicas da América do Norte, Benjamin Franklin publicou seu *Almanaque do Pobre Ricardo* sob o pseudônimo Richard Saunders, homenagem a um astrólogo inglês que morreu antes de Franklin nascer (e cujos livros foram encontrados na biblioteca de Isaac Newton). *O Almanaque do Pobre Ricardo*, publicado de 1733 a 1758, vendeu bem. Embora seja conhecido sobretudo pelos aforismos inteligentes de Franklin ("Não há esplendor sem dor"), ele também disponibiliza uma quantidade imensa de dados astrológicos. Logo na primeira edição, em uma imitação direta de Swift, Franklin prevê a morte de uma pessoa viva; no caso, Titan Leeds, seu concorrente na publicação de almanaques. Leeds morreria, escreve Franklin, "em 17 de outubro de 1733, às 3h29min, no exato instante de ♂ de ☉ e ☿." Ele conhecia a linguagem da astrologia, embora zombasse dela.

Estava ocorrendo uma mudança de comportamentos, presenciada por avanços científicos. Em 1781, William Herschel identificou Urano, o primeiro planeta novo descoberto, conforme registros históricos. Vinte anos mais tarde, astrônomos descobriram Ceres, no início considerado um planeta, mas depois classificado como asteroide (embora recentemente promovido a planeta anão). Após Ceres vieram Palas, Juno, Vesta e, por fim, milhões de pequenos corpos celestes. Em 1832, Netuno foi descoberto. Em 1835, quase três séculos após a publicação, o livro que deu início a tudo isso, *Das Revoluções das Esferas Celestes*, de Copérnico, foi retirado do Índice de Livros Proibidos da Igreja Católica. Na época, a astrologia não estava mais na moda. Universidades sequer ofereciam cursos sobre ela.

Saudando os Tempos Modernos

Mudanças drásticas são o nome do meio do século XIX. Revoluções estavam por toda parte: guerras de independência na América Latina, revoltas democráticas na Europa e, nos Estados Unidos, escravidão, a Guerra Civil e uma tentativa fracassada da Reconstrução. Houve invenções impressionantes — ferrovias, o telégrafo, a luz elétrica — e avanços na medicina, como as primeiras vacinas. A música, a arte e a literatura floresceram, e o feminismo finalmente surgiu. No início do século havia o Romantismo, com ênfase na emoção e sua preferência pelo intuitivo acima do racional. No fim do século houve o Espiritualismo, com sessões mediúnicas e almas de outro mundo, e um ressurgimento do interesse pelo oculto. No meio de tudo isso, a astrologia ganhou vida.

Um dos responsáveis por seu ressurgimento foi um inglês chamado William Frederick Allan, um leonino que se rebatizou como Alan Leo, sendo moda entre os astrólogos a adoção de pseudônimos celestes ou angelicais. Em 1890, Leo começou a publicar *The Astrologer's Magazine* ["A Revista do Astrólogo", em tradução livre]. Alguns anos depois, quando ele mudou o nome da revista para *Modern Astrology* [Astrologia Moderna] e começou a oferecer mapas natais gratuitos aos assinantes, ela decolou. Os livros que ele escrevia — textos básicos com ênfase no Sol — foram amplamente lidos, entre outros, por Carl G. Jung. Alguns ainda estão em circulação.

Em 1914, Leo foi acusado de fazer adivinhações de acordo com a Lei sobre Feitiçaria. Apesar de ter sido absolvido por um detalhe técnico, ele esperava evitar confrontos legais no futuro focando a análise psicológica e o desenvolvimento espiritual em vez de as previsões. Citando Heráclito, escreveu um manual chamado *Character is Destiny* ["Caráter é Destino", em tradução livre]. E foi assim que Alan Leo se tornou "o pai da astrologia moderna". Não que as autoridades se importassem; em 1917, ele foi novamente acusado de fazer adivinhações e, dessa vez, foi condenado e multado. Um mês depois, morreu.

Nos Estados Unidos, ocorreram conflitos semelhantes, mas, ao menos uma vez, o resultado foi diferente. A astróloga em questão era Evangeline Adams. Em 1899, ela fez check-in no elegante Hotel Windsor na cidade de Nova York, analisou o mapa natal do proprietário e avisou que ele corria um perigo iminente. Na tarde seguinte, seu hotel pegou fogo. Evangeline Adams nunca mais teve que procurar clientes. Trabalhando em um conjunto de salas acima do Carnegie Hall, ela teve como clientes, entre outros, Charlie Chaplin, Tallulah Bankhead, Joseph Campbell e J. P. Morgan. "Milionários não usam astrologia", disse Morgan, supostamente (com poucas evidências). "Bilionários, sim."

Em 1914, mesmo ano em que Alan Leo foi levado ao tribunal pela primeira vez, Evangeline Adams foi acusada de fazer adivinhações. Em seu julgamento, para provar sua expertise, ela concordou em fazer o mapa de alguém que não conhecia. Acontece que o sujeito dessa leitura cega foi o filho do juiz. "A ré eleva a astrologia ao status de ciência exata", anunciou o juiz, e ela foi absolvida. "Tenho Marte ligado a meu Sol natal na décima casa", disse ela. "Sempre triunfarei sobre meus inimigos."

A astrologia estava ficando mais visível e mudando de ênfase, tornando-se simbólica, psicológica e solar. No início no século XX, o psicólogo Carl Gustav Jung estudou a combinação de imagens, arquétipos e mitos que descobriu na astrologia. Para explicar o poder da área, ele promoveu a ideia da sincronicidade, um "princípio de conexões não causais", através do qual coincidências aparentes têm sintonia com o significado. Essa ainda é uma explicação satisfatória em vários aspectos. Embora Jung tenha tentado sem sucesso vender a astrologia a seu mentor, Sigmund Freud, com quem mais tarde rompeu, suas inspirações astrológicas contribuíram muito para moldar a astrologia contemporânea.

Seguindo o Sol

Em agosto de 1930, algo sem precedentes ocorreu no mundo da astrologia. Em Londres, o editor do *Sunday Express* pediu ao astrólogo Cheiro (conhecido como William John Warner) que escrevesse sobre o mapa natal do novo bebê real, Margaret. Quando Cheiro recusou, seu assistente, R. H. Naylor, interveio. Ele previu "uma vida agitada" para a princesinha, com "acontecimentos de imensa importância para a Família Real e a nação" no sétimo ano dela. Algumas semanas depois, ele previu problemas para a força aérea britânica entre 8 e 15 de outubro. No dia 5, uma aeronave enorme — um dirigível com gás hidrogênio — caiu e explodiu na França, matando 48 pessoas. Foi alguns dias antes, mas tudo bem: como seus antecessores Evangeline Adams e William Lilly, Naylor tirou proveito de ter previsto um desastre. O editor pediu a ele que escrevesse uma coluna regular com previsões para todos. Naylor a escreveu com base em aniversários, isto é, em signos solares. Isso não havia sido feito antes, e teve sucesso imediato. A circulação disparou, e publicações concorrentes contrataram seus próprios astrólogos para compor colunas similares. E assim, a coluna de horóscopos, com base no signo solar, tornou-se parte integrante do jornal diário. Quando o rei Eduardo VIII, conhecido como Duque de Windsor, abdicou do trono da Inglaterra durante o sétimo ano de Margaret para se casar com uma norte-americana divorciada, fato que escandalizou o mundo inteiro, a reputação de Naylor se consolidou. Suas últimas previsões — totalmente equivocadas — não importaram nem um pouco.

Os astrólogos de Hitler

Adolf Hitler não era fã de astrologia, embora ela fosse popular na Alemanha. Em 1923, uma astróloga chamada Elsbeth Ebertin escreveu em seu almanaque, *A Glance into the Future* ["Um Vislumbre do Futuro", em tradução livre], que "um homem de ação nascido em 20 de abril de 1889" — todo mundo sabia quem era — deveria ter cuidado naquele novembro. Irritado, Hitler prosseguiu seu plano de tomar o poder em Munique. Quando o Putsch da Cervejaria, como era chamado, falhou, Hitler foi sentenciado a cinco anos de prisão. Ele cumpriu a pena por nove meses — tempo suficiente para finalizar o *Mein Kampf*.

Em 1933, quando se tornou chanceler, seu mapa natal era amplamente discutido, e nem sempre de maneira favorável. Resultado: em 1934, a astrologia foi essencialmente banida. Porém, como os romanos já sabiam séculos antes, a astrologia nunca desaparece por muito tempo. Em 1939, um astrólogo suíço chamado Karl Ernst Krafft, defensor fervoroso do Terceiro Reich, alertou a um amigo na Alemanha de que, entre os dias 7 e 10 de novembro, a vida de Hitler estaria em perigo. No fim das contas, houve uma tentativa de assassinato e uma bomba explodiu. Hitler saiu ileso, tendo saído do edifício antes do previsto, mas Krafft foi levado para um interrogatório. Ele convenceu as autoridades de que não estava envolvido e terminou em Berlim, trabalhando para os nazistas. Eles o direcionaram para analisar as profecias de Nostradamus e ver o que estava por vir. Ele descobriu que as quadraturas anunciavam bons presságios para o futuro da Alemanha nazista.

Mas ninguém estava seguro na Alemanha nazista, o que incluía Krafft. Quando um dos comparsas de Hitler, Rudolf Hess, decolou em um pequeno avião e caiu na Escócia, em 1941, os nazistas culparam seu piloto de voo solo não oficial pelo estado mental desequilibrado e pelo interesse em astrologia. Seguiu-se outra repressão. Astrólogos foram presos e suas bibliotecas, confiscadas. A maioria foi obrigada apenas a parar de praticar, mas alguns, inclusive Krafft, foram detidos e enviados a campos de concentração. Após um ano na solitária, Krafft morreu, em janeiro de 1945, enquanto era transferido para Buchenwald.

Entretanto, a astrologia pode ter sido banida, mas membros do círculo interno de Hitler eram consumidos por ela. Em abril de 1945, Joseph Goebbels examinou o mapa de Hitler e o do Terceiro Reich, e anunciou a iminência de uma reviravolta na guerra. Quando, mais tarde, Franklin Roosevelt morreu no cargo, naquele mês, ele ficou eufórico, certo de que isso significava vitória. Só que não. Dentro de semanas, Goebbels e Hitler cometeram suicídio, e a Alemanha se rendeu. A astrologia ainda está se recuperando da situação vergonhosa.

Cumprimentando o alvorecer

No final de abril de 1968, o musical de rock *Hair*, com seu número de abertura "Aquarius", estreou na Broadway. Seis meses depois, foi publicado o *Linda Goodman's Sun Signs* ["Signos Solares de Linda Goodman", em tradução livre], o primeiro livro de astrologia a figurar na lista dos mais vendidos. "Qual é seu signo?" virou primeiro uma cantada, depois um clichê e, finalmente, a coisa menos descolada que uma pessoa poderia dizer, mesmo se isso fosse o que todo mundo gostaria de saber. Naquela época, havia livrarias esotéricas aos montes; aulas em salões e cafeterias; grupos de discussão que se reuniam em cinemas moderninhos; livros de bolso com listas de profissionais de todos os estados para quem você poderia telefonar, com os números inclusos. Se isso não era o alvorecer da Era de Aquário, o que era?

A astrologia atingiu o ápice da visibilidade em 1988, quando um ex-membro da gestão de Ronald Reagan revelou que o presidente e sua esposa, Nancy, consultavam com regularidade um astrólogo que cronometrava cada movimento deles. O deboche não teve fim. E teve um efeito. Ao longo da década seguinte, vez ou outra, colunas de horóscopo desapareciam. Livrarias esotéricas fechavam as portas. Se não a procurasse, provavelmente você pensaria que a astrologia estava desaparecendo.

Na verdade, a astrologia estava na cúspide de um florescimento fantástico, um Renascimento. A internet fez parte dele, assim como o desenvolvimento de softwares que qualquer um poderia usar. Mas a mudança maior não tinha a ver com o método de execução ou a facilidade do acesso. Tinha a ver com expandir a visão global da astrologia e a reivindicar sua história.

Astrólogos começaram a analisar tradições fora da astrologia ocidental, como a chinesa, a mesoamericana e a védica, a astrologia da Índia. Também conhecida como jyoti, a astrologia védica foi particularmente influente. Ela compartilha uma parte de seu DNA com a astrologia ocidental, mas tende a tomar outros rumos, usando um zodíaco sideral com base em constelações em vez de na eclíptica e recorrendo a técnicas desconhecidas pela astrologia ocidental.

Astrólogos também entraram para a história da astrologia ocidental. Em um trabalho de décadas, encabeçado pelo astrólogo Robert Hand, o Project Hindsight ["Projeto em Retrospectiva"] e o Archive for the Retrieval of Historical Astrological Texts ["Arquivo para Recuperação dos Textos Históricos Astrológicos", ambos em tradução livre] ou ARHAT (termo budista para uma pessoa que busca a iluminação), astrólogos traduziram textos e manuscritos medievais e recuperaram técnicas de séculos atrás. No início, parecia um interesse misterioso compartilhado por um grupo minúsculo de astrólogos eruditos. Mas a empolgação gerada por sua busca circulou pela comunidade astrológica. Hoje, há um amplo interesse em técnicas antigas, sobretudo na astrologia helenística, que era usada durante o Império Romano e atualmente passa por uma revitalização impressionante.

Portanto, a astrologia mudou. No intervalo de apenas algumas décadas, ela se aprofundou e se ampliou, expandiu seu vocabulário, recebeu novos corpos celestes em seu cosmos e incorporou técnicas antigas de sincronismo e análise sobre as quais a maioria dos astrólogos ocidentais não sabia nada, até agora. Por mais que pareça improvável, tudo o que era velho é novo outra vez.

DICA

Há vários livros excelentes sobre a história da astrologia. Estes são alguns dos meus favoritos [conteúdo em inglês]. Em português, confira, entre outros, *A Linguagem da Astrologia*, de Roy Gillett, e *A História da Astrologia para Quem Tem Pressa*, de Waldemar Falcão:

A History of Western Astrology, Volumes I e II, de Nicholas Campion (Bloomsbury Academic, 2008). Obra magistral e erudita.

The Secrets of the Vaulted Sky: *Astrology and the Art of Prediction*, de David Berlinkski (Harcourt, Inc., 2003). Divertido, sugestivo e cheio de atitude.

Astrology: A History, de Peter Whitfield (Harry N. Abrams, 2001). Bem escrito e, ao contrário de outros livros sobre o tema, com fartas e maravilhosas ilustrações.

The Fated Sky: Astrology in History, de Benson Bobrick (Simon & Schuster, 2005). Brilhante, fascinante, cheio de detalhes incríveis. Recomendo de olhos fechados.

2
Lá Vem o Sol

NESTA PARTE...

Contemple os signos do outono: Áries, Touro e Gêmeos.

Confira os signos do inverno: Câncer, Leão e Virgem.

Conheça em primeira mão os signos da primavera: Libra, Escorpião e Sagitário.

Finalize com os signos do verão: Capricórnio, Aquário e Peixes.

NESTE CAPÍTULO

» Compreendendo Áries

» Entrando em sintonia com Touro

» Analisando Gêmeos

Capítulo **4**

Os Signos do Outono: Áries, Touro e Gêmeos

Quando eu estava na faculdade, comprei meu primeiro livro de astrologia em uma estação de trem, e, chegando ao fim da viagem, a compreensão que eu tinha da vida havia sido transformada. O livro — era um dos vários de Zolar, nome usado por muitos astrólogos sucessivos — descrevia com extrema precisão as pessoas que eu conhecia, com base apenas em seus signos solares. Meus pais, minha colega de quarto, meu suposto namorado, todos estavam ali, com detalhes impressionantes. Mais tarde, aprendi que todo mapa também inclui a Lua, oito planetas, doze casas e mais. Mas o centro de quase todo mapa natal é o Sol.

O Sol começa sua jornada pelos signos e pelas estações em ou por volta de 21 de março, quando entra em Áries. Nesse dia, o Equinócio Vernal no hemisfério Sul, dia e noite são aproximadamente iguais. Mas logo o equilíbrio muda. Por três meses, a noite fica mais longa e o dia, cada vez mais curto, à medida que o Sol passa pelos signos do outono. Quando o dia atinge sua duração mínima, essa estação acaba. Os três signos do outono são:

» Áries, ou Carneiro (21 de março a 19 de abril), o signo de fogo cardinal positivo (ou yang). Áries é ousado, enérgico, jovial e tem talento para colocar as coisas em movimento.

» Touro (20 de abril a 20 de maio), o signo de terra fixo negativo (ou yin). Touro é persistente, pragmático, diligente e se você pensava que os signos de terra estavam relacionados apenas a coisas práticas, ele é talentoso, sensual e amante dos prazeres.

» Gêmeos (21 de maio a 21 de junho), o signo de ar mutável positivo (ou yang). Gêmeos é espontâneo, curioso, perspicaz, incansável, sociável e volúvel.

Se seu aniversário cai em algum desses signos, você está no lugar certo.

O posicionamento do Sol no céu no instante em que você nasceu define seu signo. Se você tem alguma dúvida sobre seu signo solar, talvez por ter nascido no início ou no fim de um signo, volte sem demora ao Capítulo 2. Ele informa como conseguir uma cópia precisa e gratuita de seu mapa natal. De posse dele, você com certeza saberá.

A Figura 4-1 representa o Sol. Em culturas antigas, o Sol sempre simbolizou coisas grandes, como vida e morte. Os incas concebiam o Sol como um ancestral divino. Os egípcios e outras civilizações o consideravam um deus. O símbolo astrológico reflete essa importância. O círculo externo representa infinitude, o universo e seu potencial cósmico. O ponto interno representa sua individualidade humana.

FIGURA 4-1: O símbolo do Sol.

© John Wiley & Sons, Inc.

Todo signo tem uma polaridade (positiva ou negativa, yang ou yin), um elemento (fogo, terra, ar ou água) e uma qualidade, ou modalidade (cardinal, fixa ou mutável). Para saber mais sobre esses termos, volte ao Capítulo 1.

Áries, ou Carneiro: 21 de Março–19 de Abril

Como primeiro signo do ano, Áries é animado, direto, corajoso, empreendedor e cheio de vitalidade. Seu signo é o dos novos começos.

Seu regente planetário é Marte. Batizado com o nome do deus romano da guerra, Marte é associado à ação, à energia, à assertividade, à raiva e ao desejo.

O *glifo*, ou símbolo escrito, de Áries aparece na Figura 4-2. Ele indica a cabeça do carneiro com seus chifres fabulosamente curvados, uma fonte jorrando água fresca ou as sobrancelhas e o nariz de uma pessoa — uma parte do rosto que é bem definida e graciosa em um ariano típico.

FIGURA 4-2: O símbolo de Áries, o Carneiro.

© John Wiley & Sons, Inc.

O lado luz

Áries é uma força da natureza como nenhuma outra. Agraciado por uma energia infinita e uma personalidade ousada e divertida, você tem um gosto pela vida que os outros signos só conseguem invejar. Você é um agitador — intrépido, entusiasmado, passional e corajoso. Incomum e alegremente individualista, você revela uma noção sólida de quem é e uma avidez por criar o próprio caminho. Você tem um senso de propósito e um estilo pessoal distinto, e se recusa a deixar os outros o definirem. Com frequência um ser extremista, você reage com rapidez e toma decisões instantâneas. Você acredita na ação e defende com orgulho o que sabe que é certo, mesmo que isso entre em conflito com noções comumente aceitas. Nem "vai com os outros" nem seguidor, você é um líder nato por ter uma mente clara e decidida, aliada a uma fé integral nas próprias reações e planos.

Ousado ao máximo, você é incansável, ardente, totalmente original e cheio de "*joie de vivre*". É um ativista em seu próprio nome, corre riscos com um espírito pioneiro e uma necessidade profunda de se testar. Portanto, quando uma ideia nova ou uma missão inovadora cativa sua imaginação, você mete a cara. Mais tarde, se seu interesse esmorece ou se o que esperava não dá resultado, você segue em frente, sem medo. A vida é curta demais para ser desperdiçada com qualquer coisa que não lhe interesse.

O lado sombra

Assim como uma criança, você pode ser autocentrado, sem consideração e decidido a fazer as coisas do seu jeito. Quando realmente quer alguma coisa, você pode ser combativo, imprudente e até implacável em seus esforços para consegui-la. Você se dispõe a quebrar um monte de regras, característica que nem sempre trabalha a seu favor. Em vez de ceder às exigências das outras pessoas, prefere simplesmente obedecer a seus instintos. Você tem iniciativa, mas às vezes demonstra uma lamentável falta de previsão, e com frequência lhe falta zelo. Embora tenha muito entusiasmo, você não descansa, e seu interesse inicial pode desaparecer. Sua impaciência o precede. Por esse motivo, encontra maior satisfação com empreitadas curtas do que com as extensas.

Emocionalmente, você acha difícil imaginar como as outras pessoas se sentem. Você pode chocar os outros com uma imagem de insensível, egocêntrico e prepotente. E não há como evitar o fato de que você tem um temperamento explosivo: ele vem e volta em um piscar de olhos, mas, quando aparece, você se torna assustador. Você tem opiniões fortes e não tem medo de expressá-las, não importa o quanto possam ser imprudentes (ou indelicadas). Você pensa assim: se expressar seus pontos de vista deixa os outros incomodados, eles que lutem para tratar da própria sensibilidade. Você tem muito o que fazer para ficar parado revolvendo mágoas ou críticas banais.

Relacionamentos

Qualquer um que o conheça, de amigos e família até as relações mais casuais, sabe qual é a sua. Franco e direto, você não hesita em se expressar, e tem pouca paciência com quem não consegue segurar o rojão ou exige muitos mimos. Autossuficiente e independente, prefere que seus amigos tenham atitude, assim como você, e não consegue dar conta de choradeira. No amor, é uma pessoa estimulante para se ter por perto. Embora sofra de ciúmes e possa ser competitivo, você gosta de correr atrás, desde que isso não se arraste por muito tempo. Você não é um jogador. Sabe do que gosta e, quando encontra, vai fundo. E já mencionei que você é sexualmente insaciável?

Ao mesmo tempo, é um idealista totalmente disposto a esperar pelo verdadeiro. Você exige equidade e, se não consegue, deixa claro seu descontentamento. Tendo o planeta guerreiro Marte como regente, você raramente amarela diante de um confronto. E apesar de não querer ser controverso, às vezes não consegue evitar. Você não é do tipo que sufoca sentimentos ou passa horas incontáveis mergulhando nos meandros da própria psique ou da de outra pessoa. Prefere encarar os problemas de cabeça erguida. Seu exterior inflamável e intimidante talvez mascare sentimentos de inferioridade, mas a maioria das pessoas não percebe isso. Tudo o que sabem é que você é uma potência a ser levada em conta.

Para ter informações sobre as relações com outros signos do zodíaco, vá para o Capítulo 15.

Trabalho

Com sua habilidade de executivo que toma decisões e garra de general, você tem iniciativa e é um líder que gosta de começar mudanças. Ambicioso e competitivo, desafio é com você mesmo. Mas é um velocista, não um maratonista. Você adora o entusiasmo típico do início de um empreendimento, quando o momento criativo está em alta e as possibilidades, bem abertas. Fica feliz em experimentar e inovar. Porém, quando as coisas caem na rotina e a tarefa se torna um fardo pesado, com procedimentos, precedentes e supervisores, seu entusiasmo esmorece. Você acha deprimente gastar tempo focando detalhes ou fazendo os trabalhos habituais de manutenção. Desistir cedo demais é um dos seus piores e mais frequentes erros.

Áries anseia por autonomia. Independente e aguerrido, você é um artista solo, mais satisfeito trabalhando por conta própria ou como chefe, de preferência em uma empresa que lhe permita organizar os horários do seu jeito. Quando não é possível, você aproveita atividades físicas e a oportunidade de participar de várias tarefas. Você se entedia com facilidade, e sua necessidade de se expressar é mais forte que a necessidade de segurança.

Carreiras dos sonhos incluem a de diretor de cinema, como Francis Ford Coppola, Quentin Tarantino ou Akira Kurosawa, todos de Áries; apresentador de talk show, como David Letterman, Conan O'Brien ou Rosie O'Donnell; empresário, como Larry Page, cofundador do Google; e qualquer uma que passe a sensação de perigo ou uma cota elevada de emoção, como trabalhar como dublê ou em uma sala de emergência. Dizem que cirurgião é uma profissão ariana, bem como tudo que envolve fogo (como culinária) ou carreira militar. Conheço arianos que são ativistas, artistas, advogados, educadores, músicos, escritores e empresários dedicados. Qualquer que seja sua vocação, não é algo que você escolhe por dinheiro ou prestígio. Você se sente atraído porque é um jeito de impactar o mundo e de expressar seu eu incomparável e aventureiro.

DICA

Se você trabalha para um ariano, esteja ciente de que muito provavelmente seu chefe será impaciente com qualquer um que não der conta de manter o ritmo ou que precise de supervisão em excesso. Sua melhor jogada é trabalhar com independência e rapidez, e não leve as explosões de raiva para o lado pessoal.

Saúde e bem-estar

Como primeiro signo do zodíaco, Áries tem uma vitalidade imensa e uma constituição forte. Você se cura com rapidez e pode ficar bom em pouco tempo. Quando algo novo o estimula, mergulha de cabeça. Mas o tédio o destrói, e o "avanço lento" parece uma expressão contraditória para você. Ter um objetivo é motivador, mas se sua nova dieta, suplemento, aula de ginástica ou terapia não mostra resultados bem rapidamente, é improvável que você persista. Você prefere tentar outra coisa.

Na astrologia tradicional ocidental, Áries é associado à cabeça, deixando-o propenso a dores de cabeça, ouvido, fadiga ocular e males do tipo. Você também é regido por Marte, o planeta da guerra. As tendências agressivas dele podem provocar raiva, explosões de adrenalina e acidentes eventuais. É por isso que a dica de saúde número um para Áries é simples: acalme-se. Feche os olhos, respire fundo, alongue-se. Alguns minutos de meditação antes de pegar a espada e galopar rumo à batalha podem ser revigorantes. Dica de saúde número dois: quando fizer uma atividade que exige capacete, como esgrima, andar de skate ou bicicleta, não seja teimoso. Use o equipamento. Também são úteis: massagens na cabeça, acupuntura facial, massagem craniossacral, uma máscara de dormir para quando você for para a cama após o sol nascer.

LEMBRE-SE

Uma descrição do signo solar para a saúde é, necessariamente, genérica. Quando astrólogos médicos experientes fazem leituras individuais para a saúde, eles acessam seu mapa em detalhes. Mesmo assim, uma leitura astrológica não substitui um checape. Se você está preocupado com a saúde, vá ver um clínico.

A mitologia de Áries

Os egípcios de 3.500 anos atrás enxergavam essa constelação como um carneiro, assim como nós, mas o mito mais associado a Áries vem da Grécia. Ele tem início com a rainha Ino, que não gostava dos enteados, Frixo e Hele, e elaborou um plano para se livrar deles. Ela começou fazendo a colheita gorar. Temendo a fome, seu marido, o rei Atamante, buscou aconselhamento no oráculo de Delfos, mas Ino convenceu o mensageiro a ignorar tudo o que o oráculo disse e, em vez disso, instruiu Atamante a sacrificar seu filho, Frixo. Assim como o patriarca bíblico Abraão, Atamante consentiu. Ele estava prestes a cortar a garganta do próprio filho quando um carneiro alado, enviado por Hermes (ou Mercúrio), apareceu do nada. As crianças montaram na criatura e fugiram. Hele perdeu o controle e caiu no estreito, conhecido antigamente como Helesponto, que separa a Europa da Ásia Menor. Mas Frixo se segurou firme. Depois de pousarem, ele sacrificou o carneiro a Zeus e pregou seu velocino de ouro em um carvalho, em um bosque sagrado. Mas essa é outra história.

A constelação de Áries

Como signo do zodíaco, Áries é ardente e estimulante. Como constelação, é pequeno e pouco notável. Sua estrela mais brilhante, Hamal (cordeiro, em árabe), é a 50ª mais brilhante do céu.

Áries: Pontos Fundamentais

Polaridade: Positiva	Cores favoráveis: Vermelho e branco
Qualidade: Cardinal	Pedra da sorte: Diamante
Elemento: Fogo	Parte do corpo: Cabeça
Símbolo: Carneiro	Metal: Ferro
Planeta regente: Marte	Frase-chave: Eu sou
Signo oposto: Libra	Características principais: Enérgico, impetuoso

EXEMPLO

LADY GAGA: ÁRIES EM AÇÃO

Não há nada de meigo no mapa de Stefani Germanotta. Com Sol e Vênus no ardente Áries, ela é intrépida, e sua autoapresentação destemida — pense no vestido de carne — deixa isso bem claro. Competitiva e empreendedora, ela não fica parada. Seu investimento na carreira de atriz em *Nasce uma Estrela* poderia ter sido uma bomba, mas com uma conjunção Lua/Plutão na quinta casa, ela tem talento real para as artes cênicas; sua gravação do American Songbook com Tony Bennett, 60 anos mais velho, poderia ter ofuscado seu brilho pop, mas dois planetas em Capricórnio permitiram a ela estabelecer um vínculo com materiais tradicionais e pessoas mais velhas; uma bacia quebrada e dores crônicas poderiam ter estragado sua carreira – e, com Saturno na sexta casa, oposto a Quíron (e Urano transitando sobre seu Sol naquele momento), seus problemas de saúde não eram pequenos. Ela fez por onde evitar todos esses perigos. Sua Lua em Escorpião, conjunta a Plutão, dá a ela força de vontade para gravar e uma natureza emotiva intensa. Seis posicionamentos mutáveis (incluindo Ascendente e Meio do Céu) lhe conferem capacidade para se adaptar às circunstâncias. Mas será que ela é, como sugere o título de um álbum antigo, um monstro da fama? Talvez. Júpiter e Mercúrio no topo do mapa atiçam sua necessidade de reconhecimento público e estimulam sua habilidade para atraí-lo. Mas é seu dinâmico sol em Áries que lhe confere a audácia e a autenticidade que a definem. Como diz a música, ela realmente nasceu assim.

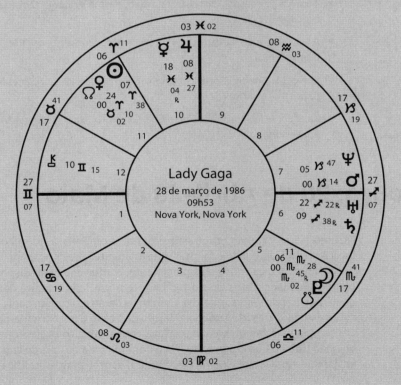

CAPÍTULO 4 **Os Signos do Outono: Áries, Touro e Gêmeos** 67

OUTROS ARIANOS TÍPICOS

- Marlon Brando, Booker T. Washington, Danica Patrick, Iris Chang (Lua em Áries)
- Norah Jones, Quentin Tarantino, Diana Ross, Robert Downey Jr. (Lua em Touro)
- Reba McIntyre, Harry Houdini, Jackie Chan, Mario Vargas Llosa (Lua em Gêmeos)
- Charles Baudelaire, Aretha Franklin, Robert Frost, a astronauta Judith Resnick (Lua em Câncer)
- Joseph Campbell, Gloria Steinem, Patricia Arquette, Andrew Lloyd Webber (Lua em Leão)
- Emmylou Harris, William Wordsworth, Marvin Gaye, Michael Fassbender (Lua em Virgem)
- Rosie O'Donnell, Steven Tyler, Maya Angelou, Susan Boyle (Lua em Libra)
- Eric Clapton, Francis Ford Coppola, Edie Sedgwick, Nancy Pelosi (Lua em Escorpião)
- Thomas Jefferson, Vincent Van Gogh, Emma Watson, Cynthia Nixon (Lua em Sagitário)
- Al Gore, David Letterman, Sarah Jessica Parker, Keri Russell (Lua em Capricórnio)
- Steve McQueen, Conan O'Brien, Seamus Heaney, Tennessee Williams (Lua em Aquário)
- Kareem Abdul-Jabbar, César Chávez, Herb Alpert, Rachel Maddow (Lua em Peixes)

Touro: 20 de Abril–20 de Maio

Quando Harry Truman era presidente, havia uma placa no salão oval onde se lia: "A responsabilidade é minha." É exatamente o que se espera de um taurino. Faça chuva ou faça sol, você é persistente, confiável e bem-disposto a assumir responsabilidades. Mas Touro também tem um lado amante dos prazeres, já que é regido por Vênus, guardiã do amor e da arte. Truman sabia alguma coisa sobre esse lado da vida também. Marido dedicado e pai extremamente protetor, era um pianista talentoso que pensava em ser músico profissional. Ele decidiu que não tinha o que era preciso. "Um bom pianista de sala de concertos é o que eu jamais teria sido", disse ele. "Então, entrei para a política e me tornei presidente dos Estados Unidos." Touro tem a perseverança e a persistência para tornar possível uma coisa dessas.

O glifo de Touro, mostrado na Figura 4-3, representa a cabeça e os chifres desse animal (ou o ventre e as trompas de Falópio) ou, de acordo com a interpretação mais esotérica, o círculo do potencial com a meia-lua da receptividade no topo.

FIGURA 4-3: O símbolo de Touro.

© John Wiley & Sons, Inc.

O lado luz

No ciclo do zodíaco, Áries, o pioneiro, chega primeiro, lançando energia em todas as direções. Touro, o segundo signo, aterra essa energia e a usa para construir algo sólido. Como signo fixo de terra, você é cauteloso, fundamentado na realidade, pé no chão e 100% confiável. Por ter uma necessidade imensa de segurança, tanto emocional como financeira, você faz escolhas prudentes e tenta evitar a mudança. Você é bem obstinado, desistindo apenas quando não há opção. Quando toma uma decisão, nada é capaz de convencê-lo a mudar de ideia. Sua tenacidade o precede. Objetivos concretos fazem mais sentido para você. Você vai em busca deles com calma e determinação resoluta. É verdade que talvez você não chegue rapidamente ao seu destino, mas, assim como a tartaruga da fábula com a qual frequentemente o comparam, você chega lá, sim.

Como signo de terra, você está à vontade com o próprio corpo e em sintonia com o ambiente que o cerca. Romântico e sensual, agradável e gentil, você é sensível a todo tipo de conforto, e seus sentidos são bem aguçados. Você adora sexo sem pressa, lânguido; as texturas da seda, do veludo, e loções caras; o sabor e o aroma de pães recém-saídos do forno, vinho tinto encorpado; a natureza em todas as estações; e objetos feitos à mão, que você compra com facilidade e nunca deixa de admirar. Você adora — e exige — beleza, e é afeito ao luxo. Touro também é criativamente talentoso. Há chances de você ter talento em uma ou mais formas de arte, entre elas, música, dança, escultura, pintura, desenho, arquitetura, culinária, jardinagem e a bela arte do descanso.

O lado sombra

Embora sua dedicação seja impressionante, seu ritmo calmo pode levar outras pessoas a se distraírem. Você começa devagar e se recusa a ser apressado. Você pode ser entediante desde bem jovem e cair da rotina com facilidade. Além disso, é incrivelmente teimoso. Sua conhecida tenacidade é um aspecto positivo quando relacionada a defender valores éticos (pense em Coretta Scott King ou Bono, cantor de rock taurino indicado ao Prêmio Nobel da Paz). No entanto, na maioria das vezes ela se relaciona à recusa em mudar, não importam as circunstâncias. Já vi taurinos apegados a padrões ultrapassados e autodestrutivos durante anos só porque não queriam correr o risco de tentar algo novo. Isso é o significado de cabeça-dura.

Já que estamos abordando aspectos negativos, gostaria de acrescentar que você pode ser ganancioso, elitista, cobiçoso, comilão, comodista e melancólico. Em condições normais de temperatura e pressão, você é esforçado e perseverante, mas se está para baixo, fica apático. Você também pode ser possessivo, dependente, ciumento, insensível e, no lado pior, aproveitador. Você não tem intenção de explorar outras pessoas. Mas, você sabe, isso acontece.

Mais uma questão: Touro, ao contrário de Áries, não fica nervoso com facilidade, motivo pelo qual todo o resto do mundo é grato. Mas quando você explode... digamos que alguns dos maiores assassinos em massa e ditadores da história — homens como Lênin, Pol Pot, Ho Chi Minh, Saddam Hussein e o líder de seitas Jim Jones — nasceram sob o signo de Touro.

Relacionamentos

Com Vênus como planeta regente, você é atraente e afetuoso, e conquista amigos, amantes e parceiros sem esforço. Romance é extremamente importante para você, mas (com raras exceções) não vai atrás disso com muito furor. Sedutor discreto, envia sinais sutis e se por acaso seu objeto de desejo não dá bola, você procura outro.

Seus sentimentos são profundos, mas não é diversão que você procura, é proteção. Em seu coração, intimidade gera contentamento. Você aprecia os pequenos rituais domésticos que vêm junto com a estabilidade de uma relação de longa data. Quando tem uma parceria sólida, você a segura firme. Você é leal, carinhoso, protetor e incentivador, ainda que também seja dependente e possessivo.

Embora não goste de conflito e tente evitá-lo, você também não cede. Se uma relação está instável, você mal consegue suportar a tensão. Algumas pessoas (de Leão e Escorpião, por exemplo) se deixam levar por esses altos e baixos românticos. Elas se jogam no drama e até o acham excitante. Touro, não. Sincero e intenso, você joga para ganhar, pois não está de brincadeira. Para você, o amor não é um jogo.

Para saber a verdade sobre suas relações com outros signos, vá para o Capítulo 15.

Trabalho

Por cultuar o deus do conforto e não ter aquela mania de sucesso que com frequência caracteriza os grandes empreendedores, as pessoas podem presumir que você é preguiçoso. Não poderiam estar mais equivocadas. Embora sua habilidade de relaxar aos finais de semana seja inigualável, você é disciplinado, produtivo e organizado quando quer ser, com uma necessidade inerente de fazer algo construtivo. Segurança é fundamental para você, quer isso signifique dinheiro no banco, imóveis, um plano de aposentadoria de primeira linha ou todas as opções anteriores. E, ainda assim, a vida não é isso. No fundo, para você é mais importante acreditar no que está fazendo e encontrar um pouco de expressão criativa. Ao encontrar uma área que satisfaça essas necessidades, você se dispõe a fazer sacrifícios financeiros.

Independentemente de sua escolha, você trabalha em um ritmo calmo. E, ao contrário de outros signos, não está constantemente se intrometendo para ser o centro das atenções. As pessoas começam a confiar espontaneamente em você. E, sim, às vezes parece que você está fazendo mais do que sua parte no trabalho por menos reconhecimento do que merece. É uma das desvantagens de ser de um signo de terra.

DICA

Trabalhar com nativos de Touro é mais fácil se você aceita o fato de que eles sabem o que querem e é pouco provável que mudem. Eles valorizam a produtividade, a persistência, a lealdade e a capacidade de manter a calma. Quanto a essas ideias brilhantes que você tem sobre como agitar as coisas, guarde-as para si. Elas só farão seu chefe taurino desconfiar de seu juízo.

Saúde e bem-estar

Talvez mais do que qualquer outro signo, Touro está em sintonia com o mundo físico e com o corpo. Você é paciente (ou, pelo menos, tenta ser) e persistente, e sua resistência é invejável. Em sua melhor forma, você é firme e forte, sobretudo se passa bastante tempo fora de casa. Estar em meio à natureza é mais que diversão para você, é cura. Ela reduz o estresse e lhe dá prazer, e é aí que mora o perigo. Sendo regido pelo planeta Vênus, você reage à beleza, à arte e a todos os sentidos, começando pelo tato. Ninguém gosta mais de comer e beber do que Touro, e você luta contra a tendência para o abuso. Porém, tentar alterar hábitos por meio de medidas drásticas nunca funcionará no seu caso. O único jeito é devagar e sempre. Não é animador, mas vai fazê-lo chegar lá.

Na astrologia tradicional, Touro rege o pescoço, a tireoide e a garganta. Dores de garganta e laringites podem ser incômodas, e você acumula tensão nos ombros e pescoço. Alongamento, canto e posturas simples de ioga podem ser benéficos. Aromaterapia também; pode não funcionar para todo mundo, mas para você, sim. Massagens proporcionam um alívio nítido. Também são úteis: corrida, caminhada, jardinagem, ciclismo e qualquer exercício contínuo, inclusive esteira, bicicleta elíptica e bicicleta ergométrica. O melhor remédio de todos: passar um tempo em meio à natureza.

A mitologia de Touro

A mitologia e a religião estão repletas de touros sagrados. Então, qual é Touro? É o deus egípcio Ápis? O imortal Nandi, fiel montaria do deus hindu Shiva? O Boi do Céu, que lutou com Gilgamesh na grande epopeia suméria? O Minotauro, que foi aprisionado em um labirinto? Astrólogos medievais europeus observavam Zeus, o deus dos céus, que tomou a forma de um touro branco e se aproximou da princesa Europa enquanto ela passeava pela praia. Encantada por seus modos aparentemente gentis, Europa o enfeitou com flores e montou nele, alegremente. Foi aí que ele mergulhou no Mediterrâneo e nadou para Creta, com Europa agarrada às suas costas enquanto passava pelas ondas. No fim, ela deu seu nome ao continente e Zeus consolidou sua reputação como símbolo de poder e patriarquia.

A constelação de Touro

Uma das mais imponentes constelações no céu, Touro tem três elementos diferenciados: a estrela brilhante Aldebarã, que marca o olho do touro; as Plêiades, um aglomerado nebuloso de estrelas frequentemente chamado de as Sete Irmãs (embora mesmo os gregos conseguissem avistar apenas seis); e outro aglomerado, as Híades, as meias-irmãs das Plêiades. Em uma noite clara de verão, você consegue ver o borrão das Plêiades, o V das Híades que forma a face do touro e o brilho ligeiramente alaranjado de Aldebarã.

Touro: Pontos Fundamentais

Polaridade: Negativa	Cores favoráveis: Tons de verde e marrom
Qualidade: Fixa	Pedra da sorte: Esmeralda
Elemento: Terra	Partes do corpo: Pescoço e garganta
Símbolo: Touro	Metal: Cobre
Planeta regente: Vênus	Frase-chave: Eu construo
Signo oposto: Escorpião	Características principais: Produtivo, obstinado

EXEMPLO

GEORGE CLOONEY: TOURO EM AÇÃO

Como muitas pessoas atraentes, o premiado ator e diretor George Clooney, que já foi considerado o solteiro mais cobiçado de Hollywood, tem Vênus em ascensão na primeira casa. Com Marte na casa do romance e Netuno, regente de seu Ascendente em Peixes, na oitava casa do sexo, não surpreende que a revista *People* o tenha nomeado duas vezes o Homem Mais Sexy do Mundo. Taurino amante dos prazeres, ele também é um amigo leal e generoso, e um piadista e tanto. Com o Sol na segunda casa do dinheiro, ele valoriza a segurança e acumulou uma fortuna considerável, que o ramo imobiliário comprova. Sua riqueza provém em parte de sua carreira no cinema e em parte de um negócio que abriu com amigos (uma palavra: tequila), e vendeu por um montante enorme. Porém, por trás da afabilidade descontraída bate o coração de um homem sério. Uma conjunção Saturno-Lua no austero Capricórnio o estimula a camuflar as emoções, mas também respalda sua ética profissional. Com esses dois planetas na décima primeira casa da comunidade e dos objetivos humanitários, além de Júpiter no idealista Aquário, ele também é ativista social há um bom tempo, com foco em crises internacionais, ajuda humanitária e outras causas progressistas. Quando se casou com uma famosa advogada de direitos humanos internacionais, a escolha surpreendeu a muitos. Não deveria.

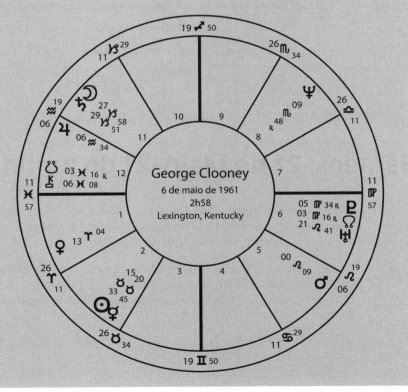

CAPÍTULO 4 **Os Signos do Outono: Áries, Touro e Gêmeos** 73

OUTROS TAURINOS TÍPICOS

- Stevie Wonder, Cate Blanchett, Salvador Dali, Dev Patel (Lua em Áries)
- Katharine Hepburn, Kelly Clarkson, Karl Marx, Bernie Madoff (Lua em Touro)
- Sigmund Freud, Fred Astaire, Ella Fitzgerald, Stephen Colbert (Lua em Gêmeos)
- Benjamin Spock, Ulysses S. Grant, Penelope Cruz, a poeta laureada Natasha Tretheway (Lua em Câncer)
- Barbra Streisand, Renee Zellweger, James Brown, Kirsten Dunst (Lua em Leão)
- Jack Nicholson, Shirley MacLaine, Adrienne Rich, Rami Malek (Lua em Virgem)
- William Shakespeare (talvez), Billy Joel, Rosario Dawson, Tina Fey (Lua em Libra)
- Harry S. Truman, Bono, Keith Haring, Mark Zuckerberg (Lua em Escorpião)
- Frank Capra, Al Pacino, Sue Grafton, Adele (Lua em Sagitário)
- Cher, David Byrne, David Beckham, Dwayne Johnson (Lua em Capricórnio)
- Nicolau Maquiavel, Charlotte Brontë, George Lucas, Gigi Hadid (Lua em Aquário)
- Audrey Hepburn, Jerry Seinfeld, Che Guevara, Charles Mingus (Lua em Peixes)

Gêmeos: 21 de Maio–21 de Junho

Ágil e articulado, o geminiano é animado, esperto, totalmente engajado e incrivelmente persuasivo. Isso porque é regido pelo sagaz Mercúrio, o deus malandro que era capaz de resolver qualquer situação.

Os dois pilares de Gêmeos (veja o glifo na Figura 4-4) representam os gêmeos mitológicos: Castor, filho humano de um homem, e Pólux, o filho imortal de Zeus, rei dos deuses. Eles também simbolizam os dois lados de sua natureza dupla.

FIGURA 4-4: O símbolo de Gêmeos.

© John Wiley & Sons, Inc.

O lado luz

Eternamente jovem, dizem. Você é inteligente, rápido, curioso, sociável e bem-disposto, e isso salta aos olhos. Em sua busca interminável por estímulos, é comum você pegar desvios para direções inesperadas. Sua mente está sempre trabalhando. Efervescente e presente, suas alegrias são o amigo mais recente, a última moda, a notícia mais incrível e as fofocas mais quentes. Empolgado com tudo o que a vida tem a oferecer, você se sente estimulado para explorar novos interesses e conhecer pessoas novas. Quando entra em um mundo novo, você se sente renovado.

Para afastar a ameaça constante do tédio, o que o tranquiliza é ter um (ou mais) romance em sua mesa de cabeceira, dois empregos (de preferência de meio-período), dois casos amorosos (ou um principal e um reserva), e pelo menos dois endereços de e-mail e contas em mídias sociais. Você mantém um grupo de amigos sempre em expansão. Seu entusiasmo é contagiante e nada lhe agrada mais do que criar conexões entre pessoas inesperadas ou ideias não relacionadas. Você está sempre em movimento e faz questão de cultivar a espontaneidade, ao menos na teoria. Na realidade, às vezes você se sobrecarrega com tantas atividades que ser espontâneo fica praticamente impossível. É inevitável que acabe fazendo malabarismos. No entanto, a verdade é esta: quando está com muitos compromissos e meio esgotado, por mais que reclame, você se sente em casa no mundo.

O lado sombra

Refém da hiperatividade, você esbanja suas reservas porque não consegue resistir à satisfação imediata de conversar, brincar com o gato ou alimentar o vício em seu celular. Se pudesse, estaria em dois lugares ao mesmo tempo. Impaciente, inconstante e facilmente distraído, sua atenção dura pouco e com frequência você pisa na bola. Muitas vezes acha difícil se concentrar ou mesmo ficar parado. Quando encontra algo que o empolga, você acelera com frenesi. Mas pode acabar com seu entusiasmo trazendo-o para a realidade. Você não hesita em elogiar a si mesmo. Embora talvez não repare, seu foco intenso em qualquer coisa pela qual se interessa pode ser exaustivo.

Em seu lado pior, você pode ser desonesto, superficial e instável — a personificação do ar quente. Com frequência os astrólogos (e amantes traídos) o acusam de frivolidade emocional. Na verdade, você experimenta emoções verdadeiras, só que não por muito tempo. Quando surgem problemas, você não vê sentido algum em remoê-los. Em vez disso, você os deixa de lado e os adapta às circunstâncias modificadas, e faz isso com uma facilidade espantosa. Um(a) namorado(a) termina com você? O supervisor bloqueia seu computador e o acompanha até a porta de Saída? Sem problema. Você reescreve a história, e em pouco tempo foi você quem pediu para sair. Você lidará com as repercussões no caminho (isso se lidar). Entretanto, pode estar uma pilha de nervos, mas está ocupado escrevendo um novo capítulo. Assim como o geminiano Bob Dylan, você não olha para trás.

Relacionamentos

Os gatos escaldados de um relacionamento com um geminiano frequentemente acusam pessoas de seu signo de insensibilidade e inconstância. Que injustiça. Conheço geminianos que estiveram em relações monogâmicas por décadas. Há muitos fatores em um mapa natal, e o Sol é apenas um deles.

Mas também conheci pessoas de Gêmeos que representam o estereótipo à risca. Brincalhão e envolvente, você adora o estímulo de novas conquistas. A provocação da paquera o diverte, mas você é incansável e logo fica desencantado. O parceiro ideal para você é multifacetado o bastante para proporcionar o estímulo que procura, confiante o suficiente para deixá-lo ter a liberdade de que gosta e engraçado o bastante para fazê-lo rir. Você não consegue evitar reagir a alguém que lhe propõe um desafio. Uma relação vaivém, lamento dizer, desperta sua curiosidade. A verdade é que você não precisa de uma ligação emocional profunda. Também não precisa de um sexo fora de série (o que não quer dizer que não goste disso). O que precisa é de uma conexão viva que solte faíscas e cative sua mente.

Para ter detalhes sobre relacionamentos com outros signos, vá para o Capítulo 15.

Trabalho

Versátil e cerebral, você tem habilidades motoras refinadas e com frequência é um mago com as palavras. É estimulado por tudo, e as ideias vão facilmente até você. Esperto e dinâmico, você capta as coisas tão rápido que praticamente não *tem* uma curva de aprendizado. Porém, no trabalho (e no amor), fica entediado com rapidez e distraído com facilidade. Funções que exigem muita repetição, não importa quanto paguem por fora, são equivocadas no seu caso. Você precisa de estímulo mental, várias oportunidades para socializar e um misto de responsabilidades. As melhores profissões para você oferecem variedade em vez de rotina e tiram proveito de sua habilidade de comunicação. Carreiras típicas para geminianos incluem educação, viagem, escrita e qualquer coisa relacionada a jornais, revistas, rádio, TV ou mídias sociais. O Twitter foi feito para você. Criativo e empreendedor, você tem talento para criar negócios comerciais originais. Embora a vida de freelancer não sirva para todo mundo, você se delicia com sua diversidade e gerencia os desafios (nada de segurança, nada de previsibilidade) de maneira confiante. Apenas se certifique de contratar um taurino sensível ou um capricorniano para cuidar de suas finanças. Lidar com dinheiro *não* é seu forte.

Saúde e bem-estar

Afinal, quem foi que inventou o multitarefas? Deve ter sido um geminiano. Você é ativo, envolvido, rápido no gatilho e cheio de entusiasmo por qualquer coisa que desperte seu interesse — e o que poderia ser mais intrigante do que algo novo? Você não precisa dormir muito, o que é ótimo, já que gosta de ter vários amigos e conciliar múltiplos projetos. Mas a insônia pode persegui-lo mesmo assim. Você é temperamental e se distrai com facilidade, e embora seja mestre em definir objetivos, o caminho de A até B muitas vezes é sinuoso, para seu espanto. Talvez seja por isso que seu maior desafio em relação à saúde seja focar, acalmar os nervos e lidar com o estresse.

As partes do corpo associadas a Gêmeos são principalmente os pulmões, os braços, as mãos e os ombros. De acordo com a astrologia tradicional, você pode ter tendência a bronquites e outros problemas respiratórios, dores nos braços ou mãos, e ansiedade. Os remédios são justamente os que você pode ter adivinhado. Meditação, respirar fundo e técnicas de respiração como pranayamas, que acalmam e equilibram, mesmo que você os faça apenas por alguns minutos. Exercícios são bons para seu corpo e sua vida social, sobretudo se os varia. Chás calmantes como erva-cidreira ou camomila podem ajudar a acalmar a mente e a reduzir a ansiedade. Por fim, escrever um diário o ajudará a focar suas intenções e a ter um lugar para desabafar: um ótimo reparador para sua saúde mental.

A mitologia de Gêmeos

Os sumérios olharam para as estrelas de Gêmeos e viram uma pilha de tijolos. Os egípcios imaginaram duas plantas germinando. Mas os povos mais antigos viram irmãos gêmeos. Na mitologia clássica, a história deles começa com Leda, abordada no dia do casamento por Zeus em forma de cisne. Logo ela deu à luz — ou, para usar o termo técnico, chocou — quatro filhos de dois ovos. Helena e Pólux tinham Zeus como pai, o rei dos deuses, e eram, portanto, imortais. Castor e Clitemnestra eram filhos do marido de Leda, o rei humano de Esparta, e eram, portanto, mortais, condenados a morrer. Apesar dessa diferença, Castor e Pólux viviam várias aventuras juntos. Mas, certo dia, Castor foi perfurado por uma lança. Transtornado, Pólux implorou a Zeus que deixasse o irmão viver. Zeus consentiu, permitindo aos dois irmãos que compartilhassem a imortalidade que, por direito, pertencia somente a um deles. A parte mais difícil era que eles tinham que dividir o tempo entre o Olimpo, o lar dos deuses, e o submundo. Assim, os gêmeos passaram a se deslocar entre dois lares, situação que muitos geminianos talvez considerem ideal.

A constelação de Gêmeos

É difícil ver um carneiro nas estrelas de Áries, mas, ao olhar para Gêmeos, é fácil avistar suas estrelas mais brilhantes, Castor e Pólux, como as cabeças dos irmãos. Castor é um aglomerado estelar que abrange três estrelas quentes branco-azuladas, cada uma delas dupla: seis estrelas no total. Pólux é mais fria, uma gigante vermelha cerca de dez vezes o tamanho do Sol, orbitada por um planeta grande descoberto em 2006 por um astrônomo geminiano.

Gêmeos: Pontos Fundamentais

Polaridade: Positiva	Cor favorável: Amarelo
Qualidade: Mutável	Pedra da sorte: Ágata
Elemento: Ar	Partes do corpo: Braços, ombros, pulmões
Símbolo: Os gêmeos	Metal: Mercúrio
Planeta regente: Mercúrio	Frase-chave: Eu penso
Signo oposto: Sagitário	Características principais: Esperto, versátil

EXEMPLO

DONALD J. TRUMP: GÊMEOS EM AÇÃO

Como muitas pessoas de destaque, Donald Trump nasceu com o Sol próximo ao topo do mapa, conferindo-lhe capacidade de liderança e um impulso para reconhecimento público e autoridade. Seu Sol faz conjunção com o Nodo Norte da Lua, aspecto que traz muitas bênçãos, mas também estimula o narcisismo, e com Urano, o planeta da rebeldia, da agitação e das mídias sociais. Essa combinação Sol/Urano o torna um anticonformista nato, um rebelde com estilo idiossincrático que confia na própria intuição acima de tudo e resiste à autoridade, embora almeje possuí-la. Como geminiano, ele tem um modo de se comunicar e um jeito com as palavras que são só dele, com uma quadratura entre Mercúrio e Netuno confundindo a diferença entre ilusão e realidade. Outros elementos de seu mapa amplificam sua personalidade intensa e indisciplinada. Nascido no dia de um eclipse lunar, ele tem uma Lua cheia no independente Sagitário, oposto ao seu Sol. Esse é um aspecto estimulante e vital, e muitas pessoas são atraídas por essa energia.

Mas isso também faz com que ele se sinta arrastado em várias direções e externalize seus conflitos. Um segredo inesperado de seu mapa pode ser encontrado em Plutão. Situado na décima segunda casa dos inimigos ocultos e do inconsciente, ele não faz um aspecto importante com outro planeta. Portanto, embora sua vontade seja forte, sua inclinação plutoniana por poder é irrefreável e compulsiva. Megalomania é uma possibilidade, mas também sensações de impotência. Além disso, Plutão está localizado no meio do caminho entre Saturno e Marte, engrossando a mistura de frustração, desconfiança e raiva reprimida fervilhando por baixo da superfície. Por fim, Trump tem Leão como Ascendente. Leão é, metaforicamente, a quintessência do ouro. Ele explica seu bom gosto, seu bronze, sua confiança, o prazer que ele tem na performance e sua paixão pelos holofotes. Porém, com o combativo Marte conjunto com o Ascendente, sua raiva e sua agressividade estão igualmente em evidência. Briguento e obstinado, ele nunca será um pacificador. Essa é a verdade astrológica nua e crua.

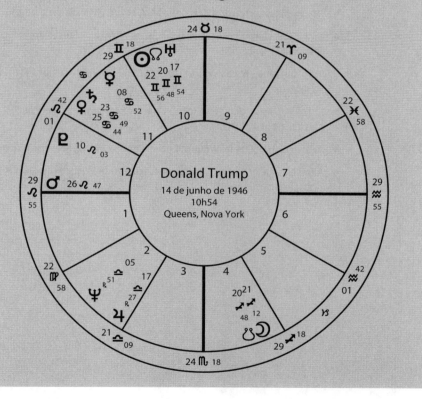

CAPÍTULO 4 **Os Signos do Outono: Áries, Touro e Gêmeos** 79

GEMINIANOS TÍPICOS

- Anderson Cooper, Angelina Jolie, Raymond Carver, Jeffrey Toobin (Lua em Áries)
- Bob Dylan, Ian Fleming, Aaron Sorkin, Peter Dinklage (Lua em Touro)
- Rainha Victoria, Brooke Shields, Salmon Rushdie, Gwendolyn Brooks (Lua em Gêmeos)
- Cole Porter, Roseanne Cash, Colin Farrell, Príncipe William (Lua em Câncer)
- Anne Frank, Venus Williams, Clint Eastwood, Paul McCartney (Lua em Leão)
- Marquês de Sade, Frank Lloyd Wright, John F. Kennedy, Natalie Portman (Lua em Virgem)
- Henry Kissinger, Aung San Suu Kyi, George H. W. Bush (Lua em Libra)
- G. K. Chesterton, Miles Davis, John Wayne, Alanis Morissette (Lua em Escorpião)
- Judy Garland, Nicole Kidman, Naomi Campbell, Orham Pamuk (Lua em Sagitário)
- Johnny Depp, Stevie Nicks, Charles Aznavour, Mehmet Oz (Lua em Capricórnio)
- Arthur Conan Doyle, William Butler Yeats, Marilyn Monroe (Lua em Aquário)
- Allen Ginsberg, Kanye West, Kendrick Lamar, Prince (Lua em Peixes)

> **NESTE CAPÍTULO**
> » Contemplando Câncer
> » Observando Leão
> » Compreendendo Virgem

Capítulo 5
Os Signos do Inverno: Câncer, Leão e Virgem

Para mim, é estranho que o primeiro dia de inverno, quando o Sol atinge sua menor altura, seja o dia mais curto do ano e, ao mesmo tempo, o início da lenta subida para o verão. Após o glorioso Solstício de Inverno, os dias vão crescendo, ficando cada vez mais longos, enquanto as noites vão se encurtando. Quando o dia e a noite adquirem mais ou menos a mesma duração, o inverno acabou. Mas, enquanto dura, essa é certamente a estação mais emocionante do ano.

Os três signos do inverno [no hemisfério Sul] são:

» Câncer, ou Caranguejo (22 de junho a 22 de julho), o signo cardinal de água. Câncer é conhecido por sua acuidade emocional, natureza solidária e amor por tudo que seja do lar.

» Leão (23 de julho a 22 de agosto), o signo fixo de fogo. Ele é vibrante, confiante, determinado e cheio de personalidade.

» Virgem (23 de agosto a 22 de setembro), o signo mutável de terra. Virgem é famoso por sua inteligência, mente analítica, atenção aos detalhes e tendência ao perfeccionismo.

A posição do Sol no momento em que você nasceu determina seu signo. Se não sabe com certeza qual é o seu, possivelmente por ter nascido no início ou no fim de um signo, volte para o Capítulo 2 e leia a seção "Conseguindo Seu Mapa Online de Graça". Na maioria dos casos, conseguir seu mapa online trará um veredito claro sobre seu signo. Para que ficar se perguntando o que você é? Descubra agora.

Cada signo tem uma polaridade (positiva ou negativa), um elemento (fogo, terra, ar ou água) e uma qualidade, ou modalidade (cardinal, fixa ou mutável). Para saber mais sobre esses termos, volte ao Capítulo 1.

Câncer, o Caranguejo: 22 de Junho–22 de Julho

Regido pela Lua em constante mudança, você é introspectivo, intuitivo, tem fixação por segurança e é extremamente atento ao seu ambiente afetivo. Mas Câncer não é só uma poça estagnada de emoções, mesmo que você às vezes se sinta assim. Como signo cardinal, você não tem nada de estagnado. É determinado a vencer suas vulnerabilidades e a atingir seus objetivos.

O glifo de Câncer (veja a Figura 5-1) representa os seios (e, portanto, a mãe), as garras do caranguejo e a natureza fluida do sentimento. Sua ligeira semelhança com o símbolo do yin-yang indica seu desejo de abraçar todas as coisas da vida e alcançar a consciência.

FIGURA 5-1:
O símbolo de Câncer, o Caranguejo.

© John Wiley & Sons, Inc.

O lado luz

Você é a personificação de um paradoxo curioso. Como signo de água, é emocionalmente aberto, com um intenso foco interior. Como signo cardinal, é empreendedor e ambicioso, com forte interesse pelo mundo lá fora. Não surpreende que você seja conhecido pelo humor instável. Sua sensibilidade emocional é um de seus maiores trunfos. Ela serve como um barômetro para a atmosfera ao seu redor e quanto mais você se sintoniza com ela, melhor. Você é astuto e criterioso. Quando confia em sua intuição o suficiente para agir de acordo com ela, consegue navegar pela pior das tempestades.

Você também conserva um forte elo com o passado, tanto pessoal como histórico, e tem grande anseio por ter um lar, família, tranquilidade doméstica e segurança afetiva. Leal, afetuoso, gentil e solidário, você nunca desiste de alguém a quem ama — e, se isso significa ser apegado ou superprotetor, paciência. Sua capacidade de tomar conta dos outros é paralela à necessidade de cuidar e se importar consigo mesmo.

Ao mesmo tempo, você é decidido em iniciar atividades. Quaisquer que sejam suas emoções, você não deixa que elas o impeçam de definir objetivos ambiciosos e correr atrás deles com determinação. Sua obstinação é extraordinária. Apesar das dúvidas e inseguranças, você segue em frente com coragem, embora com algumas lágrimas ao longo do caminho. Em seu auge, sua consciência interna apoia sua ambição externa, assim como saber sobre o passado constitui uma base sólida para suas incursões no futuro. O fato de você ter a melhor memória do planeta é outro ponto forte.

O lado sombra

Pense no caranguejo. Vulnerável e mole dentro de sua armadura protetora, ele se aproxima de seu alvo pelas laterais e, quando assustado, encolhe-se de novo dentro da carapaça. Você faz o mesmo. Inquieto e muito tenso, hesitando em abordar um problema de forma direta, você se defende de um jeito eficaz, mas às vezes causa danos a si mesmo. Você pode ser possessivo e exigente, ou tão na defensiva e aprisionado pela ansiedade que um movimento passa a ser impossível. Você se afasta ou entra em um estado de negação, ficando inacessível. Em seu pior momento, sua necessidade de segurança o paralisa.

No entanto, não há como evitar essas fortes emoções, que podem passar sobre você de maneira tão repentina quanto uma onda gigante. Esses momentos são uma parte permanente de sua pessoa, e nem sempre você lida bem com eles. Estimulado pelo medo de ser abandonado, ficar em apuros ou sem recursos, você se apega com ferocidade, agarrando-se a relacionamentos — e empregos —, até muito depois da data de validade. Evitar a areia movediça da insegurança e o fosso de cobras da depressão é um desafio que você precisa enfrentar; outro é desenraizar seus medos.

Relacionamentos

Como o signo mais maternal do zodíaco, Câncer possui um instinto de aproximação. A família na qual você nasceu nunca deixa de desempenhar um papel central em sua consciência, positivo ou negativo (ou, mais provavelmente, uma mistura confusa de ambos). Você é pródigo em dar atenção a amigos e a parceiros amorosos, e, na falta de um parceiro romântico, transforma amigos em família. Crianças ocupam um lugar especial em seu coração.

Casos amorosos o absorvem, mas você fica mais à vontade em uma relação de compromisso, tradicional. Mais tímido que aparenta, você anseia por alguém com quem compartilhe uma conexão de almas. Quando se sente querido, é totalmente dedicado e solidário. Quando se sente inseguro, são outros quinhentos. Com medo de ficar sozinho e sem disposição para entrar em conflito, você se apega demais e por muito tempo. Quando uma relação desmorona, você fica arrasado, mesmo se a decisão tiver sido sua. Você se refugia na segurança de sua carapaça. Chora horrores. E aí — de forma impressionante —, você fica bem. Embora astrólogos sempre afirmem que o Caranguejo anda de lado (eu mesma já disse isso), nem sempre é verdade. Às vezes, você anda para a frente a passos largos. Já vi cancerianos passarem de uma tristeza deplorável para um cruzeiro em lua de mel em questão de meses. No romance, assim como em outras áreas, sua capacidade de tomar atitude e reconhecer oportunidades dá frutos.

Para saber mais sobre suas relações com outros signos, vá para o Capítulo 15.

Trabalho

É verdade que seu signo é o da vida doméstica. Isso não quer dizer que você queira ficar em casa fazendo chá com bolinhos. Como signo cardinal, você fica mais feliz quando se empenha no mundo de maneira ativa. Você brilha em áreas relacionadas à sua sensibilidade emocional. Você se destaca na medicina, no ensino, no trabalho social, na psicologia infantil, no aconselhamento matrimonial e em qualquer arte curativa. Por ter um amor profundo pelo lar (e pela casa), pode ser bem-sucedido no ramo imobiliário, na arquitetura, no paisagismo e em tudo que seja relacionado à comida. Por fim, graças a seu interesse pelo passado, você se atrai por história, antiguidades e trabalhos em museus. Você é ótimo com crianças. Também é extremamente sensível aos mais velhos e daria certo como geriatra. O que quer que você faça, deve proporcionar satisfação emocional e segurança material. Sua ocupação precisa cativá-lo, e não há motivos para aceitar nada de menos.

Apesar de suas dúvidas e hesitações, tomar a iniciativa é sua melhor jogada. Dentro de uma empresa, você rapidamente forma alianças e é promovido para um cargo de liderança. Porém, fica envolvido emocionalmente no trabalho e tende a levá-lo para casa. Encontrar um mentor ajudará. Criar um elo com alguém que tenha autoridade e conhecimento que você não possui pode ser reconfortante e útil. De maneira similar, após ter acumulado alguma experiência, você achará gratificante se tornar um mentor.

DICA

Se você trabalha com ou para um canceriano, prepare-se para dar tudo de si. Caranguejos querem constituir família, mesmo no escritório. Eles tentam estabelecer conexões fortes e criar um clima positivo. Ao menos na teoria, a porta do escritório estará aberta, e as críticas serão construtivas. Se precisar de ajuda, fale. Se tiver uma queixa legítima, aborde-a em uma reunião particular. Mas não saia escondido reclamando do chefe pelas costas. Os cancerianos podem camuflar as próprias emoções, mas são espertos o bastante para perceber insatisfação. E não espalhe boatos; eles verão isso como traição.

Saúde e bem-estar

A intuição o leva na direção certa. Como signo de água, seus sentidos são primitivos e provavelmente você aprendeu a confiar neles, com uma possível exceção: você tende a exagerar seus medos. Como signo cardinal, seu bem-estar depende de sua capacidade de acalmar esses temores e tomar atitude. Estar com pessoas solidárias ajuda — as que contribuem com sua paz de espírito, não as que minam sua confiança ou reforçam padrões negativos — e também é útil adotar períodos de silêncio e solitude em sua rotina. A atividade física pode ser um caminho para a serenidade, como tai chi, dança, ioga ou natação. Passar um tempo na água ou perto dela é revigorante. Por fim, se você se sente sobrecarregado, considere fazer terapia. Você é um candidato excelente para quase qualquer modalidade, porque tem coragem suficiente para trazer à luz segredos que estavam nas sombras.

Na astrologia tradicional, Câncer rege os seios e o estômago, tornando extremamente importante o que e como você come (sobretudo se está amamentando). Portanto, coma verduras e faça isso de maneira atenta. Algumas respirações profundas antes das refeições aliviam o espírito perturbado. Quanto mais você estiver consciente, mais vibrante se sentirá.

LEMBRE-SE

Uma descrição de saúde conforme o signo solar é, por definição, hipersimplificada. Astrólogos médicos legítimos nunca se baseariam apenas em seu signo solar, e você também não deveria. Se está preocupado com sua saúde, consulte um médico.

A mitologia de Câncer

Hércules (ou Héracles), herói da mitologia clássica, não foi um herói para Hera, a esposa de Zeus. Ele era a prova da infidelidade do deus, e ela o desprezou. Ela tentou impedir seu nascimento e, quando a tentativa fracassou, escondeu duas serpentes venenosas no berço, na esperança de que elas o matassem. Hércules estrangulou ambas. Mais tarde, quando adulto, Hera o enlouqueceu. Em seu delírio, ele matava a família. Entre suas punições, ordenaram-lhe que matasse a hidra de várias cabeças. Era uma tarefa árdua, já que, a cada vez que decepava uma cabeça, apareciam outras no lugar; além disso, uma das cabeças era imortal. A batalha estava acirrada, mas, para o espanto de Hera, ele venceu. Então, ela enviou um caranguejo gigante para a luta. Ele enfiou as garras no pé de Hércules para distraí-lo, mas o herói o esmagou. Um pouco mais tarde, com a ajuda de seu sobrinho, que cauterizou a ferida após cada degola, impedindo, assim, que da hidra brotasse outra cabeça, Hércules assassinou-a e enterrou sua cabeça imortal sob uma pedra. Em reconhecimento à luta poderosa da hidra e à coragem do caranguejo, Hera elevou-os ao céu como constelações.

Essa história alude a uma época distante, quando Hera foi a Grande Mãe divina e Hércules — que significa "Glória de Hera" —, seu companheiro.

Quando invasores varreram a Grécia com seus novos deuses, eles reformularam a cultura e, com ela, a mitologia. Zeus se tornou rei, Hera foi rebaixada a esposa e Hércules virou seu inimigo. Na batalha de Hera contra Hércules, o caranguejo foi seu aliado, assim como a hidra. A presença deles no céu é um lembrete de um passado remoto, matriarcal.

A constelação de Câncer

Câncer é a constelação menos perceptível do zodíaco. Sua característica mais notável é uma mancha fraca conhecida como Colmeia. Quando Galileu a avistou através de um telescópio, em 1609, descobriu que ela não era uma nuvem gasosa, como se pensava, mas um conjunto de estrelas. Galileu enumerou 36. Há mais de 1.000.

Na fronteira com Câncer está Hidra, a maior constelação em todo o céu. Ela não fica na eclíptica e, por isso, não faz parte do zodíaco.

Câncer: Pontos Fundamentais

Polaridade: Negativa	Cores favoráveis: Branco e prata
Qualidade: Cardinal	Pedras da sorte: Pérolas e pedras da lua
Elemento: Água	Partes do corpo: Estômago e seios
Símbolo: O caranguejo	Metal: Prata
Planeta Regente: a Lua	Frase-chave: Eu sinto
Signo oposto: Capricórnio	Características principais: Emotivo, melancólico

EXEMPLO

FRIDA KAHLO: CÂNCER EM AÇÃO

As pinturas inquietantes, coloridas e surrealistas de Frida Kahlo refletem sua vida passional, devastada pela dor. Na infância ela contraiu pólio, ficando com uma perna mais curta que a outra, deficiência que, mais tarde, levou-a a preferir saias longas. Aos 18 anos, um bonde bateu no ônibus em que ela estava, fraturando sua pélvis, danificando sua coluna, esmagando um pé e atravessando-a pelo abdômen com uma barra de ferro. Imobilizada por meses em um colete que ocupava todo seu torso, ela pegou emprestada a caixa de pintura do pai, na qual secretamente estava de olho, e começou a pintar. Seu primeiro tema foi ela mesma.

A habilidade artística está em todo o mapa dela. Seu sol em Câncer faz conjunção com Netuno, planeta da imaginação, com o vizinho Júpiter amplificando seu talento. Vênus, regente das artes, faz conjunção com Plutão, o planeta da transformação. Sua Lua no signo de terra Touro na décima casa estimulava seu amor pela beleza e sua necessidade de reconhecimento. Leão como Ascendente lhe dava orgulho, estilo incomparável e talento para a autoexpressão.

Tem mais, porque as habilidades excepcionais tendem a aparecer em vários lugares. Na quinta casa de Frida, o esquentadinho Marte e o incomum Urano — uma dupla explosiva — enriqueceram sua visão criativa com uma dose de originalidade impressionante. Também a levaram a relações turbulentas com, entre outros, seu marido, o artista Diego Rivera (ela se casou duas vezes com ele). E por conta de Marte, o planeta da guerra, e Urano, o planeta do inesperado, fazerem oposição a seu sol, eles introduziram a possibilidade de acidentes violentos.

Observando tudo isso estava o sol de Frida em Câncer, o signo da vida doméstica. Embora vivesse com Diego em lugares variados (Detroit, por exemplo), sua base era a casa azul — *la Casa Azul* —, em Coyoacán, Cidade do México, onde cresceu e morreu. Embora suas lesões a impedissem de ter um filho, o que foi uma tristeza profunda e lhe rendeu mais de trinta cirurgias, dor agonizante e sérias crises de depressão e alcoolismo, ela nunca perdeu o dom da alegria. Ela fazia festas e eventos de feriados, e adorava cozinhar em sua cozinha animada e estimulante. Ela cometeu suicídio? Provavelmente. Não obstante, sua última tela, finalizada uma semana antes de morrer, é uma imagem divertida de melancias fatiadas, gravadas com as palavras "Viva la Vida". Viva a vida.

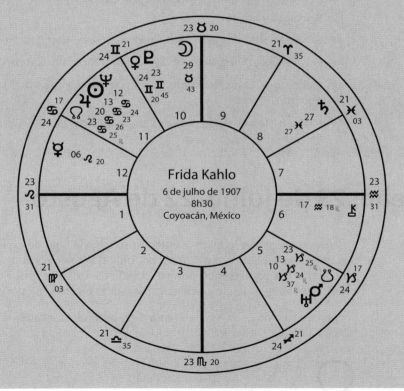

CAPÍTULO 5 **Os Signos do Inverno: Câncer, Leão e Virgem**   87

OUTROS CANCERIANOS TÍPICOS

- Kevin Bacon, Pamela Lee Anderson, Sonia Sotomayor, Benedict Cumberbatch (Lua em Áries)
- Meryl Streep, Elizabeth Warren, Frances McDormand, Chiwetel Ejiofor, (Lua em Touro)
- Robert A. Heinlein, Florence Ballard, Priyanka Chopra, Khloe Kardashian (Lua em Gêmeos)
- Pablo Neruda, Harrison Ford, Courtney Love, Sandra Oh, Mindy Kaling (Lua em Câncer)
- Thurgood Marshall, Ringo Starr, Tom Hanks, Antoine de Saint-Exupéry (Lua em Leão)
- O Dalai Lama, Anjelica Huston, Jhumpa Lahiri, Elon Musk (Lua em Virgem)
- Twyla Tharp, Ariana Grande, Derek Jeter, Alan Turing (Lua em Libra)
- Rembrandt van Rijn, Nelson Mandela, Gisele Bundchen, Wendy Williams (Lua em Escorpião)
- Gerald Ford, Mike Tyson, Michael Phelps, Kevin Hart (Lua em Sagitário)
- Edgar Degas, Ernest Hemingway, Anthony Bourdain (Lua em Capricórnio)
- Mel Brooks, Linda Ronstadt, Solange Knowles, princesa Diana (Lua em Aquário)
- Herman Hesse, Helen Keller, Robin Williams, Debbie Harry (Lua em Peixes)

Leão: 23 de Julho–22 de Agosto

Eu costumava pensar que, de alguma forma, havia algo de especial em mim por ter tantos amigos de Leão. Mas, no fim das contas, não sou especial; todo mundo tem amigos leoninos, porque eles são tão extrovertidos e calorosos que colecionam amigos do mesmo jeito como outras pessoas colecionam sapatos.

O glifo sinuoso de Leão (veja a Figura 5-2) representa a cauda do animal, sua juba ou a força criativa do Sol.

FIGURA 5-2: O glifo de Leão.

© John Wiley & Sons, Inc.

O lado luz

Você tem charme. Se é um leonino típico, você é extrovertido, leal, determinado, animado e cordial. Você é ativo, com uma agenda social cheia e uma pilha de responsabilidades. O que quer que faça da vida, seus horários são lotados. Seu objetivo é viver a vida ao máximo e ter prazer enquanto estiver nela. Com frequência, você assume o papel de entreter outras pessoas porque adora ser o centro das atenções — e, com o Sol como planeta regente, você de fato ilumina o ambiente. Dotado de um senso de humor intenso, opiniões vividamente formadas e capacidade de se divertir mesmo em condições adversas, você se apresenta de maneira confiante e entusiasmada. Radiante e orgulhoso, é o carisma em pessoa.

Você também tem um senso de dignidade de um rei da selva e uma sensação régia de poder que combina com isso. Aprecia todas as formas de luxo e glamour. No entanto, apesar de seus trejeitos de aristocrata e da necessidade de ser mimado, você respeita o trabalho duro e se dispõe a assumir mais do que sua parte de responsabilidades. Embora possa ser exigente, você dá valor à lealdade e a retribui com gentileza. Você é prestativo e generoso, um firme defensor dos oprimidos ou de um amigo aflito. E você traz a festa consigo. Naturalmente, você quer reconhecimento. O que tem de errado nisso?

O lado sombra

Por baixo de seu exterior vistoso, você ficaria humilhado se alguém soubesse o quanto se esforça ou se sente vulnerável. Você quer agradar as pessoas e deseja ser visto à luz de elogios. Na tentativa de atingir esses objetivos, tende a dizer às pessoas o que pensa que elas querem ouvir, o que é um jeito bonito de dizer que você é manipulador e, às vezes, mentiroso. Sua motivação é autêntica: você quer o melhor para todos, e com certeza não quer ferir os sentimentos de ninguém. Você protege mais os outros do que geralmente se pensa. Mas, no fim, não está disposto a esconder sua personalidade ou reprimir suas opiniões. Se você se importa com algo, mais cedo ou mais tarde dirá o que pensa. Você pode ser inflexível nas menores coisas — digamos, xampu. Ou molho barbecue. Ou o que as outras pessoas devem fazer com as próprias vidas. De um jeito ou de outro, você tem que se expressar. E daí se tiver que exagerar para se fazer entender?

Em seu pior, você pode ser controlador, autoritário, vaidoso, demagogo, exigente e teatral — um rei do drama e sabe-tudo que acha difícil admitir erros, ao menos em público (embora não tenha problema algum em se punir na privacidade de seus pensamentos). A boa notícia é que poucas vezes você vive seu pior. Quando se acalma e para de tentar controlar as coisas, sua cordialidade e generosidade se revelam, bem como suas boas intenções, e sem esforços comanda a adoração pela qual anseia.

Relacionamentos

Sua autoconfiança e humor descontraído atraem multidões. Centro de qualquer cenário social, você é um festeiro reconhecido e um convidado cobiçado. Embora prefira conservar a supremacia em um relacionamento, e você depende da atenção alheia para manter o ego em forma, você também sabe como demonstrar afeto e admiração. As pessoas se sentem privilegiadas por serem suas amigas.

Quando namora, Leão adora estar apaixonado e acredita em tudo o que simboliza essa situação — de sábado à noite (que é sagrado) a flores, contatos frequentes, café na cama, muito sexo e presentes de dar inveja (conheci leoninos que deixaram cópias assinaladas do catálogo da Tiffany sobre a mesa do café da manhã só para se certificarem de que a mensagem foi captada). Definitivamente você custa caro, embora sem dúvidas não pense assim. Quando as coisas vão bem, você é apaixonado, acolhedor, incentivador e adorável. Quando tudo está desmoronando, você também desmorona, tornando-se dominador, arrogante e ciumento. Se um caso amoroso quente esfria e fica previsível, você pode agitar as coisas apenas para manter a vida interessante. Porém, quando seu amado (ou amada) passa por uma fase difícil ou sofre um contratempo, você fica devastado, mesmo que não demonstre. Mesmo com toda a arrogância, tem um coração terno.

Por fim, quero acrescentar uma observação sobre animais. Na astrologia tradicional, bichos de estimação não estão associados a Leão. Mas reparei que as pessoas que tratam bichos como familiares, que os transportam em malas da Louis Vuitton, compram roupas para eles, publicam livros a respeito deles ou aparecem na televisão com buldogues aborrecidos no colo para protestar contra fábricas de filhotes são, predominantemente, leoninas. Nem todo leonino tem um bichinho, e alguns sequer sonhariam com isso (eles não querem ser ofuscados). Mas os que de fato valorizam seus amigos de quatro patas se entregam por completo à relação.

Para ter informações sobre as relações de Leão com outros signos, dê uma olhada no Capítulo 15.

Trabalho

Pelo fato de os leoninos gostarem de estar sob os holofotes, às vezes as pessoas presumem que vocês não trabalham duro. Essa opinião não poderia estar mais longe da verdade. Leoninos são extremamente ambiciosos. Você é diligente e produtivo, um organizador habilidoso com um tino comercial agudo. Você busca o reconhecimento mais do que tudo, fantasia sobre fama e pode ser meio oportunista, mas se dispõe a trabalhar com intensidade máxima. Se é funcionário de uma empresa grande, você pode ter sucesso trabalhando em equipe, sobretudo se for o líder. Quando está no topo da montanha, você se sente poderoso e magnânimo. Você dá espaço para os outros de bom grado, e não tem medo de colocar a mão na massa. Porém, ao se sentir cercado por muitas camadas de autoridade, talvez se rebele. Para você, é extremamente difícil abrir mão do controle. Muitos leoninos prefeririam trabalhar por conta própria, como profissionais independentes, freelancers, investidores ou empreendedores a se submeterem às exigências de uma cultura corporativa.

Mas não importa o quanto seu trabalho possa ser gratificante em outros aspectos, você não consegue ficar sem uma festinha aqui, outra ali. Carreiras ideais são as de músico, ator, estilista, político e qualquer outra que o coloque diante das câmeras ou de um grupo de pessoas. Professor do quinto ano? Bom. Advogado? Claro, sobretudo se puder se pavonear pelo tribunal. Presidente de alguma coisa? Com certeza. Estrela de cinema e teatro? Assim é que se fala.

DICA

Se seu chefe é de Leão, prepare-se para fazer do trabalho sua prioridade máxima, para enchê-lo de respeito e elogios, e educadamente se afastar sempre que a luz dos holofotes estiver ligada. Sua lealdade e talento serão reconhecidos e recompensados. O leonino é acolhedor e generoso. Mas lembre-se, quem manda é o Leão. O jargão aqui é "déspota benevolente".

Saúde e bem-estar

Regido pelo Sol, você tem vitalidade para dar e vender, mas talvez não tanto quanto gostaria de ter. Você é ambicioso e cheio de brio, com uma lista extensa de coisas para fazer, uma vida social exigente e uma queda por passeios ao ar livre. Você assume muitas coisas e com frequência se esgota, motivo pelo qual seu primeiro desafio em relação à saúde é ter uma boa noite de sono. Cochilos podem ajudar. Ir para cama cedo também. Remédios, provavelmente não. Também são benéficos, tanto para seu ciclo de sono como para a saúde geral: luz do sol (com filtro solar), férias tranquilas e exercícios intensos, sobretudo se os praticar acompanhado. Aquela esteira encostada no sótão nunca o atrairá. Se precisa se exercitar sozinho, tente levar o cachorro para passear. Melhor ainda, não faça exercícios sozinho. Faça aulas. A música o energizará e a presença dos outros o motivará a se estimular.

As partes do corpo associadas a Leão são o coração e a coluna. Para preservar as costas, experimente Pilates. Para o coração, você sabe o que fazer: não fumar, parar de comer porcaria e assim por diante. Aquela nova dieta louca? Fala sério. Embora talvez deseje que fosse de outra forma, o caminho para o bem-estar passa por campos da moderação.

LEMBRE-SE

Seu signo solar descreve apenas certos aspectos da saúde. Se você tem dúvidas a respeito, vá ver um médico.

A mitologia de Leão

Após matar a família (veja a mitologia de Câncer para saber mais sobre isso), Hércules foi condenado a desempenhar uma série de tarefas aparentemente impossíveis, conhecidas como os Doze Trabalhos. A primeira delas era matar o Leão da Nemeia, que havia caído da Lua na Terra e estava aterrorizando a região. Praticamente invencível, o leão tinha uma pelagem espessa que nem o ferro, o bronze ou as pedras eram capazes de perfurar. Recusando essas armas, Hércules encurralou a fera, estrangulou-a usando apenas as mãos e tirou sua pele, usando a própria garra do leão como faca. Algumas histórias dizem que ele perdeu um dedo durante o processo. Se sim, foi uma perda pequena comparada ao que ele ganhou quando completou os doze trabalhos: a imortalidade.

A constelação de Leão

Leão é um conjunto impressionante de estrelas que, ao contrário da maioria das constelações, lembra ligeiramente aquilo que leva seu nome. Em uma noite escura de primavera, a parte frontal de Leão fica espalhada contra o céu como um enorme ponto de interrogação de cabeça para baixo ou, se você usar a imaginação, a cabeça e a juba do leão (embora os chineses enxergassem essa constelação como um cavalo). Na parte de baixo, assim como o ponto na base do sinal de interrogação, fica a estrela brilhante Regulus — "o pequeno rei". Ela representa o coração do leão.

Leão: Pontos Fundamentais

Polaridade: Positiva	Cores favoráveis: Dourado e laranja
Qualidade: Fixo	Pedra da sorte: Rubi
Elemento: Fogo	Partes do corpo: Coração e coluna
Símbolo: O Leão	Metal: Ouro
Planeta Regente: O Sol	Frase-chave: Eu vou
Signo oposto: Aquário	Características principais: Extrovertido, exigente

EXEMPLO

MEGHAN MARKLE: LEÃO EM AÇÃO

Quando Meghan Markle, duquesa de Sussex, deu à luz, em 2019, seu Ascendente em Câncer, signo de tudo relacionado à maternidade, estava exposto. No mundo todo, as pessoas estavam encantadas com a nova mãe e o bebê real, do mesmo modo como ficaram fascinadas por seu casamento, no ano anterior. Mas Meghan não precisa de um bebê ou um príncipe bonito para chamar atenção. Graças ao Sol, Mercúrio e Nodo Norte em Leão na primeira casa, seu talento estelar vem de berço.

Sua habilidade de comunicação também vem. Uma tripla conjunção da Lua, de Saturno e Júpiter na terceira casa da comunicação lhe confere um intelecto vívido e uma natureza emotiva complexa, que alia a capacidade de impor limites e controlar a expressão com a habilidade de se emocionar. É aí que reside seu talento para atuar, e também seu talento para a escrita. Aos onze anos, ela escreveu uma carta reclamando de uma propaganda sexista para a Procter & Gamble (também para a então primeira-dama Hilary Clinton e para a advogada Gloria Allred). Isso resultou em um anúncio novo e melhorado, e a lançou à TV pela primeira vez. Graças a Vênus, sua habilidade para escrever é bastante literal. Como aspirante a atriz, ela trabalhou como calígrafa — um exemplo prototípico de Vênus, o planeta da beleza, na casa da escrita. Ela também colaborou com um varejista canadense para desenhar uma linha de moda acessível e criou um blog — outra atividade da terceira casa — que lhe rendeu um convite das Nações Unidas para fazer parte de um programa que promovia igualdade de gênero. Bem antes de conhecer Harry, ela falou para multidões no mundo todo, abordando assuntos como justiça social (e fazendo uso produtivo de sua dupla especialização na faculdade: teatro e relações internacionais).

Mas nenhum mapa é perfeito. Plutão na quarta casa implica disputas de poder em sua família de origem. O esquentadinho Marte no choroso Câncer na décima segunda casa dos segredos pode ser passivo-agressivo, com um lado inseguro e irritadiço. Marte também desperta uma hostilidade considerável, com uma quadratura com o Meio do Céu, que representa sua imagem pública, e uma tripla conjunção na casa dos irmãos. Apesar desse aborrecimento, ela tem iniciativa e, em sua irreprimível forma de Leão, seguirá em frente.

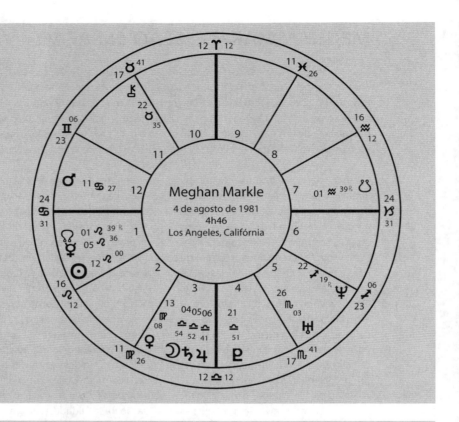

OUTROS LEONINOS TÍPICOS

- Jacqueline Kennedy Onassis, Andy Warhol, Tom Brady (Lua em Áries)
- Carl Jung, Bill Clinton, Mick Jagger, Ted Hughes, Monica Lewinsky (Lua em Touro)
- Amelia Earhart, Tony Bennett, Greta Gerwig, Barack Obama (Lua em Gêmeos)
- Emily Brontë, Annie Oakley, Sean Penn, Steve Wozniak (Lua em Câncer)
- Charlize Theron, Halle Berry, Alison Kraus, Maria Popova (Lua em Leão)
- Madonna, Dustin Hoffman, J. K. Rowling, Elizabeth Moss (Lua em Virgem)
- Fidel Castro, Julia Child, Belinda Carlisle, Michelle Yeoh (Lua em Libra)
- Alfred Hitchcock, Ben Affleck, Steve Martin, Jennifer Lopez, Kylie Jenner (Lua em Escorpião)
- Herman Melville, T. E. Lawrence, Neil Armstrong, Kacey Musgraves (Lua em Sagitário)

- Napoleão Bonaparte, Lucille Ball, Gene Kelly, Yves St. Laurent, Arnold Schwarzenegger (Lua em Capricórnio)
- Sandra Bullock, Beatrix Potter, Helen Mirren, Viola Davis, Cara Delavigne (Lua em Aquário)
- Coco Chanel, Robert De Niro, Alex Rodriguez, Usain Bolt (Lua em Peixes)

Virgem: 23 de Agosto–22 de Setembro

A mente de um virginiano é uma coisa admirável. Graças a Mercúrio, planeta que leva o nome do sagaz deus da comunicação, você é observador, perspicaz, competente e articulado. Também é exigente e crítico, especialmente de si mesmo. Em busca constante por autoaperfeiçoamento, você se considera um trabalho em andamento.

O símbolo de Virgem (veja a Figura 5-3) se parece com um M com um circuito fechado. Ele representa o intestino delgado e a genitália feminina, em contraste com Escorpião, que representa a masculina.

FIGURA 5-3: O símbolo de Virgem.

© John Wiley & Sons, Inc.

O lado luz

Nada passa batido por você. Você tem um olho clínico para detalhes, um senso inato de eficiência e uma sensibilidade extrema para as implicações da linguagem. Inteligente, engraçado e engajado, você pode se gabar de habilidades analíticas extraordinárias, uma clareza mental rara, uma capacidade invejável de concentração e um profundo amor pelo aprendizado. A cereja do bolo é que você é ponderado e apelativamente modesto. Você sabe que não é perfeito, mas está fazendo praticamente tudo para chegar lá. Assim como os outros signos de terra, é consciente e eficaz. Ao contrário deles, você também é idealista. Sabe como as coisas devem ser e tem certeza de que pode fazê-las, um detalhe de cada vez. Você é organizado e disciplinado, pronto para se pressionar até o limite. Da mesma forma, você se dispõe a dar assistência a outras pessoas, uma boa vontade que vai muito além de seu círculo imediato. Você tem um código de ética sólido e pode ser útil a ponto de chegar à abnegação. As pessoas com frequência se esquecem de que Virgem é o signo do servir. Agir em prol dos outros faz você se sentir bem consigo mesmo.

O lado sombra

Você é muito rígido com as pessoas, inclusive consigo mesmo. Você não consegue distinguir entre o que é aceitável (seu cônjuge como ele é) e o que é ideal (seu cônjuge, se ao menos ele/ela se esforçasse para melhorar). Você pode ser incrivelmente exigente, e ficar incrivelmente desapontado quando suas exigências não são atendidas. Às vezes, assume o papel do mártir obrigado a aturar as inadequações alheias, mas também sofre espasmos de culpa, inferioridade, timidez e ansiedade. Você se preocupa com o ar, a água, o aquecimento global, a política, o sem-teto por quem passou na rua, o comentário insensível que teme que talvez possa ter feito, seus investimentos e seu corpo.

Uma observação sobre limpeza: não importa o que você tenha ouvido falar, nem todos os virginianos são fãs de limpeza. Não que isso não aconteça: conheci virginianos que não conseguiam descansar até que tudo na geladeira estivesse organizado paralelamente à porta. Conheci virginianos com opiniões legítimas sobre limpadores de azulejo. Também conheci pessoas de Virgem incapazes de jogar coisas fora. A intenção delas é fazer algo útil com toda aquela tralha. No entanto, não parecem compulsivamente organizadas; parecem acumuladoras.

Relacionamentos

Você poderia pensar que um signo tão supostamente crítico como Virgem tenha problemas para fazer amizade. Mas não é o caso. Os virginianos adoram conversar, são excelentes em analisar outras pessoas, ótimos para explorar ideias novas e têm diversos interesses. Uma conversa com um virginiano nunca é chata. Pessoas de Virgem se lembram de aniversários, levam canja de galinha para amigos doentes e geralmente são amáveis. Vida social é o que não lhes falta, mesmo que de vez em quando sejam um pouco brutos ao dar conselhos.

Em uma relação fixa, você se sente mais à vontade quando seu papel e responsabilidades são definidos com clareza. Quando não sabe o que esperar ou esses papéis vão mudando, você fica nervoso, insone, omisso e — seu pior erro — controlador. Você não quer ser; só quer ter certeza de que está tudo nos eixos. Você tem uma noção firme de como as coisas deveriam ser e quando a realidade entra em conflito com seus padrões elevados, pode resvalar para um estado de negação e ver o que quiser ver. Quando rompimentos ocorrem, você entra em choque. Mesmo com todo o bom senso, um virginiano de coração partido é um ser realmente patético. O bom é que você não é desses que passam a vida soluçando com uma cerveja artesanal de edição limitada. Inevitavelmente, você encontra um jeito de dar a volta por cima. Você não tem problemas para atrair admiradores, já que os virginianos podem ser incrivelmente sedutores, apesar da imagem de pureza (entre os sex symbols virginianos emblemáticos estão Sean Connery, Sophia Loren, Idris Elba e Beyoncé). Mas não é isso que o ajuda a lidar com tempos difíceis. É sua capacidade mental de reformular a situação. Claro, as coisas podem parecer ruins de um ângulo. Mas de outro...

Para conhecer as relações de Virgem com outros signos, dê uma olhada no Capítulo 15.

Trabalho

É difícil imaginar uma empresa que não tiraria proveito de ter um ou dois virginianos por perto. Mestre da multitarefa, você concilia dezenas de detalhes e demandas conflitantes. Organizado e meticuloso, você tem talento para ensinar, escrever (e outras maneiras de se comunicar) e qualquer coisa que exija análise rigorosa. Mas não importa o que faça, chega mais trabalho em sua mesa do que na de qualquer outra pessoa, adivinha por quê? É mais eficiente do que os outros. É por isso que os chefões continuam chamando você. Ninguém mais está apto ao trabalho, e talvez você também não queira fazê-lo. Mesmo assim, gera resultados precisos e no prazo, pois não consegue resistir a um desafio. E é melhor admitir a verdade: você não consegue resistir a elogios, e sente um prazer secreto terminando todas as pendências. Você é o funcionário ideal, querendo ou não, e deve ser por isso que os virginianos com frequência fantasiam ter o próprio negócio. O nível de controle que você adquire como empresário é um fortificante para sua alma.

DICA

Se você trabalha para um virginiano, siga as instruções ao pé da letra e obedeça às regras tácitas do local de trabalho. Na superfície, o ambiente pode ser casual e igualitário. No entanto, os padrões são estritos. Então, vá em frente e peça orientação e esclarecimentos quando precisar. O virginiano o respeitará por fazer perguntas. Da mesma forma, sinta-se livre para pedir feedback. Mas entenda que, após receber conselhos, é preciso segui-los. Se não, o virginiano pode considerar sua solicitação uma perda de tempo. E acredite em mim: não queira fazer alguém de Virgem perder tempo.

Saúde e bem-estar

Não é fácil ser virginiano. Mesmo sob as circunstâncias mais favoráveis, há ansiedade com que lidar. Aquela dor no ombro: é uma lesão por conta de exercícios? Ou um sintoma de algo pior? E essas pontas duplas: um sinal de que você precisa cortar o cabelo? Ou um alerta de deficiência nutricional, possivelmente relacionada a uma doença autoimune? Para muitos virginianos, a ansiedade em forma de hipocondria é um dragão que você tem de matar repetidas vezes, o que não significa que, vez ou outra, você não fique aflito por problemas reais de saúde. Saber a diferença pode ser um desafio, e é por isso que aprender a enfrentar pensamentos assustadores é sua prioridade de saúde número um. Para você, são vantajosos uma agenda regular, medicina holística, afirmações positivas, hipnose e colegas que se recusam a ficar abalados por seus medos.

Tradicionalmente, Virgem rege o intestino delgado, o pâncreas e o sistema nervoso. Suas ansiedades encontram expressão no trato digestivo ou no sistema nervoso, levando à geração involuntária de todas as formas de pequenos desconfortos. Atividades físicas moderadas, como caminhada, trilhas, ciclismo e esqui cross-country (nos países frios) acalmam sua mente. Chás de ervas, uma rotina de meditação e algumas gotas de Rescue Remedy de tempos em tempos são a cura.

A mitologia de Virgem

A vida na Terra ia de mal a pior, cada época mais horrível que a anterior. A Idade do Ouro na harmonia abriu caminho para a Idade da Prata, que trouxe o mau tempo; depois, a Idade do Bronze, quando as armas foram inventadas; e, finalmente, a Idade do Ferro, uma era abismal — nossa própria era — de guerra e crimes. Quando deuses e deusas da mitologia clássica não conseguiram mais tolerar a miséria, eles viraram as costas para a Terra e fugiram. Somente a deusa Astrea ficou por aqui, na esperança de que a humanidade encontraria um meio de viver em paz. Quando sua paciência se esgotou, ela ergueu as mãos em desespero e abandonou a Terra, última imortal a fazê-lo. Essa constelação é uma homenagem a ela. Outras candidatas à coroa de Virgem são Ishtar, Deméter, Perséfone, Urânia, musa grega da astronomia, e Diké, deusa da sorte e do acaso.

A constelação de Virgem

Virgem é a maior constelação do zodíaco e a segunda maior do céu noturno. Sua estrela mais brilhante é Espiga, representando a espiga de trigo carregada por Deméter, a deusa dos grãos. Encontrá-la é fácil. Primeiro, se você estiver nas regiões Norte ou Nordeste do Brasil, localize a Ursa Maior. Siga a linha de sua alça até a estrela brilhante Arcturus ou, como dizem nos círculos de astrônomos, o arco de Arcturus. Então, continuando, siga essa curva imaginária até a próxima estrela brilhante, Espiga. Você terá percorrido metade do céu noturno e encontrado Virgem, a única constelação do zodíaco identificada como uma mulher.

Virgem: Pontos Fundamentais

Polaridade: Negativa	Cores favoráveis: Azul-marinho e neutras
Qualidade: Mutável	Pedra da sorte: Peridoto
Elemento: Terra	Partes do corpo: Intestino delgado, pâncreas e sistema nervoso
Símbolo: a Virgem	Metal: Mercúrio
Planeta regente: Mercúrio	Frase-chave: Eu analiso
Signo oposto: Peixes	Características principais: Analítico, crítico

VIRGEM EM AÇÃO: BEYONCÉ KNOWLES

EXEMPLO

Existe artista mais eletrizante que Beyoncé? Não. Ela sabe fazer de tudo. Não surpreende, portanto, que seu mapa natal seja formidável. Todos os dez planetas ficam no lado esquerdo do mapa, então, o controle que ela detém sobre o rumo da própria vida é considerável. Uma pilha de planetas no artístico Libra, incluindo uma conjunção estreita de Vênus, Plutão e seu Ascendente, confere beleza, poder e um carisma sem fim. Sua Lua faz conjunção com Urano em Escorpião, logo, suas emoções — amor, raiva, êxtase, o leque inteiro — são voláteis e sentidas com profundidade. Como os dois planetas estão na segunda casa, independência financeira é importante para ela. Embora seja pródiga nos gastos e tenha a habilidade comprovada de ganhar quantias enormes, dinheiro continua sendo um elemento extremamente controverso em sua vida. Marte em Leão no topo do mapa, conjunto com o Meio do Céu e o Nodo Norte, proporciona ambição e uma veia competitiva, e também descreve seu companheiro ideal.

Mas a essência de seu mapa natal pode ser encontrada no Sol. Por ocupar a décima primeira casa da comunidade, ela dá muito valor às amizades e se preocupa em transcender o pessoal, como compromissos com a cultura afro-americana e o feminismo. Embora Libra possa parecer a influência dominante no mapa, seu Sol em Virgem é autônomo e incrivelmente poderoso. Beyoncé personifica tudo o que você pode associar a esse signo, da dieta vegana e aparência impecável a um trabalho ético incansável e tendência a microgestão. "Seleciono pessoalmente cada dançarino, cada luz, o material nos degraus, a altura da pirâmide, o formato dela", explica, em um documentário sobre Coachella 2018. "Cada detalhe minúsculo tem uma intenção." Essa é a virginiana típica.

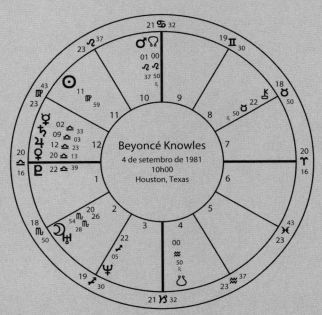

OUTROS VIRGINIANOS TÍPICOS

- Lauren Bacall, Leonard Bernstein, Bernie Sanders, George R. R. Martin (Lua em Áries)
- Oliver Stone, Madre Teresa, príncipe Harry, Colin Firth (Lua em Touro)
- Cathy Guisewite, Karl Lagerfeld, Buddy Holly, Jeanette Winterson (Lua em Gêmeos)
- Julio Iglesias, Dave Chapelle, Melissa McCarthy, Stella McCartney (Lua em Câncer)
- William "Senhor das Moscas" Golding, Idris Elba, Amy Poehler, Andrew Lloyd Webber (Lua em Leão)
- Sean Connery, Michelle Williams, Fiona Apple, Padma Lakshmi (Lua em Virgem)
- Ivan, o Terrível; D. H. Lawrence; Agatha Christie; Ray Charles (Lua em Libra)
- Bruno Bettleheim, A. S. Byatt, Jimmy Fallon, Julio Cortázar (Lua em Escorpião)
- Mary "Frankenstein" Shelley, Stephen King, Warren Buffet (Lua em Sagitário)
- Dorothy Parker, Brian de Palma, Amy Winehouse, Louis C. K. (Lua em Capricórnio)
- Sophia Loren, Samuel Goldwyn, Joan Jett, Temple Grandin (Lua em Aquário)
- Michael Jackson, Leonard Cohen, Ava DuVernay, Sheryl Sandberg (Lua em Peixes)

NESTE CAPÍTULO

» Aprofundando-se em Libra
» Esmiuçando Escorpião
» Refletindo sobre Sagitário

Capítulo **6**

Os Signos da Primavera: Libra, Escorpião e Sagitário

Os primeiros seis signos do zodíaco, de acordo com a astrologia tradicional, são joviais e subjetivos, signos do ego e do desenvolvimento individual. Os últimos seis signos são voltados para os outros, investem mais em relacionamentos, na comunidade e no mundo.

Bem, essa é uma maneira de encarar a roda do zodíaco. Outra seria pensar nela como a jornada de um herói, um conto mitológico que começa com a aventura ariana e termina com a magia pisciana, embora isso também seja uma hipersimplificação. Ainda assim, há algo de animador na noção de que os signos contam uma história dando continuidade uns aos outros. Considere os signos da primavera no hemisfério Sul, que primeiro lançam uma luz sobre os relacionamentos (essa responsabilidade é de Libra); depois, sobre o sexo, a morte e a regeneração (essa é a árdua missão de Escorpião); e, finalmente, sobre a urgência de explorar o mundo à procura de sabedoria (a eterna busca de Sagitário).

Os três signos da primavera são:

- » Libra, ou Balança (23 de setembro a 22 de outubro), o signo cardinal de ar. Libra é conhecida por seu intelecto, senso de justiça e sensibilidade estética, bem como pela importância que dá a relacionamentos.
- » Escorpião (23 de outubro a 21 de novembro), o signo fixo de água. Escorpião é conhecido por sua intensidade, magnetismo, instinto e inteligência estratégica.
- » Sagitário (22 de novembro a 21 de dezembro), o signo mutável de fogo. O arqueiro é independente, aventureiro, expansivo e com uma inclinação para a filosofia.

As datas dos signos solares neste livro (e em qualquer outro livro sobre astrologia) são apenas aproximadas, porque sempre há um pouco de variação de um ano para outro. Então, se seu aniversário cai no início ou no fim de um signo, você precisa de um mapa natal matematicamente correto. Para se certificar de que tem um, pegue seus dados de nascimento e vá para a internet. No Capítulo 2, a seção "Conseguindo Seu Mapa Online de Graça" mostrará o que fazer.

Cada signo possui um elemento (fogo, terra, ar ou água), uma polaridade (positiva ou negativa) e uma qualidade, ou modalidade (cardinal, fixa ou mutável). Para saber mais sobre esses termos, veja o Capítulo 1.

Libra, ou Balança: 23 de Setembro–22 de Outubro

Cresci cercada de librianos, e posso dizer uma coisa: Libra é o signo da civilidade. Regido por Vênus, o planeta do amor e da beleza, você age com racionalidade, acredita na justiça e geralmente é fácil ficar perto de você.

O glifo de Libra (veja a Figura 6-1) representa um contrapeso simples ou a balança da justiça. Também sugere o sol se pondo, refletindo o fato de que o primeiro dia de Libra é o equinócio de primavera, quando dia e noite atingem um ponto de equilíbrio perfeito.

FIGURA 6-1: Glifo de Libra.

© John Wiley & Sons, Inc.

O lado luz

Quando a elegância encontra o despojado, e os sentidos encontram a sensibilidade, aí está Libra. Refinado e bem-humorado, amigável e observador, você é o diplomata perfeito (quando quer). Você busca a serenidade, tem fortes relações com a arte e a música, e vive em ambientes esteticamente agradáveis (embora aborrecimentos corriqueiros, como barulho, deixem você tenso e cansado). Sua sensibilidade artística é altamente desenvolvida, seu senso social, ainda mais. Fácil de lidar, gracioso, esperto e encantador, você é um convidado cobiçado, que gosta muito de ser apreciado. Embora não consiga abandonar seu jeito sedutor, também é um parceiro comprometido, para quem relacionamentos são indispensáveis.

Ao mesmo tempo, como signo de ar, você tem um intelecto elaborado e orgulho da maneira sensata como encara a vida. Você busca informações e pontos de vista opostos, e dá o melhor de si para não tirar conclusões precipitadas, frequentemente argumentando sobre uma questão apenas para trabalhar todos os lados de um tema (além disso, digamos que você gosta de um bom debate). Por valorizar muito a razão, você naturalmente tenta ser objetivo. Esse é o significado do seu símbolo, a balança, que representa sua capacidade de pesar os dois lados e sua necessidade de atingir um equilíbrio emocional. Na maioria das vezes, sua abordagem bem refletida e objetiva funciona. A harmonia e o equilíbrio que procura são atingíveis.

O lado sombra

Como disse certa vez Eleanor Roosevelt, uma típica libriana: "Ninguém pode fazê-lo se sentir inferior sem seu consentimento." Bem, problema algum: você consente. Sua personalidade amigável pode ocultar uma insatisfação dolorosa e uma batalha terrível contra as complexidades emocionais. Você tem uma predisposição profundamente arraigada para a preocupação, aliada a — em seu estado mais lastimável — uma lamentável falta de confiança (se tem planetas em Virgem, como muitos librianos, sem dúvida você é seu crítico mais severo). Ansioso pela admiração alheia, talvez você se esforce muito para agradar. Em outros aspectos, não se esforça o suficiente. Quando está para baixo, você pode ser vago, dependente, comodista e retraído, e sua sensibilidade refinada é prejudicada com tanta facilidade que, às vezes, fica risível.

Você não consegue suportar conflitos, no entanto, é mais que capaz de gerá-los. Como os librianos Mahatma Gandhi, o profeta da não violência, e John Lennon, a estrela do rock antiguerras, você é mais controverso do que sua reputação ou imagem sugere.

Por mais que precise de equilíbrio, você tem problemas para mantê-lo. Por ser um pensador crítico, você pode ser indeciso a ponto de ficar paralisado, sobretudo quando precisa fazer uma escolha que gera consequências. A indefinição o deixa arruinado. Você oscila para frente e para trás, pesando prós e contras. Compara e contrasta. Você acaba ficando agitado, tornando-se distante, questionador ou obcecado. Tomar decisões para seguir em frente pode ser seu maior desafio. Em sua busca por paz, beleza e equilíbrio, você pode ficar esgotado. Sua melhor estratégia é a romana: tudo com moderação.

Relacionamentos

Que pacote de contradições um libriano pode ser! Por um lado, é regido pela sedutora Vênus, e relacionamentos são fundamentais para você. Desejando amor, instintivamente busca parceiros românticos para equilibrar suas inadequações e estabilizá-lo. Por outro lado, é um signo de ar, regido pela mente, não pelo coração. Graças a suas sensibilidades refinadas e ao desgosto visceral por melodramas cheios de choro, inconscientemente você mantém distância para se proteger de conflitos e caos emocional. Nos relacionamentos, assim como em outras áreas da vida, com frequência acaba em um cabo de guerra interno, primeiro chegando perto de seu objeto de afeição, depois, repelindo-o. É uma forma de equilíbrio. Não surpreende que a outra pessoa veja essa ambivalência como manipuladora.

E o que você busca? A pessoa certa tem que vir com o pacote completo: beleza, inteligência, energia, estilo, modos e uma pitada — ou mais que uma pitada — de status. Quando encontra essa pessoa, como a maioria dos librianos, você é leal, amoroso, generoso e orgulhoso. Entretanto, graças a seu charme indescritível e a sua habilidade de manter a conversa interessante, você nunca janta sozinho.

Para ter um panorama sobre suas relações com os outros signos, vá para o Capítulo 15.

Trabalho

Para Libra, a vida seria muito mais agradável sem a irritante necessidade de trabalhar. Já que seu senso estético está diretamente relacionado a seu humor, é imprescindível que seu ambiente de trabalho seja limpo e arejado, com várias oportunidades de convívio presencial. Encontrar um local que o promova tanto em termos intelectuais quanto nos sociais é fundamental. Você não é ambicioso ao extremo, talvez porque se subestime. Poucas vezes o dinheiro é sua motivação principal, mas sabe seu valor e tem confiança suficiente para exigir o reconhecimento que merece. No entanto, a qualidade diária de seu trabalho é o que mais importa.

Entre as áreas ideais estão todas as formas de arte, inclusive artes visuais, teatro, dança e música. Empresas culturais são lugares naturais para você. Você também pode expressar seus talentos artísticos em moda, design gráfico, decoração de interiores, arquitetura, fotografia, cinema e campos relacionados.

Outras áreas que também foram feitas para você são diplomacia, mediação e negociação, direito (Libra dá um belo juiz) e qualquer coisa que exija contato com o público.

Se você trabalha com ou para um libriano, tem a chance de observar de perto o poder da razão. Libra respeita a tomada racional de decisões e a análise. Dotado de elegância e inteligência, Libra valoriza sua contribuição, tenta ser justo e espera que você tenha uma atitude comprometida. É verdade que a tomada de decisões libriana pode ser um processo lento. Porém, após chegar a um veredito, Libra se move com rapidez. Dois pequenos conselhos: apresente suas ideias com calma e lógica. E fique o mais bonito que puder. Libra pode fingir que aparência não importa. Não acredite.

Saúde e bem-estar

Não importa a pergunta, a resposta para Libra é sempre a mesma: busque o equilíbrio. Ele é seu remédio, sua terapia, seu consolo. Mas também é seu desafio porque, na vida real, incorporar uma dieta balanceada e exercícios regulares em sua agenda nem sempre é fácil. Duas ressalvas. Primeira: por Libra ser um signo de ar, sua dieta, assim como sua rotina de exercícios, precisa fazer sentido racional. Se parece meio louca, ainda que minimamente, ela não é para você. Segunda: como Libra é regido por Vênus, você reage melhor a exercícios que tendam para a arte (como patinação ou dança), tenham um componente social e ofereçam a chance de passar um tempo em um local bonito. Os exercícios cansativos de academia, de se encharcar de suor, pelos quais as pessoas se vangloriam: por quê? Finalmente, trate o sono com respeito. Durma o máximo que conseguir e isso lhe trará enormes benefícios.

As partes do corpo mais associadas a Libra são os rins, a pele e a lombar. Para manter os rins filtrando as impurezas com segurança, beba muita água e permaneça hidratado. Para proteger sua pele, use filtro solar e visite regularmente um dermatologista qualificado. Por fim, dores na lombar podem ser um problema constante, mas têm solução, cedo ou tarde. Tente asanas de ioga como a postura da árvore, tai chi ou trabalhos corporais como a técnica Gravidade Zero.

Uma descrição da saúde conforme o signo solar pode apenas sugerir tendências. Um astrólogo médico pode lhe dar mais detalhes. Mas mesmo o profissional mais brilhante desse ramo da astrologia não faz, por exemplo, cirurgias. Ou pede um exame de raio X. Se tem perguntas sobre sua saúde, consulte um médico.

A mitologia de Libra

Entre todas as constelações do zodíaco, apenas Libra não é representada como um animal, uma pessoa ou uma figura imaginária, mas como algo: um contrapeso comum, ou balança, um objeto sem nenhuma história a ele relacionada.

CAPÍTULO 6 **Os Signos da Primavera: Libra, Escorpião e Sagitário**   105

Quatro mil anos atrás, os sumérios a observaram como a "balança do céu" e o ponto de apoio do ano, marcando o momento em que o Sol está a meio caminho de sua passagem anual. Os gregos não consideravam Libra uma constelação separada. Em vez disso, eles a ligavam à constelação vizinha e se referiam às estrelas de Libra como as garras do Escorpião. Os romanos, que tinham uma predileção especial por Libra, preferiam a representação suméria e associavam a constelação à deusa que segura a balança da justiça. Cícero relatou que Roma foi fundada quando a Lua estava em Libra. Logo, de acordo com Marco Manílio, astrólogo romano e poeta do século I de nossa era: "A Itália pertence ao equilíbrio, seu verdadeiro signo."

A constelação de Libra

A imagem do contrapeso, ou da balança, triunfou há muito tempo sobre a ideia de que as estrelas de Libra poderiam representar as garras do Escorpião. E ainda assim, essa noção subsiste nos nomes árabes das estrelas mais brilhantes de Libra: Zubenelgenubi, a garra ao sul, e Zubeneschamali, a garra ao norte. Para a maioria das pessoas, Zubeneschamali parece uma estrela branca comum. Porém, para observadores com visão extremamente apurada, ela também é a única estrela brilhante no céu que, às vezes, é descrita como verde.

Libra: Pontos Fundamentais

Polaridade: Positiva	Cores favoráveis: Tons de azul e pastel
Qualidade: Cardinal	Pedras da sorte: Safira, jade e opala
Elemento: Ar	Partes do corpo: Rins e pele
Símbolo: a Balança	Metal: Cobre
Planeta regente: Vênus	Frase-chave: Eu equilibro
Signo oposto: Áries	Características principais: Cosmopolita, indeciso

EXEMPLO

LIBRA EM AÇÃO: BRUCE SPRINGSTEEN

Na superfície, Bruce Springsteen é o mais machão dos ícones do rock and roll. Porém, em sua autobiografia e peça da Broadway, ele fala de sua infância introvertida e atormentada pela ansiedade, os conflitos com o pai ("meu herói e meu maior inimigo"), a luta contra a depressão e a diferença entre sua imagem e a pessoa que ele sente que é. Seu Ascendente é no incansável e tagarela Gêmeos, signo da escrita. Ascendendo na primeira casa está o amante da liberdade e rebelde Urano. Essas influências moldam sua persona. Uma fonte mais profunda de força reside em sua quinta casa da criatividade e entretenimento, na qual um aglomerado de planetas em Libra puxa-o para o lado das artes. Teria sido difícil resistir a esse puxão, e ele não o fez. Desde cedo, Springsteen definiu que nem sua voz nem sua habilidade com instrumentos lhe trariam a grandeza pela qual ansiava. Tinha que ser a escrita. Vários fatores respaldam esse insight. Seu Ascendente em Gêmeos confere a ele um dom para contar histórias e usar as palavras. Mercúrio, regente de Gêmeos e, portanto, seu planeta regente, ocupa a quinta casa e está retrógrado — o que, assim espero, ponha um ponto final na crença equivocada de que Mercúrio retrógrado é algo a se temer em um mapa natal. Não é. Isso aprofunda o intelecto de Springsteen e aguça seus insights. Por fim, Marte e Plutão, situados na terceira casa da comunicação e em Leão, signo dos artistas, dão a ele impulso infinito e uma aura de comandante, daí o Chefe [seu apelido]. O estilo hard rock, contos melodramáticos e emoções violentas filtradas por meio de seu trabalho são dádivas desse dueto cheio de adrenalina. Todo elemento de um mapa natal astrológico pode ser usado de modo positivo ou negativo. No caso de Springsteen, ele transformou o tormento em arte.

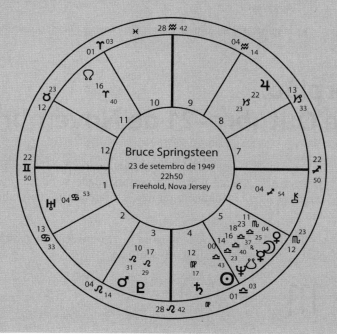

CAPÍTULO 6 **Os Signos da Primavera: Libra, Escorpião e Sagitário** 107

> ## OUTROS LIBRIANOS TÍPICOS
>
> - Giuseppe Verdi, E. E. Cummings, Martina Navratilova, Cardi B (Lua em Áries)
> - F. Scott Fitzgerald, Sigourney Weaver, Carrie Fisher, Jesse Jackson (Lua em Touro)
> - Gwyneth Paltrow, T. S. Eliot, Ursula K. LeGuin, Hugh Jackman (Lua em Gêmeos)
> - Paul Simon, Gwen Stefani, Neil deGrasse Tyson, Eleanor Roosevelt (Lua em Câncer)
> - Mahatma Gandhi, Oscar Wilde, Elmore Leonard, David Benioff (Lua em Leão)
> - Serena Williams, Lenny Bruce, Bella Hadid, Ang Lee (Lua em Virgem)
> - Arthur Rimbaud, Kate Winslet, Doris Lessing, Kelly Ripa (Lua em Libra)
> - Will Smith, Jimmy Carter, Ralph Lauren, Brie Larson (Lua em Escorpião)
> - Friedrich Nietzsche, Richard Meier, Christopher Reeve, Dakota Johnson (Lua em Sagitário)
> - Susan Sarandon, Wally Lamb, Matt Damon, Michael Douglas (Lua em Capricórnio)
> - George Gershwin, John Lennon, Annie Leibovitz, Eminem (Lua em Aquário)
> - Eugene O'Neill, Chuck Berry, Kim Kardashian (Lua em Peixes)

Escorpião: 23 de Outubro–21 de Novembro

Intensidade é a essência de Escorpião. Regido por Plutão, o planeta (anão) da transformação, você tem uma personalidade sedutora, e é uma criatura de extremos. Emocionalmente ou não, na fantasia ou na realidade, você vive no limite.

O glifo de Escorpião (veja a Figura 6-2) representa a genitália masculina ou a ponta perfurante da cauda do escorpião.

FIGURA 6-2: O símbolo do Escorpião.

O lado luz

Você é vibrante, magnético, passional, perspicaz e sensual: uma pessoa profunda e complexa que está presente na vida de maneira integral e corajosa, e cujos insights sobre a psicologia humana são astutos. Você presta atenção à mensagem explícita e ao subtexto da linguagem corporal, e não consegue deixar de apreciar o melodrama de tudo. Seu humor oscila entre o auge do êxtase e o abismo de pesadelos, e dificilmente existe alguma emoção que você não tenha sentido na alma. Também tem curiosidade sobre outras pessoas. Embora valorize sua privacidade e com frequência seja bem reticente, tem talento para desmascarar segredos alheios. O mistério o fascina, motivo por que livros de astrologia acabam recomendando que escorpianos se tornem detetives ou espiões.

Outra característica positiva: você é determinado. Quando se empenha, sua força de vontade é impressionante (embora possa levar isso longe demais: distúrbios alimentares são um flagelo de seu signo). Você também é habilidoso. Faz planos com cuidado e se ainda não for a hora certa, espera. Você nunca desiste. Você mira as coisas mais altas, ou as mais baixas. É por isso que, ao contrário de qualquer outro signo, Escorpião tem três símbolos: o escorpião, que se arrasta pela poeira; a águia, que voa pelo ar; e a fênix, que se queima no calor da paixão e renasce. Assim como a ave mitológica, você tem a habilidade de se renovar.

O lado sombra

Sejamos francos: Escorpião tem alguns aspectos bem sórdidos. Você pode ser obsessivo, ciumento, dissimulado, manipulador e arrogante. Tem uma língua extremamente ferina. Sabe como machucar e, se encurralado, não hesita em fazer isso. Quando decide que foi traído, não perdoa. Você pode ser vingativo, rancoroso e perturbadoramente insensível ou, pelo menos, é o que aparenta. Quando Escorpião (signo de Charles Manson) é mau, é bem assustador.

Porém, na minha experiência, a maioria dos escorpianos mantém esse lado da própria personalidade sob sigilo. Como consequência, você luta contra a depressão. Quando os tempos estão difíceis, mergulha no fundo do mar. Outros signos nem chegam perto de compreender o desespero sombrio que o puxa para baixo. No entanto, esse é um elemento fundamental em ser escorpiano. Funciona assim: você se afunda na escuridão, vai caminhando pelo submundo da psique e enfrenta suas piores características e medos mais obscuros. Então, emerge. Antes de Plutão ser descoberto, em 1930, os astrólogos consideravam Marte, o planeta da guerra e do desejo, o regente de Escorpião. E é, pois você persegue seus demônios como um guerreiro, lutando sem descanso, mesmo contra vícios e outras aflições. Plutão acrescenta um toque de renovação e transformação. Em sua busca por elas, você é implacável.

Relacionamentos

Ninguém disse que era fácil se relacionar. Isso porque elos casuais não o satisfazem. Até suas amizades são sérias. Na infância, você compreendeu o conceito de irmãos ou irmãs de sangue (mesmo que nunca tenha encontrado um amigo que se qualificasse) e desejou esse tipo de conexão. Adulto, você ainda quer os laços mais profundos possíveis. Isso vale sobretudo para romances. Ardente e misterioso, você é ávido por sexo quente, conversas que rompem todas as barreiras e imersão total. Quando se apaixona, é teatral e fervoroso — um drama para entrar na história.

Na melhor das hipóteses, essa intensidade o ajuda a criar o tipo de parceria plenamente interligada pela qual anseia. Na pior, ela o deixa desconfiado, possessivo e rancoroso. Surgem questões de poder e controle, e você pode se tornar dolorosamente obsessivo. Quando se sente ferido ou uma relação está se desintegrando, você libera a picada fatal pela qual o escorpião é famoso. Se corta alguma coisa, é para sempre. Ninguém sente o êxtase como você, e ninguém sofre mais.

Por fim, quero apontar que, apesar de desejar um elo mental com outro ser humano, os escorpianos também exigem privacidade. Sem ela, sua paz de espírito desmorona, o que uma pessoa envolvida com você deve entender. Solidão, assim como sexo, é uma necessidade.

Está se perguntando como você se sai com outros signos? Vá para o Capítulo 15.

Trabalho

Os escorpianos trazem energia e ambição para o ambiente de trabalho, e seus objetivos geralmente são do mais alto nível (embora, só para constar, eles também possam ser golpistas, traficantes de drogas e pequenos criminosos). Astuto e perspicaz, você é um defensor fantástico de qualquer pessoa necessitada. Além disso, é um guerreiro. Você é fascinado por poder e dinheiro, o que lhe dá motivação para se destacar nos negócios (pense em Bill Gates) ou na política (considere Hillary Clinton, Robert F. Kennedy ou Joe Biden). Em qualquer área em que esteja, banalidades não lhe interessam. Também não precisa ser o centro das atenções (a menos, é claro, que tenha vários Leões em seu mapa). O que você precisa é se envolver em uma empresa que seja interessante. Vêm à mente pesquisas científicas, cirurgia, organizações comunitárias, reportagens investigativas, investimento bancário, política e psicologia. Como observei anteriormente, detetive e espião são dois cargos tradicionalmente considerados escorpianos. Mas mencionei o de mágico? Agente funerário? Escritor de obituário? De obras de mistério? Guru? Poeta? O maior artista do século XX (Picasso)? E a lista continua.

DICA

Se você trabalha com ou para um escorpiano, verá o que significa comprometimento. Escorpianos são trabalhadores, disciplinados e exigentes. Eles sabem como se concentrar (a menos, claro, que não consigam; nesse caso, você começa a ver o escorpiano triste, amuado). Eles também sabem guardar segredo, o que significa que você pode confiar os seus a alguém de Escorpião. Mas eles são impenetráveis. Eles cuidam de seus cúmplices e destroem os inimigos. Se você tem um chefe escorpiano, dê o melhor de si e não tente nada extravagante. Um escorpiano pressentirá isso e você pagará pela presunção. Ninguém, repito, ninguém quer ter um escorpiano como inimigo.

Saúde e bem-estar

Marte e Plutão, planetas regentes de Escorpião, conferem a você uma constituição forte e uma vontade contumaz. Com Escorpião, determinação é tudo. É verdade que sua intensidade pode se voltar contra você quando descamba para a obsessão, e você pode lutar contra condutas viciantes. É um problema que muitos escorpianos enfrentam, e vencem. Na maioria das vezes, sua intensidade trabalha a seu favor. Autodisciplina e comprometimento estão sob seu comando e você não tem medo do que precisa ser feito, seja parar de fumar (comece na Lua nova), colocar a dieta em ordem, seja buscar ajuda psicológica. Finalmente, atividade física pesada é fundamental. Caminhar em um parque agradável não conta. Você precisa de algo mais intenso, como escalada, campos de treinamento, artes marciais, malhação com pesos, treinamento para maratonas ou vinyasa ioga. Como signo de água, natação, surfe e banhos revigorantes de mar também fazem bem a você. Talvez prefira se exercitar sozinho, em vez de fazer aulas. Conclusão: você dará continuidade a qualquer atividade pela qual se apaixone. Esse é o exercício certo para você.

Tradicionalmente, as partes do corpo associadas a Escorpião são os órgãos reprodutivos e o cólon. Portanto, é bom marcar visitas regulares nos especialistas apropriados — incluindo, depois de certa idade, colonoscopias frequentes.

LEMBRE-SE

Uma descrição da saúde conforme o signo solar só oferece uma visão geral. Um astrólogo médico experiente analisa mais a fundo e pode lhe dizer mais coisas. Mas se está realmente preocupado com sua saúde, consulte um clínico.

A mitologia de Escorpião

O gigante Órion se vangloriou para Ártemis, deusa grega da caça, de que poderia matar todos os animais do planeta. Quando Gaia, deusa da Terra, ouviu a ameaça, enviou um escorpião se precipitando por uma rachadura no chão para atacá-lo. Conforme o veneno corria por seu corpo, Órion levantou seu bastão e esmagou-o contra o escorpião, matando-o. Mais tarde, Zeus elevou aos céus tanto Órion como seu agressor, mas, por serem inimigos, colocou-os o mais longe possível um do outro. É por isso que todas as variações desse mito terminam do mesmo jeito: quando uma constelação está surgindo no horizonte, a outra está sumindo.

A constelação de Escorpião

De todas as constelações astrológicas, Escorpião é a única com a aparência que deve ter, com um corpo notadamente curvado e uma estrela vermelha, Antares, bem no local onde o coração de Escorpião estaria. Em uma noite de inverno, encontre um lugar escuro, longe das luzes da cidade, olhe para o sul e a verá; sem dúvida, a constelação mais espetacular do zodíaco.

Escorpião: Pontos Fundamentais

Polaridade: Negativa	Cores favoráveis: Tons escuros de vermelho e preto
Qualidade: Fixa	Pedra da sorte: Opala
Elemento: Água	Partes do corpo: Órgãos reprodutores
Símbolo: o Escorpião	Metal: Aço ou ferro
Planetas regentes: Marte e Plutão	Frase-chave: Eu desejo
Signo oposto: Touro	Características principais: Estratégico, intenso

EXEMPLO

ESCORPIÃO EM AÇÃO: ANA MENDIETA

Ana Mendieta, uma artista cubano-americana que morreu jovem bem quando sua arte enigmática começou a obter o reconhecimento que merecia, era escorpiana da cabeça aos pés. Quando tinha 12 anos, Urano, senhor da disrupção, fez quadratura com seu Sol em Escorpião. Nem todo trânsito se expressa de maneira drástica, mas esse se expressou. Seus pais, pressentindo problemas com o governo recém-criado de Fidel Castro, enviaram Ana e a irmã, Raquelin, para os Estados Unidos, onde foram mandadas, entre outras instituições, para campos de refugiados, lares adotivos, reformatórios. Essa turbulência a arrancou de suas raízes culturais, despertando sentimentos de perda e alienação que nunca desapareceram. Sua vida se tornou uma busca, conduzida com a típica intensidade escorpiana, por identidade e cura. Essa procura, respaldada pela conjunção de seu Sol com Quíron, o asteroide da cura, é claramente perceptível em sua arte.

Quando estudava na Universidade de Iowa, ela se sentiu atraída pela arte de vanguarda, interdisciplinar, por materiais não tradicionais, temas feministas e rituais espirituais, centrados na Terra. Usando sangue, lama, areia, musgo, gelo, fogo, pólvora e seu corpo nu, ela expôs quadros primários abordando a violência contra as mulheres, imagens esculpidas de deusas afro-cubanas nas paredes de uma caverna de floresta e fez centenas de filmes e "siluetas" (silhuetas) de seu corpo fundido a uma árvore, uma pedra ou um leito de rio, coberto de flores ou penas, e se unindo à Terra. Resumindo, ela se transformou repetidas vezes, que é a missão de seu signo.

A imagem que ela criou é inquietante, aludindo a forças ocultas e ultrapassando limites, inclusive de gênero. Assim como outros escorpianos, ela gosta de quebrar tabus. "Ana tinha essa centelha", disse sua irmã. "Ela nunca teve medo de nada."

Aos 35, no auge da carreira, ela se casou com o escultor Carl Andre. Certa noite eles brigaram e, de algum modo, Ana caiu da janela de seu apartamento no 34º andar. Andre foi acusado de assassinato. Foi solto por falta de evidências, mas no tribunal da opinião pública, o julgamento continua. O que de fato aconteceu? Na morte, assim como na vida, o mistério a envolve.

Nota: Ao contrário de outros mapas deste livro, o de Ana Medieta foi calculado com base em um horário arbitrário — o amanhecer — e casas de "signos inteiros". É uma das poucas opções quando não se sabe a hora do nascimento. Portanto, não podemos saber qual seu Ascendente ou casas, e devem ser totalmente ignoradas na interpretação. Felizmente, não importa o horário em que ela nasceu, seus planetas, incluindo a Lua, ocupam os mesmos signos e têm os mesmos aspectos. Então, por exemplo, seu Júpiter faz oposição a Urano, tornando-a um espírito independente, incansável e inovador. Isso é verdade independentemente da hora em que nasceu. Sua Vênus está em Libra, posicionamento ideal para um artista. Além disso, faz ampla conjunção com Netuno, inspirando sua imaginação, mas também distorcendo seu juízo amoroso. Esses planetas poderiam estar em sua casa do casamento? Não sabemos, e ponto.

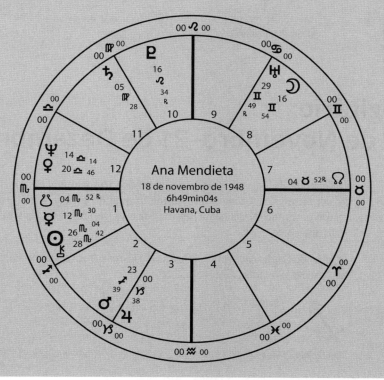

> **OUTROS ESCORPIANOS TÍPICOS**
>
> - Bill Gates, Jamie Lee Curtis, Jimmy Kimmel, Kendall Jenner (Lua em Áries)
> - Demi Moore, príncipe Charles, Joe Biden, Adam Driver (Lua em Touro)
> - Fiódor Dostoiévski, Bonnie Raitt, Tilda Swinton, Roseanne Barr (Lua em Gêmeos)
> - Condoleezza Rice, Kris Jenner, Mark Ruffalo, Drake (Lua em Câncer)
> - Julia Roberts, Kurt Vonnegut, Nail Gaiman, Hedy Lamarr (Lua em Leão)
> - Sean Combs, Matthew McConaughey, k.d. lang, Lorde (Lua em Virgem)
> - Marie Antoinette, Leonardo DiCaprio, Billie Jean King, Sylvia Plath (Lua em Libra)
> - Whoopi Goldberg, Ryan Reynolds, Katy Perry, RuPaul (Lua em Escorpião)
> - Pablo Picasso, Rock Hudson, Kelly Osbourne, Ivanka Trump (Lua em Sagitário)
> - George Eliot, Indira Gandhi, Robert F. Kennedy, Bernard-Henri Lévy (Lua em Capricórnio)
> - Albert Camus, Dylan Thomas, Neil Young, Caitlyn Jenner (Lua em Aquário)
> - Marie Curie, Hillary Rodham Clinton, Laura Bush, Joni Mitchell, Jonas Salk (Lua em Peixes)

Sagitário: 22 de Novembro–21 de Dezembro

Independente, ativo e dotado de um senso irreprimível de possibilidades, você se sente mais vigorosamente animado quando está se aventurando ou explorando o mundo. Agradeça a Júpiter por isso, seu regente, o planeta da expansão e da boa sorte.

O glifo de Sagitário (veja a Figura 6-3) representa a flecha do centauro e suas aspirações elevadas.

FIGURA 6-3: O símbolo de Sagitário.

© John Wiley & Sons, Inc.

O lado luz

Em seus momentos melhores e mais felizes, você é um espírito livre, um viajante animado, um companheiro honesto e inteligente, e um filósofo que gosta de ponderar sobre questões importantes, de preferência com alguns amigos e um suprimento farto de lanches. Você vê a vida como uma jornada constante atrás de experiência e sabedoria, não uma busca por segurança. Incansável e empolgado, com uma sagacidade rápida, você se irrita com restrições e exige autonomia, que de bom grado estende aos outros.

Em sua eterna jornada em busca de sabedoria e conhecimento, você persegue vários interesses e define objetivos ambiciosos e amplos para si. Extremamente curioso, deseja ver o mundo e compreendê-lo, por isso seu signo rege as viagens, a filosofia, a religião, a lei e as abstrações de todos os tipos. Sagitário é um livre-pensador, casual, mente aberta e otimista (embora ter alguns planetas em Escorpião possa amortecer seu estado de espírito e acrescentar um toque de melancolia). Você se conecta facilmente com todo tipo de gente e tem fama de sortudo. A verdade é que suas decisões espontâneas e apostas por aí às vezes dão frutos, mas seu maior benefício é sua atitude destemida. Claro, problemas podem surgir. Ninguém é imune a isso. Mas no fim, estimulado por sua crença no futuro, você se recupera. Você encara desta forma: Que escolha eu tenho?

O lado sombra

Como o centauro, símbolo metade humano/cavalo, você é dividido. Parte de você quer balada a noite toda (essa é a metade quadrúpede). A outra parte tem objetivos elevados, ansiando pela expansão da mente e por explorar as fronteiras ilimitadas da alma. Parece bom, mas você pode ser um falastrão — e, sem um alvo, fica se debatendo. Pouco prático e desorganizado, você se desvia com facilidade e talvez tenha tendência para procrastinar. Você desperdiça uma quantidade imensa de tempo e energia (e dinheiro). Além disso, pode ser instável, com uma tendência lamentável para prometer mais do que pode cumprir. Não é que você queira se deturpar; é apenas seu otimismo inato que o leva a superestimar suas habilidades.

Um fato peculiar sobre Sagitário é que, embora supostamente adore espaços externos, talvez não passe muito tempo fora. E apesar de exercícios lhe fazerem bem, pode ser fisicamente desajeitado. De maneira mais significativa, você pode ser dogmático e fanático, com uma propensão exasperada para pregar. Finalmente, há sua afamada falta de tato. Você não aprendeu a mentir, mesmo quando fazer isso é sinal de gentileza. Um amigo aparece com um mau corte de cabelo ou uma roupa nova horrorosa? Você deixa a desagradável verdade escapar (ou talvez seja mais sutil que isso, e seu silêncio diga tudo). Esse é o outro lado de sua honestidade, e não há nada para se orgulhar.

Relacionamentos

Engraçado, generoso, entusiasmado, comunicativo e direto, o Arqueiro faz amigos com facilidade. Conversas estimulantes e um senso de humor inteligente trazem muito peso consigo. Você também preza a liberdade pessoal, tornando o namoro mais difícil que a amizade. Apesar de uma tendência para correr riscos em outras áreas, em termos de relações afetivas você dá para trás e é famoso por resistir a compromissos. Independentemente de ser visto como Don Juan, um amante instável ou um monge em treinamento, em geral você consegue manter sua independência, mesmo que isso custe uma eventual solidão. Além disso, é otimista (embora possa pensar o contrário). E por que ficar com uma pessoa que está longe de ser perfeita quando um único golpe pode trazer uma que seja? Não surpreende que seja difícil escolher. Habitantes de outros signos podem correr para o altar, ansiosos para formar pares e sossegar. Você tem fantasias aos montes, mas não sobre casamentos, listas de presentes, financiamento da casa própria ou sobre ter gêmeos. Você só gostaria de conhecer o mundo o mais rápido possível e desenvolver alguns dos próprios talentos.

Quando, por fim, você se conecta (e não tenha medo, acontece o tempo todo), sinceramente espera que a relação leve a uma vida maior e mais plena, não a uma mais restrita. Você não tem nada contra coisas do lar, mas esse não é seu sonho, tampouco a estabilidade é seu princípio-guia. Você busca uma vida de aventuras geográficas, intelectuais ou espirituais, com muita risada no meio do caminho — e um(a) companheiro(a) ativo(a), bem-resolvido(a), que não se importe em ser alguém tão independente como você. Mesmo em um relacionamento de compromisso e paixão, Sagitário precisa de espaço.

Para ver a verdade sobre as relações do Arqueiro com outros signos, vá para o Capítulo 15.

Trabalho

Sagitário rege o ensino superior, e as profissões associadas ao signo refletem isso. Agraciado por um amor pelo aprendizado e um anseio por fazer algo importante, você foi feito para o ensino, a publicidade, o jornalismo, o direito, a religião, as comunicações e tudo que envolve relações internacionais ou viagens. Você não gosta de burocracia, fica inquieto em uma organização rigidamente estruturada e pode ter problemas para administrar o tempo. O que quer que faça, seu intelecto precisa estar envolvido. Versátil e rápido, você se distrai com facilidade e pode aceitar uma miscelânea de tarefas só para manter as coisas interessantes. Projetos grandes e ideais elevados o empolgam. Contabilidade, não. E delegar deixa-o pouco à vontade. Igualitário inato, você odeia pedir a outros que façam tarefas de rotina, embora seja melhor em passar coisas menores para outra pessoa. Aprenda a delegar. Seu sucesso depende disso.

Se você trabalha para um sagitariano, sua tarefa é certificar que as coisas estejam tomando o rumo certo. Se isso está acontecendo, o Arqueiro não fica procurando pelo em ovo. Sagitário espera que você seja independente e, no geral, não banca o microgerente. Por outro lado, se você precisa de ajuda com algo específico, talvez não a obtenha. Afinal, já recebeu um resumo da situação geral, certo? E prepare-se: Sagitário não faz objeções de trabalhar até tarde. Se você é desses funcionários restritos que trabalham das 8h às 17h, o Arqueiro pode questionar seu comprometimento.

Saúde e bem-estar

Uma coisa engraçada sobre Sagitário: você é elogiado por ser atlético e aventureiro, mas é ridicularizado por ser desastrado. É louco, mas faz sentido. Como signo de fogo, exercício é fundamental para seu bem-estar. Malhar constrói sua resistência e o energiza. Mas essa exuberância de endorfinas pode levá-lo a tropeçar em pedras ou a fazer uma curva muito rápido. Além disso, você é distraído. Você pode melhorar as chances de evitar acidentes descansando o suficiente, incorporando em sua agenda técnicas para o alívio de estresse, como meditação (mesmo que não tenha exatamente uma agenda), e deixando o celular de lado. É que você pensa que pode enviar mensagens enquanto corre. Não faça isso, e ponto. Da mesma forma, Sagitário é regido por Júpiter, o planeta da expansão. Já que pode haver uma descrição bem literal, ele assegura que você preste atenção ao que come.

A Sagitário são atribuídos, tradicionalmente, os quadris e as coxas. Sempre pensei nisso como uma associação metafórica relacionada à anatomia do centauro (que, afinal de contas, tem duas vezes mais coxas que todos nós). Aí, uma amiga sagitariana se machucou ao cair de um cavalo e outra caiu e quebrou um fêmur, e comecei a repensar. Às vezes, a astrologia não é alegórica. Às vezes, é literal. Então, Sagitário, por favor: olhe por onde anda. Respire fundo. E tome cuidado.

Uma descrição da saúde conforme o signo solar pode apenas sugerir tendências básicas. Se está preocupado com a saúde de alguma forma, é só visitar um médico.

A mitologia de Sagitário

Não há dúvidas de que Sagitário é um centauro. Mas qual? Não o do grupo desordeiro de centauros, metade homem/cavalo, que ficou conhecido por seus modos lascivos e batalhas violentas. Nem Quíron, o amado tutor representado pela constelação do Centauro, que não está no zodíaco. Sobrou Croto, o arqueiro sagitariano, cuja mãe, Eufeme, era a ama das musas e cujo pai era Pã, o deus flautista dos bosques com patas dianteiras de cabra. Croto (ou Kroto) inventou o arco e a flecha, e foi o primeiro a aplaudir depois de uma música, uma inovação que lhe garantiu um lugar nos céus.

A constelação de Sagitário

A imagem de Sagitário conforme representada nos mapas celestes antigos é um espetáculo, mostrando um centauro coberto de estrelas apontando um arco e flecha, com uma guirlanda aos pés. Na vida real, se você olhar para o céu na véspera do inverno pode ter problemas para localizar o Arqueiro, porque ele não se parece com um centauro, mas com uma chaleira: alça, bico etc. É uma imagem agradável, porém você precisa saber: ao olhar para Sagitário, está olhando para o buraco negro mais insaciável do centro de nossa galáxia.

Sagitário: Pontos Fundamentais

Polaridade: Positiva	Cores favoráveis: Roxo e azul
Qualidade: Mutável	Pedra da sorte: Turquesa
Elemento: Fogo	Partes do corpo: Quadris e coxas
Símbolo: o Centauro	Metal: Zinco
Planeta regente: Júpiter	Frase-chave: Eu vejo
Signo oposto: Gêmeos	Características principais: Aventureiro, independente

EXEMPLO

SAGITÁRIO EM AÇÃO: LUDWIG VAN BEETHOVEN

O que faz um compositor entrar para a história? Por que Ludwig van Beethoven ainda é aplaudido de pé dois séculos após sua morte? A resposta é óbvia: Beethoven não tinha apenas a centelha, mas a chama incandescente do gênio. Ele nasceu um dia antes da Lua nova, com o Sol e a Lua em Sagitário. Um ciclo lunar estava acabando e outro, prestes a começar. Isso ecoa na maneira como estudiosos o veem — como um dos últimos maiores compositores da era clássica e o primeiro da romântica. Três planetas em Sagitário em oposição a Marte o tornaram determinado e volátil. Três planetas em Capricórnio trouxeram esse poderio para a terra e inspiraram um amor pelas estruturas. Se o horário de seu nascimento é exato, ele tinha Ascendente em Escorpião, o que explica o olhar penetrante de seus últimos retratos, e quatro planetas na segunda casa do dinheiro, a fonte de batalhas financeiras sem fim, apesar de seu sucesso como compositor.

118 PARTE 2 **Lá Vem o Sol**

O talento de Beethoven foi reconhecido na infância. Seu pai alcoólatra lhe ensinava música com tanta aspereza que fazia o pequeno Ludwig chorar, e houve outros professores também. Ele publicou sua primeira composição aos 12 anos. Com Saturno formando um providencial trígono com seus planetas em Sagitário, ele recebeu apoio e reconhecimento de pessoas em altos cargos.

Mas ele mesmo era uma pessoa comum, com uma Vênus fracamente expressada; como consequência, sua vida amorosa foi afetada. Muitas vezes suas amizades eram polêmicas. Ele podia ser rude, grosseiro e paranoico, com hábitos alimentares abomináveis e temperamento explosivo. A tragédia imensa é que ele era surdo, uma condição que o levou a pensar em suicídio. Isso não o impediu de compor uma das músicas mais majestosas, exultantes e comoventes já escritas. No entanto, com exceção do Ascendente em Escorpião, Beethoven não tinha uma gota de água no mapa, tornando difícil, para ele, lidar com as emoções. Em sua música, ele encontrou um caminho. Morreu durante uma tempestade. Testemunhas oculares afirmam que, no instante de sua morte, um trovão ressoou. Parece uma história apócrifa. Mas é fácil acreditar.

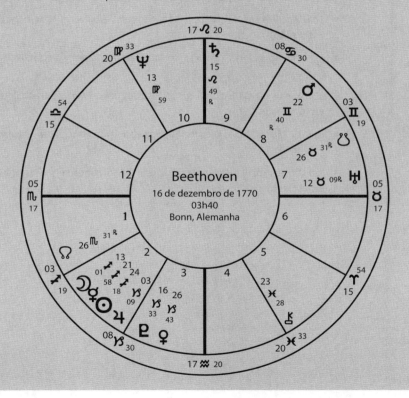

OUTROS SAGITARIANOS TÍPICOS

- Mark Twain, Tyra Banks, Pablo Escobar, Jean-Pierre Foucault (Lua em Áries)
- Lucy Liu, Jim Morrison, Diego Rivera, Jamie Foxx, Felicity Huffman (Lua em Touro)
- Jeff Bridges, Edith Piaf, Tina Turner, Caroline Myss, Tiffany Haddish (Lua em Gêmeos)
- William Blake, Jimi Hendrix, Taylor Swift, Chrissy Teigen (Lua em Câncer)
- Gustave Flaubert, Shirley Jackson, Winston Churchill, Sara Bareilles (Lua em Leão)
- Keith Richards, Jane Birkin, Kenneth Branagh, Zoë Kravitz (Lua em Virgem)
- Jane Austen, Emily Dickinson, Sinéad O'Connor, Jay-Z (Lua em Libra)
- Scarlett Johansson, Bruce Lee, Steven Spielberg, Miley Cyrus (Lua em Escorpião)
- Joan Didion, Jon Stewart, Ronan Farrow, Gael García Bernal (Lua em Sagitário)
- Mary, rainha da Escócia, Brad Pitt, Richard Pryor, Sarah Silverman (Lua em Capricórnio)
- Rainer Maria Rilke, Woody Allen, papa Francisco, Sarah Paulson (Lua em Aquário)
- Joe DiMaggio, Frank Sinatra, Aleksandr Solzhenitsyn, Gianni Versace (Lua em Peixes)

NESTE CAPÍTULO

» Aprendendo sobre Capricórnio

» Analisando Aquário

» Refletindo sobre Peixes

Capítulo **7**

Os Signos do Verão: Capricórnio, Aquário e Peixes

O zodíaco é mais que uma faixa maravilhosa de estrelas que parecem envolver nosso planeta. Astrólogos o veem como um espelho da experiência humana. Ele começa com o nascimento da pessoa, evolui para a família e outras relações, e culmina simbolicamente com o estabelecimento da civilização (isso é, Capricórnio); a busca por um mundo mais nobre (isso é, Aquário); e a ascensão ao reino das questões espirituais (isso é, Peixes, ao menos na teoria). Depois, a Terra continua a girar, voltando ao início. O ciclo nunca termina.

O que torna essa concepção tão apaixonante é que carregamos dentro de nós todos os doze signos, cada um deles igualmente louvável, e igualmente deplorável. Mesmo que você não tenha nada — nem um planeta, nem um asteroide, nem mesmo uma inclinação — em nenhum desses três signos do verão, ainda assim eles residem em você, são parte de seu DNA cósmico.

Estes são os signos do verão no hemisfério Sul, os três últimos da roda cósmica:

» Capricórnio, a Cabra (22 de dezembro a 19 de janeiro), o signo cardinal de terra. A Cabra é engenhosa, escrupulosa, perseverante e ambiciosa.
» Aquário, o Aguadeiro (20 de janeiro a 18 de fevereiro), o signo fixo de ar. Aquário é progressista, inovador, altruísta e a personificação da mudança.
» Peixes (19 de fevereiro a 20 de março), o signo mutável de água. Peixes é sensível, compassivo, intuitivo, criativo e espiritualista.

Se nasceu entre o Solstício de Verão e o Equinócio de Outono, isto é, se seu signo é Capricórnio, Aquário ou Peixes, este é o capítulo para você.

Todo signo tem um elemento (fogo, terra, ar ou água), uma polaridade (positiva ou negativa) e uma qualidade, ou modalidade (cardinal, fixa ou mutável). Para saber mais sobre esses termos, veja o Capítulo 1.

Se nasceu bem no início ou no fim de um signo (ou seja, se nasceu na cúspide), você precisa conseguir uma cópia matematicamente exata de seu mapa se quiser ter certeza de qual é seu signo. Para isso, volte ao Capítulo 2 e siga as instruções nele.

Capricórnio: 22 de Dezembro–19 de Janeiro

Alguém tem que manter a tradição. Alguém tem que seguir as regras. Para isso, alguém tem que as escrever. Tendo como regente o sombrio Saturno, planeta das estruturas, esse alguém pode muito bem ser você.

O glifo de Capricórnio (veja a Figura 7-1) representa a cabra das montanhas, com seus chifres curvados ou a mítica cabra marinha, que é uma cabra na parte de cima e um peixe na de baixo.

FIGURA 7-1: O símbolo de Capricórnio.

© John Wiley & Sons, Inc.

O lado luz

Você é produtivo, responsável, competitivo e maduro. É adulto, mesmo quando criança. Capricórnio frequentemente passa maus bocados na juventude por ser mais sério que a maioria das pessoas. Você se revela durante a fase adulta e envelhece com muita beleza. Embora possa haver algumas quedas ao longo do caminho, é um fenômeno reconhecido que, quanto mais velho você fica, mais feliz se torna. Esse é o milagre de Capricórnio.

Você é ambicioso. Assim como a cabra das montanhas que escala terrenos rochosos para chegar ao topo, você tem em mira o pico distante, e já descobriu como chegar lá. Paciente, trabalhador e econômico, resiste bravamente a quaisquer dificuldades que encontra pelo caminho. A sociedade depende de Capricórnio porque você tem a habilidade de sair da sua bolha, reconhecer as necessidades alheias e desenvolver estratégias realistas para suprir essas necessidades. É um líder nato.

Embora possa entrar em pânico interno durante épocas de estresse, por fora você continua calmo. Ao contrário de outros signos que posso citar (Sagitário, digamos, ou Peixes), você sabe como empregar a autodisciplina, e consegue fazer isso sem que ela vire uma obsessão. Seu controle é patente em cada célula de seu corpo. Você é frio, reservado, distinto e autoritário. Como signo de terra, vê o que precisa ser feito e age de acordo. Embora com frequência tenha problemas para relaxar, você tem a sensualidade típica dos signos de terra para desfrutar. Você reage à arte atemporal, ao amor verdadeiro e aos prazeres da cama, da mesa e da diretoria — até, e inclusive, uma bela e gorda carteira de investimentos. Digam o que quiserem, dinheiro proporciona segurança, sim.

O lado sombra

Conservador inato, não importa sua posição política, você tem um plano (e um orçamento) para tudo. Elitista e interessado por dinheiro, você pode ser temível, repressor e pessimista. Tem um senso de propósito tão arraigado que acha difícil relaxar. Tirar um tempo para descansar dá a sensação de estar perdendo o ritmo, e você não quer isso. Afinal, há muito o que ser feito — muito mais. Você fica frustrado com seu progresso lento. A verdade é que, se não fosse por outras pessoas, você viveria na esteira rolante. Você é o signo menos espontâneo do zodíaco. Um pouco de resiliência tiraria um peso considerável de suas costas, mas ceder não é fácil no seu caso. Hesito em dizer "Você trabalha demais" só porque sei que concordará; em segredo, toma isso como elogio.

Outro problema: questões emocionais podem ser uma ameaça para os capricornianos. Mesmo com amigos, você prefere não discutir sobre sentimentos de jeito algum, obrigado(a). Ninguém gosta de demonstrar fraqueza, mas para você, isso é particularmente doloroso. Então sofre em silêncio e é propenso à negação. Por que ver o que não quer ver? Qual é o sentido em contemplar o coração das trevas, ou o vazio no centro de um relacionamento que vai de mal a pior, se você não está preparado para fazer nada a respeito? Pode ser melhor não saber. Certo?

Certo. Exceto que, às vezes, encarar a realidade é a única maneira de melhorá-la.

Relacionamentos

Comece reconhecendo que Capricórnio tem um forte senso de privacidade, propriedade e reserva emocional. Mesmo seus amigos mais antigos não se aproximam demais. Você os admira pelas próprias conquistas e se solidariza quando estão com problemas. Você não é indelicado. Mas não se sente à vontade com reações emotivas e gostaria de não estar presente durante épocas de crises graves (você teria preferido ajudar com alguma coisa prática). Também ao se apaixonar, faz de tudo para evitar exageros. É que você não suporta isso.

Por outro lado, é um tradicionalista com forte impulso sexual e necessidade imensa de ser acolhido, admirado e conectado. Seu parceiro ideal é decidido, bem estruturado e digno perante o mundo. Você não consegue deixar de reagir à segurança que o sucesso traz. O que há de tão horrível nisso?

Quando encontra a pessoa certa, e isso pode levar tempo, é leal e incentivador. Ficar brincando não é com você. O problema é que você é uma pessoa séria, e qualquer tipo de brincadeira pode ser demais. Guerra de travesseiros de noite durante a semana? Nem pensar! Você precisa de 7 horas e meia de sono, nem um nanossegundo a menos. Uma escapadinha à tarde com o ser amado? Está me zoando? Você tem um emprego! Em relacionamentos capricornianos, geralmente é a outra pessoa que se encarrega das risadas (e da espontaneidade). Alguém tem que deixar as coisas mais leves, e provavelmente não será você.

Para ter detalhes sobre as interações da Cabra com outros signos, pule para o Capítulo 15.

Trabalho

Consegue dizer workaholic? Capricórnio é o signo mais ambicioso, competitivo e diligente do zodíaco. Você aceita a responsabilidade sem reclamar. Sabe como trabalhar em uma empresa, pequena ou grande, e, quando falta estrutura, sabe como providenciá-la. Você pode não gostar de burocracia, mas a compreende e se sente em casa dentro de uma corporação. Naturalmente, você anseia por reconhecimento. Prêmios e elogios são legais. Mas vamos encarar os fatos: embora o reconhecimento tenha muitas roupagens, sua forma principal é o dinheiro. Você entende da coisa. Vez ou outra, até fica preocupado com isso, porque dinheiro é prova de reconhecimento, e você quer crédito por aquilo que atingiu. "Não sou um milionário paranoico e transtornado", disse certa vez o magnata obsessivo-compulsivo Howard Hughes. "Sou um bilionário, porra."

Portanto, sim, alguns capricornianos são gananciosos e materialistas. A maioria, não. E muitos de vocês têm uma habilidade pouco reconhecida de colocar a necessidade dos outros na frente de seus desejos egoístas. Não é à toa que Martin Luther King Jr. era capricorniano. Pessoas nascidas sob o signo da Cabra, apesar da reputação pela veia capitalista, frequentemente têm consciência social. Só que elas pensam que não precisam sofrer por conta dela.

DICA

Se você trabalha para um capricorniano, tudo o que sempre aprendeu sobre como se comportar no trabalho se aplica: chegue na hora, coloque sua melhor roupa, antecipe as necessidades do chefe, seja organizado etc. Evite brincadeiras de escritório. Não poste nada estúpido em mídias sociais. E veja se nada suspeito aparece na tela do computador, inclusive jogo de paciência. Lembre-se: capricornianos escreveram as regras. Você seria tolo em quebrá-las.

Saúde e bem-estar

Como signo mais responsável do zodíaco, Capricórnio joga limpo. Você é distinto e resoluto. Logo, poderíamos presumir que você se cuida. Mas você faz isso? Não tenho tanta certeza. Por um lado, Capricórnio é ótimo para estabelecer rotinas, qualidade que em si já pode ajudar a proporcionar uma boa saúde. No entanto, por causa de todas as suas qualidades invejáveis, os capricornianos são mais rígidos que resilientes e tão sintonizados com alvos externos que os sinais internos podem passar batidos. Se pudesse escolher, Capricórnio preferiria reprimir emoções desconfortáveis a reconhecê-las, gerando melancolia e possíveis desconfortos digestivos. Lidar com o estresse não é sua melhor jogada. Seu desafio principal é convencer-se de que relaxar não é o mesmo que perder tempo.

Considerando que o regente de Capricórnio é Saturno, o guardião da estrutura, não surpreende que as principais partes do corpo associadas a seu signo sejam as mais sólidas: o esqueleto e os dentes. Cálcio e outros nutrientes que constroem os ossos são fundamentais para mantê-los fortes. Treinamento com pesos e qualquer coisa que promova flexibilidade também ajuda. Tenha cuidado especial com os joelhos, tradicionalmente uma região vulnerável para Capricórnio. E lembre-se: nem sempre é bom correr com dor. Às vezes, a coisa mais sensata a fazer é parar de correr.

LEMBRE-SE

Um astrólogo médico pode lhe dar dicas valiosas sobre sua saúde. Porém, se está preocupado com alguma coisa em particular, visite um médico. De todos os signos, você é o que se sentirá mais aliviado ao saber que um profissional da medicina certificado lhe deu um atestado de saúde.

A mitologia de Capricórnio

Milhares de anos atrás na Mesopotâmia, dizia-se que as estrelas de Capricórnio formavam a imagem de Enqui, mais tarde conhecido como Ea, deus da sabedoria, da água, da feitiçaria, das artes e da criação. Esplêndido em uma coroa com chifres e pele de peixe, reivindicava três símbolos: a cabra, o peixe e a mistura dos dois — o peixe-cabra, ou cabra-marinha, o emblema de Capricórnio.

Com o tempo, surgiram histórias para explicar a existência de uma criatura tão estranha. Um desses contos, originário do Egito, mas recontado por um romano do século I a.C., era assim: Alguns deuses estavam descansando às margens do

Nilo quando o gigante de várias cabeças Tífon atacou. Amedrontados, os deuses se espalharam e, para se protegerem do monstro, transformaram-se em animais. Apolo tomou a forma de um corvo. Mercúrio virou uma íbis de pernas compridas. Diana, deusa da caça, transformou-se em um gato. Mas o deus-bode Pã — de onde vem a palavra "pânico" — ficou paralisado. Que animal deveria se tornar? Não conseguia decidir. Apenas quando o gigante estava quase acima dele, o deus tomou uma atitude. Primeiro pulou aos pés do Nilo, então, naquele instante, a metamorfose aconteceu. A parte dele que já estava dentro da água virou peixe, enquanto o restante manteve o formato de cabra. O símbolo de Capricórnio deriva dessa imagem. (Capricórnio não é o único signo da astrologia que pode remontar sua linhagem a Tífon. Para ter outro exemplo, vá para Peixes.)

A constelação de Capricórnio

Capricórnio não é a constelação mais brilhante no céu. Há uma estrela dupla aqui, um aglomerado globular ali, mas, de modo geral, não tem nada de especial — exceto que foi aqui, há milhares de anos, que o Solstício de Verão aconteceu. É por isso que os mesopotâmios chamaram esse pequeno caminho de estrelas de "Portão dos Deuses". Através dessa porta secreta no cosmos, a entrada para a eternidade, as almas dos mortos podiam deixar a terra para trás e seguir o próprio caminho para o pós-vida.

Capricórnio: Pontos Fundamentais

Polaridade: Negativa	Cores favoráveis: Verde-escuro e marrom
Qualidade: Cardinal	Pedra da sorte: Ônix
Elemento: Terra	Partes do corpo: Ossos e dentes
Símbolo: a Cabra	Metal: Prata
Planeta regente: Saturno	Frase-chave: Eu uso
Signo oposto: Câncer	Características principais: Objetivo, rígido

EXEMPLO

CAPRICÓRNIO EM AÇÃO: LIN-MANUEL MIRANDA

Quando Lin-Manuel Miranda estava compondo seu ousado musical de hip-hop *Hamilton*, estava cheio de dúvidas sobre si mesmo. Não precisava ter se preocupado. Do ponto de vista astrológico, nunca houve um pingo de incerteza sobre seu possível sucesso. Nascido no último dia de um ciclo lunar, ele tem Sol, Lua e Mercúrio em Capricórnio, todos na décima casa da reputação e do sucesso ou perto dela, tornando-o ambicioso, esforçado, disciplinado e encantado pelo olhar do público. Olhando para seu mapa, qualquer astrólogo teria previsto sucesso.

E há outros indicativos de conquistas. Marte, regente de seu robusto Ascendente em Áries e, portanto, de seu mapa inteiro, está em Virgem na sexta casa do trabalho, ao lado de Júpiter e Saturno. Então, ele se importa com trabalho, é atento a detalhes e encara projetos difíceis — o tipo preferido — com entusiasmo e persistência. Ele é workaholic? Pode ser. Mas o trabalho lhe dá alegria, graças ao otimista Júpiter, que, junto com Marte, forma um Grande Trígono com a Lua, o Meio do Céu e Quíron.

Suas habilidades dramáticas e criativas também são integradas. O Nodo Norte da Lua, representando a direção que sua alma deseja tomar, está em Leão na quinta casa do lazer. Vênus, planeta das artes, está no musical Peixes, onde se expressa com facilidade. E o ágil Mercúrio, portador da destreza verbal, está bem posicionado no topo do mapa, onde também está em recepção mútua com Saturno (conceito que abordo no Capítulo 13).

No entanto, a força mais poderosa de seu mapa tem menos a ver com as artes e mais com sua urgência incansável para realizar algo e ser reconhecido por isso. Os talentos musicais de Miranda sempre saltaram aos olhos. Mas se, em algum universo alternativo, ele tivesse escolhido outra área, teria tido sucesso também (embora não tão satisfatório). Os cinco planetas em signos de terra na décima e na sexta casas, além da Lua conjunta com o Meio do Céu, lhe dão ambição de sobra e uma ética de trabalho extraordinária. Ele estava destinado ao sucesso.

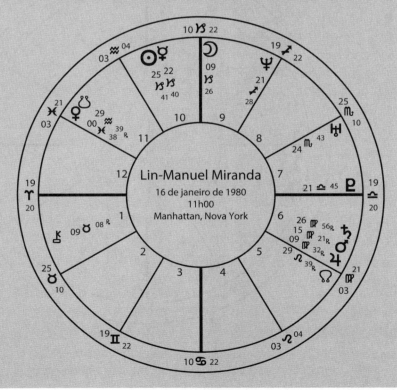

CAPÍTULO 7 **Os Signos do Verão: Capricórnio, Aquário e Peixes** 127

LIN-MANUEL MIRANDA E ALEXANDER HAMILTON: UM MATCH DOS CÉUS

No ensino médio, Lin-Manuel Miranda escreveu um artigo sobre Alexander Hamilton, mas foi somente aos vinte e tantos anos que teve sua afamada epifania. Na praia, lendo a aclamada biografia de Ron Chernow sobre Hamilton, ocorreu-lhe que a vida do século XVIII do pai fundador seria um veículo excelente para o hip-hop do século XXI. Oito anos depois, quando o musical *Hamilton* estreou na Broadway, foi um fenômeno imediato. A Rolling Stone o chamou de "o acontecimento cultural de nossa época".

O que Miranda viu em Hamilton? Ele afirma que Hamilton fazia-o se lembrar de seu pai e de Tupac Shakur. Pode ser. Mas sem dúvida a atração também era interna, pois Hamilton tinha uma sensibilidade semelhante à dele. Tanto Hamilton como Miranda tinham Sol, Lua e Mercúrio em Capricórnio, e ambos têm Júpiter em Virgem. O primeiro Secretário do Tesouro e o criador do musical que o alçou ao lugar merecido no panteão norte-americano são almas gêmeas astrológicas.

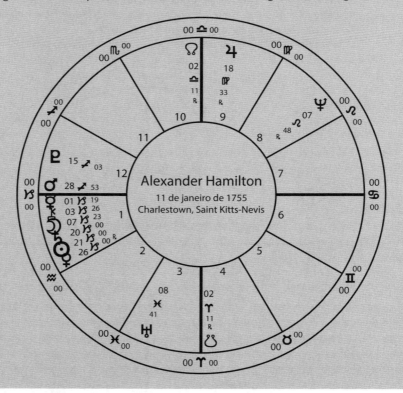

128   PARTE 2 **Lá Vem o Sol**

OUTROS CAPRICORNIANOS TÍPICOS

EXEMPLO

- Albert Schweitzer, Diane von Furstenberg, Shonda Rhimes, LeBron James (Lua em Áries)
- Carlos Casteneda, Naomi Judd, Isaac Asimov, Kellyanne Conway (Lua em Touro)
- Joan Baez, Jim Carrey, Haruki Murakami, Gelsey Kirkland (Lua em Gêmeos)
- Mary Tyler Moore, Janis Joplin, Jimmy Page, Kate Middleton, duquesa de Cambridge (Lua em Câncer)
- David Bowie, Mao Zedong, Marilyn Manson, Christine Lagarde (Lua em Leão)
- Tycho Brahe, David Lynch, Yukio Mishima, Dolly Parton (Lua em Virgem)
- Chet Baker, Bradley Cooper, Sean Hannity, Christian Louboutin (Lua em Libra)
- Henry Miller, Orlando Bloom, Pat Benatar, Kate Moss (Lua em Escorpião)
- Henri Matisse, Tiger Woods, Julia Louis-Dreyfus, John Legend (Lua em Sagitário)
- Clara Barton, A. A. Milne, Federico Fellini, Zooey Deschanel (Lua em Capricórnio)
- Cary Grant, Richard M. Nixon, Denzel Washington, Muhammad Ali (Lua em Aquário)
- Martin Luther King, Jr., Elvis Presley, J. R. R. Tolkien, Patti Smith (Lua em Peixes)

Aquário: 20 de Janeiro–18 de Fevereiro

Você é original. Com o imprevisível Urano como regente, você é progressista, voltado para o futuro e propenso a impressionantes ondas de insights. Você também é mais idiossincrático do que talvez se dê conta.

O glifo de Aquário é o Aguadeiro (veja a Figura 7-2) e representa as ondas da água, do som, da eletricidade ou da luz. Ele deriva de um hieróglifo egípcio semelhante a um zigue-zague horizontal e ilustra a ondulação da água.

FIGURA 7-2:
O símbolo de Aquário.

© John Wiley & Sons, Inc.

O lado luz

Um integrante e tanto da própria geração, você é um visionário nato e humanitário de primeira linha, ao menos na teoria. Você tem princípios bem-intencionados e tenta viver de acordo com eles. Altruísta e politizado, acredita na igualdade dos seres humanos e tem interesse por todos, independentemente de raça, classe, idade, orientação sexual ou qualquer uma das várias questões que moldam nossas vidas e, por vezes, nos dividem. Você tem uma consciência extraordinária do impacto que esses fatores frequentemente possuem, e as coisas horríveis que acontecem no mundo o intimidam e o empolgam. Mas quando se pergunta o que deve ser feito, você chega às próprias conclusões. Você tem uma mente ampla, e pensa por si mesmo.

Rebelde com inteligência viva e criativa, você tem uma gama de interesses e hábitos fora do comum. A ficção científica e a tecnologia são aquarianas; e também as artes visuais e tudo o que seja indie. Mas a questão não é se você tem sintonia com essas áreas em particular (afinal, nem todo canceriano adora cozinhar). A questão é que você tende a seguir rumo ao futuro, não a se afastar dele. Evoluções em curso e novas invenções o empolgam. Destemido e intrigado por qualquer coisa não convencional e experimental, você é totalmente contemporâneo, uma composição de vanguarda; em todo caso, o que quer que seja criativo e novo para você. Você também é afável e carismático. Coleciona uma variedade notável de amigos (e para sua perversa alegria, frequentemente eles se desaprovam). Seus atrativos são a personalidade agradável e a inteligência receptiva.

O lado sombra

Sua visão não convencional e independente pode se transformar em excentricidade, inconsequência, rebeldia sem causa e tatuagens das quais se arrepende. Você pode ser do contra e infantil, um rebelde que bate o pé e nunca está disposto a ceder. Como signo fixo, tende a ser teimoso, e é raro que desista de uma ideia valiosa, não importa quanto ela possa ser bizarra. E sua famosa humanidade, talvez sua característica mais nobre, pode parecer falsa. As pessoas podem achá-lo distante e indiferente, apesar de sua fama de ter empatia e consciência geral, porque às vezes se afasta de intimidades e, inclusive, dá um jeito de erguer barreiras. Para você, o isolamento é um estado natural. Mais à vontade com ideias do que com emoções, você pode ser caloroso na superfície mas frio por baixo dela, uma crítica frequentemente dispensada aos aquarianos. Você é um visitante na espaçonave Terra — alerta e curioso, mas sem se envolver. Embora seu idealismo seja profundo e queira de verdade o melhor para si e para os outros, não necessariamente exprime esses pensamentos de um jeito positivo. Em termos de emoções, as pessoas podem achá-lo peculiarmente insensível, mesmo que para você elas sejam inexplicavelmente sensíveis. A verdade é que você não entende. Em seu pior, lamento dizer, você é um androide.

E há outro aspecto sobre você que é facilmente menosprezado. Por baixo de sua personalidade arrojada e sua mente notável e criativa, você pode ser espantosamente inseguro. Outras pessoas talvez não notem isso. Elas podem pensar, em vez disso, que você tem um ego hiperinflado. De fato, sua insegurança o prejudica e é algo a combater.

Relacionamentos

Considerando que Aquário é o signo do humanitarismo, você deve imaginar que seus relacionamentos seriam exemplos para o resto do mundo. E de certa forma, eles são. Justo e amigável, você tem interesse em pessoas de todos os segmentos sociais e toda parte do globo. E se mais cedo ou mais tarde você desistisse da maioria dessas relações? Você também conserva algumas amizades para a vida toda.

Namorar é mais complicado. Embora se orgulhe de sua tolerância, certos costumes arraigados — ficar noivo, por exemplo, ou reservar o sábado à noite para seu amado — parecem falsos ou ultrapassados para você. Com frequência você fica espantado com as expectativas convencionais a que as pessoas continuam apegadas, e lamenta ter que aceitar essas ideias antiquadas. Fica estupefato quando as pessoas interpretam mal seu jeito independente, tomando-o como rejeição. Esse pessoal carente provavelmente o considera insensato e exigente. Você entende que relacionamentos íntimos têm seu próprio ritmo, o que às vezes exige que se comporte de acordo com as normas aceitas, embora possam ser defasadas. É que você não gosta de se sentir obrigado, só isso.

Para ter informações detalhadas sobre suas relações com os outros signos, pule para o Capítulo 15.

Trabalho

Por que alguém desejaria seguir o caminho de sempre? Partir em busca de terras desconhecidas é muito mais divertido. De maneira ideal, você gostaria de definir os próprios objetivos e criar a própria agenda. Você tem disposição para trabalhar duro. Apenas não quer fazer isso sob as ordens de outra pessoa. E por mais que tenha desespero de tarefas monótonas ou colegas de trabalho comuns, o mais importante é que seu emprego tenha propósito e foco no futuro. É aí que você encontra satisfação mais pessoal. Áreas que foram feitas para aquarianos incluem trabalhos sociais, política, ciência, medicina, vida acadêmica, ambientalismo, direitos civis e qualquer coisa que rompa fronteiras e tenha um rumo progressista. Políticos como Abraham Lincoln, pensadores como Charles

Darwin e inventores como Thomas Edison demonstram o impacto que seu signo pode causar. Aquarianos criativos veem o futuro antes de qualquer outra pessoa e sabem como reagir a ele. A tecnologia, aliás, é oxigênio para sua alma, presumindo que não exagere. Mesmo que pense que não goste da tecnologia moderna, talvez seja um aficionado por vinis ou colecionador de máquinas de escrever portáteis, ainda assim você se beneficia dela.

DICA

Se você trabalha com ou para um aquariano, prepare-se para defender seu ponto de vista de maneira efetiva e fazer seu trabalho sem que ele tenha que ficar mandando. Aquarianos querem ser independentes e ficam contentes em lhe garantir o mesmo privilégio, presumindo que você não tire vantagem disso. Não force um confronto.

Saúde e bem-estar

Aquarianos são adeptos de tudo o que seja moderninho, incluindo cuidados com a saúde. Uma compreensão mais aprofundada do corpo humano aliada a novas abordagens radicais de cura e prevenção: é assim que você gostaria que o sistema de saúde funcionasse. Corretores de seguro incompetentes, médicos que só podem atendê-lo daqui a três anos e medicamentos com efeitos colaterais desagradáveis são coisas execráveis do ponto de vista aquariano e, além disso, fazem você ficar nervoso. Qualquer que seja o estilo de autocuidado que prefira — convencional, conforme seu regente tradicional Saturno, ou alternativo, conforme seu regente moderno, Urano — você não quer ser limitado, e também não quer sermões. Há uma vasta gama de opções à sua disposição, e você quer mantê-la assim.

Com o imprevisível Urano como regente, a energia está sempre correndo por seu corpo, e sua mente está sempre agitada. Movimentos em forma de esportes ativos de equipe, tênis e ciclismo podem ajudar. Lembre-se, no entanto, de que Aquário rege os tornozelos, então use calçados adequados, sobretudo ao correr. Como Aquário também rege o sistema circulatório, acupuntura, reiki e outras técnicas feitas para movimentar a energia ajudarão a reduzir o estresse e a regular seu ciclo de sono.

Por fim, a afinidade que o aquariano tem com a tecnologia é uma vantagem inequívoca, mas pode não ser. Ou seja, não exagere. Desconectar-se de vez em quando melhorará seu humor, renovará seu cérebro e descansará seus olhos.

LEMBRE-SE

Está preocupado com a saúde? Se sim, talvez ajude conversar com um astrólogo médico. Você aprenderá muito. Para isso, visite um xamã ou outro tipo de curandeiro. E depois, só para garantir, vá a um médico. Por que não?

A mitologia de Aquário

Para nós, o conjunto de estrelas de Aquário não se parece com nada em particular. Os antigos idealizaram uma imagem derramando água de uma urna ou jarro grande. Na Mesopotâmia, essa imagem era Enqui ou Ea, o malicioso deus da água. No Egito, era o deus Hapi, que verteu água no Nilo, causando uma inundação. E na Grécia, era Ganimedes, um pastor mortal cuja beleza cativou Zeus a tal ponto que o rei dos deuses se transformou em águia e o raptou. Ganimedes se tornou copeiro dos deuses, isto é, ele servia o néctar. Como recompensa, foi erguido aos céus como uma constelação e adquiriu imortalidade.

A constelação de Aquário

Aquário se distingue por três estrelas consideradas "da sorte" pela tradição e duas nebulosas planetárias, bolhas de gás quente emitidas por estrelas que estão morrendo. Elas são a Nebulosa de Saturno, que se assemelha vagamente ao planeta, e a Nebulosa de Hélix, que foi denominada O Olho de Deus. Para descobrir por quê, visite nasa.gov.helixnebula [conteúdo em inglês] e dê uma olhada.

Aquário: Pontos Fundamentais

Polaridade: Positiva	Cores favoráveis: Azul-elétrico e tons que brilham no escuro
Qualidade: Fixa	Pedra da sorte: Ametista
Elemento: Ar	Partes do corpo: Tornozelos, sistema circulatório
Símbolo: o Aguadeiro	Metal: Alumínio
Planetas regentes: Urano (moderno) e Saturno (tradicional)	Frase-chave: Eu sei
Signo oposto: Leão	Características principais: Progressista, rebelde

AQUÁRIO EM AÇÃO: OPRAH WINFREY

EXEMPLO

De infância pobre na rural Mississippi e Milwaukee, Oprah Winfrey aprendeu a ler e ficou famosa por falar em público quando ainda era uma criança pequena. Com Sol e Mercúrio no visionário Aquário e Lua e Ascendente no efusivo e pensador Sagitário, ela sempre gostou de conversar, nunca sobre as mesmas coisas.

Mas Oprah tinha uma quadratura exata entre Sol e Vênus em Aquário, e Saturno; as circunstâncias foram sombrias. Foi mandada de um lugar para outro, ridicularizada por seus vestidos de saco de batatas e, a partir dos 9 anos, estuprada repetidas vezes. Aos 14, deu à luz um bebê prematuro que morreu logo. A próxima parada foi um centro de detenção. Mas por não haver vagas, sua mãe a despachou para o pai, um barbeiro. Foi, diz Oprah, "minha salvação". Com seu Sol progredido (veja o Capítulo 16) fazendo oposição precisa com Plutão na oitava casa da regeneração — e o trânsito de Júpiter, portador das oportunidades, iluminando a mesma área —, a trajetória de sua vida mudou.

Sob supervisão rigorosa do pai, ela se tornou uma aluna exemplar, foi eleita a "mais popular", foi a uma conferência na Casa Branca e coroada Miss Tennessee Negra, o que lhe rendeu um emprego como locutora de rádio. Do rádio, ela passou à TV. Nashville levou a Baltimore. Então, ela foi demitida. Para suavizar o golpe, a estação lhe deu um programa de entrevistas matinal fracassado. Foi quando encontrou seu lugar no mundo.

Cinco anos mais tarde, em Chicago, ela estreou o Programa Oprah Winfrey, um encontro para longas conversas movido por empatia, autoajuda, fomento à literatura e confissões que bateu a concorrência por 25 anos e fez dela uma das mulheres mais influentes de nossa época. Além de ser uma atriz premiada, produtora, editora e filantropa, ela é a primeira mulher negra bilionária. Seu sucesso pode ser atribuído à décima casa da reputação e da profissão, com influência de Netuno, regente de sua terceira casa da comunicação. A terceira casa está vazia, mas Netuno no topo do mapa lhe confere proeminência. Netuno também dá um toque de misticismo à carreira dela. Entretanto, a regente dessa carreira — seu Meio do Céu — é Vênus, o planeta do dinheiro, providencialmente situada em Aquário na segunda casa das finanças e dos valores. Ela fez fortuna por meio de conversas reveladoras e uma prospecção de longa data de questões e valores. Com a assistência de seu Ascendente em Sagitário, ela teve em mira a autenticidade, a consciência, a honestidade e o otimismo, com conversas mais amplas e inclusivas. Nesse quesito, ela tem sido uma aquariana legítima.

(Para saber mais sobre os relacionamentos de Oprah, veja o Capítulo 15).

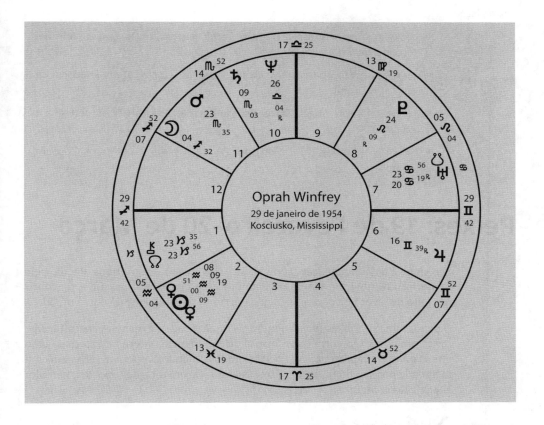

EXEMPLO

OUTROS AQUARIANOS TÍPICOS

- Virginia Woolf, Renata Tebaldi, Anton Chekhov, Ellen DeGeneres (Lua em Áries)
- Bill Maher, Sheryl Crow, Jackson Pollock, Ronald Reagan (Lua em Touro)
- Jack Benny, Leontyne Price, William Burroughs, Patton Oswalt (Lua em Gêmeos)
- Lord Byron, Mischa Barton, Franklin D. Roosevelt, o ator Michael B. Jordan (Lua em Câncer)
- James Joyce, Judy Blume, Paris Hilton, Cristiano Ronaldo (Lua em Leão)
- John Travolta, Vanessa Redgrave, Gertrude Stein, Mena Suvari (Lua em Virgem)
- Natalie Cole, Stonewall Jackson, Edouard Manet, Dr. Dre (Lua em Libra)
- James Dean, Bob Marley, Etta James, The Weeknd (Lua em Escorpião)

(continua)

(continuação)

- Wolfgang Amadeus Mozart, Lewis Carroll, Kenzaburo Oe, o atleta Michael Jordan (Lua em Sagitário)
- Charles Darwin, Thomas Alva Edison, Abraham Lincoln, Betty Friedan (Lua em Capricórnio)
- Jackie Robinson, Angela Davis, Ashton Kutcher, Francois Truffaut (Lua em Aquário)
- Susan B. Anthony, Toni Morrison, Paul Newman, Laura Dern (Lua em Peixes)

Peixes: 19 de Fevereiro–20 de Março

Seu signo é o da imaginação, compaixão e das questões espirituais. Regido pelo misterioso Netuno, o planeta do glamour e da ilusão, seu desafio é descobrir um jeito de viver no cotidiano, já que tem uma sensibilidade de outro mundo.

O pictograma de Peixes (veja a Figura 7-3), analisado de maneira abstrata, significa uma conexão entre duas formas de experiência: interna e externa. Como alternativa, ele representa dois peixes unidos. Quando cooperam, navegam com facilidade por seu domínio aquático. Quando vão em direções opostas, nenhum chega a lugar algum.

FIGURA 7-3: O símbolo de Peixes.

O lado luz

É sensibilidade que você quer? Peixes é sensível. Qualquer alteração minúscula no clima emocional faz seu compasso interno virar um turbilhão. Solidário e receptivo, você recebe uma constante enxurrada de impressões e informações, e pode ser estranhamente vidente. Mas é difícil se proteger, porque você não tem barreiras. Todas as suas membranas são permeáveis. Quando as pessoas do andar de cima brigam, você se sente abatido. Quando coisas ruins acontecem com pessoas boas, fica horrorizado. E quando coisas boas acontecem com pessoas que ama, fica contente (é uma de suas características mais louváveis). Você é generoso, tem um coração grande e sua compaixão é verdadeira. Também é um espiritualista por natureza.

Outro ponto forte é sua imaginação poderosa. Seus sonhos e devaneios podem ser uma fonte vívida de inspiração e até de resolução de problemas. Sua intuição tem o mesmo poder. Você sente o que está acontecendo bem antes que o sismógrafo registre. No ápice da intuição, sua recusa em ficar preso às limitações da realidade o capacita a saltar sobre os obstáculos e fazer avanços e mudanças surpreendentes. Ao contrário de signos mais "realistas", você abraça a mudança e se dispõe a assumir grandes riscos. Tem fé em si mesmo, e suas apostas frequentemente têm êxito. Quando não, você filosofa a respeito. Como disse Albert Einstein, pisciano típico: "Quem nunca cometeu um erro nunca tentou nada de novo."

O lado sombra

Mas você também pode ficar aprisionado em uma rede de ilusões. No ápice da falta de atenção, é ingênuo ao extremo, irracional e tão vulnerável que é praticamente uma ferida em carne viva. Como as exigências da vida cotidiana podem sobrecarregá-lo, você tem propensão a esperanças vãs e a fantasias absolutas, com frequência aliadas a um senso de legitimidade que confunde a cabeça. Em seu pior, você é indeciso, fraco e facilmente enganado.

Mas esse não é o problema mais grave. O mais frequente é você se iludir. Em seu pior, sua noção de realidade pode ser tênue e talvez se recuse a aceitar um mero pingo de responsabilidade por sua situação. Pior ainda, você pode se recusar obstinadamente a fazer qualquer coisa a respeito. Mesmo quando está infeliz, sua passividade pode ignorar toda a lógica. Em vez de tomar uma atitude quando se sente aprisionado, espera ser resgatado, afundando em um padrão melancólico de tristeza e procrastinação. Além disso, quando seus esforços não dão em nada ou seus sonhos são frustrados, tende a se deixar vencer por letargia, autocomiseração, depressão, culpa, raiva ou ressentimento. Dormir — muito pouco ou, o que é mais comum, demais — pode combater suas resoluções mais íntimas. Mencionei abuso de drogas? Digamos apenas que você seja suscetível. Mais do que os outros, você é seu pior inimigo. E mais do que os outros, como signo mutável de água, você tem capacidade para ser flexível ou reformular seus sentimentos e mudar de atitude, fazendo as circunstâncias mudarem.

Relacionamentos

Amigo leal e generoso, amante excêntrico e sonhador, e cônjuge carinhoso, você tem uma doçura que não se pode negar, e sua capacidade de amar é inigualável. Vê o melhor nas pessoas importantes para você, mesmo que elas próprias não vejam. Para você, é uma alegria torcer por elas, em parte porque almeja esse estímulo para si, e quando elas têm sucesso, fica feliz por elas de verdade.

Romântico genuíno, você anseia por ser arrebatado ao melhor estilo Hollywood. Também é capaz de se apaixonar por um mendigo sem-teto apenas porque sente o potencial dele por baixo da capa de plástico. Amigos podem se opor. Porém, quando há sentimentos envolvidos, sua capacidade de tomar decisões racionais evapora como água. Conforme caminha no nevoeiro da paixão, totalmente perdido, você cria uma fantasia que lhe permite ignorar falhas evidentes (alcoolismo e infidelidade, digamos) e acreditar no resultado menos provável de ganhar na loteria. É um fenômeno estranho: você é extremamente sensível a outras pessoas. Quando se senta com amigos para analisar as relações deles, sua intuição não falha. Quando se trata de olhar diretamente para as suas, você padece de uma doença pisciana perigosa: uma recusa ferrenha e deliberada em enfrentar a realidade. Para Peixes, enxergar com clareza é sempre um objetivo que vale a pena.

Para ter um vislumbre de suas relações com outros signos, vá para o Capítulo 15.

Trabalho

Em Utopia, estes são alguns dos trabalhos que Peixes adoraria ter: poeta, artista, músico, membro sacerdotal, clarividente, quiromante, marinheiro, cineasta, ator, degustador de vinhos, curandeiro espiritual, hipnotizador, herborista, florista, professor de ioga e qualquer coisa relacionada a peixes tropicais ou balé.

Considerando essas opções de carreira, talvez você espere que piscianos tendam a ser um fracasso no mundo real. Mas está enganado. Acontece que Peixes é estranhamente propício a gerar grandes somas de dinheiro. Um estudo feito pela revista *Forbes* em 1995 descobriu que 400 dos norte-americanos mais ricos eram piscianos, mais do que qualquer outro signo. (Em um estudo de 2019 sobre os bilionários do mundo, Peixes caiu para o segundo lugar, ficando logo atrás de Libra. Mas essas oscilações são normais. Em todo caso, o segundo lugar ainda leva a medalha de prata.) Peixes sabe fazer dinheiro porque tem uma mente realmente criativa. Não é só uma questão de transgredir as coisas; você tem capacidade para colocar o livro de lado e criar algo totalmente original (não é à toa que Steve Jobs era pisciano). Além disso, ao contrário dos signos mais pragmáticos (Capricórnio, por exemplo, que fica em último na lista dos bilionários), você sonha grande. Se pode aproveitar essa visão em uma ética de trabalho ultrapassada, pode realizar qualquer coisa. Se seu emprego também beneficia a humanidade, melhor ainda. Peixes almeja ser útil. É por isso que, além dos ofícios utópicos do parágrafo anterior, você também pode querer considerar medicina, trabalhos sociais, filantropia, educação, ambientalismo, oceanografia e, sim, finanças.

DICA

Se você trabalha com ou para um pisciano, fique ligado — cada minuto, quero dizer. Quaisquer vibrações ruins que você detecta, os piscianos também notam. Solidários e de mente aberta, os piscianos dão apoio à equipe e não ficam presos em questões menores. Mas eles são ambiciosos, mais oportunistas e menos seguros do que aparentam. Se um pisciano perceber discórdia nas baias ou qualquer coisa menor que lealdade total, você virará comida de peixe.

Saúde e bem-estar

Faça alguma coisa! Como todo pisciano sabe, é mais fácil falar do que fazer, sobretudo quando se trata de seu próprio bem-estar. Mesmo os piscianos mais competentes, mestres do Universo, podem fracassar em cuidar de si mesmos. No entanto, uma vez que reúne coragem e faz um movimento, os resultados provavelmente são imediatos. O que deveria fazer? Você consegue enormes benefícios adotando uma abordagem holística, intercultural e sintonizada com a espiritualidade em relação a cuidados com a saúde. Técnicas muito sutis para almas mais densas podem ser revolucionárias no seu caso, e você responde com rapidez. Apenas faça alguma coisa.

Em imagens antigas do chamado Homem Zodíaco (veja o Capítulo 1), Peixes domina os pés. Logo, você se beneficia com massagens nessa região e técnicas como reflexologia; calçados que sirvam de verdade; visitas a um podólogo capacitado se um problema aparece; e longas caminhadas, de preferência em uma praia arenosa ou em uma estrada rural à sombra.

Mas há mais cuidados com a saúde, além de cuidar apenas dos pés. Peixes também rege seu sistema imunológico. Para fortalecer sua resistência e manter seu sistema funcionando o melhor possível, tente Qigong, Tai Chi ou alinhamento de chacras, que revigora todas as partes do corpo. Por fim, exercício é fundamental, mas não precisa ser — nem deve ser — bruto. Dedique-se a algo edificante, rejuvenescedor ou apenas bem agradável. Depois, você deve se sentir revitalizado, não exausto.

Se técnicas alternativas e aconselhamento astrológico não forem suficientes para aplacar seus medos, é hora de visitar um médico.

A mitologia de Peixes

As imagens mais antigas associadas a Peixes remontam a divindades como Derke ou Derketo, antiga deusa síria da fertilidade que tinha uma cauda de peixe — uma sereia, pode-se dizer. Apenas uma fração de seu poder permanece nas histórias que nos foram legadas pela mitologia clássica. Em uma dessas histórias, parecida com o mito de Capricórnio, Vênus e seu filho Cupido (Afrodite e Eros para os gregos) estavam relaxando às margens do Eufrates quando o temível monstro Tífon, com suas várias cabeças e dedos semelhantes a cobras, atacou. Para se salvar, Vênus e Cupido mergulharam no rio e se transformaram em peixes. Para se certificarem de que não se perderiam um do outro, amarraram as caudas com um pedaço de corda de linho.

A constelação de Peixes

Na constelação de Peixes, a corda em V que une os dois animais é longa e irregular, com um ovoide nítido de estrelas denominado "Arco de Peixes" em uma ponta e um conjunto disperso na outra ponta. No meio da corda, na base do V, fica uma estrela binária azul e branca chamada Alrisha ("corda", em árabe). Ela representa o local em que antigos observadores de estrelas, que tinham a visão muito mais aguçada que a nossa (e os céus bem mais escuros), imaginaram um nó na corda.

Peixes: Pontos Fundamentais

Polaridade: Negativa	Cores favoráveis: Verde-água e lavanda
Qualidade: Mutável	Pedra da sorte: Água marinha
Elemento: Água	Partes do corpo: Pés e sistema imunológico
Símbolo: o Peixe	Metal: Platina
Planetas regentes: Netuno (moderno) e Júpiter (tradicional)	Frase-chave: Eu acredito
Signo oposto: Virgem	Características principais: Sensível, escapista

EXEMPLO

PEIXES EM AÇÃO: ALBERT EINSTEIN

Peixes é o signo da imaginação em larga escala. Grandes artistas piscianos (Michelangelo), escritores (Gabriel García Marquez), políticos precavidos (George Washington, Abraham Lincoln), inventores (Alexander Graham Bell) e bilionários (Steve Jobs) possuem a habilidade de ver além das circunstâncias imediatas e imaginam algo novo para o mundo. Mas nunca houve imaginação como a de Albert Einstein, que reimaginou o tempo, o espaço e o cosmos, não em um contexto de ficção científica ou artístico, mas de verdade. E acertou.

Ele imaginou um relógio zunindo pelo espaço à velocidade da luz, e isso o levou a reavaliar a natureza do tempo. Ele se imaginou preso em um elevador no vazio do espaço, e isso o levou a uma nova teoria da gravidade. Ele previu que a luz que passasse por um objeto gigantesco como o Sol não percorreria uma linha reta, mas ficaria curvada pelo campo gravitacional desse objeto. Medidas feitas durante um eclipse solar em 1919 provaram que ele estava certo. "Luzes Todas Tortas no Céu", era a manchete do *New York Times*. "Teoria de Einstein Triunfa". A partir daí, ele ficou mundialmente conhecido. Com quatro planetas na décima casa, incluindo seu Sol em Peixes, sua fama nunca diminuiu.

Hoje, seu nome é sinônimo de gênio. Uma conjunção próxima Mercúrio/Saturno o impediu de falar até completar três anos, e ele nunca se saiu exatamente bem na escola. Mas a mesma conjunção lhe deu uma mente sistemática e o poder da concentração profunda. Mercúrio em Áries lhe deu ousadia intelectual e rapidez. Urano na terceira casa lhe deu ideias revolucionárias e lampejos claros de intuição. Júpiter na nona casa, sua posição mais natural, estimulou sua paixão pelo conhecimento. Também lhe deu boa sorte nas publicações e, quando chegou aos Estados Unidos, em 1933, concedeu-lhe um emprego acadêmico permanente em Princeton.

Como um pisciano impressionante com Netuno em Touro, Einstein também tinha forte conexão com a música. Ele começou a tocar violino aos 6 anos e era fã sobretudo de Mozart. Após o eclipse de 1919, comemorou a confirmação de sua teoria comprando para si um violino novo. "Vivo meus devaneios na música", disse ele. "Vejo minha vida do ponto de vista da música." E assegurou que, se não fosse físico, teria sido músico. Mais pisciano que isso, impossível.

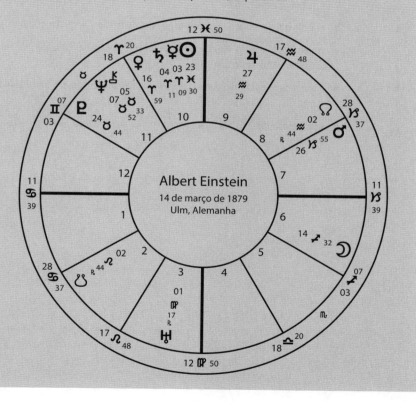

EXEMPLO

OUTROS PISCIANOS TÍPICOS

- Gabriel Garcia Márquez, Steve Jobs, Rihanna, Daniel Craig (Lua em Áries)
- Edgar Casey, Bobby Fischer, Jerry Lewis, Rob Lowe (Lua em Touro)
- Benicio del Toro, W. H. Auden, Jessica Biel, Simone Biles (Lua em Gêmeos)
- Kurt Cobain, Drew Barrymore, Emily Blunt, Aziz Ansari (Lua em Câncer)
- Antonio Vivaldi, Queen Latifah, Dakota Fanning, Javier Bardem (Lua em Leão)
- Jack Kerouac, Chaz Bono, Lou Reed, Chelsea Handler (Lua em Virgem)
- Elizabeth Barrett Browning, Nat King Cole, Rudolph Nureyev, Trevor Noah (Lua em Libra)
- Elizabeth Taylor, Johnny Cash, John Steinbeck, Ruth Bader Ginsburg (Lua em Escorpião)
- Nicolau Copérnico, Victor Hugo, Luis Buñuel, Amy Tan (Lua em Sagitário)
- Anaïs Nin, Philip Roth, Nina Simone, Frederic Chopin, Bryan Cranston (Lua em Capricórnio)
- Glenn Close, Diane Arbus, Harry Belafonte, Robert Kardashian (Lua em Aquário)
- Michelangelo, Stedman Graham, Erykah Badu, Rachel Weisz (Lua em Peixes)

3 Folheando o Livro de Receitas Cósmico

NESTA PARTE...

Contemple a Lua e suas implicações.

Aprenda sobre Mercúrio, Vênus, Marte, Júpiter e Saturno.

Explore os mundos distantes de Netuno, Urano, Plutão e Quíron.

Identifique seu Ascendente e conheça todos os esquemas de seu mapa.

Examine as casas de seu mapa.

Decifre seus aspectos planetários.

Misture tudo isso e interprete seu mapa.

> **NESTE CAPÍTULO**
> » Explorando a Lua em seu mapa
> » Entendendo os Nodos Lunares
> » Analisando os Nodos em seu mapa

Capítulo **8**

Signos Lunares: O Mundo da Lua

É estranho, mas verdadeiro: para um terráqueo observando o céu, o Sol e a Lua aparentam ter o mesmo tamanho. Na realidade, o Sol é cerca de 400 vezes maior que a Lua. Porém, visualmente são iguais. Povos antigos incorporavam a mesma igualdade a suas mitologias, transformando o Sol e a Lua em divindades e associando-os a amantes brigando ou irmãos competindo.

Astrólogos concebem o Sol e A Lua como parceiros que podem ou não se dar bem juntos. O Sol representa sua essência fundamental, vitalidade e seu eu consciente, enquanto a instável Lua, com suas muitas fases e desaparecimentos regulares, indica suas emoções, reações, instintos, hábitos e inconsciente.

Se o Sol e a Lua ocupavam signos compatíveis quando você nasceu, sorte sua. Sua vontade (solar) e suas emoções (lunares), sua atenção consciente e seu eu inconsciente, sonhador, estão em sincronia. Deve ser legal — não faço ideia. Se seus astros estão em signos incompatíveis, você experimentará necessidades e desejos conflitantes. Bem, a vida é assim. A astrologia é apenas um reflexo dela.

LEMBRE-SE

A Lua, que brilha com a luz do Sol, tem o símbolo crescente da receptividade (veja a Figura 8-1).

FIGURA 8-1: O símbolo da Lua.
© John Wiley & Sons, Inc.

A Mitologia da Lua

Mais do que qualquer corpo celeste, a Lua é associada a várias divindades. Há Iemanjá, deusa iorubá das águas, mulheres e da Lua; Coyolxāuhqui, deusa asteca cuja cabeça se transformou na Lua depois que seu irmão, o deus Sol, cortou-a em pedaços; Ch'ang-o, a deusa chinesa que engoliu a pílula da imortalidade e agora mora na Lua em tempo integral, recebendo visitas do marido a cada Lua cheia; e a deusa tríplice das mitologias clássica e celta. Uma dessas tríades compreende Ártemis, deusa grega da caça e da Lua, e protetora das meninas; Selene, que conduzia a carruagem da Lua pelos céus; e Hécate, deusa dos feitiços, da noite e do submundo. Essas deusas representavam três estágios da vida de uma mulher (donzela, mãe e anciã) e três fases do ciclo lunar: a Lua crescente, a Lua cheia e a Lua minguante.

LEMBRE-SE

O Sol leva um ano para percorrer todos os doze signos do zodíaco. A Lua completa a mesma jornada em pouco menos de um mês, pulando de um signo para o seguinte a cada dois ou três dias. Se por acaso você nasceu em um dia em que a Lua estava trocando de signo, a única maneira de ter certeza sobre qual é o seu é consultar um mapa preciso, feito de acordo com o horário e o local de nascimento. Se não tem um mapa desses, volte ao Capítulo 2 e siga as instruções sobre como conseguir o seu pela internet.

Para ter uma descrição da Lua nas casas, vá para o Capítulo 12.

A Lua nos Signos

O signo que a Lua ocupava em seu nascimento descreve sua natureza e necessidades emocionais, seu subconsciente e instintos. Ele define uma área de oscilação e instabilidade em seu mapa, e também representa mulheres em geral e sua mãe em particular. É assim que a Lua funciona em cada um dos signos:

» **Lua em Áries:** Instintivo e espontâneo, você formula opiniões de maneira instantânea. Seu entusiasmo é despertado com facilidade, assim como sua raiva. Você pode ser considerado egocêntrico e independente, e com frequência é consideravelmente competitivo, mas é mais inseguro do que deixa transparecer. Você é aguerrido e decidido (às vezes, de um jeito bem tolo). Também pode ser irritável e impaciente. Nervosinho e impetuoso, você se certifica de ter suas necessidades atendidas o quanto antes. Há chances de que, durante a infância, sua mãe tenha respondido com prontidão a suas exigências insistentes e inflamadas. Ela não tinha escolha. Como consequência, você conseguia o que queria, e aprendeu a ser independente, direto e corajoso.

» **Lua em Touro:** Você almeja segurança emocional e material, e faz tudo o que pode para consegui-la. Firme e obstinado, paciente e carinhoso, você se aproxima com cautela das mudanças, porque nada o deixa mais apreensivo. Valoriza a estabilidade e o conforto, e tenta controlar o excesso de emoções. Porém, uma vez que entende que mudar é inevitável, você faz o que precisa fazer. Confiável e simpático, você é charmoso, atraente, acolhedor, fiel e possessivo. Quando criança, precisava desesperadamente da segurança proveniente de ter pais amorosos e fiáveis. Você ainda anseia pelos prazeres da previsibilidade, segurança, amor e ambientes confortáveis.

» **Lua em Gêmeos:** Você é volúvel, amigável, impetuoso. Você se expressa com entusiasmo, mesmo que, para as pessoas, pareça fútil ou superficial. Nervoso e temperamental, tem uma abordagem essencialmente mental em relação a assuntos do coração. Embora às vezes possa entrar em pânico, a reação passa rápido. Depois que a poeira baixa, você olha ao redor com objetividade e analisa a situação, o que lhe confere um pouco de calma. Racionalista de primeira classe, não hesita em seguir em frente. Você é adaptável. Quando criança, era incansável e se distraía com facilidade. Em momentos estressantes, sua mãe (ou qualquer um que tenha tido esse papel) achava fácil distrai-lo. Você ainda considera a diversão uma estratégia razoável durante tempos difíceis.

» **Lua em Câncer:** A Lua rege o signo do Caranguejo, portanto, independentemente das outras coisas que existam no seu mapa, você é uma pessoa lunar: temperamental, receptiva, vulnerável e extremamente ciente dos altos e baixos emocionais. À menor provocação lágrimas brotam em seus olhos, e talvez você precise se afastar para acalmar os sentimentos que surgem. Também é gentil e cuidadoso, o tipo de pessoa que gosta de transformar amigos em família. Porém, assim como pessoas nascidas com a Lua em Touro, você tem dificuldade para esquecer. Na infância, era excepcionalmente receptivo à sua mãe e é por isso que, ao ter filhos, é provável que seja um pai ou uma mãe muito amorosa, às vezes exagerando no envolvimento.

» **Lua em Leão:** Uma Lua em Leão dá um toque de calor e exuberância a qualquer signo solar. Generoso, dedicado e agitado, você adora rir e é dotado de *joie de vivre*. Embora seu orgulho considerável seja ferido com facilidade (sobretudo quando se sente ignorado), em geral você é confiante e otimista. De um jeito ou de outro, adora causar, e o mundo adora reagir. Porém, quando as coisas estão indo mal ou quando se sente desanimado ou inseguro, você encobre suas dúvidas e ambivalência com rompantes de emoção. Você herdou esse padrão dramático de sua mãe, que também era uma espécie de rainha do drama. Ela o ensinou a buscar reconhecimento e lhe transmitiu confiança para definir objetivos ambiciosos.

» **Lua em Virgem:** Emocionalmente tímido e inibido, você prefere reprimir suas emoções a articulá-las. Acha difícil confrontar problemas sérios de cabeça erguida. Em vez disso, se distrai com besteiras ou trabalhando tão duro que mal tem chance de respirar. Você é diligente e confiável, e gosta de ser útil. Mas também pode ser exigente e difícil de agradar. Sem dúvida, você é seu crítico mais severo. De onde vem essa característica reprovável? Adivinhou — de sua mãe (ou quem quer que tenha assumido esse papel na sua vida). Embora as críticas dela, implícitas ou explícitas, tenham causado impacto em você, ela também merece crédito por várias de suas qualidades, incluindo o valor que dá à eficiência e à organização, e seu desejo sincero de aliviar o sofrimento alheio.

» **Lua em Libra:** Você é gracioso, romântico e artístico. Evita a vulgaridade, valoriza a cortesia e a elegância, e tenta expressar seus sentimentos com calma e diplomacia. Paz é fundamental para você, que fará qualquer coisa para obtê-la. Durante a infância, aprendeu a manter as aparências, mesmo se sofreu abuso. Seu temperamento equilibrado rendeu elogios, e as pessoas passaram a esperar isso de você. Agora, adulto, você parece impassível. Amor e relacionamentos são fundamentais para seu bem-estar. Se está solteiro, você se sente desolado sem um parceiro; se está casado, dificilmente consegue imaginar outro cenário e talvez tenha medo de ficar sozinho. De qualquer modo, detesta discussão. Logo, os problemas podem continuar sem solução; seu desejo por paz e harmonia ultrapassa todas as outras necessidades.

» **Lua em Escorpião:** Obstinado, intenso, facilmente magoável e, às vezes, autodestrutivo, suas emoções — para citar Herman Melville — correm feito "manadas de morsas e baleias" por baixo da superfície de sua personalidade. Sua tendência é se proteger mantendo essas emoções escondidas. Se isso exige dissimulação e sigilo, bem, tanto pior. Não que queira ser manipulador — é que você não consegue evitar, só isso. Disfarçar os sentimentos é algo que aprendeu ao crescer. Mesmo que sua infância parecesse invejável vista de longe, você tinha medo do abandono ou da rejeição, e era bem consciente das necessidades suprimidas e dos conflitos internos em sua família. Aprendeu a ficar quieto em relação às próprias questões. Seu silêncio é uma forma de proteção, e esconderijo. Embora algumas pessoas com esse posicionamento nutram fantasias de retaliação por erros de muito tempo atrás, a maioria simplesmente continua a esconder o que sente. Morsas e baleias ainda podem estar lá, mas a superfície parece plana.

» **Lua em Sagitário:** Você é filosófico, sincero, animado, desinibido, bem-intencionado, não realista e, às vezes, pateticamente idealista. Seu otimismo vai fundo. Como resultado, assume riscos, sempre preparado para sair a galope em busca de algo ou se comprometer com uma causa que outras pessoas julgam sem esperança. Nos sentidos intelectual e emocional, você valoriza sua independência acima de tudo. DRs longas fazem você se contorcer. Mais à vontade com ação do que com análise, você pode ser convencido e, sem querer, ofensivo, tendendo a justificar as próprias faltas sem pestanejar. Ainda assim, suas intenções são boas. E as pessoas sentem isso em você. Mesmo criança, sempre que irradiava boa disposição, sua mãe respondia de maneira positiva. Para estimular esse tipo de reação, você expressa sua alegria com mais prontidão do que dor e, como sua mãe, evita demonstrar emoções.

» **Lua em Capricórnio:** Você é estável, reservado, autoconfiante, confiável e bem disciplinado. Mesmo quando pequeno, você era sério e talvez não tenha tido a jovialidade própria da infância. Hoje, sempre realista, reconhece suas forças e limitações, uma das quais, conforme suspeita, é a incapacidade de relaxar. Vez ou outra você cai em depressão e pessimismo, talvez porque sua mãe padecia das mesmas coisas. Ao sentir a tristeza dela, você se afastava. Você é emocionalmente reservado e inibido, sobretudo diante de rompantes melodramáticos alheios. Você não suporta essas cenas. O sucesso lhe dá estabilidade. Aceita de bom grado responsabilidades significativas porque se sente mais aterrado, assim como mais poderoso e tranquilo, quando tem um senso de propósito e autoridade como companhia. Alguém tem que assumir o controle. Pode muito bem ser você.

» **Lua em Aquário:** Na sua cabeça, você vai melhorar o mundo. Tem talento para amizades, um afeto instintivo por pessoas não convencionais e um forte senso de pertencer a uma comunidade. Laços sociais e associações de grupos significam muito para você. Mas, em certo ponto, você desaparece porque, em determinado nível, a intimidade o deixa inquieto. Você foge de aproximações e é atraído pelo mundo intelectual. Agradeça à sua mãe. Mesmo que seus primeiros anos tenham sido marcados pelo caos, ela o estimulou a usar a inteligência e a expressar individualidade. Ela ficava menos à vontade com suas necessidades emocionais. Você é do mesmo jeito. Acha desgastante mergulhar nas próprias emoções. Prefeririria fingir que elas não estão aí, e essa técnica funciona... ao menos por um tempo.

» **Lua em Peixes:** Não importa a impressão que passa aos outros, por dentro você é ultrassensível. Facilmente magoado e com frequência tímido, você se sente refém de seus sentimentos, que estão em constante mudança e são difíceis de controlar, embora tente. Em seu melhor, você presta muita atenção a seus instintos e intuições, e pode ser, literalmente, um vidente. O mundo da espiritualidade o chama, e também é provável que tenha talentos artísticos. Mas você pode ser ingênuo, lamentavelmente fora da realidade e autoindulgente. Talvez tenha problemas para se impor. Isso remonta à infância. Sempre alerta aos vários humores de sua mãe, você aprendeu a fazer o que podia para melhorar o clima emocional, mesmo que isso significasse ignorar as próprias necessidades. Seu desafio constante é ter tanta compaixão por si quanto tem pelos outros.

Os Nodos da Lua

Para astrólogos da Índia (e astrólogos védicos de qualquer lugar), os Nodos da Lua são parte fundamental de todo mapa natal, tanto quanto o Sol e a Lua. Porém, quando comecei a estudar astrologia, meus professores mal mencionavam os Nodos. Mesmo hoje, muitos livros de introdução à astrologia se referem a eles somente *en passant*, quando muito. Um motivo para essa negligência é que, embora os Nodos ocupem graus delicados no seu mapa, não há nenhum corpo celestial em lugar algum. Em um sentido puramente físico, os Nodos da Lua não existem. No entanto, têm uma história astrológica longa e fantástica.

PAPO DE ESPECIALISTA

Os Nodos lunares são os pontos em que a Lua, em sua órbita mensal ao redor da Terra, atravessa a *eclíptica*, trajetória aparente do Sol pelo céu. O local em que a Lua sobe na eclíptica é o *Nodo Norte*; o ponto em que ela desce na eclíptica é o *Nodo Sul*. Os Nodos, que ficam exatamente 180° separados, em geral se movimentam de maneira retrógrada, deslocando-se gradualmente para trás. Eles passam quase um ano e meio em cada signo e percorrem o zodíaco inteiro em cerca de 19 anos.

Para astrólogos antigos, o Nodo Norte (ou Cabeça do Dragão) era benéfico, associado à prosperidade e à sorte, enquanto o Nodo Sul (ou Cauda do Dragão) tinha um toque saturniano, um ponto de perda e adversidade. Entrando no século XX, alguns astrólogos ainda descreviam o Nodo Sul como maléfico — comentário angustiante para alguém com o Nodo Sul em uma posição de destaque.

Praticantes da astrologia ocidental geralmente concordam que o Nodo Norte ilumina o caminho espiritual e as escolhas construtivas, ainda que exigentes, que promovem o crescimento. Para quem acredita em reencarnação, o Nodo Norte sugere uma jornada de evolução para a qual talvez você se sinta despreparado, porque essa é uma viagem rumo ao desconhecido. Em comparação, o Nodo Sul respalda o vício acima do esforço, a estagnação acima do crescimento, a paralisação acima da prospecção. É seu modo padrão. A sensação é confortável porque você já esteve nela antes, talvez em uma vida anterior.

Admito que a fama do Nodo Sul não é boa. Quando está em uma posição de destaque no seu mapa, ele pode despertar dúvidas, ao lado de uma sensação de insegurança, de ser ignorado ou de estar invisível. Mas ele também representa um conjunto de hábitos e habilidades que você dominou. O perigo não está em usá-las, mas em lhes dar uma ênfase indevida e recair em velhos hábitos que não servem mais para você, afastando-se, assim, de desafios maiores, representados pelo Nodo Norte. Embora possa parecer mais positivo e estimulante, também há uma desvantagem. Um Nodo Norte forte pode trazer ambição, sucesso e carisma, ou um ego inflado com um belo toque de narcisismo. A questão é que ambos os Nodos estão em seu mapa. O Nodo Sul é sua plataforma de lançamento; o Nodo Norte, seu destino.

LEMBRE-SE

O Nodo Norte, ou Cabeça do Dragão (veja a imagem à esquerda em formato de ferradura na Figura 8-2) é um ponto de expansão, potencial e crescimento. Entre os astrólogos védicos, ele é denominado *Rahu*. O Nodo Sul, ou Cauda do Dragão (imagem à direita na Figura 8-2), conhecido entre os astrólogos védicos como *Ketu*, simboliza padrões profundamente arraigados e hábitos que não favorecem mais você.

FIGURA 8-2:
Os Nodos Norte e Sul, também conhecidos como Cabeça do Dragão ou *Rahu*, e Cauda do Dragão ou *Ketu*.

© John Wiley & Sons, Inc.

A Mitologia dos Nodos Lunares

Antigos textos hindus relatam que deuses e demônios uniram-se certa vez por um propósito grandioso: sacudir o oceano e obter o néctar da imortalidade. Eles realizaram essa tarefa com a ajuda de uma montanha desenraizada, que se tornou seu pilão, e uma serpente colossal que eles amarraram em torno da montanha e usaram como corda, com os demônios sacudindo a cabeça e os deuses segurando a cauda. Eles se mexiam para a frente e para trás, os deuses puxando em uma direção e os demônios, em outra. No fim, a água virou leite e liberou um jato de presentes, incluindo grama, pedras preciosas, deusas variadas, criaturas mágicas e uma tigela cheia de néctar. O grande Vishnu, mantenedor do Universo, favoreceu os deuses, então estendeu a tigela a eles. Mas um demônio chamado Rahuketu se disfarçou de deus e tomou um gole. O Sol e a Lua relataram essa infração a Vishnu, que arremessou um disco no demônio e o decapitou. A cabeça subiu ao céu e se tornou Rahu, o Nodo Norte, a cabeça do dragão. O que sobrou dele caiu na terra e se tornou Ketu, o Nodo Sul, conhecido como a Cauda do Dragão.

LEMBRE-SE

Alguns atendimentos astrológicos, por motivos que me escapam, escolhem colocar o Nodo Norte em um mapa sem o Nodo Sul. Se seu mapa foi vítima dessa artimanha de edição astrológica, não tenha medo. Se sabe onde está seu Nodo Norte, pode localizar com rapidez o Nodo Sul, porque ele sempre está a exatamente 180° de distância. Os Nodos habitam signos opostos. Ou seja:

Se um Nodo está em...	O outro Nodo está em...
Áries	Libra
Touro	Escorpião
Gêmeos	Sagitário
Câncer	Capricórnio
Leão	Aquário
Virgem	Peixes

Os Nodos nos Signos

O Sol, a Lua e os planetas são objetos que possuem substância e massa. Sólidos e rochosos como a Lua e Marte ou gigantes gasosos como Júpiter e Netuno, eles são mundos distintos e visíveis, com geografia e química próprias. Não se pode dizer o mesmo dos Nodos. Eles são pontos no espaço, não corpos físicos. Não possuem nenhuma característica. Não obstante, carregam um significado.

O Nodo Norte e o Nodo Sul são um par combinado, iguais, mas opostos. Eles sempre estão situados em signos e casas opostos (para ter informações sobre os Nodos nas casas, vá para o Capítulo 12).

A lista a seguir identifica as áreas de crescimento e vício marcadas pelos Nodos Norte e Sul da Lua:

» **Nodo Norte em Áries/Nodo Sul em Libra:** Você almeja se mover na direção de Áries, rumo à assertividade, autossuficiência e ação. Quando obedece a esses impulsos, você floresce. Porém, muitas vezes entrega seu poder aos outros. Talvez você tema que, se for assertivo, nunca encontrará o relacionamento que deseja (ou destruirá a relação que tem). Pelo contrário: submergir sua identidade em outra pessoa é um erro. Quanto mais independente você é, mais satisfeito fica, esteja ou não em um relacionamento.

» **Nodo Norte em Touro/Nodo Sul em Escorpião:** Sexo, mentiras, manipulação e o dinheiro alheio fascinam você, assim como as relações melodramáticas que atrai com frequência. O problema é que, depois de um tempo, essa novela fica obsoleta. Em vez de mergulhar no encanto sombrio de suas obsessões, você se beneficia em construir uma base segura no mundo real. Suas melhores jogadas são juntar os recursos materiais de que precisa, aprender a lidar com dinheiro de maneira eficaz, cultivar a paciência (e, possivelmente, um jardim) e deixar seus valores o guiarem. O que você precisa acima de tudo é de autoestima.

» **Nodo Norte em Gêmeos/Nodo Sul em Sagitário:** Que delícia é ficar sentado teorizando sobre a vida, a morte e o sentido da existência. Como é bom saber tudo. E que prazer comunicar suas reflexões brilhantes a seus gratos amigos e família. Infelizmente, isso é desperdício de energia. Com sua curiosidade irrefreável e habilidade de comunicação, você tira vantagem do acúmulo de informações e de empregá-las em propósitos úteis. Você é jornalista, artista, professor, divulgador. Você se interessa por ideias, mas não tende a ouvir as dos outros. Isso precisa mudar. Não confie apenas em sua intuição ou reflexões filosóficas. Pergunte a opinião alheia. E confira os fatos.

» **Nodo Norte em Câncer/Nodo Sul em Capricórnio:** Ambicioso e controlador, você assume prontamente a responsabilidade porque sua intenção é ganhar respeito e admiração dos outros. No entanto, não é aí que mora sua maior alegria. Apesar de sua sede por autoridade e status, você tem uma necessidade mais premente por lar, família e autenticidade emocional. Embora revelar suas esperanças e medos o levem a se sentir dolorosamente vulnerável, a chave para sua evolução consiste em sua capacidade de confiar, abrir mão de sua necessidade de controle, aceitar as marés inconstantes de sentimentos e agir com carinho em relação aos outros.

» **Nodo Norte em Leão/Nodo Sul em Aquário:** No mundo todo, os tempos estão difíceis. Muitos problemas precisam ser abordados e você gostaria de se dedicar ao bem maior. Pelo menos, pensa que gostaria. Na verdade, dedicar-se a uma causa não lhe trará a satisfação que busca, mesmo que ela seja nobre. Sua realização está em outro lugar. Para ser a pessoa que você nasceu para ser, é preciso arriscar expressar sua individualidade e desejos pessoais. Você precisa de um escape para a autoexpressão criativa, um jeito de declarar quem você é, peculiaridades e tudo o mais.

» **Nodo Norte em Virgem/Nodo Sul em Peixes:** O reino espiritual exerce uma atração irresistível sobre você. Mas imergir nesse mundo pode alimentar suas tendências escapistas. É melhor você deixar sua tábua Ouija de lado e dar atenção a questões de rotina que incomodam todos nós. Sua necessidade de ser uma vítima ou um mártir limita suas possibilidades, assim como seu senso de inferioridade. A felicidade verdadeira reside em uma direção mais concreta: organizar-se e cuidar das coisas. Ajudar os outros é admirável, mas você não precisa se sacrificar. É preciso focar. Preste atenção às pequenas coisas e ficará maravilhado com o quanto se sentirá satisfeito.

» **Nodo Norte em Libra/Nodo Sul em Áries:** Você é corajoso, impulsivo e habilidoso. Você se sente à vontade em ser assertivo (mesmo que tenha uma paciência e tanto), é um líder e tomador de decisões eficiente. Mas você também é autocentrado e as vantagens de uma parceria amorosa podem iludi-lo, o que é bem ruim, porque relacionamentos são fundamentais para seu bem-estar. Seu desafio é cooperar, compartilhar, ser incentivador e levar em conta as circunstâncias da vida das outras pessoas. Ao equilibrar as necessidades delas com as suas, você segue em direção à paz interior.

» **Nodo Norte em Escorpião/Nodo Sul em Touro:** Talvez você pense que é uma pessoa que valoriza o conforto e acredita que a segurança material fornece a base para sua força psicológica. Na verdade, sua realização mais profunda tem pouco a ver com posses materiais ou prazeres sensoriais, por mais que os aprecie. Em vez disso, você tira proveito ao examinar sua psique e superar sua resistência a mudanças. "Queira a mudança", escreveu o poeta Rainer Maria Rilke. "Inspire-se pela chama." No fundo, você não almeja nada menos que a metamorfose total.

» **Nodo Norte em Sagitário/Nodo Sul em Gêmeos:** É fácil, para você, deparar-se com uma vida de buscas triviais ou se perder em um labirinto de sites de fofocas, Sudoku e bate-papos aleatórios. Mas desperdiçar o tempo não lhe trará benefícios. Com seu Nodo Norte no signo da religião, do direito, viagens e educação superior, você precisa envolver sua mente em questões importantes. Busque conhecimento. Aprenda um idioma. Explore ideias. Encontre uma causa ou uma filosofia. Em mapas antigos, áreas desconhecidas eram decoradas com imagens de monstros marinhos, feitos para alertar os viajantes. Você precisa confiar em sua intuição, deixar o celular de lado e navegar rumo a essas águas desconhecidas, monstros e tudo o mais. É aí que pode encontrar o bálsamo de que mais precisa: aventuras no grande mundo e na vida mental.

» **Nodo Norte em Capricórnio/Nodo Sul em Câncer:** Você tem um amor pelo passado e um gosto vívido pelos prazeres da vida doméstica. Mas, por mais que ame seu lar e sua família, não encontrará satisfação degustando chá na sala de visitas. Esse não é seu caminho. Você precisa de realizações do mundo real, do tipo que nascem com a ambição, moldam-se através da autodisciplina e são recompensadas com dinheiro e prestígio. Você precisa praticar seus talentos, apesar de suas manias e inseguranças. Você tem capacidade para conseguir muita coisa. Saber que o destino está em suas mãos pode aumentar sua confiança e ajudá-lo a reconhecer oportunidades.

- **Nodo Norte em Aquário/Nodo Sul em Leão:** A autoexpressão criativa é natural em você, e você atrai o tipo de notoriedade que muitas pessoas almejam e nunca conseguem. Você tem energia. Mas tende a dominar, e sobrecarrega as pessoas com sua necessidade de atenção. Para crescer de verdade, precisa ampliar sua visão, juntar-se aos outros e envolver-se em algo que faça diferença. Ao unir sua urgência por autoexpressão a uma causa maior que você mesmo, transcende o ego e parte rumo à realização.
- **Nodo Norte em Peixes/Nodo Sul em Virgem:** É preciso trabalhar: esse é seu lema. Você faz o melhor para manter a ordem, mas fica tão preso nas tarefas comuns que não sobra espaço para mais nada. Sente que deveria trabalhar mais duro, mas diz a si mesmo, com sabedoria, que há muita coisa que não consegue fazer. E além disso, talvez pense que não quer ser levado pela corrente. Ainda assim, deve. Ao colocar de lado sua temível lista de afazeres e deixar sua mente vagar, você se permite explorar o território do espírito. Ler e escrever poesia, fazer ioga e meditar são ferramentas possíveis. Seu objetivo é se tornar um ser totalmente consciente.

> **NESTE CAPÍTULO**
>
> » **Contemplando os planetas interiores na astronomia, na mitologia e na astrologia**
>
> » **Compreendendo os planetas nos signos**
>
> » **Interpretando Mercúrio, Vênus, Marte, Júpiter e Saturno em seu mapa**

Capítulo **9**

Os Planetas Interiores

O Sol e a Lua carregam muitas informações. Por si sós, fornecem uma chave-mestra para sua psique. Porém, para compreender por inteiro a complexidade de seu próprio mapa natal, é preciso incluir os planetas.

Para os astrólogos antigos, isso significava observar os posicionamentos de Mercúrio, Vênus, Marte, Júpiter e Saturno — os únicos planetas facilmente visíveis da Terra. Durante milhares de anos, os astrônomos presumiram que não havia nenhum outro planeta. Então, em 1781, um músico profissional — organista de igreja e compositor —, que também era astrônomo amador, descobriu outro planeta, Urano, e a corrida começou. Netuno foi descoberto a seguir, depois Plutão. Asteroides e planetas anões juntaram-se à lista dos corpos celestes que orbitam o Sol. Logo, uma simples pergunta — quantos planetas há no Sistema Solar? — acabou tendo uma resposta ambígua.

Astrólogos concordam que os cinco planetas que você consegue ver a olho nu no céu noturno (e, às vezes, durante o dia) são os mais importantes. Eles consideram que esses cinco planetas têm impacto mais imediato sobre as pessoas. É por isso que Mercúrio, Vênus, Marte, Júpiter e Saturno são conhecidos como os *planetas interiores*. Os *planetas exteriores*, que não são visíveis sem um telescópio, são menos voltados à personalidade e possuem efeitos mais geracionais.

Localizando Seus Planetas

Se você estudou com afinco os Capítulos 1 e 2, provavelmente tem uma cópia de seu mapa em mãos e, nesse caso, já conhece seus posicionamentos planetários. Se ainda não tem uma cópia exata de seu mapa, volte ao Capítulo 2, acesse a internet e faça o download de uma cópia do mapa de uma vez por todas.

Para descobrir o que significa posicionamento planetário, liste seus planetas por signo e casa, depois, pesquise-os neste capítulo (para os planetas internos), no Capítulo 10 (para os planetas externos) e no Capítulo 12 (para os posicionamentos das casas).

LEMBRE-SE

Cada planeta desempenha uma função diferente em seu mapa natal e vida, e cada planeta tem pelo menos uma *palavra-chave* que resume seu significado essencial. A Tabela 9-1 lista essas palavras-chaves, ao lado dos pequenos símbolos misteriosos que representam os planetas.

TABELA 9-1   **Palavras-chaves e Símbolos Planetários**

Planeta	Palavra-chave	Símbolo
Mercúrio	Comunicação	☿
Vênus	Amor	♀
Marte	Atividade	♂
Júpiter	Expansão	♃
Saturno	Restrição	♄
Quíron	Cura	⚷
Urano	Revolução	♅
Netuno	Imaginação	♆
Plutão	Transformação	♇
Nodo Norte	Potencial	☊
Nodo Sul	O passado	☋

Você notará que alguns itens da lista não se caracterizam tecnicamente como planetas. Plutão, por exemplo: após sua descoberta, em 1930, foi elencado como o nono planeta do Sistema Solar. Porém, em 2006, A União Astronômica Internacional o reclassificou como planeta anão, um rebaixamento que os astrólogos ignoraram. No que nos diz respeito, ele ainda é um planeta.

Quíron é outra menção não planetária da lista. Não muito tempo depois de sua descoberta, em 1977, os astrólogos começaram a colocá-lo nos mapas, embora

158   PARTE 3 **Folheando o Livro de Receitas Cósmico**

no início ele tivesse sido classificado como asteroide. Desde então, foi categorizado várias vezes. Por ora, é considerado um planeta menor, que não é o mesmo que planeta anão. Mas não importa. Quíron foi adotado pela comunidade astrológica, inclusive por mim, e aí está ele.

Finalmente, há os Nodos Norte e Sul nessa lista. Os Nodos marcam os locais em que a trajetória da Lua atravessa a eclíptica, embora nenhum deles tenha um corpo físico ligado a ela. Por um longo tempo, apenas os astrólogos orientais deram a devida atenção a eles. Isso está mudando. Os Nodos estão na lista porque desempenham um papel importante em termos de astrologia.

Conforme você analisar os posicionamentos planetários de seu mapa, não se aflija se notar eventuais contradições. Elas são inevitáveis. Todos nós as temos. Como o geminiano Walt Whitman escreveu: "Eu me contradigo? Pois muito bem, eu me contradigo (sou amplo, contenho multidões)." Mais importantes que as inconsistências ocasionais são os padrões que aparecem vezes seguidas em um mapa natal. Quando começa a identificar esses temas que se repetem, você está no caminho certo para se tornar um astrólogo.

Mercúrio: Comunicando-se com Estilo

Como você processa as informações? Como se comunica? Mercúrio tem as respostas.

PAPO DE ESPECIALISTA

Na astronomia, o pequeno planeta Mercúrio se distingue por seu ritmo rápido — ele leva meros 88 dias para dar uma volta ao redor do Sol — e sua proximidade com esse astro. A órbita de Mercúrio é tão perto de nossa estrela que ele sempre está no mesmo signo que o solar ou em um adjacente; em nenhum caso a mais de 28° de distância.

Na mitologia, o deus romano Mercúrio, conhecido como Hermes entre os gregos, é famoso por sua velocidade. Usando sandálias e capacete alados, e segurando um bastão com uma cobra enrolada, ou caduceu, ele era o mensageiro dos deuses e também ladrão, músico, trapaceiro, excelente mentiroso e mestre da enganação, conseguindo se livrar de qualquer enrascada. Os antigos o cultuavam como deus do discurso, da escrita, viagens, estradas, fronteiras, encruzilhadas, do sono, sonhos e lugares anônimos aqui e ali. Dois desses locais intermediários merecem uma menção especial: o reino sombrio entre o sono e a vigília, e a transição entre a vida e a morte. Na mitologia clássica, era Mercúrio quem acompanhava as almas dos mortos até as margens do Rio Estige, de onde seriam levados para o submundo.

LEMBRE-SE

Astrólogos consideram Mercúrio o símbolo do aprendizado, da razão, da inteligência, do comércio e de tudo associado à comunicação. O posicionamento dele em seu mapa natal define a maneira como você pensa, a velocidade com que apura os fatos e processa as informações, o estilo com que se expressa e sua habilidade de fazer um discurso, usar a linguagem e contar uma história, verdadeira ou não.

O símbolo de Mercúrio tem três componentes metafísicos: a cruz da terra ou da matéria, o círculo do espírito e, situado no topo, a Lua crescente da personalidade, semelhante a uma minúscula antena parabólica, pronta para receber informações.

Para ter uma descrição sobre o modo como sua mente funciona, encontre Mercúrio em seu mapa e leia o parágrafo adequado:

» **Mercúrio em Áries:** Sempre tirando conclusões precipitadas, você tem uma mente ultrarrápida e um jeito direto e contundente de se expressar. Embora possa ser impaciente e competitivo (e com frequência acha difícil se concentrar), nunca é sem graça ou insosso. Você se dispõe a cumprir a lei se preciso, se expressa com assertividade, quer ter certeza de que as pessoas sabem o que está pensando, e elas sabem.

» **Mercúrio em Touro:** Você é atencioso e equilibrado. Apura os fatos, elabora um argumento prudente e o apresenta de maneira diplomática. Depois disso, só aparece para considerar outros pontos de vista. Na verdade, por ter chegado a uma decisão razoável o mais rápido possível, você não vê nenhum motivo para mudar de opinião. Sua tendência é ser inflexível e é difícil argumentar com você, em parte porque tem os fatos e em parte porque não acha fácil se abrir a novas ideias. Você já sabe o que pensa.

» **Mercúrio em Gêmeos:** Você é esperto, questionador, perspicaz, persuasivo, bem-humorado e apressado. Sua agilidade intelectual é extraordinária. Sua mente curiosa se envolve com facilidade, você lida com múltiplos interesses, fala rápido e é resiliente. Bastante adaptável, você se adapta rapidamente às circunstâncias e consegue racionalizar bem qualquer coisa. De qualquer modo, esse é um posicionamento invejável. Mercúrio é regente de Gêmeos (e Virgem), portanto, ele funciona com muita eficácia aqui.

» **Mercúrio em Câncer:** Sensível e empático, você é intuitivo e lúcido. Acima de tudo, é sintonizado ao extremo, com frequência sentindo as coisas antes de conhecê-las conscientemente. Você consegue se comunicar com garra e compaixão, e absorve informações com facilidade. Tem uma memória incrível e uma mente notavelmente intuitiva. Mas há momentos em que suas manias invadem seu bom senso e você tende a se iludir.

» **Mercúrio em Leão:** Dramático, distinto e ambicioso, você tem pensamentos criativos, expressa-se com vivacidade e tem confiança em seus pontos de vista. Não é de admirar que seja um formador de opiniões. É organizado ao pensar, vitorioso ao se apresentar e, no ápice, eloquente em seu estilo de se comunicar. Mas também pode ser dogmático e exibido, com uma tendência ao exagero, o que poderia explicar por que a queda de Mercúrio é em Leão. Como frequentemente acontece com posicionamentos em Leão, às vezes você exagera, mas, no fim, seu entusiasmo genuíno compensa os excessos e triunfa.

- **Mercúrio em Virgem:** Você é esperto, sutil, persistente, informado, analítico e realmente inteligente. Nada escapa à sua observação, inclusive inconsistências lógicas. Um secreto idealista que lamenta o abismo profundo entre como as coisas são e como deveriam ser, você pode ser detalhista, crítico ou advogado de acusação. Ao mesmo tempo, é um pensador brilhante e um conversador de primeira linha. Mercúrio é o regente de Virgem, portanto, esse posicionamento funciona excepcionalmente bem. Como bônus extra, você se sobressai nas artes manuais e qualquer coisa que exija habilidades motoras refinadas e coordenação entre olhos e mãos.

- **Mercúrio em Libra:** Racional e inteligente, você busca uma opinião equilibrada, objetiva e entende intuitivamente que a melhor solução em geral é a mais simples. Por estar antenado com as nuances da linguagem, você se expressa com elegância e charme. Entende bem o elo entre discrição e diplomacia. Você toma cuidado para não ofender. No entanto, adora um debate. Porém, no íntimo de sua mente, você oscila para cima e para baixo na maré da incerteza e, por tentar considerar todos os lados de uma questão, leva um tempo até chegar a uma conclusão.

- **Mercúrio em Escorpião:** Você tem uma mente perspicaz que faz investigações contínuas sob a superfície. Em seu melhor, você é um observador com olhos de águia e um pensador profundo. Não leva nada ao pé da letra, o que faz de você um exímio investigador, mas também o torna suscetível e desconfiado. É analítico, astuto, incisivo e capaz de trazer à tona todos os tipos de informações. Mas também tem uma inteligência mordaz, sarcástica e uma tendência constante de usar palavras como armas. Esse é um posicionamento excelente para um detetive, um cientista pesquisador, terapeuta, jornalista de formato longo ou qualquer um que seja fascinado pelos meandros da natureza humana.

- **Mercúrio em Sagitário:** Você tem um intelecto de pesquisador e um estilo interessante de conversa. Pode se inspirar em seus insights e filosofias. Você também pode ser pomposo, dogmático, hipócrita, fraco quando se trata de detalhes e direto a ponto de ter falta de tato, motivo por que a astrologia tradicional considera que o detrimento de Mercúrio é em Sagitário. Evangeline Adams, aclamada astróloga do início do século XX, queixou-se em *Astrology for Everyone* ["Astrologia para Todos", em tradução livre] de que as pessoas com esse posicionamento fracassam em cumprir as próprias promessas por conta da "característica descontínua e volátil" de suas mentes. O senso de humor é sua salvação.

- **Mercúrio em Capricórnio:** Metódico, realista e organizado, você é um pensador sistemático que sabe como focar e agir como gente grande. Embora possa ser tradicional e rígido, tenta ser imparcial ao tirar conclusões, mesmo quando isso significa passar por cima dos próprios preconceitos. Pensador sério que valoriza informações práticas, você é responsável o bastante para coletar fatos antes de chegar a uma conclusão, e se comunica com clareza e responsabilidade.

» **Mercúrio em Aquário:** Estimulado por ideias, você tem uma mente criativa, muitas vezes brilhante (pense em Thomas Edison, Steve Jobs ou Wolfgang Amadeus Mozart). Não é de admirar que, dizem, Mercúrio esteja exaltado aqui. No auge da felicidade quando comprometido com uma causa, uma teoria ou uma pesquisa científica, você se expressa de um jeito único e com frequência obtém seus maiores insights em lampejos rápidos de inspiração. Embora corra o risco de se deixar levar, suas ideias são originais e sua empolgação generalizada é uma de suas qualidades mais cativantes.

» **Mercúrio em Peixes:** Qualquer planeta em Peixes leva à vitória do sentimento sobre os fatos, motivo por que Mercúrio está em detrimento aqui. Na verdade, quem tem esse posicionamento é hábil tanto no pensamento quanto na comunicação. Você responde instintivamente a pessoas e a situações, com frequência tomando a decisão certa sem saber por quê. E acha fácil se adaptar à mudança das circunstâncias. Sua mente é receptiva, sutil, empática e criativa. Embora possa se perder em devaneios, muitas vezes seus delírios trazem realizações. No fim, você se atém à sua intuição, que flui como um rio por seus pensamentos conscientes e é um de seus recursos mais fortes.

Vênus: O Amor Conquista Tudo

Quer se apresente como Estrela Matutina ou Estrela Vespertina, Vênus, o segundo planeta a partir do Sol, ofusca qualquer objeto no céu, com exceção do Sol e da Lua.

PAPO DE ESPECIALISTA

Astrônomos relatam que Vênus, o planeta mais próximo do nosso, é uma estufa infernal, com suas planícies rachadas e vulcões antigos asfixiados sob grossas camadas de nuvens venenosas. Com uma temperatura superficial de 480°C, uma atmosfera completamente tóxica e pressão atmosférica 100 vezes maior que a da Terra, é inabitável, um lugar tão desagradável quanto se pode imaginar.

Em muitas culturas antigas, as pessoas associavam o planeta mais brilhante à deusa do amor, sexo e beleza. Nas antigas Suméria e Mesopotâmia, ela era conhecida como Ishtar ou Inanna. Na Grécia, ela se chamava Afrodite e em Roma, Vênus. Era amante de Adônis (e outros); companheira inseparável de seu filho, o deus alado Eros (conhecido como Cupido em Roma); e esposa infiel de Hefesto (conhecido como Volcano entre os romanos), que a pegou na cama com seu amante favorito, Ares (Marte, para os romanos), o deus da guerra.

LEMBRE-SE

Astrólogos associam Vênus ao amor, paquera, sedução, beleza, arte, luxúria, harmonia e prazer. Vênus rege a força da atração sexual e outras. Descreve a qualidade de suas interações com outras pessoas, a maneira como expressa seu afeto, impulsos artísticos e, por mais estranho que pareça, como você lida com dinheiro.

O símbolo de Vênus inclui dois componentes da tradição metafísica: a cruz da terra ou da matéria e acima dela, o círculo do espírito ou amor. As pessoas também associam o símbolo de Vênus ao símbolo biológico da mulher.

No mapa natal, Vênus representa suas tendências românticas, valores e como você reage à beleza, arte, dinheiro e posses. Visto da Terra, Vênus nunca está a mais de 48° de distância do Sol. Isso quer dizer uma distância máxima de dois signos entre Vênus e o Sol. É assim que ela funciona em cada um dos 12 signos:

» **Vênus em Áries:** Animado, entusiasmado e impulsivo, você gosta de pensar em si mesmo como um aventureiro romântico. Você se apaixona de maneira impetuosa e à primeira vista — e briga com a mesma velocidade. Mais exigente do que percebe (e mais autocentrado), você é ardente e facilmente estimulável. Você fará rápido a primeira jogada, e a última. Embora, no fim das contas, você exija compatibilidade mental, o que primeiro chama sua atenção é a aparência física.

» **Vênus em Touro:** Como regente de Touro, Vênus está totalmente em casa aqui, tornando-o efusivo, artístico e sensual. Todas as comodidades da vida o atraem, começando pela boa comida e terminando com encontros sexuais longos e deliciosos, de preferência com a mesma pessoa todas as vezes. Você valoriza a consistência e, embora consiga curtir por aí, não é seu estado natural. Você exige segurança, conforto, mimos, objetos bonitos, um empurrão eventual para se mexer, um parceiro comprometido e uma gorda conta bancária. Isso sem mencionar as rosas, as massas e os lençóis com a quantidade mais alta de fios que puder comprar.

» **Vênus em Gêmeos:** O planeta do amor no signo da mente inconstante gera galanteios, muita paquera descontraída, mensagens sem fim (sobretudo se Mercúrio também estiver em Gêmeos), muitas conversas em happy hours, passeios em livrarias e uma atração irresistível por pessoas espertas e ágeis. Você é influenciado com facilidade e perfeitamente capaz de manter um romance via app. O desafio é distinguir entre o que deveria ser um bom namoro (parece uma ótima ideia) e um amor de verdade.

» **Vênus em Câncer:** Um(a) dono(a) de casa por natureza, você encontra seus prazeres mais profundos no lar e na família. É gentil, simpático, sentimental, leal, dedicado, popular e exímio cozinheiro (ou gostaria de ser). Você parece a personificação da autoconfiança. No entanto, precisa de mais que um pequeno apoio psicológico. Embora tente disfarçar, seu medo da rejeição pode levá-lo a permanecer por tempo demais tanto em namoros quanto em amizades. Você não pretende se apegar. Só que, quando ama alguém, quer que dure para sempre.

» **Vênus em Leão:** Você ama estar apaixonado. Extrovertido e dramático, leal e carinhoso, você sente com profundidade e se expressa com exuberância. O amor é parte essencial de sua natureza e você tende a se definir através dele. Quer adorar e ser adorado. Amante das artes, é criativo o suficiente para precisar de um escape artístico e gosta de ter amigos dessa área. Isso não quer dizer que você está prestes a fugir com um aspirante a cineasta indie ou um poeta sem livros publicados; a menos que esse artista tenha dinheiro guardado. Vamos encarar os fatos: você ama o luxo e fica mais feliz quando a grana flui à vontade.

» **Vênus em Virgem:** Quando apaixonado, você fica atento aos mínimos detalhes, analisando cada expressão para ter certeza de que captou as nuances. Você tem um forte senso de responsabilidade e fará qualquer coisa pelas pessoas que ama. Mas pode ser crítico e controlador, cheio de opiniões sobre como os outros deveriam agir (motivo por que dizem que esse posicionamento mostra Vênus em sua queda). Algumas pessoas com Vênus em Virgem têm personalidade espalhafatosa (quem tem Sol em Leão, por exemplo). A maioria é modesta e ligeiramente inibida. Você espera se entregar de corpo e alma a quem ama; se ao menos fosse tão fácil quanto parece.

» **Vênus em Libra:** Você é afetuoso, charmoso e disposto a agradar — um verdadeiro romântico. Vênus é regente de Libra, tornando esse posicionamento excepcionalmente desejável. No entanto, por idealizar o amor, com frequência você tem problemas para se adaptar aos pontos difíceis de um relacionamento de verdade. Quando a decepção se instala, você reage mal por um tempo e, depois, vai embora. É extremamente atraente para outras pessoas e muitas vezes existe alguém o rodeando. Esse posicionamento traz um amor pela beleza e forte sensibilidade estética.

» **Vênus em Escorpião:** Graças à famosa sensualidade de Escorpião, esse posicionamento parece uma passagem para o êxtase. E às vezes é. Você é estimulado pela presença do mistério e sempre reagirá a uma pitada de tabu. É propenso a desejos profundos, tanto sexuais quanto emocionais, e sua vida amorosa tende a ser atribulada. Em seu melhor, você é dedicado e passional. Porém, quando se sente menosprezado, é capaz de recuar e se isolar atrás de um escudo invisível. Em seu pior, pode ser ciumento e vingativo, e é por isso que Vênus está em detrimento aqui.

» **Vênus em Sagitário:** Animado e empolgado, você vê o amor como uma aventura, não como um meio para delimitar um futuro seguro. Você preza sua liberdade e seu amante ideal é alguém que o inspire a explorar o mundo e a experimentar mais da vida, não alguém que restringe suas atividades ou limita suas opções. Você se atrai por pessoas com ideais elevados e meios diferentes dos seus. Gente assim o deixa intrigado e, se por acaso você se apaixona por alguém do tipo, sente-se expandido do melhor jeito possível. E se isso choca as pessoas, é uma vantagem extra.

» **Vênus em Capricórnio:** Você é sensual em suas relações sexuais, constante em seus afetos e cauteloso em demonstrar emoções. Você valoriza a estabilidade, a propriedade e a retidão. A confusão do vale-tudo emocional o deixa horrorizado, portanto, você mantém seus sentimentos guardados a sete chaves. Na arte, assim como no amor, você compreende a necessidade de controle e admira tudo o que é clássico. Você é sério e elegante, e às vezes é acusado de beneficiar o status em detrimento de valores mais modestos. Mas o que há de errado nisso? Você sabe que, no mundo real, status é importante.

» **Vênus em Aquário:** Você se atrai por aventureiros e rebeldes, e gosta de ter vários amigos. Embora seja mente aberta e amigável, não é a pessoa mais passional do planeta e tende a gostar mais de uma estimulante companhia intelectual do que de uma romântica. Ideias e causas o seduzem. Exageros emocionais, não. Acima de tudo, você precisa de certa quantidade de solidão. Por fim, é um tipo independente e seu coração é difícil de conquistar.

» **Vênus em Peixes:** Você é sentimental, artístico, dedicado e disposto a fazer qualquer coisa pela pessoa amada, e é provavelmente por isso que Vênus é considerada exaltada nesse signo. Você de fato busca união com quem ama, mas não tem a menor ideia do que é razoável e do que não é. Os outros acham fácil abusar de você, em parte porque dá de ombros e aceita migalhas. Cedo ou tarde isso o deixa irritado, motivo pelo qual pode se tornar emocionalmente abusivo, com frequência de um jeito passivo-agressivo. Você realmente sabe amar. Não é esse o problema. O problema é que às vezes se dispõe a sacrificar as próprias necessidades pelas dos outros.

Marte: O Guerreiro da Estrada

Que fama horrível Marte tem. Por causa de seu brilho vermelho no céu (resultado do óxido de ferro em seu solo rochoso), os babilônios o associaram à morte e à destruição, ilhéus do Pacíficos o conceberam como lar de um porco vermelho gigante, e habitantes de Nova Jersey, ouvindo Orson Welles no rádio em 1938, correram de suas casas gritando de medo dos marcianos invasores. Entretanto, as pessoas sempre fantasiaram sobre morar no planeta vermelho.

PAPO DE ESPECIALISTA

O quarto planeta a partir do Sol, Marte leva quase dois anos — 687 dias, para ser exata — para dar uma volta pelo zodíaco. Em geral, ele passa cerca de dois meses em um signo. Porém, uma vez a cada ano e meio, seu padrão muda e ele permanece em um trecho do céu, às vezes movendo-se para a frente, às vezes para trás, dando ao signo em particular uma descarga extra de energia marciana.

Em todo mapa, Mercúrio e Vênus sempre estão relativamente perto do Sol. Marte é o primeiro planeta a quebrar essa restrição. Não importa seu signo solar, Marte pode ocupar qualquer um dos doze signos do zodíaco.

CAPÍTULO 9 **Os Planetas Interiores** 165

Para os romanos antigos, Marte era o deus da guerra, e muitos festivais aconteciam em homenagem a ele. Ares, o equivalente grego, não era admirado. Na mitologia grega, ele é constantemente deixado de lado pelos outros deuses, exceto por Afrodite (Vênus), a deusa do amor, que o adora.

Astrólogos antigos consideravam Marte o planeta da violência e do mau humor. Ainda no século XV, astrólogos o associavam a roubo, assassinato, batalhas, devassidão, desonestidade e a um caldeirão de maldades de todo tipo. Astrólogos continuam a associar Marte a raiva, acidentes e ferimentos. Esse é o lado negativo do planeta da guerra. O lado positivo vê Marte como o planeta da ação e do desejo. Ele traz disposição, resistência, movimento, força, energia e coragem para ir atrás do que se deseja. Marte faz as coisas acontecerem.

O símbolo metafísico de Marte, como o de Vênus, tem duas partes: o círculo do espírito e a cruz (flecha ou lança) da matéria. No caso de Vênus, o espírito triunfa sobre a matéria. Marte é o oposto, mostrando a matéria — e a urgência de ação — prevalecendo sobre o espírito. Na biologia, essa figura representa o masculino, assim como o símbolo de Vênus representa o feminino. Se esse uso continuará nesta época de fluidez de gênero, ainda não se sabe.

O posicionamento de Marte conforme o signo descreve o modo pelo qual você toma a iniciativa e mergulha em um novo empreendimento. Ele representa seu impulso, energia e desejos. Para descobrir em qual signo está seu Marte, procure pelo símbolo dele em seu mapa (se você não tem mapa, vá para o Capítulo 2 para ter dicas sobre como conseguir um). Então, verifique o parágrafo adequado desta lista:

» **Marte em Áries:** Você é vigoroso, impulsivo, corajoso e, às vezes, imprudente. Como regente de Áries, Marte confere a seus nativos energia e, algumas vezes, um temperamento explosivo que você precisa aprender a administrar. Felizmente, você não fica preso à sua raiva. Depois de explodir, sua fúria evapora. Entusiasmado e ousado, é um líder nato que chama atenção mesmo sem buscá-la. O que ajuda é você ter carisma sexual para dar e vender.

» **Marte em Touro:** Esforçado e pé no chão, você é dotado de resistência. Embora possa se distrair pelos prazeres da carne, você é determinado e persistente, demora para ficar com raiva e, do mesmo modo, para se desapegar. Quando se compromete com algo, um relacionamento ou um trabalho, fica nele por muito tempo — e no conforto que ele pode proporcionar. Nascido com uma veia prática séria, você se importa com posses materiais e status, com frequência mais do que tem vontade de admitir.

» **Marte em Gêmeos:** Com o planeta da agressividade no signo dos gêmeos, você é alto astral, argumentativo, nervoso, espontâneo e irascível. Sua energia aumenta e diminui, às vezes com uma velocidade impressionante. Embora adore um debate, nem sempre consegue fazer distinção entre princípios importantes e questões menores. Ainda assim, você gosta das idas e vindas. Tem uma mente vívida e engenhosa, e é divertido para valer.

- **Marte em Câncer:** Você é uma pessoa inerentemente emotiva, temperamental e compreensiva, que foge do confronto com os outros. Em épocas favoráveis, é responsável, protetor e dedicado. Porém, quando os tempos estão difíceis e você precisa ter uma conversa complicada, pode amuar ou dar sinais tão sutis que as pessoas não percebem. Confronto não é seu ponto forte — prova de que Marte está em queda aqui. Independentemente de seu signo solar, você sofre. Fica ansioso (e talvez sinta os efeitos em seu sistema digestório). Você enterra suas emoções e, como um caranguejo, retrai-se em sua concha, abordando os problemas de maneira indireta quando deveria enfrentá-los de cabeça erguida.

- **Marte em Leão:** Veemente e incansável, você tem presença e persistência real. Quando comprometido com uma causa ou uma atividade, você é irrefreável. Seu bom humor e autoconfiança são contagiantes. É verdade, você pode ser egoísta e arrogante, e sua necessidade de público pode ser cansativa. Entretanto, sua bravura e disposição para tomar a iniciativa e entrar na batalha lhe trazem muitos admiradores. Você gera empolgação.

- **Marte em Virgem:** Seu problema é o controle. Quando o tem, você é cuidadoso, confiável, metódico e contente. Quando não o tem, olha a realidade bem nos olhos e se afasta. Você pode continuar envolvido no que quer que seja, mas se separou emocionalmente. Essa característica subestimada — a capacidade de separar as coisas — pode parecer tola, mas o levará longe ao ajudá-lo a criar estratégias sob condições estressantes. Líderes militares que possuem esse posicionamento são Alexandre, o Grande, Joana D'Arc, Napoleão Bonaparte e o general George Patton.

- **Marte em Libra:** Você é amigável, paquerador, elegante e mais feliz quando tem um parceiro. Mas Marte no amante da paz Libra está em detrimento, portanto, ser assertivo pode ser um desafio. Você prefere defender a paz e a justiça a lutar em uma guerra, e persuasão é seu estilo de argumentar. Você sempre busca equilíbrio e harmonia. Porém, por tentar examinar todos os lados de uma questão, acha difícil chegar a uma conclusão, mesmo quando a pergunta é tão básica quanto: "O que eu quero?"

- **Marte em Escorpião:** Você é corajoso, astuto, determinado e autossuficiente. Dotado de uma força de vontade intensa e de desejos inabaláveis, você é altamente sexual e fortemente emotivo. Você luta contra o ciúme e o desejo de vingança. Embora não seja fácil se adaptar a circunstâncias que se alteram, você tem uma fonte segura de energia interna e um enorme poder pessoal. Marte é o regente tradicional de Escorpião, portanto, esse é um posicionamento benéfico.

- **Marte em Sagitário:** Você tem convicções firmes, paixão pela vida ao ar livre e um desejo profundo por independência. Mas pode ser descuidado e rebelde, e suas campanhas idealistas, lançadas com tanto entusiasmo, às vezes caem por terra. A astróloga Evangeline Adams, que nunca pegava leve, afirma que esse posicionamento deixa as pessoas "brilhantes, e não firmes, arrojadas, e não persistentes". Colocado dessa forma, pode parecer negativo. Mas quem não gostaria de ser brilhante e arrojado? Você também é justo e direto, e pode ganhar vitalidade rapidamente, sobretudo quando está partindo para outra aventura.

» **Marte em Capricórnio:** Seus desejos sexuais e outros são fortes, sua ambição, focada, e suas atitudes, deliberadas. Quando se sente reconhecido, sua energia é disciplinada e estável. Eficiente e sistemático, você respeita a tradição, compreende as hierarquias e com frequência chega ao topo. Você tem um senso natural de autoridade e, em muitos aspectos, é um líder nato. Quando se sente frustrado, sua vitalidade diminui e você tem problemas para reprimir a raiva. Mas Marte está exaltado em Capricórnio, dando a você a habilidade de dominar o desânimo e se manter firme em seus objetivos.

» **Marte em Aquário:** Sempre que possível, você prefere a estrada menos percorrida. É empreendedor, impaciente, obstinado e, às vezes, excêntrico. As convenções o entediam porque sugerem estagnação. Independente e idealista, você despreza a previsibilidade e prefere assumir o risco em busca de algo novo e aprimorado. Ideias — e ideais — o estimulam, mas emocionalmente você talvez tenda para o lado frio, e às vezes se rebela apenas pelo prazer de se posicionar.

» **Marte em Peixes:** Você se apaixona profundamente. É generoso, temperamental, incansável e altamente intuitivo, o que talvez seja seu maior trunfo. Porém, quando o ruído emocional fica mais alto do que consegue suportar, você se fecha. Quando isso acontece, sua força de vontade evapora, você tem problemas para ficar motivado, deixa os amigos loucos com sua passividade e seu vigor físico desaparece. Um dos desafios principais de sua vida é regular sua energia. Não é fácil. Mas você tem capacidade para chegar a um nível de consciência cósmica que vai além da habilidade que outras pessoas sequer imaginam.

Júpiter: Mais É Melhor

Em busca de sorte? Sua procura terminou. O auspicioso Júpiter é o senhor da sorte, guardião da boa fortuna e campeão das oportunidades justas.

PAPO DE ESPECIALISTA

Júpiter é, de longe, o maior planeta do Sistema Solar. Mais volumoso que todos os outros planetas juntos, poderia devorar 1.330 Terras e ainda sobraria espaço para arrotar. Sua característica mais famosa é a Grande Mancha Vermelha, uma tempestade de alta pressão de 300 anos — um anticiclone, para ser específica — que é duas vezes maior que a Terra e tem se agitado há quase dois séculos.

Não surpreende que o maior planeta de nosso Sistema Solar tenha recebido o nome do deus dos reis, conhecido na Grécia como Zeus e em Roma como Jove ou Jupiter Optimus Maximus — o maior e melhor, mesmo sendo punitivo e promíscuo. Os gregos o representavam como alguém barbado, distinto e poderoso; Zeus, a figura paterna, inspecionando o Universo de seu lar no Monte Olimpo coberto de neve.

LEMBRE-SE

Astrólogos associam Júpiter a oportunidade, expansão, crescimento, abundância, aprendizado, sucesso, otimismo e bom humor. Júpiter expande tudo aquilo em que toca. É claro que, como todo planeta, ele pode se expressar de um jeito positivo ou negativo. Em seu melhor, ele traz sorte, generosidade e capacidade de aproveitar uma oportunidade. Quando está ligado a outros planetas por aspectos que geram tensão, como quadraturas e oposições (abordadas no Capítulo 13), ele expressa seu lado sombra se entregando à comilança, preguiça e excessos de todos os tipos.

Fique feliz quando vir esse símbolo em seu mapa, porque ele marca uma área de oportunidade. Na tradição metafísica, o símbolo tem duas partes: a cruz da matéria e, elevando-se acima como uma vela, a curva da personalidade, indicando o desenrolar em expansão do eu. Esse é um jeito de se lembrar dele. Ou você pode considerá-lo um número quatro bem estilizado.

GALILEU E AS LUAS DE JÚPITER

Cerca de 100 anos após o nascimento de Cristo, o astrônomo Ptolomeu escreveu um livro afirmando o que todo mundo já sabia: que a Terra era o centro do Universo e que tudo o mais — o Sol, a Lua, as estrelas e os planetas — girava em torno dela.

Mais de um milênio depois, em 1453, Copérnico provou que Ptolomeu estava errado. Ele mostrou que a Terra orbitava o Sol, e não o contrário. Suas observações não foram amplamente aceitas. Martin Luther referia-se a ele como um "astrólogo pretensioso" (e, na verdade, ele era astrólogo, como a maioria dos astrônomos). A maioria das pessoas continuava a acreditar em Ptolomeu. Poucas duvidavam de que a Terra fosse o centro do Universo.

Um século e meio depois, Galileu mirou seu telescópio no distante Júpiter e descobriu que ele era orbitado por um conjunto de luas (ele viu quatro; hoje, cientistas encontraram 79, e o número tende a aumentar). Sua declaração foi recebida com angústia, sobretudo pela Igreja, porque se essas quatro luas orbitavam em torno de Júpiter, então, por definição, nem tudo girava ao redor da Terra e o sistema ptolomaico era uma farsa. Galileu foi acusado de heresia. Ele acabou passando o resto da vida em prisão domiciliar por seu contributo em promover esse novo ponto de vista sobre o céu. Suas ideias triunfaram. Em 1992, 350 anos após a morte de Galileu, o Vaticano reconheceu o próprio erro. Assim, Júpiter e suas várias luas inauguraram uma nova maneira de ver o cosmos. Em um mapa astrológico, Júpiter tem uma função similar. Ele inaugura as coisas, expande as possibilidades.

Júpiter leva cerca de 12 anos para dar a volta pelo zodíaco, passando cerca de um ano em cada signo. Seu posicionamento, de acordo com o signo, descreve maneiras possíveis de ampliar horizontes e áreas em que é mais provável você ter sorte.

- **Júpiter em Áries:** Você tem confiança, energia e entusiasmo. Embora tenha muitos interesses, talvez não os mantenha em longo prazo. Você fica empolgado com facilidade e tem uma tendência egocêntrica de se envolver além da medida nos próprios problemas e perder o controle dos detalhes. Por um lado, você é um espírito pioneiro com audácia para atacar novos territórios. Suas apostas compensam? Com frequência, sim. Um exemplo: Sally Ride, a primeira mulher astronauta, ou Jeff Bezos, fundador da Amazon e o homem mais rico da Terra. Diga o que quiser: de um ponto de vista empresarial, sua iniciativa radical tem sido um enorme sucesso.

- **Júpiter em Touro:** Você é dedicado e gentil. Amante de coisas materiais e prazeres físicos, você pode facilmente descambar para o comodismo. É muito bom de cama, descontraído e sensual, mas pode ser assolado pelo excesso de peso ou outras aflições hedonistas. Felizmente, você valoriza comodidades práticas, como uma conta bancária bem polpuda, e tem paciência para criá-la. Quando se trata do resultado final, sua decisão é sólida.

- **Júpiter em Gêmeos:** Você é inteligente, tem múltiplos talentos e se entretém com facilidade. Nada o estimula mais que uma ideia incomum. Você nunca está mais feliz (ou mais sortudo) do que quando imerso em um tema ou atividade que o fascina. Mas luta contra a distração, motivo pelo qual Júpiter está em detrimento aqui. Ainda assim, seu potencial é imenso. Você se beneficia de qualquer coisa que envolva escrita, como manter um diário, trabalhar em uma livraria, ser jornalista ou praticar caligrafia. Dica: cuidado com a perda de interesse por um assunto por falar demais sobre ele.

- **Júpiter em Câncer:** Você é receptivo, benevolente, intuitivo, protetor e simpático — a perfeita Mãe Terra, mesmo se for homem. Compreensivo e complacente (às vezes de um jeito bem patético), você adora os prazeres do lar, da propriedade e da paternidade. A astrologia tradicional afirma que Júpiter está exaltado nesse posicionamento e a experiência mostra que ele tende a trazer sorte no ramo imobiliário. Procure uma cozinha espaçosa, a melhor para experimentar o prazer de cozinhar.

- **Júpiter em Leão:** Você é generoso, solidário, exuberante e dramático, com uma vitalidade imensa e uma necessidade profunda de reconhecimento, respeito e poder. Quando você se diverte, é para detonar. Embora possa ser autoritário, você é receptivo e bem admirado, um dos motivos por que esse posicionamento com frequência traz sucesso.

- **Júpiter em Virgem:** Você é organizado e prático, com um intelecto sagaz, uma ética profissional séria e tendência a investir muitas horas em busca de perfeição. Quando seus esforços geram resultados concretos, como acontece com frequência, você fica contente e orgulhoso. No entanto, Júpiter é uma força em expansão, enquanto Virgem é restritivo, então, esse posicionamento — Júpiter em seu detrimento — pode dar origem a tensões internas. Mas e daí? Qualquer posicionamento em Virgem tende a suscitar um pouco de ansiedade. Esse é o preço da excelência.

- **Júpiter em Libra:** Você é agradável, simpático, justo e popular, com uma atração inata pelas artes. Dotado de charme natural, para você é vantajoso trabalhar com outras pessoas e fica mais feliz quando tem um parceiro. Quando sente que as coisas não estão indo bem, talvez fique muito ansioso por agradar. Comodismo é outro problema possível. Por fim, você precisa enfrentar o clássico desafio libriano: tomar decisões, importantes ou não. Você pode ficar pesando para sempre os prós e os contras. Descobrir uma maneira de encurtar esse processo acalmará sua mente e lhe trará boa sorte.

- **Júpiter em Escorpião:** Você tem paixões gigantescas, uma intensidade magnética que outras pessoas podem perceber e uma natureza fortemente sexual. Embora possa ser reservado, é observador e tem um interesse sincero em investigar o que quer que exista abaixo da superfície. Ambicioso e, por vezes, agressivo, você tem um orgulho pessoal enorme e uma força de vontade impressionante que pode ajudá-lo a realizar seus sonhos.

- **Júpiter em Sagitário:** Pelo fato de Júpiter ser o regente de Sagitário, esse posicionamento é considerado favorável. Sagitário revela o melhor em Júpiter, tornando-o genial, otimista, generoso, mente aberta e filosófico. De olho no panorama geral, você sabe o suficiente para evitar ficar obcecado com minúcias, pelo menos na maior parte do tempo. Professor habilidoso, você se atrai por viagens internacionais, ensino superior, teorias e ideias amplas, abrangentes. Mas cuidado: você pode ser um fanfarrão, o que significa que, depois de um tempo, ninguém quer ouvir sua palestra, não importa quanto o assunto valha a pena.

- **Júpiter em Capricórnio:** Com o planeta da expansão no cauteloso Capricórnio, você é ambicioso, obediente, honesto, sério, realista e disciplinado. Quando define um objetivo, suas chances de atingi-lo são excelentes. Mas o otimista Júpiter está em queda no restritivo Capricórnio, portanto, ao longo do caminho você pode ter que combater o pessimismo. Você também tem muita dificuldade para relaxar. Felizmente, tem a sensação de estar no lugar certo na hora certa, e isso não é mera sorte, não importa o quanto pareça. Como o grande cientista capricorniano Louis Pasteur, você entende que "a sorte favorece a mente bem preparada". Então, você faz a tarefa de casa e, quando a sorte dá as caras, está pronto.

- **Júpiter em Aquário:** Mente aberta, altruísta e inovador, você tem interesse por tudo o que seja de vanguarda e por tudo cujos ideais apontem em direção de um mundo melhor e mais justo. Dotado de originalidade, visão e crenças humanitárias, você gosta de trabalhar em comunidade, mesmo que às vezes despreze pessoas em particular. Você consegue imaginar com facilidade uma sociedade ideal. Mas não lida bem com a frustração, podendo se tornar egoísta e autoritário.

> **Júpiter em Peixes:** Tradicionalmente, Júpiter é o regente de Peixes, tornando esse posicionamento auspicioso. Nascido com uma intuição poderosa e faculdades criativas, você absorve tudo o que acontece ao seu redor. Uma pessoa complacente e empática, você aprecia a ideia de que pode melhorar as coisas, mesmo a ponto de se sacrificar. Porém, quando se sente sobrecarregado, como acontece de vez em quando, precisa se afastar. Todo mundo precisa de uma escapada vez ou outra. Em seu caso, a solidão lhe permite acalmar seu ego maltratado e buscas espirituais lhe dão apoio.

Saturno: O Senhor dos Anéis

Antes da invenção do telescópio, Saturno era o planeta mais distante que qualquer pessoa conseguia ver. Ele assinalava o fim do Sistema Solar. Naturalmente, ele veio para representar limites. Hoje, continua sendo o planeta mais distante facilmente visível a olho nu, portanto, aquele significado ainda se aplica. Mas a imagem dele melhorou. Graças ao telescópio e às missões espaciais da Voyager, todo mundo conhece a aparência de Saturno. Mesmo pessoas que nunca espiaram por um telescópio viram fotos de sua estonteante estrutura de anéis. E sabem que Saturno é o planeta mais bonito do Sistema Solar.

PAPO DE ESPECIALISTA

O segundo maior planeta (depois de Júpiter), Saturno é um gigante gasoso cercado por um amplo colar de anéis de gelo, com pelo menos 62 luas e mais de 1,5 milhão de satélites cravados nos anéis. Saturno é tão grande que caberiam 95 Terras dentro dele. Mas sua densidade é tão baixa que, se existisse um oceano grande o bastante para conter o planeta todo, Saturno flutuaria.

Saturno leva 29 anos e meio para percorrer o zodíaco e passa cerca de 2 anos e meio em cada signo.

Na mitologia, Saturno era originalmente o deus italiano do milho cujo festival de inverno, as Saturnálias, era uma época agitada de abundância em que os mestres viravam servos e o banquete não tinha fim. Os romanos identificavam Saturno com o deus grego Cronos, que destronou seu pai, Urano, mas depois, com medo de sofrer um ataque semelhante, engoliu os próprios filhos. Não é preciso dizer que ele não conseguiu escapar de seu destino e foi derrotado pelos próprios filhos e filhas. Seu filho Zeus tornou-se o rei dos deuses. Cronos, também conhecido como o Pai do Tempo, simboliza o passado e a velha ordem, ambas associadas a Saturno e Capricórnio.

LEMBRE-SE

Na astrologia, Saturno representa a ordem estabelecida. Ele traz estrutura, organização, disciplina, limitações, barreiras, responsabilidade, dever, perseverança e medo. Uma influência séria, mesmo sombria, ele testa as pessoas e as obriga a confrontar a realidade. Como resultado, Saturno tem uma reputação temida, que foi alimentada por gerações de astrólogos, incluindo a ótima

Evangeline Adams. Em *Astrology for Everyone* ["Astrologia para Todos", em tradução livre], ela explica que Saturno "destrói tudo aquilo que observa. Ele é a praga da frustração, não da raiva. Ele congela as nascentes de água; ele é a madeira podre e a morte dos ímpios. Ele encara o Sol, desaparece; em cínica amargura sua bebida é fabricada, e ele a toma, desejando que fosse veneno. Seu sopro faz o amor murchar; sua palavra é maldição... Mas em cada um de nós, esse princípio existe; é a mais inevitável de todas as nossas sinas."

Com uma propaganda dessas, não é de admirar que os adeptos da astrologia cheguem a temer Saturno. No entanto, ele não faz jus total à sua reputação porque, embora esse planeta possa ser um gatilho para muitas dificuldades, também ajuda a estabelecer a ordem. A influência de Saturno o capacita para vencer seus medos e combater sua inércia. Se ele força você a lutar contra depressão, frustração, pobreza e outros obstáculos, faz isso impelindo-o a buscar soluções, definir objetivos, organizar-se e trabalhar com mais afinco do que jamais pensou que conseguiria. Resumindo, Saturno é o planeta da realização.

O símbolo de Saturno, onde quer que o encontre em seu mapa, identifica suas maiores provações e desafios. Astrólogos metafísicos o descrevem como a cruz da matéria e as circunstâncias se elevando da Lua crescente da personalidade, o que sugere que criamos nossas próprias limitações e precisamos encontrar meios de confrontá-las. Um jeito mais fácil de se lembrar do símbolo é por sua aparência de um "h" minúsculo cursivo (como na palavra humilhado), com um corte atravessando-o como em um número "7".

O posicionamento de Saturno nos signos determina seu senso de inadequação, medos e hesitações, os obstáculos e as obrigações que bloqueiam seu caminho e as maneiras como você tenta superá-los.

> » **Saturno em Áries:** Você é um livre-pensador, mas expressar sua individualidade não é fácil. Você teme perder sua independência, logo, não suporta seguir o líder, nem se sente à vontade em comandar outras pessoas. Embora seja empreendedor e determinado, você pode ser imprudente. Aprender a se impor de maneira construtiva faz parte de seu desafio. Você resiste em seguir as ordens alheias, mas uma vez que define para si mesmo um objetivo e um plano, se sai bem. E pode tranquilizá-lo saber que as piores dificuldades que você enfrenta chegam quando se é jovem.
>
> » **Saturno em Touro:** Imagens de pobreza dançam em sua mente. Você tem uma necessidade intensa de estabilidades econômica e emocional, portanto, aprende a gerenciar seus bens e tenta evitar o trauma de se mudar ou fazer outras modificações importantes. Você é diligente e cauteloso, com uma força de vontade incrível. A desvantagem? Você não tem espontaneidade. Em sua necessidade de segurança, pode se tornar pão-duro ou ciumento. E aproveitar o aspecto físico da vida de um jeito saudável e não obsessivo é algo que você talvez tenha que aprender.

» **Saturno em Gêmeos:** Você é esperto, sério e eloquente, apesar do medo de ser considerado intelectualmente inferior. Excelente para resolver problemas, você é fã de dominar temas novos. Quando está aprendendo um idioma ou desenvolvendo uma habilidade que nunca pensou que poderia dominar, você se sente motivado e alerta (para você, aprender é um remédio contra o tédio e a melancolia). Assim como em relação a qualquer planeta no signo de Gêmeos, Saturno nesse signo pode se revelar de várias formas possíveis. Em seu pior, você pode se convencer de qualquer coisa. Quando está no auge do jogo, sua capacidade de concentração, de absorver informações e se comunicar é impressionante.

» **Saturno em Câncer:** Um posicionamento complicado, Saturno em Câncer com frequência traz uma infância difícil com pelo menos um dos pais que é frio ou omisso. Como consequência, você pode ser inseguro e inibido, com uma ânsia por controle emocional e compreensão. Sua tentativa de obter o amor e o carinho que não teve na infância pode se tornar a busca de uma vida. Algumas pessoas com esse posicionamento ficam apegadas ou dissimulam o medo da vulnerabilidade agindo com extrema confiança ou fingindo indiferença, um disfarce que poucas vezes engana alguém. A maioria objetiva criar na fase adulta o que não teve na infância, tornando-se tolerante, protetora e amável, sobretudo quando tem filhos.

» **Saturno em Leão:** Determinado e distinto, você almeja ser criativo, mas tem medo de se expressar e pavor de ser considerado medíocre. Se isso parece uma descrição de bloqueio criativo, bem-vindo a Saturno em Leão. O mesmo princípio se aplica ao romance. Encontrar a pessoa certa pode levar tempo porque, por mais que você anseie pelo amor, tem medo de ser rejeitado. Esse é o beco sem saída que precisa superar. A insegurança o desgasta e não o leva a lugar algum. O desafio desse posicionamento é admitir, e não enterrar, seu desejo por amor, seus afãs criativos e a necessidade de reconhecimento. Não é necessário reprimir sua personalidade para conseguir essas coisas. Pelo contrário: ouse ser dramático. Você será muito mais feliz.

» **Saturno em Virgem:** Você é analítico, preciso, esforçado e propenso à solidão (em uma vida anterior, de acordo com um dos meus primeiros professores de astrologia, você pode ter sido um monge medieval). Seu inimigo é o pensamento negativo. Por temer a perda do controle e sentir apreensão pelo futuro, você tenta afastar o apocalipse lidando com banalidades. Seu desafio é lembrar que a vasta maioria das coisas com que se preocupa — 85%, conforme um estudo comumente citado — nunca acontece. Aqui está um lembrete do Dalai Lama: "Não há vantagem alguma em se preocupar com o que quer que seja."

» **Saturno em Libra:** Este posicionamento — Saturno em exaltação — torna você racional, confiável, discreto e preocupado com relacionamentos. Você critica as relações que tem, as quais pode julgar insatisfatórias por um ou outro motivo, e no entanto teme ficar sozinho, o que o leva a se sentir pouco à vontade quando tenta criar laços. Já conheceu alguém que simplesmente não sossega, mesmo do jeito mais inconsequente? Você não é desses. Você valoriza, ou aprende a valorizar, a justiça, a lealdade, a sinceridade e o caráter, e tem um senso sólido de proporcionalidade. Talvez isso não pareça romântico, mas aí vai: você será muito mais feliz quando fizer uma escolha sensata.

» **Saturno em Escorpião:** Você é habilidoso e poderoso, com sólidas convicções e um senso profundo de propósito, mas problemas de dependência podem ser uma pedra no seu caminho. Embora tenha necessidades sexuais inegáveis, sexo é complicado para você. Talvez seja uma luta se definir como indivíduo ao manter um relacionamento, e você é propenso ao ciúme e ao ressentimento. Por trás de tudo isso, você é destemido. Tem coragem para lidar com suas paixões e vencer seus medos, incluindo o da morte. Mistérios o fascinam, e nada mais que o mistério de sua própria psique.

» **Saturno em Sagitário:** Por não gostar de restrições e limitações, você busca ampliar seus horizontes, literal e metaforicamente. Porém, a menos que encontre uma base estruturada para atingir seus objetivos, as circunstâncias podem conspirar para impedir você de realizá-los. Embora possa ter fantasias de ser independente e livre, na verdade, o que você precisa é encontrar sentido em suas atividades diárias, viajar bastante e com propósito, e estudar seriamente os aspectos da religião, do direito, da filosofia e de outras culturas que mais lhe interessam. Sagitário quer se movimentar com rapidez. Saturno, não. Aprenda a persistir.

» **Saturno em Capricórnio:** Você é capacitado, ambicioso e pragmático, com autoridade natural e competência óbvia. Por almejar o reconhecimento e ter um medo secreto de não o conseguir, você persegue fielmente seus objetivos, seguindo as regras, mesmo que tenha de perder as próprias ideias no meio do caminho. Você não gosta de restrições, ninguém gosta, mas sabe como lidar com elas e consegue atuar dentro de uma estrutura. Você não fica de bobeira esperando ser resgatado. Descobre os passos necessários e segue em frente. Saturno rege Capricórnio, logo, esse posicionamento é considerado excelente.

» **Saturno em Aquário:** Com Saturno regendo Aquário, esse é um posicionamento invejável. Seu trunfo número um é ter uma mente clara e original e, com ela, a habilidade de influenciar os outros. Liberal e desapegado, você se imagina como um membro da sociedade, uma pequena parte de um todo maior. E você é uma pessoa de princípios. Para sua felicidade e respeito próprio, é essencial que viva conforme seus ideais, normalmente do tipo mais nobre. Sucesso material não é uma força motriz em sua vida. Outros valores são mais importantes.

» **Saturno em Peixes:** Você é simpático e intuitivo, com uma vulnerabilidade fofa que atrai outras pessoas. Buscas espirituais o deixam satisfeito. Mas você tem medo do caos e do isolamento, e luta para afastar esses temores. Um obstáculo é que você luta além da conta com ansiedades, angústias infundadas e, lamento dizer, autopiedade. Embora entenda como os outros seres humanos funcionam, você pode ficar em um mato sem cachorro quando se trata de resolver os próprios problemas, sobretudo se o abuso de drogas for um deles. Impor limites é uma habilidade que você precisa praticar. Expressar-se através de poesia ou música é um meio de afugentar os medos e promover um de seus maiores trunfos: sua imaginação.

> **NESTE CAPÍTULO**
>
> » **Conectando-se com Urano, o planeta da revolução**
>
> » **Imaginando o visionário Netuno**
>
> » **Divagando em Plutão, o planeta anão da transformação**
>
> » **Investigando Quíron, o centauro da cura**
>
> » **Conhecendo outros corpos celestes**

Capítulo **10**

Os Planetas Exteriores (E Outros)

Até 1781, astrólogos faziam mapas usando o Sol, a Lua e os cinco planetas facilmente visíveis da Terra: Mercúrio, Vênus, Marte, Júpiter e Saturno. Então, William Herschel, músico profissional e fabricante amador de telescópios em Bath, na Inglaterra, fez uma descoberta memorável. Após anos de vigília noturna, ao lado de sua dedicada irmã, e mapeamentos obsessivos dos céus (era escorpiano), ele se tornou a primeira pessoa da história a mirar um telescópio no céu noturno e encontrar um planeta. Essa descoberta — do planeta Urano — abalou o mundo da astronomia. Ocorrendo no meio da Guerra de Independência dos Estados Unidos e apenas alguns anos antes da Revolução Francesa, causou uma reviravolta na visão do Sistema Solar comumente defendida. Como consequência, também modificou a astrologia, associando-se a todos os tipos de abalos — pessoais, políticos e científicos.

Ao estudar Urano, cientistas descobriram anomalias em sua órbita que, pensaram eles, poderiam indicar a presença de ainda outro planeta. Em 1846, após uma busca marcada por uma confusão generalizada (em sintonia com a característica do planeta), astrônomos europeus encontraram esse corpo misterioso e o batizaram de Netuno. Uma terceira descoberta posterior expandiu o Sistema

Solar em 1930, quando Clyde Tombaugh, um novato de 24 anos que trabalhava no Observatório Lowell do Arizona, localizou Plutão.

Esses corpos celestes são diferentes dos planetas visíveis da Antiguidade. O Sol, a Lua, Mercúrio, Vênus e Marte refletem temperamentos individuais e são conhecidos como planetas pessoais. Júpiter e Saturno são planetas sociais. Urano, Netuno e Plutão, que habitam os confins do Sistema Solar, são conhecidos como planetas transpessoais. Enquanto o Sol passa por todos os 12 signos em um ano, Urano leva 84 anos, Netuno, 165, e o minúsculo Plutão, quase dois séculos e meio para fazer o mesmo trajeto. Esses planetas causam um impacto relativamente menor nas atividades cotidianas. Em vez disso, definem gerações; desencadeiam acontecimentos importantes e mudanças culturais; moldam o inconsciente coletivo e agem como arautos da transformação. Eles abalam (o imprevisível Urano), inspiram e confundem (o enigmático Netuno) e empurram até o limite (o agressivo Plutão) as pessoas. Eles representam as forças invencíveis, irrefreáveis e cósmicas da mudança.

DICA

As datas geracionais desses posicionamentos planetários mostradas entre parênteses mais adiante neste capítulo não são exatas, mas um tanto confusas. O que de fato acontece quando Netuno, Urano ou Plutão entra em um novo signo é que, durante cerca de um ano, o planeta parece oscilar entre o signo antigo e o novo. Portanto, se você nasceu durante (ou próximo) o primeiro ou o último ano da trajetória de um planeta por um signo, o único modo de saber com certeza onde cada planeta estava no instante de seu nascimento é analisando uma cópia exata do seu mapa. O Capítulo 2 mostra como conseguir uma.

Urano: O Rebelde

Urano é o planeta da revolução e da era moderna. Ele rege a invenção, a tecnologia e tudo o que é de vanguarda. Sua atitude é imprevisível. Ele pode entrar em sua vida como uma onda gigante, com todo o medo e a agitação que isso implica. Ou pode passar como um mero respingo. Conhecido como o Grande Despertador Cósmico, Urano é o planeta da astrologia.

Sem dúvida o planeta mais eletrizante de todos, Urano representa sua parte original e criativa, que evita convenções, anseia por liberdade e atrai, ou cria, uma mudança abrupta. Ele pode despertar rupturas sem sentido, excentricidade analisada, inquietação, tumulto e estados mentais conturbados. Também pode anunciar acontecimentos inesperados e marcantes, tipicamente em áreas nas quais você não presta atenção. Urano, devo dizer, pode destroçar seu mundo.

Urano também gera lampejos claros de insights e ideias novas quando você mais precisa deles. Ele é o senhor iconoclasta do gênio, da engenhosidade e de tudo aquilo que o pega de surpresa. Quando o raio cai na forma repentina de uma carta de demissão ou uma promoção surpresa, amor à primeira vista ou rompimento inesperado, um prêmio da loteria ou um desastre em moradias, pode apostar que Urano, o emissário da desestruturação, está agindo.

PAPO DE ESPECIALISTA

Urano e suas 27 luas (e o número tende a aumentar) levam 84 anos — uma vida humana — para fazer a volta em torno do Sol. Como Netuno, Urano é um gigante de gelo. Ele tem alguns anéis, mais escuros e esparsos que os de Saturno. E seus polos apontam para o Sol, o que significa que Urano parece ser o único entre todos os planetas a girar "deitado".

O mito por trás do planeta

A mitologia raramente é bonita, como demonstra a história de Urano. Na mitologia grega, Urano (o Céu) e Gaia (a Terra) — céu e terra — se casaram e deram à luz dezenas de Descendentes. Com o tempo, Urano se sentiu tão ameaçado por sua prole que começou a empurrá-la de volta para o ventre de Gaia. Quando ela não aguentou mais, deu uma foice a seu filho Cronos e implorou a ele que detivesse o pai. Cronos — Saturno, para os romanos — fez isso de uma forma espetacular. Ele castrou o pai e atirou os genitais decepados ao mar, que os envolveu dentro de espuma. Dessa espuma emergiu Afrodite, a deusa do amor e da beleza. Assim, Urano, destronado pelo filho, é associado à insurreição, ainda que ele mesmo tenha sido sua causa por conta de paranoia e atitudes punitivas.

Urano é o único planeta que recebeu o nome de um personagem mitológico grego, em vez de romano. Porém, se William Herschel tivesse feito o que queria, não teria havido mitologia alguma. Ele acreditava que estava vivendo em tempos modernos e queria que o nome do planeta refletisse isso. A sugestão de nome para ele foi Georgium Sidus, Estrela de George, conforme o rei George III da Inglaterra. Um astrônomo francês interveio, e ideias mais sensatas prevaleceram. Mas e se Herschel tivesse conseguido? Será que um nome diferente teria feito diferença em termos de astrologia? George III vivenciou surtos de obsessão e loucura (historiadores acreditam que ele sofria de uma doença sanguínea hereditária, agravada por envenenamento involuntário por arsênico). Logo, Georgium Sidus poderia demonstrar maneiras excêntricas de pensar. George III colecionava equipamentos matemáticos e científicos. Portanto, Georgium Sidus poderia ter estabelecido conexões com a tecnologia. Acima de tudo, George III é o rei contra quem colonizadores norte-americanos se rebelaram. Sem dúvida, Georgium Sidus teria sido sinônimo de revolução. Em termos de astrologia, o significado do planeta teria continuado praticamente o mesmo. Não importa se você observa Urano através das lentes da mitologia, da história ou da ciência. A hora dele havia chegado.

LEMBRE-SE

O glifo mais comumente usado para Urano (veja a Figura 10-1) parece uma antena antiga de TV — imagem apropriada para o planeta associado a eletricidade, tecnologia e futuro. Ele também incorpora a letra H, homenagem a William Herschel, o primeiro ser humano (mas não o último) que descobriu um planeta.

CAPÍTULO 10 **Os Planetas Exteriores (E Outros)** 179

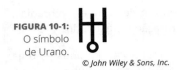

FIGURA 10-1: O símbolo de Urano.

© John Wiley & Sons, Inc.

PAPO DE ESPECIALISTA

Alguns astrólogos usam outro glifo: um círculo com um ponto (como o símbolo do Sol) e uma flecha no topo apontada para cima. Não uso esse glifo porque acredito que a semelhança entre ele e o símbolo de Marte pode confundir. Mas ele tem muitos adeptos e, se frequentar certos sites, você o verá.

Compreendendo Urano

Urano passa cerca de sete anos em cada signo. Como Netuno e Plutão, o maior impacto que ele causa é nas gerações. Em um mapa pessoal, a influência dele geralmente é sutil. Porém, quando proeminente em um mapa natal, Urano é a marca dos gênios, idealistas, iconoclastas, excêntricos, inventores, revolucionários e astrólogos. Ele elucida as áreas em que você luta contra as convenções. É onde você reluta em se conformar. É onde você resiste.

E no decorrer do ciclo de 84 anos, quando ele se aproxima do Sol, da Lua e dos outros planetas em seu mapa natal e dos ângulos principais, ele pode desencadear reviravoltas tumultuadas, acidentes estúpidos, dramas arrepiantes no namoro, mudanças de emprego extraordinárias, resumindo, qualquer caos necessário para soltar e libertar você.

LEMBRE-SE

Como os outros planetas exteriores, Urano influencia principalmente as gerações, não os indivíduos, a não ser que ele ocupe um posicionamento importante em seu mapa natal. Ele é proeminente em seu mapa se:

» Ocupa um ângulo, ou seja, está localizado na primeira, quarta, sétima ou décima casa de seu mapa. Ele é mais poderoso se está a aproximadamente 8° de seu Ascendente ou no Meio do Céu. Quanto mais perto, mais forte o impacto (veja o Capítulo 11 para saber mais sobre Ascendentes e meios do céu).

» Faz vários aspectos próximos com outros planetas e, em particular, com o Sol, a Lua ou o planeta que rege seu Ascendente (veja o Capítulo 13 para ter uma discussão sobre aspectos).

» Você tem um ou mais planetas em Aquário.

Urano nos signos

O signo que Urano ocupa em seu mapa natal determina a maneira como você e outros membros de sua geração se libertam do fardo da expectativa, levantam-se contra a ordem vigente, libertam-se do medo e expressam seu eu mais idiossincrático e único.

» **Urano em Áries (1927 a 1935; 2011 a 2018):** Você é aguerrido, indomável, impaciente e valoriza sua liberdade mais que qualquer outra coisa. Uma alma pioneira, você é corajoso do seu jeito. Quando a mudança o chama, você se apressa, preferindo os riscos de ser impulsivo à pretensa segurança da atitude do tipo "devagar e sempre". É destemido e criativo, mesmo que seu entusiasmo seja oscilante. A mudança o revigora.

» **Urano em Touro (1935 a 1942; 2018 a 2025):** Quando você assume que quer algo e começa a correr atrás disso, nada pode detê-lo. Sua força de vontade o ajuda a superar todos os obstáculos. Você tem um apreço singular pelas coisas e se atrai por métodos concretos e inovadores de ganhar dinheiro, embora possa sofrer altos e baixos financeiros.

» **Urano em Gêmeos (1942 a 1949; 2025 a 2032):** Você é esperto, curioso, tagarela, versátil e mentalmente incansável. Quando se depara com mudanças indesejadas, tenta remoldá-las porque prefere se sentir um arquiteto involuntário de seu próprio destino a uma vítima das circunstâncias. Mas também pode mentir para si mesmo. Você se atrai por ideias originais e tende a procrastinar ou a se distrair com facilidade.

» **Urano em Câncer (1949 a 1956; 2032 a 2039):** Você tem imaginação fértil, temperamento sensível e vida familiar atípica. Pode viver em lugares incomuns ou vivenciar rupturas em sua vida doméstica. Por mais que almeje a segurança do núcleo familiar, você também se sente encurralado pelas restrições que ele possui. Quando está em uma família tradicional (ou mesmo uma casa padrão), pode alterar sua estrutura. Em sua opinião, lar é um conceito que precisa ser reorganizado e redefinido.

» **Urano em Leão (1956 a 1962; 2039 a 2046):** Assertivo e liberal, ardente e talentoso, você se atira com entusiasmo em desafios criativos e projetos que parecem estimulantes. Casos de amor fora do comum (quanto mais perigosos, melhor) o atiçam, e você entra de cabeça em tempos de mudanças. Mas também pode ser egoísta, autoritário e cheio de si.

» **Urano em Virgem (1962 a 1969; 2046 a 2053):** Por ter uma mente sagaz e analítica, você adora abordagens inovadoras e se rebela contra a monotonia, sobretudo no trabalho, onde sua necessidade de liberdade nem sempre é vantajosa. Você tem pouca paciência para seguir orientações. Prefere desenvolver seus próprios métodos e criar a própria rotina, especialmente em relação a saúde, trabalho e vida cotidiana.

» **Urano em Libra (1969 a 1975; 2053 a 2059):** Você é criativo e artístico, embora membros de outras gerações possam ficar chocados com seus gostos. Eles também podem ficar confusos com seus relacionamentos românticos e outros, porque você se atrai por pessoas e situações incomuns. Sob muitos aspectos, sua geração está elaborando uma abordagem inovadora em termos de relacionamentos, que incorpora um alto nível de liberdade pessoal. Entretanto, em épocas de estresse, você fica mais feliz com uma companhia ao lado.

» **Urano em Escorpião (1975 a 1981; 2059 a 2066):** Profundamente intuitivo e obstinado, você é carismático, determinado e mais do que disposto a quebrar tabus. Obsessões duradouras e paixões passageiras podem afligi-lo; você pode ser constantemente envolvido por pensamentos sobre sexo ou morte; e finanças podem absorvê-lo, sobretudo durante períodos estranhos na economia. Mas você é habilidoso e destemido, e quando a mudança está em curso, escolhe correr ao lado dela, sempre de olho no futuro. Urano está exaltado em Escorpião? Alguns astrólogos acreditam que sim.

» **Urano em Sagitário (1981 a 1988; 2066 a 2072):** Você é otimista e espirituoso, com grandes aspirações. Não gosta de gente negativa que deprecia seus sonhos e se recusa a ser limitado por questões práticas. Você gostaria de conhecer o mundo, mas não seguindo o caminho de outras pessoas. Gostaria de atingir a iluminação, mas as ortodoxias padrões parecem datadas e estagnadas em sua opinião. Viagens e educação o motivam, e você se sente libertado pelas asas da mudança.

» **Urano em Capricórnio (1988 a 1996):** Você é ambicioso, responsável e metódico. No entanto, instintivamente evita o currículo previsto, o que significa que sua carreira pode ter reviravoltas surpreendentes. Se você pode expressar sua individualidade dentro de uma empresa ou sistema, tudo bem. Se não, seu desconforto com a hierarquia o faz querer destruí-la (ou fantasiar algo do tipo). Você é uma potência para a mudança construtiva.

» **Urano em Aquário (1996 a 2003):** Você é tolerante e altruísta, idealista e impassível. No íntimo, um não conformista e idealista, você celebra a individualidade e tem muitos amigos excêntricos. Coincidências incríveis e golpes de sorte agitam sua vida. Urano é o regente de Aquário, o que significa que ele atua bem aqui. Portanto, quando você abraça a mudança, seu mundo se expande. Quando tenta impedi-la, a infelicidade vem junto. Envolver-se como ativista em causas que dialogam com você pode suscitar a emancipação que busca. Esse posicionamento também é auspicioso para explorações científicas e tecnológicas.

» **Urano em Peixes (2003 a 2011):** Intuitivo e talentoso, você é suscetível a sonhos complexos e lampejos psíquicos que, na verdade, podem estar tentando lhe dizer algo. Você tem uma compaixão profunda pelos outros, embora às vezes possa se sentir inundado de autopiedade ou solidão. Em épocas assim, trabalhar como voluntário ou ser útil de alguma forma pode ajudá-lo a voltar aos eixos. Música, arte e buscas espirituais fora do comum o auxiliam a manter a serenidade e a expressar sua singularidade inalienável.

O SEGREDO DOS ANOS 1960

Por que algumas décadas são mais memoráveis que outras? Geralmente, a culpa é dos planetas exteriores. Eles percorrem um trajeto lento no zodíaco. Ao combinar suas energias consideráveis movendo-se em paralelo, as coisas começam a progredir.

Nos anos 1960, por exemplo, Urano, o amante da liberdade, e Plutão, o planeta da transformação, estavam alinhados no mesmo signo do zodíaco (Virgem) pela primeira vem em mais de um século. A época anterior foi 1848, quando uma onda de revoluções varreu a Europa. Em 1960, a mesma energia estava atuante. Juntos, Urano e Plutão se estimularam mutuamente, transformando a rebeldia uraniana em algo que transformou a sociedade. O movimento pelos direitos civis, o movimento antiguerras, o dos estudantes, o Black Power [Poder Negro], o feminismo, a revolução sexual, a rebelião de Stonewall, a caminhada na Lua e até os assassinatos horríveis que caracterizaram a década são, todos eles, manifestações da energia uraniana imprevisível, aprofundada pelo poder transformador de Plutão. Esse fenômeno não foi só norte-americano. Houve greves, protestos e revoltas civis na França, no México, na Tchecoslováquia, Alemanha Ocidental, Espanha e outros lugares. Foi uma era de levantes.

Na época, referências culturais como Woodstock, LSD, comunas, protestos, a Weather Underground e o Be Here Now (por exemplo) pareciam repletos de ressonância cósmica. Eles não somente resumiram a urgência uraniana de se rebelar contra a sociedade adulta repressora dos anos 1950, mas empregaram a profundidade de Plutão e a influência da filosofia; ao menos, era o que parecia. Olhando para trás, se algumas expressões dessa era parecem ridículas, também é verdade que muitas repercussões desses dias distantes e hippies não desaparecerão, simples assim.

Se você nasceu entre 1962 e 1969, tem o rebelde Urano e o transformador Plutão em Virgem. Embora a impraticabilidade de muito do que aconteceu nos anos 1960 provavelmente o deixe irritado, de algum modo você está em sincronia profunda com a urgência de romper com velhos formatos, alterar premissas rígidas da sociedade padrão e dar uma chance à paz.

Netuno: O Sonhador

Em 1612, Galileu observou por seu pequeno telescópio (praticamente um brinquedo pelos padrões de hoje) e viu o que parecia ser uma estrela pálida, exceto que, ao contrário das outras estrelas, ela se movia. Ele chegou a fazer um desenho e, se tivesse refletido, teria percebido que era um planeta. Infelizmente, ele não ligou os pontos e perdeu a oportunidade de identificar Netuno.

Mais de duzentos anos depois, Netuno continuou a despistar descobertas, embora dois cientistas, um francês e um inglês, que trabalhavam separadamente, tenham detectado a localização hipotética do planeta. Mas nenhum conseguiu acesso a um telescópio grande para confirmá-la. Se tivessem conseguido, teriam encontrado-o exatamente no local previsto (em Aquário). Mas nenhum tinha recursos para tanto. Finalmente, em 1846, um deles solicitou a astrônomos alemães que realizassem uma busca pelo novo planeta. Johann Galle, um jovem assistente do Observatório de Berlim, encontrou-o em uma hora.

Em um mapa, o impressionista Netuno favorece a intuição, sonhos e visões, habilidades físicas, talento artístico, imaginação, glamour e tudo o que seja fluido. Netuno encontra expressão na dança, na música, na poesia e nos devaneios. Ele estimula a compaixão, dissolve barreiras e torna sensível tudo o que toca. Mas também tem um lado obscuro. Apesar de seu idealismo e natureza espiritual, Netuno é o planeta da ilusão e do engano. Sob condições negativas, ele acentua a tendência a impulsos e aumenta a ameaça de vícios, hipocondria, escapismo e recusa em confrontar a realidade.

PAPO DE ESPECIALISTA

Nas fotografias da NASA, Netuno se parece com um mármore turquesa brilhante — uma espiral aqui, um fio branco ali e nada mais. Astrônomos classificam Netuno como um gigante gelado (como Urano), o que significa que ele é basicamente uma bola de gelos químicos envolvendo um núcleo rochoso. Ele tem um halo fraco de anéis quase invisíveis e, pelo menos, 14 luas, incluindo Tritão, o lugar mais frio do Sistema Solar.

O mito por trás do planeta

Saturno, como seu pai, foi ameaçado por seus Descendentes. Para se proteger, ele os engoliu quando nasceram, para desespero de sua esposa, Rea. Na sexta vez em que deu à luz, ela fez o bebê desaparecer para ser criado em outro lugar. Então, deu a Saturno uma pedra embrulhada em alguns panos, e ele a engoliu. Seus medos se concretizaram quando a criança — Júpiter para os romanos, Zeus para os gregos — retornou para derrotar o pai e libertar os irmãos. Júpiter se tornou o deus principal da mitologia clássica, governando os céus do Monte Olimpo, enquanto seu irmão Plutão (Hades) geria o submundo, e Netuno (Posêidon) se tornou senhor dos mares. Netuno era um deus tempestuoso, agressivo, que vivia em um palácio feito de coral no fundo do oceano e tinha domínio sobre terremotos. Na astrologia, Netuno é associado a coisas mais suaves. O mito nos lembra de que a inspiração por trás de tudo o que é netuniano não vem de violetas e pôr do sol. Ela borbulha das profundezas turbulentas do inconsciente.

LEMBRE-SE

Netuno tem o nome do deus romano do mar. Seu símbolo (veja a Figura 10-2) evoca o tridente de três pontas desse deus.

184 PARTE 3 **Folheando o Livro de Receitas Cósmico**

FIGURA 10-2:
O símbolo de Netuno.

© John Wiley & Sons, Inc.

Analisando a influência de Netuno

Netuno passa, em média, uns 14 anos em cada signo. Ele estimula a intuição, a imaginação, os sonhos, a espiritualidade e a expressão artística. Mas também faz esquecer os limites e pode gerar confusão e esperanças vãs.

LEMBRE-SE

Netuno não afeta ninguém da mesma maneira. Assim como os outros planetas exteriores, tende a influenciar mais gerações do que indivíduos. Mas em alguns mapas, Netuno tem um poder excepcional. Como saber se você possui um mapa desses? Netuno ocupa um posicionamento proeminente em seu mapa natal se:

» Ocupa um ângulo, ou seja, está na primeira, quarta, sétima ou décima casa de seu mapa. Ele é mais forte se está próximo de seu Ascendente ou no Meio do Céu (veja o Capítulo 11 para saber mais sobre esse tópico).

» Forma aspectos próximos com outros planetas e, em particular, com o Sol, a Lua ou o planeta que rege seu Ascendente (veja o Capítulo 13 para ter uma discussão sobre aspectos).

» Você tem um ou mais planetas em Peixes.

Netuno nos signos

O posicionamento de Netuno de acordo com o signo descreve as maneiras como sua geração é mais idealista, e mais irrealista. Seu posicionamento no mapa natal representa a área da imaginação, do idealismo e da espiritualidade (no lado positivo), e o vagar sem propósito, a passividade, o mal-entendido e a decepção (no lado negativo).

» **Netuno em Áries (1861 a 1875; 2026 a 2038):** Membros dessa geração tiveram um senso intuitivo do eu e adotaram uma abordagem ativa em sua vida espiritual. Eles podiam ser extremamente imprudentes e tinham problemas para controlar a agressividade, às vezes, sendo fracos demais (como Neville Chamberlain) e, outras vezes, inconsequentes (como Winston Churchill em Galípoli ou a anarquista Emma Goldman). Mas um membro dessa geração, expressando Netuno em Áries em sua forma mais exclusiva, alterou a natureza do conflito: Mahatma Gandhi, o profeta da não violência (que, não obstante, foi assassinado em 1948). Netuno volta a esse posicionamento em 2026.

CAPÍTULO 10 **Os Planetas Exteriores (E Outros)** 185

» **Netuno em Touro (1875 a 1889; 2038 a 2052):** Pessoas que nascem com esse posicionamento adoram arte e arquitetura, boa comida, a abundância da natureza e confortos sensoriais. Não é coincidência que o amante mais famoso de todos os tempos — Giacomo Casanova, nascido em 1725 — tivesse tal posicionamento. Pessoas com Netuno em Touro estão em sintonia com o mundo físico e reagem instintivamente às necessidades do corpo, embora possam ter problemas para lidar com coisas práticas. Exemplos incluem Isadora Duncan, Virginia Woolf e Albert Einstein. Netuno retorna ao signo do touro em 2038.

» **Netuno em Gêmeos (1889 a 1902; 2052 a 2065):** Pessoas nascidas durante a última década ou mais da Era de Ouro possuem mentes hábeis, sagazes e complexas, e um dom natural para idiomas, conforme ilustrado pelos brilhantes escritores como Dorothy Parker, Cole Porter, Ira Gershwin e Groucho Marx. É verdade que Netuno em Gêmeos pode ter uma tendência à superficialidade, uma relação forçada com a sinceridade e uma queda para reviravoltas (Edward Bernays, conhecido como o pai das relações públicas, nasceu com esse posicionamento). Mas essa posição também pode ser extremamente criativa. Exemplo principal: William Shakespeare, que sabia como tecer uma história como ninguém.

» **Netuno em Câncer (1902 a 1915; 2065 a 2078):** "Que mundo maravilhoso", cantava o barítono Louis Armstrong, que nasceu com esse posicionamento. Quem nasceu com Netuno em Câncer provavelmente concordará. Eles são observadores, acolhedores e sentimentais, com fome de segurança e proteção. Eles prezam os valores antigos de lar e família, e tendem a romantizar o passado — o que não sugere que, na política, sejam necessariamente conservadores: Ronald Reagan tinha tal posicionamento, mas também o juiz da Suprema Corte Thurgood Marshall e a teórica feminista Simone de Beauvoir. Netuno nunca tem relação com algo tão lugar-comum como a política. Ele tem a ver com visão, imaginação e iluminação.

» **Netuno em Leão (1915 a 1929):** Você é extravagante, artístico, divertido e romântico; ao menos, gostaria de ser. Você idealiza o amor, filhos, a amizade e o processo criativo. Assume grandes riscos e com frequência ganha apostas ousadas. Mas é propenso a paixões e talvez prefira o brilho de seus ideais à sombra das imperfeições reais. Detesto dizer, mas você pode ficar tão apaixonado por um ideal que não consegue enxergar o quanto ele é carcomido. É verdade que, às vezes, você confunde superfície com conteúdo. Mas uma coisa é certa para quem tem Netuno em Leão: você tem estilo.

» **Netuno em Virgem (1929 a 1942):** Netuno, o planeta da escuridão e das trevas, não é feliz na metódica Virgem. Com esse posicionamento, você nem sempre consegue dizer quais detalhes são importantes e quais não são, então, pode ficar ansioso com todas as coisas erradas. O que é nebuloso o deixa nervoso, e para você é difícil deixar a imaginação fluir. "Queda livre" não lhe parece atraente. Mas encontrar um trabalho que explore sua imaginação e, ainda assim, atue dentro de parâmetros identificáveis, o deixa satisfeito, e atividades espirituais com foco em prestação de serviços lhe trarão alegria.

» **Netuno em Libra (1942 a 1957):** Idealista e compassivo, você anseia por tranquilidade, estabilidade, amor e beleza. Reage fortemente a arte, música e filmes, e idealiza noções de troca e cooperação. Mas namorar pode ser um mistério no seu caso. Por mais que deseje o amor, seus ideais elevados sobre interação humana (e casamento) estão sempre em confronto com a realidade. Se nasceu com esse posicionamento, você pode esperar ver mudanças importantes nos padrões das relações humanas ao longo de sua vida.

» **Netuno em Escorpião (1957 a 1970):** Interpretação de sonhos, ciências ocultas e romances de mistério do tipo mais sinistro atiçam sua curiosidade, mas nada o cativa mais do que o funcionamento da psique. Segredos o deixam fascinado. Você projeta uma aura de intensidade magnética e compreende instintivamente o conceito de cura sexual. Mas também é propenso a extremos sexuais e comportamento autodestrutivo, e pode não estar disposto a admitir as fontes do próprio sofrimento. No auge da intuição, você tem poderes notáveis de discernimento e compreensão. Sua tarefa é aplicá-los em si mesmo.

» **Netuno em Sagitário (1970 a 1984):** As grandes questões filosóficas e de valores religiosos o intrigam, mas você detesta dogmas porque seu sistema de crenças está constantemente mudando. Tem sede de liberdade pessoal e viagens, de preferência para lugares sagrados. Mas você tende a ser inocente e é facilmente enganado. Cuidado ao lidar com alguém que deseja ser considerado um guru. Você prefere construir seu próprio caminho.

» **Netuno em Capricórnio (1984 a 1998):** Você é ambicioso, pragmático e disposto a assumir responsabilidades. Aspira ao sucesso e ao respeito. Mas tem grandes expectativas sobre o mundo das instituições, e pode ter problemas para aceitar as frustrações que encontra nele. Incerteza e falta de objetivos o deixam inquieto, e às vezes você reage tornando-se controlador e inflexível. Sua fome espiritual é mais bem satisfeita dentro da zona de conforto de uma organização estruturada.

» **Netuno em Aquário (1998 a 2012):** Como uma das almas altruístas que buscam iluminação e têm talento para a tecnologia nascidas desde 1998, você tem uma abordagem progressista em relação à reforma social e um entendimento intuitivo do bem comum. Mas talvez idealize seus amigos, e seus ideais podem ser ilusórios. Esteja ciente de que seu desejo de viver em uma comunidade utópica com um grupo simpático de veganos "paz e amor" ecologicamente conscientes pode ser mais difícil de realizar do que imagina.

» **Netuno em Peixes (2012 a 2026):** Você tem as características típicas de Peixes — ao quadrado. É um crédulo que devaneia: vidente, generoso, artístico, empático, místico, ingênuo, possivelmente autodestrutivo, amante da fantasia e de filmes, e tão fã de música que confunde os mais velhos. Também é candidato a todos os tipos de vícios. No entanto, aqui é onde Netuno mais se sente à vontade. É onde seu potencial mais alto pode ser atingido. Sigmund Freud, Johann Sebastian Bach, Vincent van Gogh e Nikola Tesla têm esse mesmo posicionamento. E agora temos um novo Netuno na geração de Peixes. Isso pode ser emocionante.

Plutão: O Poder da Transformação

Plutão foi descoberto em 1930. Logo adquiriu uma reputação grandiosa como planeta da morte, renascimento, regeneração, segredos e energia nuclear. Ele destrói, purifica, purga e renova, conferindo consciência ao que havia ficado escondido e, no fim, trazendo a transformação. A metamorfose pode ser entediante — e assustadora — porque, mesmo que Plutão se mova a uma velocidade glacial, ele se move sem parar. Mas as recompensas de lidar com ele são profundas e permanentes.

O REBAIXAMENTO DE PLUTÃO

Quando Plutão foi descoberto, em 1930, virou notícia de primeira página. "VEJA OUTRO MUNDO NO CÉU", anunciava o *Chicago Daily Tribune* em uma manchete de página inteira. Em Flagstaff, Arizona, onde o planeta foi descoberto, *The Coconino Sun* chamou-o de "A Descoberta Científica do Século". A euforia por Plutão era tão contagiante que, poucos meses após sua descoberta, Walt Disney deu o nome do planeta ao cachorro de Mickey Mouse.

Porém, conforme as décadas se passavam, começaram a surgir dúvidas. Havia coisas estranhas em Plutão, incluindo seu tamanho (menor que a Lua), sua órbita peculiar e sua localização no distante cinturão de Kuiper, uma área em formato de rosquinha habitada por milhares de corpos gelados, do tamanho de Plutão. Ele foi o primeiro desses objetos a ser descoberto. Em seguida, veio outro, em 1992, e Éris, em 2005, que inclusive é maior que Plutão. Éris era o décimo planeta? E o que é um planeta, afinal? Em 2006, membros da União Astronômica Internacional se reuniram para solucionar essa questão. Eles decretaram que, para ser reconhecido como planeta, um corpo celeste tem que preencher três requisitos:

- Orbitar o Sol, como Plutão orbita.

- Ser redondo, como Plutão, não em formato de amendoim ou de uma bolha biomórfica de massa de modelar na cor neon.

- E "limpar a vizinhança", ou seja, ele deveria ser tão imenso e ter uma força gravitacional tão potente que não poderia haver nada de tamanho semelhante em sua órbita. Mas Plutão não preenche esse item. Ele fica no cinturão de Kuiper, e não está sozinho.

Portanto, Plutão foi rebaixado a "planeta anão". Seguiu-se uma avalanche de cobertura midiática. Houve manchetes e manifestações de protesto. Astrônomos eram solicitados a explicar o rebaixamento e perguntava-se aos astrólogos, em geral com um sorrisinho, o que eles planejavam fazer com esse ultraje. A resposta era simples: os astrólogos não fizeram nada. Colocamos nossos destinos nas mãos de Plutão e continuaremos a fazer isso. A astrologia é uma linguagem simbólica, uma linguagem da alma, e Plutão representa uma faceta desse código em evolução. Não importa o que os astrônomos eruditos pensem.

PAPO DE ESPECIALISTA

Plutão é pequeno, rochoso e misterioso, com uma órbita alongada visivelmente inclinada em relação ao restante do Sistema Solar. Das cinco luas de Plutão, Caronte, a maior, tem o tamanho tão próximo ao do planeta e está tão perto dele fisicamente que, após sua descoberta, em 1978, astrônomos classificaram Plutão como um planeta duplo. Hoje, ele é considerado um anão duplo.

O mito por trás do planeta

Na mitologia clássica, Plutão (Hades para os gregos) era o deus dos mortos, rei do submundo e senhor das riquezas, refletindo o fato de que o ouro, a prata e as pedras preciosas estão escondidas na terra, que também é onde as sementes germinam e os mortos são enterrados. Quase todos os personagens principais da mitologia visitam o submundo e, com frequência, essa jornada é de ida e volta. Na mitologia, tal como na vida real, ninguém visita o submundo e volta inalterado. Um exemplo famoso é Perséfone, que divide seu tempo entre o submundo, onde vive com Plutão durante um terço do ano, e nosso mundo, onde ela entra no início da primavera e passa um tempo com a mãe.

A maior lua de Plutão, Caronte, leva o nome do barqueiro que transportava os mortos pelo Rio Estige, em direção ao submundo. A segunda maior lua, mantendo o tema, chama-se Estige.

PAPO DE ESPECIALISTA

Plutão tem dois símbolos. Um é um desenho metafísico vistoso: um círculo dentro de uma Lua crescente e equilibrado em uma cruz. Tento evitar esse símbolo porque é fácil demais confundi-lo com os glifos de outros planetas (Mercúrio e Netuno, em particular). Mas muitos astrólogos o preferem.

Sou partidária da segunda imagem, mais concreta, que tem suas origens no mundo da ciência. Esse símbolo (veja a Figura 10-3) representa as primeiras duas letras do nome Plutão e as iniciais do astrônomo aristocrata Percival Lowell, tão convencido de que existia vida em Marte que construiu um observatório para observá-lo. Ele também tinha esperança de encontrar o suposto Planeta X, que acreditava estar em órbita em algum lugar depois de Netuno. Ele nunca o encontrou. Porém, 14 anos após a morte de Lowell, Clyde Tombaugh, filho de fazendeiro sem curso superior, conseguiu trabalhar no Observatório Lowell fotografando o céu noturno e comparando obstinadamente duas fotos feitas com alguns dias de diferença para ver se, entre todas as estrelas fixas, ele conseguia distinguir um pouco de movimento planetário. Em um ano nessa tarefa chata, ele encontrou o que estava procurando. Esse símbolo é um reconhecimento às contribuições de Lowell. (Quanto às contribuições de Tombaugh, ele se tornou um profissional aclamado, com várias descobertas no currículo. Seu nome está ligado a um cometa, uma cratera de Marte, alguns penhascos na Antártida e uma região de Plutão em formato de coração. Após sua morte, em 1997, suas cinzas foram enviadas para o espaço, conforme ele havia pedido.)

FIGURA 10-3: O símbolo de Plutão.
© John Wiley & Sons, Inc.

Detectando a influência de Plutão

Assim como Urano e Netuno, Plutão influencia sobretudo gerações. Sua influência em um mapa natal individual geralmente é sutil, a menos que esse planeta ocupe um lugar proeminente em seu mapa. Plutão é proeminente se:

» Ocupa um ângulo, ou seja, se está na primeira, quarta, sétima ou décima casa de seu mapa. Ele é particularmente forte se está perto de seu Ascendente ou no Meio do Céu (veja o Capítulo 11 para saber mais sobre esse tema).

» Faz vários aspectos próximos com outros planetas e, em particular, com o Sol, a Lua ou o planeta que rege seu Ascendente.

» Você tem um ou mais planetas em Escorpião.

Plutão nos signos

O posicionamento de Plutão de acordo com o signo descreve as paixões mais profundas de sua geração e molda a maneira como você lida com eventos que transformam a vida.

» **Plutão em Áries (1823 a 1852):** Essa geração foi obstinada, teimosa, impulsiva e obcecada por poder e independência.

» **Plutão em Touro (1852 a 1884):** A segurança trouxe poder para esse pessoal esforçado, mas seus valores, sobretudo em relação a posses, estavam mudando. Com Plutão em um signo de terra, a propriedade era um problema. A Guerra Civil dos Estados Unidos foi travada durante esses anos por conta dessa compulsão terrível.

» **Plutão em Gêmeos (1884 a 1914):** A inteligência é quem manda. A novidade o encanta. Inconscientemente, você busca se transformar coletando informações, viajando e se comunicando. Sua mente é sempre jovem. Pessoas que nasceram na segunda metade desse trânsito, começando por volta de 1900, pertencem à chamada grande geração, que lutou na Segunda Guerra Mundial.

» **Plutão em Câncer (1914 a 1939):** Se você nasceu durante esses anos em que Plutão foi descoberto, pertence a uma geração para quem a segurança é primordial. Você foi ensinado a preservar o que tem e é o que faz, mesmo quando deveria pensar melhor. Não é de admirar que se sinta assim: a Grande Depressão dos anos 1930 foi um acontecimento significativo em sua vida ou nas experiências de seus pais.

» **Plutão em Leão (1939 a 1957):** Seu desejo de se expressar com drama, criatividade e expansão pode se tornar uma obsessão. Esse posicionamento é a marca registrada dos baby boomers, que olham com desprezo para a busca por segurança da geração anterior, e são olhados com desdém pelas gerações posteriores porque, no melhor estilo leonino, você não consegue evitar fazer alarde.

» **Plutão em Virgem (1957 a 1972):** Os excessos dos baby boomers o deixam distraído e você reage a isso. Você busca o controle pessoal, é obcecado por detalhes e tem toda a intenção de ficar perfeito. Se nasceu entre 1962 e 1969, você também tem Urano em Virgem, portanto, aborrecimentos inesperados podem deixá-lo sem rumo. Mas esses obstáculos não o impedirão de lutar pelo eixo perfeito plutoniano/uraniano — o que redireciona tudo.

» **Plutão em Libra (1972 a 1984):** Justiça, equilíbrio, beleza, relações sociais e igualdade: são preocupações permanentes para você e sua geração. Em sua vida pessoal e em sociedade, você busca um casamento de iguais. Também se sente atraído pela arte, como consumidor e produtor. Se possui ambições artísticas, um alerta: embora sua geração tenha promovido o termo "preguiçoso", Plutão não o deixará se safar com o ócio. Esse planeta exige compromisso e coragem.

» **Plutão em Escorpião (1984 a 1995):** Sua geração é a dos millennials. Você é passional, resoluto, extremamente sexual e pretende sorver cada gota do que quer que a vida tenha a oferecer. Impulsionado por um senso de propósito, você reconhece intuitivamente o elo entre dinheiro e poder, e tem interesse em acumular ambos. Escorpião é o signo em que Plutão mais se sente à vontade, tornando esse posicionamento fantástico.

» **Plutão em Sagitário (1995 a 2008):** Todas as manifestações de liberdade são fundamentais para você. O significado tem a mesma importância. Você almeja encontrar uma filosofia ou uma religião que aprofunde seu entendimento da vida e o estimule a explorar perspectivas mais amplas do pensamento ou da experiência. Educação e viagens são mais que diversão; elas podem mudar uma vida. Em sua busca por um sistema de crenças, talvez observe (ou alguém lhe diga) que está ficando prepotente ou fanático. Tente não deixar isso acontecer.

» **Plutão em Capricórnio (2008 a 2024):** Pessoas nascidas com Plutão no conservador Capricórnio são objetivas, persistentes e pragmáticas, com uma percepção inata sobre o funcionamento do mundo. Acha que já viu políticos inteligentes? Espere até esses bebês darem as caras. A última estada de Plutão no signo da cabra foi entre 1762 e 1778, anos que abarcaram a Revolução Americana (os Estados Unidos vivenciarão seu primeiro retorno de Plutão em 2022).

» **Plutão em Aquário (2024 a 2044):** Esta geração do "faça o que quiser" e desperta tende a promover mudanças através de associações não convencionais, aspirações em comum e filiações a grupos, embora não do jeito etnocêntrico e binário do passado. É a geração que poderia colocar em prática os ideais aquarianos.

» **Plutão em Peixes (2044 a 2068):** Será interessante. Espere ver uma geração mística e altruísta capaz de se alinhar com o inconsciente coletivo. Diante do caos, eles mantêm reservas de empatia, força e flexibilidade. William Shakespeare, Abraham Lincoln e Harriet Tubman são exemplos desse posicionamento em seu melhor.

Quíron: O Curandeiro Ferido

É um asteroide? Um cometa? Um tipo de asteroide chamado *Centauro*? Desde o dia 1º de novembro de 1977, quando o astrônomo Charles Kowal descobriu Quíron percorrendo o Sol entre as órbitas de Saturno e Urano, cientistas vêm tentando tomar uma decisão. No momento, Quíron corresponde a todas essas classificações, e também é identificado como um "corpo menor do Sistema Solar". Ele representa a cura em toda a sua complexidade.

PAPO DE ESPECIALISTA

Bem menor que qualquer outro planeta (menos de 240km de um lado a outro), Quíron possui uma órbita excêntrica, instável, que o leva a se demorar em alguns signos (Peixes, Áries e Touro) e a correr por outros (Virgem, Libra e Escorpião). Ele dá uma volta completa pelo zodíaco em 51 anos.

O mito por trás do… menor corpo do Sistema Solar

Na mitologia, Quíron é um centauro, metade homem/cavalo. Ao contrário de outros centauros, que eram grosseiros e briguentos, Quíron era sábio e compassivo, um tutor cujos alunos incluíam o guerreiro Aquiles e o herói Hércules.

Um dia, Quíron foi acidentalmente arranhado por uma das flechas envenenadas de Hércules. A dor era tão intensa que ele desejou morrer. Mas Quíron era imortal. Sem poder morrer, ele se aprofundou na arte da cura. Entretanto, apesar de seu conhecimento, a dor nunca diminuiu, nem ele desenvolveu tolerância a ela. Porém, encontrou uma saída. Após negociar com Zeus, ele legou sua imortalidade a Prometeu, que havia roubado o fogo dos deuses e dado-o à raça humana, transgressão pela qual foi acorrentado a uma rocha e torturado todas as noites. Graças a Quíron, Prometeu foi libertado do suplício e aceito na sociedade dos deuses do Monte Olimpo, enquanto Quíron, livre de sua agonia, passou a residir no submundo.

Quíron incorpora o espectro integral da cura: a ferida, a dor, o sofrimento contínuo, o conhecimento da medicina, a busca por uma cura e a aceitação da morte.

LEMBRE-SE

O símbolo de Quíron (veja a Figura 10-4) concebido em homenagem a Charles Kowal, astrônomo que o descobriu, mostra uma letra K equilibrando-se no topo de um círculo ou uma figura ovalada. Lembra uma chave-mestra antiga.

FIGURA 10-4:
O símbolo de Quíron.

A influência de Quíron

Nos anos seguintes à sua descoberta, poucos profissionais foram corajosos o suficiente para acrescentar Quíron aos mapas natais. Parecia cedo demais, e os astrólogos não sabiam o suficiente sobre ele. Isso mudou. Hoje, Quíron, conhecido como o Curandeiro Ferido, frequentemente (mas nem sempre) é incluído nas interpretações. Astrólogos consideram Quíron um ponto de dor e uma fonte de cura; uma área em que você sofreu ou teve decepções, e na qual precisa encontrar soluções. Astrólogos também associam Quíron ao movimento holístico pela saúde.

Repare que o Quíron astrológico é muito mais que uma vítima e um curandeiro. Como tutor, Quíron também era famoso por sua busca por conhecimento e sua habilidade como professor.

LEMBRE-SE

Quíron é pequeno, distante e, geralmente, não se destaca nos mapas natais. Ele é proeminente em seu mapa se:

» Ocupa um ângulo (sobretudo se faz conjunção ou oposição a seu Ascendente ou está no Meio do Céu).
» Faz aspecto próximo com o Sol, a Lua ou o planeta que rege seu Ascendente.

Quíron nos signos

Em média, Quíron passa um pouco mais de quatro anos em cada signo. Ele indica a área de vulnerabilidade para você e os membros de sua próxima geração.

- **Quíron em Áries:** Seus esforços para expressar sua personalidade foram contrariados. Você sofre de um caso grave de medo do fracasso, e não acha fácil tomar a iniciativa. Reunir coragem para isso — e coragem você tem de sobra — é a única maneira de fortalecer sua falta de confiança e vencer seus medos.
- **Quíron em Touro:** Estabilidade e segurança são a chave. Você odeia pensar que pobreza e restrições financeiras são parte de seu DNA. Mas considere a lição de vida de Hetty Green, cujo Quíron em Touro fazia oposição direta com seu Sol em Escorpião. Quando morreu, em 1916, ela era a mulher mais rica dos Estados Unidos (e possivelmente do mundo) e a avarenta mais famosa. Não importa o quanto fosse rica, ela nunca abandonou seu jeito medroso e mesquinho. Para evitar o destino dela, vá em busca de seu valor mais nobre, construa algo palpável e não se preocupe tanto.
- **Quíron em Gêmeos:** Comunicar suas ideias com clareza e convicção é uma provação para você. Você se sente incompreendido, inarticulado, introvertido ou impulsivo demais. Buscar conhecimento e agir como educador o capacita a curar esse sentimento de inadequação (fazer um diário também ajuda). E aqui está outro fenômeno que pode envolvê-lo de vez em quando: a fofoca. É um jeito de as pessoas saberem umas sobre as outras, mas pode ser tóxico.
- **Quíron em Câncer:** Sua vida doméstica e/ou infância podem ter sido mescladas pela tristeza ou ofuscadas pela alienação. Talvez você sinta que sua família não o amava: uma ferida grave, mas não mortal. A recuperação vem de uma busca consciente por moldar um ambiente acolhedor para si e do reconhecimento de que todos temos que encontrar uma maneira de nos nutrirmos.
- **Quíron em Leão:** Na infância, seus esforços para conseguir atenção foram ignorados e, como consequência, talvez você questione os próprios talentos. Essa insegurança pode ser superada. Expressões criativas de qualquer tipo ajudam a curar a ferida. Atuar, ensinar e falar em público também são úteis porque, deixando de lado os tormentos do passado, todo mundo precisa ser o centro das atenções de vez em quando.
- **Quíron em Virgem:** Você cresceu em um ambiente autoritário; ao menos, era essa a impressão. Hoje, você é atormentado pela ansiedade. Busque alívio focando o bem-estar, ajudando os outros sem se sacrificar e se recusando a ser um mártir. Ou tente outra abordagem, ocupando-se integralmente de algum ofício em que seu perfeccionismo, que pode ser um problema em outras situações, seja recompensado.

- **Quíron em Libra:** Parcerias são vitais para seu bem-estar, mas também frustrantes. Você tem certeza de que um relacionamento saudável poderia curá-lo, se conseguisse encontrar um. Desanuviar o medo da rejeição é seu desafio. Equilibrar romance e bom senso é seu triunfo. E, sim, é um objetivo viável.
- **Quíron em Escorpião:** Você anseia por amor, paixão e sexo fenomenal. Mas seu jeito prudente e o medo arraigado de se revelar (e, portanto, de ser conhecido) dificultam realizar seus desejos. A cura começa ao vasculhar seus segredos ocultos e superá-los. Estar à vontade com dinâmicas de poder faz parte do processo.
- **Quíron em Sagitário:** Qual é o propósito da vida? As respostas de sempre, como religiões tradicionais, podem fazer você se sentir frustrado e não ouvido. Uma busca pessoal reduz a angústia. Por mais estranho que pareça, um aprendizado permanente, feito sob medida para suas necessidades individuais, pode ser terapêutico e até divertido. E, no seu caso, saber é poder — de fato.
- **Quíron em Capricórnio:** Você valoriza o sucesso e tem orgulho de sua ética profissional e integridade. Porém, embora siga as regras, elas o decepcionam. Desdobrar-se em dois não é a solução. Apenas chegando à própria definição de sucesso você será capaz de estimular seu poder mais profundo.
- **Quíron em Aquário:** O que há de errado com as pessoas? Você tem consciência do impacto estrondosamente negativo da desigualdade e da injustiça, e gostaria de corrigir esses erros. Mas parece que não consegue encontrar um grupo de pessoas que pense igual, e um sentimento de solidariedade pode iludi-lo. Mesmo assim, trabalhar por um bem maior, ainda que sob condições longes do ideal, pode intensificar sua confiança e curar suas feridas.
- **Quíron em Peixes:** Peixes é o signo da compaixão, da sensibilidade e do sacrifício. Mas você não consegue deixar de notar que muitas pessoas que falam dessas qualidades da boca para fora não as praticam. Sua missão: ter consciência dos traumas alheios e reagir a eles de maneira apropriada e acolhedora, sem se sentir sobrecarregado ou sacrificar seu próprio bem-estar. Encontrar um apoio espiritual pode acalmar sua angústia. Não se importar se os outros apreciam ou não sua bondade também ajuda.

E Mais...

Nas décadas posteriores à descoberta de Quíron, muitos astrólogos o receberam em seus mapas. Outros hesitaram, preocupados com o fato de que, se você deixa entrar um corpo menor do Sistema Solar, outros logo devem vir em seguida. E foi justamente isso o que aconteceu. A inclusão de Quíron escancarou as portas para todos os tipos de pequenos corpos celestes que, hoje, aparecem com regularidade em mapas natais. Há Ceres, Palas, Juno e Vesta, os primeiros quatro asteroides a serem descobertos; asteroides centauros como Quíron, Nesso, Folo e Cáriclo; planetas anões como Éris, Makemake e Haumea; objetos do cinturão de Kuiper, como Sedna. Isso sem falar dos corpos imaginários. Todos são interessantes e vale a pena investigá-los. Mas todos são secundários aos planetas.

> **NESTE CAPÍTULO**
>
> » Determinando seu signo Ascendente
> » Analisando seu Ascendente
> » Considerando seu Descendente
> » Descobrindo seu Meio e Fundo do Céu

Capítulo **11**

Visão versus Realidade: O Signo Ascendente (E Mais)

Uma vez, trabalhei em uma livraria com uma mulher tão organizada e sob controle que todo mundo confiava nela. Ela sabia o que havia nas estantes, os pedidos encomendados ou fora de catálogo, o que havia no quarto dos fundos e atrás do balcão. Ela era boa para mexer na caixa registradora, gostava de organizar as tabelas dos inventários em ordem alfabética e era uma presença agradável. A cereja do bolo é que a mulher tinha lido de tudo, inclusive os clássicos que as pessoas sequer sabem que são clássicos, e conseguia orientar até o cliente mais difícil de agradar. Não fiquei surpresa quando fiz seu mapa e descobri que tinha Ascendente em Virgem. Ela era inteligente, organizada e metódica, como todos os virginianos que já conheci.

Mas os signos Ascendentes podem enganar. É claro, na superfície ela era voltada a detalhes e controle, como um virginiano. Mas seu Sol não era em Virgem. Era no sensível e solidário Peixes, o signo mais impressionável do zodíaco. E, na verdade, esse signo a descrevia mais amplamente. Ela era gentil, compassiva e cheia de imaginação (é por isso que era uma leitora voraz — ela se perdia nos livros). Tinha muitos amigos leais, um marido a quem adorava, um loft na cidade repleto de obras de arte originais e uma segunda casa — um chalezinho — em uma ilha varrida pelo vento, em um mar distante. A vida dela era inundada de romance, criatividade e água. Porém, além da delícia, ela também experimentava a dor de ser de Peixes. De uma forma ou de outra, ela enfrentou de tudo, de parente na prisão até alcoolismo. Ela era pisciana da cabeça aos pés.

Entretanto, parecia uma virginiana. Isso porque Virgem era seu *signo Ascendente*. Esse signo descreve o nível superficial de sua personalidade. Ele é quem você aparenta ser, a fachada que apresenta ao mundo. No passado, muitos astrólogos consideravam o Ascendente a parte mais fundamental de um mapa natal, ainda mais crucial que o Sol. Hoje, muitos astrólogos classificam o Sol, a Lua e o Ascendente como as três partes mais importantes de um mapa, nessa ordem.

Neste capítulo, explico como identificar os quatro ângulos principais de seu mapa: o Ascendente; seu oposto, o Descendente, raramente abordado; o Meio do Céu; e seu oposto, o I.C. (do latim *Imum Coeli*, a parte mais baixa do céu), ou Fundo do Céu. E também explico o que significa tudo isso. Esses pontos de seu mapa não são tão bem conhecidos como o Sol e a Lua, mas são uma parte essencial de quem você é.

Identificando Seu Ascendente

Qualquer pessoa que tenha calculado um Ascendente antes da era digital sabe como isso era difícil, e como é fácil cometer um erro. Hoje, se você tem acesso à internet, pode conseguir uma cópia exata de seu mapa natal em uma fração de segundos (se ainda não fez isso, faça agora; o Capítulo 2 explica como).

Conforme a Terra gira em torno do próprio eixo, o zodíaco parece gravitar ao redor dela como um anel gigante. A qualquer momento, um signo está subindo pelo horizonte leste e outro está descendo pelo oeste; um signo está passando bem acima de você e outro está do outro lado do planeta. Cada um desses pontos representa um dos quatro ângulos principais de seu mapa natal, conforme mostrado na Figura 11-1.

A cada cinco minutos, em média, um novo grau do zodíaco desponta no horizonte. Então, é importante conseguir uma cópia precisa do seu mapa. Com isso em mãos, pode descobrir com facilidade seu signo Ascendente sobrepondo um relógio imaginário acima de seu mapa. Seu Ascendente aponta para as 9 horas. Esse ponto representa o horizonte leste. (Em um mapa terrestre, o leste está à direita e o oeste, à esquerda. Em um mapa natal, que é basicamente um mapa estilizado do cosmos, são outros quinhentos.)

O ponto oposto a seu Ascendente no horizonte oeste é o *Descendente*, sempre a 180° graus de distância do Ascendente. No topo de seu mapa está o *Meio do Céu*, ou *M.C.*, abreviação do latim *Medium Coeli*, Meio do Céu. Oposto a ele, a 180° de distância do Meio do Céu, está o *I.C.*, abreviação em latim para *Imum Coeli*, a parte mais baixa do céu.

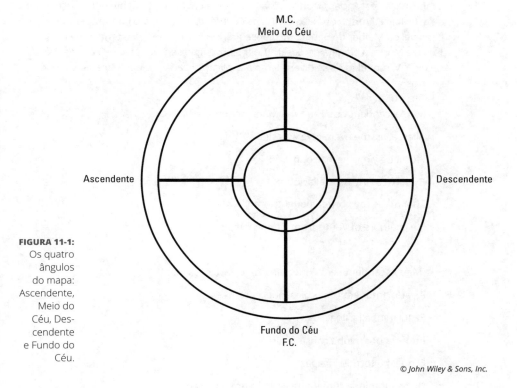

FIGURA 11-1: Os quatro ângulos do mapa: Ascendente, Meio do Céu, Descendente e Fundo do Céu.

© John Wiley & Sons, Inc.

O Que Seu Ascendente Diz sobre Você

O Ascendente é a superfície de sua personalidade. É sua imagem, sua persona, sua máscara, suas vibrações e aparência. Ou pense desta forma: seu signo Ascendente são as roupas que você usa; esses trajes não são exatamente *você*, mas também não são irrelevantes. Eles transmitem uma mensagem implícita aos outros — e até *você* pode vir a associá-los ao seu eu mais profundo.

A MULHER DE BATH

EXEMPLO

Quando astrólogos analisam personagens da literatura, em geral são forçados a intuir quais poderiam ser suas datas de nascimento. Às vezes, um autor compartilha a informação essencial. Geoffrey Chaucer, por exemplo, certamente tinha noções de astrologia. Em sua obra, *Os Contos de Cantuária*, explicou o comportamento excitável da Mulher de Bath como consequência natural de ter Ascendente em Touro e Marte, o planeta do desejo, no mesmo signo sensual. Não deixe o inglês do século XIV impedi-lo de se divertir com a explicação dada por ela sobre seus modos lascivos:

> Myn ascendent was Taur and Mars therinne —
>
> Allas, allas, the evere love was sinne!
>
> I folwed ay my inclinacioun
>
> By vertu of my constellacioun;
>
> That made my I coude nought withdrawe
>
> My chambre of Venus from a good felawe.

> [Meu Ascendente era Touro e Marte estava presente —
>
> Ai, ai, o amor era uma coisa indecente!
>
> Segui minha inclinação
>
> Imposta por minha constelação
>
> O que me tornou incapaz
>
> De negar minha câmara de Vênus a um bom rapaz.]

E, na vida real, quem são as pessoas com Ascendente em Touro e Marte no mesmo signo? Queen Latifah, Salmon Rushdie e Linda Blair, de *O Exorcista*, estão entre elas. Barbara La Marr, também. Atriz da época do cinema mudo, La Marr se casou seis vezes antes de morrer por overdose, aos 29 anos.

» **Ascendente em Áries:** Você é ativo, assertivo, aventureiro, teimoso e, talvez, propenso a se envolver em acidentes. Imprudente e extrovertido, com energia de sobra, você revigora todos ao seu redor. Você tem orgulho — e com razão — de sua capacidade de colocar as coisas em movimento. Quando sabe o que quer, vai atrás disso com ousadia. Mas também pode ser competitivo e insensível, com uma tendência para controlar. Quando obstáculos bloqueiam seu caminho, sua paciência (que nunca é seu forte) pode evaporar. Você adora estar no começo de um empreendimento, quando a empolgação está crescendo. O "depois" é outra história. Entre as pessoas com Ascendente em Áries estão Rihanna, Penelope Cruz, Bette Midler, Joan Rivers, Che Guevara, John Lennon, Yo-Yo Ma e Lin-Manuel Miranda.

Independentemente de seu signo solar, seu regente é Marte, o planeta guerreiro. O posicionamento dele por signo, casa e aspectos descreve seu nível de energia e a natureza de seus desejos.

» **Ascendente em Touro:** Você é acolhedor, generoso, leal e amigável, mesmo que demore para se abrir e seja resistente a mudanças. Há algo de reconfortante e calmo em sua presença firme. Você é pragmático e paciente, uma pessoa racional que não se deixa afetar pelas pequenas coisas. Você também é carinhoso e hedonista, com uma sincera apreciação por comida, bebida, arte e os prazeres do corpo. Você se importa com a aparência, e também não é indiferente ao dinheiro. Ele lhe traz a segurança de que precisa. Bonnie Raitt, Amy Tan, R. Buckminster Funller, Gabriel García Márquez, Ursula K. Le Guin e Serena Williams têm esse posicionamento.

Independentemente de seu signo solar, seu regente é Vênus, o planeta do amor e da atração. O posicionamento dele por signo, casa e aspectos influencia o papel do amor, da arte e da beleza em sua vida.

» **Ascendente em Gêmeos:** Você é comunicativo, animado, divertido, possivelmente tem insônia e é sempre jovial. Você pega informações (e banalidades) em um piscar de olhos, e se adapta rapidamente à mudança de circunstâncias, mesmo que também se queixe dela. Você tem mente curiosa e talvez tenha talento para a escrita. Mas é nervoso e se entedia com facilidade, com uma tendência para desperdiçar energia. O que acalma sua ansiedade é ter duas coisas sempre: dois melhores amigos, dois empregos, dois celulares, dois livros na mesa de cabeceira. Orson Welles, Margaret Atwood, E. E. Cummings, Regina Spektor, Kristen Stewart, Mindy Kaling, Matthew McConaughey e Amy Winehouse podem reivindicar seus Ascendentes em Gêmeos.

Não importa qual é seu signo solar, o regente de seu mapa é o ágil Mercúrio, senhor da comunicação. Ele molda sua maneira de se comunicar, aprender e como sua mente funciona.

» **Ascendente em Câncer:** Temperamental, sensível e cheio de imaginação, você vive em um estado emocional elevado, envolto em um dilúvio de sentimentos. Você tem sintonia com as outras pessoas e talento para acolhê-las, ainda que possa se sentir drenado pelas necessidades delas e ressentido com suas demandas. É astuto e ambicioso, embora seus planos possam desmoronar diante de suas reações emotivas. Quando se sente acuado por exigências ou críticas alheias, você se retira na solidão de sua concha. Lar, comida, família e bem-estar financeiro são fundamentais para sua paz de espírito. Arnold Schwarzenegger, Cher, Angelina Jolie, Tyra Banks, Joni Mitchell, Julia Roberts, Hasan Minhaj e Adele têm Ascendente em Câncer.

A Lua é seu regente, independentemente de seu signo solar. Pela casa, signo e aspecto, ela revela os altos e baixos de suas emoções e instintos.

» **Ascendente em Leão:** Você é vistoso, amante da diversão, carismático e amigável. Longe de ser invisível, você não suporta não ser notado. Por ter um orgulho grande, faz o melhor para parecer confiante e geralmente consegue. Você tem capacidade de liderança e opiniões sobre tudo, e não está disposto a mudar seus pontos de vista. Mas sua segurança convence, e as pessoas fazem o que você diz. Você quer melhorar suas vidas, e não se importa em se deleitar no esplendor do apreço delas. Entre essa gente exuberante com Ascendente em Leão estão Richard Branson, Meryl Streep, Selena Gomez, Anthony Bourdain, Marilyn Monroe, Drake e Catherine, duquesa de Cambridge. Também Bernie Madoff e Donald J. Trump.

O Sol é seu planeta regente, não importa sob qual signo do zodíaco você nasceu. Ele representa seu eu essencial e sua vitalidade, que é reforçada por ter Ascendente em Leão.

» **Ascendente em Virgem:** Conversador habilidoso, você tem uma mente sagaz e incisiva, e uma conduta prudente e controlada. Metódico e articulado, com uma capacidade impressionante de lidar com detalhes, você se comunica de maneira eficaz, adquire conhecimento sem esforço e tem uma inteligência aguda e observadora (um dos motivos pelos quais é bem divertido conversar com você). Você concentra esforços para se relacionar com o mundo no nível mental, mas rompantes de emoção o fazem querer se esconder. Você é preocupado, sobretudo com sua saúde. Apesar do que possa pensar, seus esforços para esconder sentimentos nem sempre dão certo. Entre as pessoas com Ascendente em Virgem estão Leonard Cohen, Paul Simon, Steve Jobs, Jay-Z, Charlize Theron, Keanu Reeves, kd lang, Kris Jenner, Louisa May Alcott e Jane Austen.

Independentemente de seu signo solar, seu regente é Mercúrio. O posicionamento dele em seu mapa indica seu modo de pensar e a maneira como se comunica.

» **Ascendente em Libra:** Você é charmoso, diplomático, refinado, atraente e fácil de ter por perto. Com seus traquejos sociais, você vai longe. Mas não suporta ficar em um ambiente hostil, e talvez fique desligado se por acaso se encontrar em um lugar assim. Você também é empenhado artística e intelectualmente, comprometido com a justiça, a igualdade e o equilíbrio (é para isso que servem os pratos da balança). Parcerias, românticas e de outros tipos, são sua força vital. Alguns exemplos: Yoko Ono, Denzel Washington, Jennifer Aniston, Eric Clapton, Adrienne Rich, Bernard Kouchner, Rock Hudson, Frank Sinatra, Leonardo di Caprio e Stevie Wonder.

Não importa seu signo solar, seu regente é Vênus, o planeta do amor, da arte e da atração. A posição dele em seu mapa por casa, signo e aspectos é o fundamento de quem você é.

PSEUDÔNIMOS DE PESSOAS COM ASCENDENTE EM ESCORPIÃO

EXEMPLO

Algumas pessoas nascidas com Ascendente em Escorpião não conseguem deixar de brincar com a própria identidade. Entre os exemplos estão a escritora Mary Anne Evans, que publicou com o nome George Eliot; Samuel Clemens, que escreveu como Mark Twain; Washington Irving (famoso por Rip van Winkle), que atendia por Dietrich Knickerbocker e Geoffrey Crayon; Prince Rogers Nelson, que trocou o nome por um símbolo e se tornou o artista antes conhecido como Prince; Margaretha Zelle MacLeod, que mudou de nome para Mata Hari e se tornou espiã; David Berkowitz, o assassino que se nomeou "Filho de Sam" (embora não fosse); o comediante camaleão Tracey Ullman, cujos alter egos são de todas as raças, gêneros, idades e opiniões; e o atleta olímpico de decatlo Bruce Jenner, que trocou seu nome para Caitlyn e se tornou mulher. Por que eles fazem isso? Pergunte a Sigmund Freud. Como outras pessoas com Ascendente em Escorpião, ele também era fascinado pelo mistério da identidade e pelo poder dos segredos.

» **Ascendente em Escorpião:** A astrologia tradicional afirma que o Ascendente define a aparência. Na minha opinião, essa influência geralmente é sutil, com uma grande exceção: Ascendente em Escorpião. Seu magnetismo é inconfundível e seus olhos intensos, escuros ou claros, são atraentes e sedutores (exemplo da vida real: Bette Davis). Você é misterioso, sexy e reservado, com um estoque de dor que pode levá-lo a ofender ou recuar. A despeito de quaisquer mágoas que possa ter sofrido no passado, você é um sobrevivente que assume o controle em períodos de crise. Tem coragem, força de vontade e capacidade de se transformar, interna e externamente. Sem dúvida, posicionamentos em Escorpião não são fáceis. Mas esse é um signo poderoso. Às vezes, você não intimida as pessoas sem querer? Claro que sim. Assim como as seguintes pessoas com Ascendente em Escorpião: Clint Eastwood, Tom Cruise, Robin Williams, Keith Richards, Paul Auster, Justin Bieber, Victor Hugo, Julio Cortázar, Nicole Kidman, Jacqueline Kennedy Onassis e, sim, o marquês de Sade.

Escorpião tem dois regentes e, portanto, você também, não importa seu mês de nascimento. O regente moderno de seu mapa é Plutão. E que ninguém venha falar besteira sobre Plutão ser um planeta anão. Plutão rege a destruição, a transformação e a energia nuclear. Ele não precisa ser grande. Seu regente tradicional é Marte, o planeta da ação. De acordo com o signo, a casa e os aspectos, ambos os planetas desempenham funções de regência em seu mapa.

» **Ascendente em Sagitário:** Você é extrovertido, incansável e inconsequente. Em sua busca otimista por variedade e perspectivas, cultiva amigos e conhecidos de várias origens e viaja o máximo possível. Em sua procura por conhecimento, pode ficar sobrecarregado de ideias. Espirituoso e irritável, você é um felizardo, com uma personalidade jovial, dezenas de amigos e uma atitude independente. Quando as oportunidades aparecem, você as agarra instintivamente. Porém, para você é difícil sacrificar sua liberdade, e sofre quando limitado. Contrariando opiniões, você insiste em fazer as coisas do seu jeito. Seus amigos gastam saliva à toa. Pessoas com Ascendente em Sagitário incluem Leonardo da Vinci, Brad Pitt, Marlon Brando, Patti Smith, Chaz Bono, Elvis Presley, Sarah Silverman, Kim Kardashian e Alexandria Ocasio-Cortez.

Não faz diferença onde seu Sol está; Júpiter, o planeta da expansão, é o regente de seu mapa. O posicionamento dele por casa, signo e aspectos indica áreas de sorte e oportunidade.

» **Ascendente em Capricórnio:** O caos o deixa louco. Você é sério, reservado, confiável e determinado, com um método para tudo. Ambicioso e competitivo, prefere trabalhar dentro de um sistema instituído. Você exerce autoridade com eficácia e tem um sólido senso de ética. Mas sua infância pode ter sido controlada com rédeas curtas, e aprender a relaxar pode ser um desafio. Embora possa ser rígido e propenso à depressão, sua maneira de ver as coisas melhora conforme envelhece (e graças aos hábitos saudáveis, você conserva uma aparência jovem). Pessoas com Ascendente em Capricórnio incluem a rainha Elizabeth II, Harry (duque de Sussex), Ava DuVernay, America Ferrera, Jane Fonda, Sophia Loren, Kylie Jenner, James Joyce e Ariana Grande.

Saturno, o planeta da disciplina, é seu regente, não importa seu signo solar. O posicionamento dele por casa, signo e aspectos indica as áreas em que você precisa pagar suas dívidas, encarar medos e criar estruturas a fim de atingir seu potencial.

EXEMPLO

NÃO JULGUE UM LIVRO

Passe algumas horas procurando aniversários de celebridades e inevitavelmente ficará estupefato. Isso aconteceu comigo em relação a David Bowie, "a maior estrela do rock de todos os tempos", de acordo com a *Rolling Stone*. Ele era extravagante, inovador, andrógino, bacanudo e exagerado, o maestro alienígena da música Space Age. Quando soube que Ziggy Stardust era um capricorniano pé no chão, minha fé na astrologia ficou abalada. Capricórnio é sério, prático, estável, confiável, distinto, maduro, amante das tradições, e não necessariamente conservador no pensamento, mas no estilo. Ao contrário, David Bowie era um ser tão peculiar que nem mesmo seus olhos eram iguais.

Então vi o mapa de Bowie e minha fé começou a voltar. Sem dúvida, ele é capricorniano. Mas seu Sol e Marte em Capricórnio estão escondidos na 12ª casa. O que não está escondido é seu Ascendente em Aquário, o signo da inovação, excentricidade, rebeldia e vanguarda. Ele se parece — e, em vários aspectos, é — com um aquariano que rompe tabus e é voltado para o futuro.

Mas abra o livro de Bowie e descobrirá um homem de família ambicioso e diligente que trabalhou com uma companhia de seguros para criar uma ferramenta financeira respaldada por royalties chamada Bowie Bond. Não há nada mais capricorniano do que isso. Você também descobrirá que sua Lua é em Leão, prova de que amava os holofotes, e Vênus no ápice do mapa, mostrando que ele não tinha problema algum em prender sua atenção. Mas a primeira coisa que vem à mente quando se pensa em David Bowie provavelmente é sua fachada inesquecível, quer dizer, seu signo Ascendente.

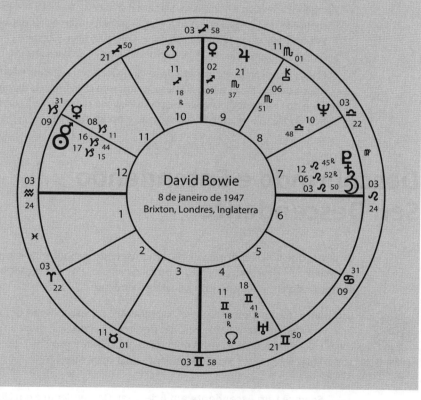

» **Ascendente em Aquário:** Você tem dezenas de interesses, legiões de amigos e uma personalidade bacana e amigável. Mas conserva certa apatia que pode fazê-lo parecer desinteressado ou distante, e não se dispõe a limitar suas opções pelo conforto dos outros. Se para eles você parece teimoso ou excêntrico, bem, eles que lutem. Acontecimentos imprevistos, sobretudo na infância, tornaram você consciente da necessidade de se proteger. Acima de tudo, resiste à autoridade. Por que outra pessoa deveria ter poder sobre você? É impossível pensar em uma única razão. Pessoas com Ascendente em Aquário incluem Barack Obama, Whoopi Goldberg, Michael J. Fox, Audrey Hepburn, Roseanne Barr, William S. Burroughs e J.K. Rowling.

Independentemente de seu signo solar, você tem dois regentes: o rebelde Urano e Saturno, o planeta da autodisciplina. Juntos, eles têm domínio sobre seu mapa.

» **Ascendente em Peixes:** Você é romântico, impressionável, sentimental, gentil e tão empático que pode ser um tormento apenas ficar perto de pessoas infelizes. Temperamental e idealista, você tem habilidades artísticas e psíquicas poderosas. No ápice da autorrealização, pode mobilizar suas forças internas e transformar fantasia em realidade. Mas seus limites são permeáveis. Você é fortemente afetado por seu ambiente e pode se tornar ingênuo, passivo e submisso. Seu afã por satisfação criativa e espiritual pode mantê-lo nos eixos. Estas são algumas pessoas com Ascendente em Peixes: Whitney Houston, Johnny Cash, John Coltrane, Allen Ginsberg, Pablo Neruda, Deepak Chopra, Laura Dern, Gwyneth Paltrow, Richard Pryor e John McCain.

O indefinível Netuno, planeta da inspiração, é seu regente, não importa a época de seu nascimento. O posicionamento dele em seu mapa ilumina a área dos empenhos criativo e espiritual. Você também tem um corregente: o auspicioso Júpiter, que traz expansão e oportunidade.

Descobrindo e Entendendo Seu Descendente

Uma vez que você identificou seu signo Ascendente, automaticamente é possível saber seu Descendente, não é preciso cálculo. Por definição, o Descendente sempre está em oposição exata a seu Ascendente.

LEMBRE-SE

Um ponto menos potente que o Ascendente, o Descendente define como você lida com casamento e parcerias. Ele descreve a natureza desses relacionamentos na sua vida e revela o tipo de pessoa por quem é provável que você se apaixone. Qual é seu tipo? Seu Descendente dá a resposta:

» **Se você tem Ascendente em Áries:** Seu Descendente é em Libra. Uma aliança igualitária faz bem para você e seu parceiro perfeito, ao contrário de você, é preparado e equilibrado, uma força de paz e harmonia; exatamente a qualidade de que você mais precisa.

- **Se você tem Ascendente em Touro:** Seu Descendente é Escorpião. Seu possível melhor parceiro é sexualmente apaixonado, emocionalmente intenso e ávido para participar de conversas íntimas. Provavelmente você não acha que quer alguém reservado ou manipulador. A evidência sugere o contrário.

- **Se você tem Ascendente em Gêmeos:** Seu Descendente é Sagitário, o que sugere que o melhor parceiro para você é uma pessoa independente e otimista que pode expandir seu mundo. Você romantiza as relações e talvez se case mais de uma vez. Mas desde quando isso é crime?

- **Se você tem Ascendente em Câncer:** Seu Descendente é Capricórnio, o que significa que busca uma relação sólida com um parceiro responsável, protetor e, possivelmente, mais velho ou mais estabilizado que você. Estar com uma pessoa madura, adulta, o ajudará a se sentir seguro.

- **Se você tem Ascendente em Leão:** Seu Descendente é Aquário. Portanto, embora você possa pensar que quer um companheiro deslumbrante e aventureiro, seu parceiro ideal na verdade é um livre-pensador estimulante com quem sente uma conexão mental dinâmica.

- **Se você tem Ascendente em Virgem:** Seu Descendente é Peixes, o que sugere que seu parceiro ideal é uma pessoa simpática e fácil de lidar, que possa ajudá-lo a parar com todo esse drama que você faz. Talvez sonhe com alguém tão organizado e eficiente quanto você. Reparou que continua não conseguindo isso? Há um motivo: não é o que você precisa.

- **Se você tem Ascendente em Libra:** Seu Descendente é Áries, o que sugere que seu parceiro ideal é alguém com veia independente e personalidade impetuosa que desperte seu entusiasmo, energize-o e o ajude a lidar com conflitos, mesmo que ele os tenha começado.

- **Se você tem Ascendente em Escorpião:** Seu Descendente é Touro. O parceiro mais lógico para você é pé no chão, confiável e persistente o bastante para aguentar suas demonstrações de afeto consideráveis. Talvez pense que quer alguém picante e complicado (como você mesmo). Na real, você se daria melhor com alguém simples e saudável como um pão de forma.

- **Se você tem Ascendente em Sagitário:** Seu Descendente é Gêmeos, então, pode ficar adiando o compromisso com medo de se sentir preso. Quando finalmente cria coragem, o parceiro adequado para você é uma pessoa ativa, multifacetada, cuja conversa é tão estimulante que você nunca fica entediado.

- **Se você tem Ascendente em Capricórnio:** Seu Descendente é Câncer, o que significa que um parceiro incentivador pode lhe dar o aconchego (e as refeições caseiras) pelo qual anseia. Uma relação tradicional, mesmo que você não a chame assim, lhe traz conforto e segurança.

- **Se você tem Ascendente em Aquário:** Seu Descendente é Leão, sugerindo que uma relação que proporciona a paixão, a vivacidade e a dedicação pessoal de Leão neutralizaria sua objetividade petulante e lhe traria satisfação. Um pouco de pique da parte de seu parceiro faz toda a diferença para manter seu interesse.

» **Se você tem Ascendente em Peixes:** Seu Descendente é Virgem, o que sugere que um parceiro prático, analítico e atento aos detalhes equilibraria seu jeito intuitivo e sonhador de lidar com a vida, e o ajudaria a reduzir o caos que você cria ou atrai, sem sequer tentar.

Observando Seu Meio do Céu e o Fundo do Céu

Como é que as pessoas crescem em circunstâncias comuns e, no entanto, acabam se tornando incrivelmente famosas ou realizando coisas extraordinárias? O Meio do Céu, também conhecido como M.C. (do latim *medium coeli*, que significa "Meio do Céu"), é uma explicação frequente para isso.

O Meio do Céu é o ponto mais alto de seu mapa. Ele não define seus talentos, mas influencia sua persona pública, sua profissão e como você se sente em relação a autoridade, status e reputação. O M.C. também diz muito sobre um de seus pais. Qual deles? Alguns astrólogos acreditam que ele se refere à mãe, outros, ao genitor do sexo oposto; outros, ainda, ao mais dominante. Resumindo, sem dúvida é um ou outro. A escolha é sua.

Diretamente oposto ao Meio do Céu está o I.C. [Fundo do Céu], ou *imum coeli* (em latim, significando "a parte mais baixa do céu"). O I.C. influencia sua atitude em relação ao lar e à família, e como o M.C., está associado a um de seus pais. Ele afeta as circunstâncias no fim de sua vida e, dizem, representa a "base da personalidade", o que significa que a importância dele é maior do que aparenta.

LEMBRE-SE

Se você tem uma cópia exata de seu mapa natal, é possível encontrar o Meio do Céu ou M.C. na (ou perto da) cúspide da décima casa, mais ou menos perto de onde um relógio marca 12h. Seu F.C. é oposto ao Meio do Céu, no (ou perto do) ponto mais baixo de seu mapa.

DICA

Ainda não tem uma cópia de seu mapa? Volte ao Capítulo 2 para ver recomendações sobre como conseguir um gratuito, neste instante.

O Meio do Céu afeta sua carreira e imagem pública. O F.C. fala sobre sua experiência com o lar e a família.

» **Meio do Céu em Áries:** Você tem uma atitude ousada em relação à carreira. Reage a um desafio e fica mais empolgado quando lança um novo empreendimento. Você é um líder e não se importa em correr riscos. Você se importa, sim, em ficar sem poder. Ser seu próprio chefe é sua melhor jogada.

O planeta que rege seu Meio do Céu é Marte.

Seu F.C. é em Libra, indicando que, enquanto pode ficar impassível diante de conflitos em um ambiente profissional, em casa você busca harmonia e serenidade. Aceite o conselho de William Morris, um ariano do século XIX famoso por seus bordados e papéis de parede: "Não tenha nada em casa que não seja útil ou que não ache bonito." E se ficar em dúvida sobre qual a opção mais importante — utilidade ou beleza —, opte pela última.

» **Meio do Céu em Touro:** Segurança é importante e você tem vigor para tornar isso possível. Você precisa fazer algo palpável em sua profissão e o que quer que seja, precisa receber retornos substanciais.

O planeta regente de seu Meio do Céu é Vênus. As artes podem atraí-lo, ao lado de qualquer coisa relacionada a prazer ou beleza.

Seu F.C. é em Escorpião, significando que seu lar é um refúgio onde você pode expressar suas paixões mais profundas e desfrutar da privacidade a que almeja.

» **Meio do Céu em Gêmeos:** Em sua carreira, você exige diversidade, estímulo intelectual e possibilidade de satisfazer sua curiosidade. Escrita e outras formas de comunicação são favoráveis. Você também se beneficia da chance de dar umas voltas fora do escritório. Não é preciso ir longe, basta *sair*.

O planeta que rege seu Meio do Céu é Mercúrio.

Seu F.C. é em Sagitário, o que sugere que você se muda com frequência (ou gostaria), que princípios religiosos podem constituir a base de sua vida familiar ou que, em segredo, você anseia ser um expatriado. Você concorda com o escritor geminiano G. K. Chesterton: "Lar não é o lugar tranquilo em um mundo de aventura; é o lugar selvagem em um mundo de regras e tarefas definidas."

» **Meio do Céu em Câncer:** Uma profissão que incentiva você a ativar sua intuição e criar elos emocionais o atrai em longo prazo, sobretudo se foca imóveis, decoração de interiores, relações familiares, comida, um negócio familiar ou qualquer coisa relacionada a crianças. Não importa o que faça, seu objetivo tácito pode ser prover seus entes queridos. Você também precisa estar envolvido com a comunidade em geral e receber reconhecimento das figuras de autoridade nela.

O planeta que rege seu Meio do Céu é a inconstante Lua.

Seu F.C. é em Capricórnio, o que implica que você talvez prefira uma casa com um design clássico, comprovado pelo tempo, e que sua atitude diante da família é conservadora, uma área na qual carrega enorme responsabilidade.

» **Meio do Céu em Leão:** Você precisa de uma carreira que dê espaço para a expressão criativa, assim como oportunidades de liderança e reconhecimento. Seu orgulho considerável está em jogo, portanto, quanto mais reconhecimento você recebe por seus esforços, mais feliz fica.

O planeta regente de seu Meio do Céu é o Sol.

Seu F.C. é em Aquário, que implica que você cresceu sob circunstâncias atípicas, de certa forma. Um de seus pais também é incomum. Como consequência, você tem uma atitude idiossincrática em relação a lar e família, e também há algo curioso em sua vida doméstica.

EXEMPLO

BJÖRK

É justo dizer que a cantora, compositora e intérprete islandesa Björk, uma artista extremamente experimental que esteve na mídia desde criança, apresenta uma imagem estranha e intrigante? Acho que sim, e não só por conta de seu infame vestido de cisne, que parecia uma mistura de pássaro morto e saia balonê. Ela costurou pérolas na pele, com apêndices de outro mundo brotando de sua cabeça de duende. Mas sua aparência é secundária em relação às músicas, emotivas e abstratas, puras e requintadas; sua voz impressionante, que soa como um sino; suas apresentações espantosas; e sua capacidade de invocar mundos. Ela até inventa instrumentos musicais. Se genialidade significa algo; ela está com tudo.

Seu brilhantismo começa com o Sol, a Lua e o Ascendente em Escorpião, tornando-a uma escorpiana tripla — uma criatura profunda e determinada.

Mas são os ângulos que lhe conferem a maior parte da presença e poder. Seu signo Ascendente e Meio do Céu formam uma conjunção fortíssima com planetas exteriores. Seu Ascendente em Escorpião está conjunto com o sonhador Netuno, planeta da imaginação, enquanto o Meio do Céu faz uma conjunção precisa com Plutão e o criativo Urano. Há outros aspectos importantes no mapa dela, mas é o alinhamento nos ângulos que põe tudo em movimento.

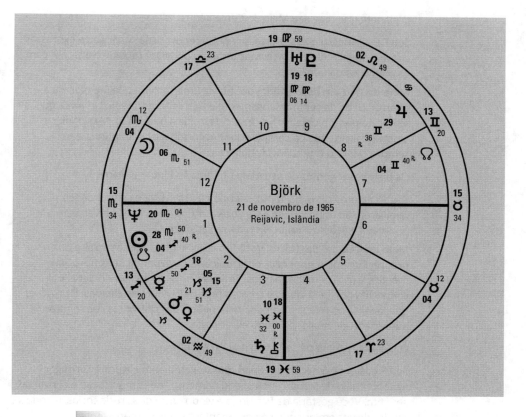

- » **Meio do Céu em Virgem:** Qualquer que seja sua vocação ou participação em comunidade, você tem sucesso porque aplica a diligência necessária e presta atenção aos detalhes. No entanto, pode sentir que não obtém o reconhecimento que merece. Tenha em mente que Virgem é o signo do mártir e resista à tentação de se torturar.

  O planeta regente de seu Meio do Céu é Mercúrio.

  Seu F.C. é Peixes, o que indica que sentimentos de abandono na infância fazem você almejar um lar repleto de conforto espiritual (no caso de Björk — veja o texto do box —, seus pais se separaram quando ela nasceu, o que pode explicar o posicionamento de Quíron, o Curandeiro Ferido, em conjunção com seu F.C.). Seu comportamento poderia ser o do filósofo francês Gaston Bachelard: "Se me pedissem para citar a principal vantagem da casa, eu diria: a casa abriga devaneios, a casa protege o sonhador, a casa permite que alguém sonhe em paz."

- » **Meio do Céu em Libra:** Você deseja uma carreira agradável, racional, que lhe permita equilibrar as vidas pública e privada. De preferência, gostaria de uma carreira nas artes ou que lhe permitisse socializar muito. Você atrai com facilidade pessoas que podem ajudá-lo a atingir seus objetivos.

O planeta que rege seu Meio do Céu é Vênus.

Seu F.C. é Áries, o que significa que pode renovar suas energias e expressar sua individualidade em casa. Mas também pode ser rebelde e irascível com os membros da família.

» **Meio do Céu em Escorpião:** Você busca uma carreira que lhe ofereça a oportunidade de sentir intensamente e exercer autoridade. Uma vez que se decide por um objetivo, você se determina a alcançá-lo. Mas pode se embrenhar nos nós da complexidade emocional de seu mundo e está sempre ciente das tendências políticas.

Os planetas regentes de seu Meio do Céu são Plutão e Marte.

Seu F.C. é em Touro, portanto, segurança financeira e comodidades familiares são importantes para você. Ter uma casa confortável, bem projetada e acesso à natureza o deixa satisfeito.

» **Meio do Céu em Sagitário:** Você fica mais feliz com uma carreira que proporcione independência, oportunidade de expandir seus horizontes mentais e muitas milhas aéreas. Em sua profissão ou comunidade, é conhecido por seus ideais e crenças profundamente arraigadas. É provável que idealize os colegas. Embora se beneficie de confrontos com figuras de autoridade, de qualquer modo elas o irritam.

O planeta regente de seu Meio do Céu é Júpiter.

Seu F.C. é em Gêmeos, sugerindo que seu ambiente natural é um lugar agitado, cheio de livros, revistas, equipamentos de comunicação e conversas sem fim. Você gostaria de ficar indo e vindo entre duas residências, e pode se mudar de vez em quando só para manter as coisas interessantes.

» **Meio do Céu em Capricórnio:** Confiável e ambicioso, você está disposto a fazer o que for necessário para ter sucesso. Com frequência, as responsabilidades grandes — e, às vezes, injustas — acabam caindo no seu colo. Você é elogiado por sua responsabilidade. Para manter a confiança, precisa de sinais claros de progresso — como promoções, aumentos e um escritório de canto com vista para uma figueira. Você se sai bem em um ambiente corporativo.

O planeta que preside seu Meio do Céu é Saturno.

Seu F.C. é em Câncer, sugerindo que seus vínculos com a família, e com sua mãe em particular, são permanentes (mesmo que também sejam frustrantes). Morar perto da água o tranquiliza.

» **Meio do Céu em Aquário:** Seu comportamento diante da carreira e da comunidade é incomum, assim como sua carreira ideal. Por seus talentos serem únicos e você ser menos adaptável do que talvez pense, seu melhor trabalho é aquele moldado exclusivamente para você. Você brilha em áreas voltadas para o futuro, progressistas, que beneficiam o público.

Os planetas que governam seu Meio do Céu são Urano e Saturno.

Seu F.C. é em Leão. Você tem orgulho de sua casa, que se transforma em um palco onde pode expressar suas emoções e talentos criativos. Mesmo que seja tímido em outros lugares, em seu próprio território você é a estrela.

» **Meio do Céu em Peixes:** Compaixão e/ou imaginação definem suas escolhas de carreira. Você pode se sentir atraído por profissões assistenciais ou algum campo da expressão, como música ou dança. De qualquer modo, sua intuição e habilidades psíquicas são seus guias.

Os planetas que regem seu Meio do Céu são Netuno e Júpiter.

Seu F.C. é em Virgem, sugerindo que uma casa limpa, arrumada e organizada de maneira inteligente lhe dá a segurança de que necessita.

> **NESTE CAPÍTULO**
> » Verificando as casas de seu mapa natal
> » Contemplando o Sol e a Lua nas casas
> » Refletindo sobre os planetas nas casas
> » Ponderando sobre as casas vazias em seu mapa

Capítulo 12
O Sol, a Lua e os Planetas nas Casas

Considere dois bebês nascidos no dia 6 de julho de 1935, um por volta das 4h no horário local e outro, em alguma parte do mundo, por volta das 6h. Os planetas deles estão em signos idênticos do zodíaco. Mas os Ascendentes (veja o Capítulo 11) não são os mesmos, nem os posicionamentos das casas. Quanta diferença isso faria?

Faria muita diferença. Uma das crianças, nascida com Ascendente em Gêmeos e o Sol na primeira casa, é Candy Barr, a stripper texana de cabelo platinado que morreu em 2005 (e recebeu um obituário de agradecimento no *New York Times*). A outra, nascida no mesmo dia com Ascendente em Câncer e Sol na décima segunda casa, é o Dalai Lama. Essa diferença gritante sugere o quanto o Ascendente e os posicionamentos das casas podem ser essenciais. Eles são tão importantes quanto os signos.

É fácil confundir signos com casas. Embora se sobreponham e com frequência tenham o mesmo significado, não são a mesma coisa. Os signos são divisões da eclíptica celeste, o arco de estrelas onde o Sol, a Lua e os planetas podem ser encontrados. Os signos nos dizem como esses planetas se expressam. As casas nomeiam a área onde essa expressão ocorre. Continue lendo para descobrir como cada planeta atua em cada casa.

Os planetas representam tipos de energia, os signos representam maneiras de expressá-las e as casas, áreas de experiência em que essas energias tendem a atuar.

CASAS EM CRISE?

Qualquer área de atuação tem questões não resolvidas. Na astrologia, uma das mais controversas enfoca as casas. Todo mundo concorda que existem doze. Mas como definir os limites delas? Há dezenas de métodos à escolha. Vou abordar apenas dois.

O primeiro é o Plácido. De longe o sistema mais popular de divisão de casas, Plácido é uma fórmula temporal tão arraigada que sequer tento explicá-la. O nome dela vem de Placidus de Tito, um monge italiano do século XVII, mas foi inventada por um astrólogo árabe do século X chamado Mohammed ben Gebir al Batani, que, por sua vez, baseou seu sistema nos manuscritos fundamentais de Cláudio Ptolomeu, um geógrafo, astrônomo e astrólogo do século II conhecido em todo o Império Romano. Logo, esse sistema circulou durante eras. Mas o Plácido tem suas desvantagens, particularmente o fato de a Terra girar inclinada em torno do Sol e, como consequência, as casas não terem o mesmo tamanho; quanto mais ao norte ou ao sul, piores ficam as distorções. No entanto, esse foi o sistema que aprendi quando me iniciei na astrologia e, com raras exceções, é o que uso neste livro. Também é o sistema preferido pela maioria dos serviços astrológicos online. Até pouco tempo atrás, eu teria dito que esse é o sistema mais popular, sem dúvida.

Porém, recentemente um sistema concorrente deu as caras. O Signo Inteiro é o sistema mais antigo de divisão de casas e, de longe, o mais fácil. Ele presume que todas as casas são iguais em tamanho e coerentes com os signos. E, ao contrário do Plácido e de outros sistemas, não envolve trigonometria.

Portanto, digamos que você tenha Ascendente em Gêmeos. Não importa se ele está a 0° ou 29° em Gêmeos. Sob as regras do Signo Inteiro, a primeira casa inteira será o domínio de Gêmeos e o Ascendente será meramente um ponto dentro dela. A segunda casa pertencerá a Câncer. A terceira é de Leão, e assim por diante, em todo o zodíaco. Simples, e tentador.

Mas é fiel? Ele reflete a realidade detalhada melhor que o Plácido? É difícil dizer. Ainda assim, muitos astrólogos passaram a adotar o Signo Inteiro e estão defendendo-o com entusiasmo. Quanto a mim, continuo com o Plácido. Mas poderia arriscar.

Os posicionamentos das casas se baseiam em seu horário de nascimento, não no signo. Logo, se você nasceu bem antes do amanhecer, seu Sol está na primeira casa, não importa se nasceu em janeiro ou junho. Se nasceu por volta do meio-dia, seu Sol estará no ápice de seu mapa, na nona ou na décima casa. Nasceu ao entardecer? No verão ou no inverno, seu Sol estará na sexta ou na sétima casa. E se nasceu por volta da meia-noite, seu Sol estará na terceira ou na quarta casa, dando voltas na base de seu mapa.

Se você tem uma cópia exata de seu mapa com base no horário de nascimento, é possível ver nesse instante quais casas estão ocupadas e quais não estão. Se não tem uma cópia do mapa, vá para o Capítulo 2 e consiga uma agora.

Lamento informar que, se você não tem o horário de nascimento que seja, pelo menos, bastante preciso (em cerca de uma hora), pode pular este capítulo. As casas dependem do horário de nascimento, então, se você não sabe quando nasceu, não é possível saber quais casas seus planetas ocupam. Isso é bem ruim, mas não fique chateado. Mesmo sem as casas, a astrologia é ampla.

Pensando nas Casas

Todo mapa natal contém todas as doze casas — nem mais, nem menos. Mas algumas são mais importantes que outras. Quanto mais planetas espremidos você vê dentro de uma casa, mais provável é que as questões dessa casa sejam fundamentais. A Tabela 12-1 lista as doze casas, ao lado das áreas da vida que elas abrangem.

As seções seguintes mostram como o Sol, a Lua e os planetas atuam em cada uma das doze casas.

TABELA 12-1   As Casas e Seus Significados

Casa	Áreas de Interesse
Primeira casa	Sua aparência, disposição aparente e senso de individualidade
Segunda casa	Dinheiro, renda, posses, valores
Terceira casa	Comunicação, escrita, viagens curtas, irmãos e irmãs
Quarta casa	Lar, raízes, um dos genitores, circunstâncias no fim da vida
Quinta casa	Romance, filhos, criatividade, lazer
Sexta casa	Trabalho, serviço, rotinas, saúde e bem-estar
Sétima casa	Casamento e outras parcerias, inimigos declarados

(continua)

(continuação)

Casa	Áreas de Interesse
Oitava casa	Sexo, morte, regeneração, dinheiro alheio
Nona casa	Ensino superior, viagens longas, religião, filosofia, direito
Décima casa	Carreira, status, reputação, o outro genitor
Décima primeira casa	Amigos, grupos, objetivos e aspirações
Décima segunda casa	Reclusão, o inconsciente, segredos, autodestruição, transcendência

O Sol nas Casas

O Sol simboliza sua vontade, seu propósito e seu eu mais fundamental. Sua posição domiciliar descreve a área em que você pode expressar de maneira mais eficaz os aspectos do seu ser.

- **Sol na primeira casa:** Você é ativo, empreendedor e tem orgulho de suas realizações. Sua personalidade forte o capacita a se afirmar de uma maneira natural e distinta. Esse posicionamento indica potencial liderança e sucesso que chega por meio de seus próprios esforços.
- **Sol na segunda casa:** Você é prático, persistente, pensa em segurança e tem habilidade para avaliar o valor das coisas, materiais e não materiais. Suas posses refletem seus valores mais profundos. Estabilidade financeira é um objetivo que vale a pena; atingi-lo faz você se sentir nos eixos e é algo de que pode se orgulhar.
- **Sol na terceira casa:** Articulado e observador, você coleta informações e se comunica com facilidade. O aprendizado o deixa envolvido. Viagens curtas — e mesmo passeios pelo bairro — mantêm você animado e envolvido. A rivalidade entre irmãos, ou qualquer forma de se comunicar com um irmão, pode ter um papel fundamental em sua vida.
- **Sol na quarta casa:** Você é intuitivo e introvertido, com um forte senso de individualidade, um elo próximo com seus ancestrais e interesse pelo passado. Lar e família têm prioridade. Se sua experiência familiar é positiva ou negativa, saber algo sobre suas raízes reforça seu senso de individualidade.
- **Sol na quinta casa:** Hedonista e dinâmico, você encontra felicidade no namoro, filhos e atividades que lhe dão oportunidade de expressar sua criatividade.
- **Sol na sexta casa:** Encontrar um trabalho satisfatório é crucial. Como um perfeccionista suscetível a virar workaholic, você se define através da vocação e a produtividade eleva o ânimo. Você também tende a se preocupar com

a saúde, mas responde positivamente às artes curativas. Exemplos: Serena Williams, Barack Obama.

- **Sol na sétima casa:** Casamento e outras parcerias são essenciais para sua identidade, embora possa oscilar entre o medo do isolamento e o medo do compromisso. O ajuste de energias é um problema em relações pessoais e profissionais.
- **Sol na oitava casa:** Você é uma pessoa extremamente emotiva cuja necessidade de explorar a própria psique traz libertação e o motiva a buscar união com alguém ou algo fora de si mesmo. Sexo, reservas financeiras conjuntas e heranças de todos os tipos o cativam.
- **Sol na nona casa:** Você é um eterno buscador que procura significado e expansão de conhecimento através de estudo, religião e viagens. Todo mundo fala sobre ter uma filosofia de vida. Para você, isso é sério.
- **Sol na décima casa:** Sua determinação para ter sucesso e seu desejo por reconhecimento público fazem de você um líder nato. Esse posicionamento é um excelente indicativo de sucesso profissional.
- **Sol na décima primeira casa:** Você possui ideais e aspirações elevados, um amplo círculo de amigos e conhecidos, e habilidades colaborativas. Fazer parte de um grupo que expressa seus valores mais apreciados o incita a satisfazer seus objetivos mais profundos. Amigos podem ser as pessoas mais importantes de sua vida.
- **Sol na décima segunda casa:** Mesmo que tenha uma personalidade extrovertida, no fim você é um tipo de eremita. Intuitivo, recluso e reservado, você encontra alento na solidão e nas atividades espirituais. Ajudar os outros através de instituições como hospitais ou cadeias traz satisfação.

A Lua nas Casas

Noite após noite, a Lua nunca está no mesmo formato e na mesma localização. A casa que ela ocupa em seu mapa mostra onde você pode esperar que as circunstâncias mudem e os sentimentos oscilem. Seu bem-estar emocional depende das questões descritas por essa casa.

- **Lua na primeira casa:** Não pense que dá para esconder ou disfarçar suas emoções. Graças à sua necessidade inconsciente de expressar seus sentimentos e ser aceito, elas são óbvias para todo mundo. Seu bem-estar é curiosamente dependente de como você é e de como as pessoas o enxergam. Sua aparência e humor estão conectados.
- **Lua na segunda casa:** Embora vivencie altos e baixos financeiros ao longo da vida, você também se torna cada vez mais persistente em segurar firme a grana, o que é uma sorte, porque segurança material é crucial para seu

bem-estar. Embora talvez não se veja como materialista, suas posses significam mais do que você se importa em admitir.

» **Lua na terceira casa:** Você se comunica com habilidade ao falar e escrever. Tem um intelecto adaptável, uma ligação com irmãos e irmãs, e talento para formar conexões e unir pessoas. Viagens curtas trazem apoio emocional.

» **Lua na quarta casa:** Seus pais e herança familiar são extremamente importantes, e o passado tem um encanto irresistível. A segurança aumenta sua paz de espírito e ter um lar em que se sinta bem é fundamental. Em sua busca pelo ninho perfeito, é provável que passe por muitas mudanças de residência.

» **Lua na quinta casa:** Você é romântico, dramático e criativo. No campo amoroso, assume riscos, é divertido e emotivo, mas instável nas demonstrações de afeto. Você se conecta facilmente com crianças e é talentoso em vários aspectos.

» **Lua na sexta casa:** Até encontrar um trabalho satisfatório, é provável que troque de emprego repetidas vezes. Trabalhar em troca de pagamento não basta; você precisa se sentir produtivo e satisfeito, possivelmente em profissões assistenciais ou relacionadas à saúde. Também se preocupa com o corpo. Pode ajudar saber que quanto mais contente você estiver no trabalho, mais saudável se sentirá.

» **Lua na sétima casa:** Casamento e outras parcerias têm muita importância para você — às vezes, até demais. Com medo de ficar sozinho, você se sente indeciso e ansioso a respeito de relacionamentos, e pode passar por muitos. Por sentir que sua estabilidade depende totalmente dos outros, pode ficar dependente demais. Mas as pessoas se sentem atraídas por você. Exemplo: Marilyn Monroe.

» **Lua na oitava casa:** Você vivencia altos e baixos emocionais em relações românticas ou de negócios. Tem humores altamente oscilantes, urgências sexuais ardentes e capacidade de curar feridas emocionais próprias e, possivelmente, alheias. Embora às vezes possa hiperdramatizar suas emoções, você é sensível e corajoso ao mesmo tempo. Nem todo mundo pode dizer isso.

» **Lua na nona casa:** Quanto mais vai além dos limites do cotidiano e busca experiências novas, mais feliz você fica. Tem uma imaginação fértil e desejo por conhecimento. Talvez explore muitas religiões e filosofias de vida até encontrar uma que o preencha. Viajar eleva seu ânimo, e você faz muitas viagens.

WALT WHITMAN

EXEMPLO

O poeta Walt Whitman, nascido em 31 de maio de 1819, tinha Lua em Leão na sexta casa. Como geminiano, ele é conhecido pelos sucessos literários. Como alguém com a Lua na casa do trabalho e da saúde, ele é reconhecido pelos trabalhos constantes que teve durante a vida. Entre outras profissões, foi impressor, jornalista, professor, funcionário do governo e enfermeiro durante a Guerra Civil, um trabalho dramático, que combina com Leão, e voltado para a assistência, como exige a sexta casa.

» **Lua na décima casa:** Sua paz de espírito anda de mãos dadas com sua ambição e realizações profissionais. Uma vez que identifica a carreira certa, você mergulha de cabeça nela e pode receber reconhecimento público. Embora as pedradas da crítica possam feri-lo mais do que talvez goste de admitir, o sucesso pode ser seu.

» **Lua na décima primeira casa:** Popular e fácil de lidar, você tem uma compreensão instintiva das outras pessoas e uma habilidade rara de se conectar. Amigos e conhecidos desempenham papel fundamental em sua vida, e você é fortemente influenciado por eles. É provável que seus objetivos mudem várias vezes e, conforme mudam, seu círculo de amigos se modifica.

» **Lua na décima segunda casa:** Revelar seus segredos não é uma tarefa fácil. Você se intriga pelo lado oculto da vida, mas é temperamental e sensível. Afastar-se é seu método. Você prefere esconder suas emoções. Relacionamentos clandestinos proporcionam uma forma de alento que você não encontra em outro lugar. E, mesmo assim, conhecer você é um desafio.

Os Nodos da Lua na Casa

Ao contrário de outros corpos celestes abordados neste capítulo, os Nodos da Lua não necessariamente existem, pelo menos não na forma física. Eles são tão somente pontos no espaço em que a trajetória lunar atravessa a eclíptica. No entanto, aí estão eles em seu mapa: o Nodo Norte e o Nodo Sul, dois locais sensíveis que carregam uma mensagem que alguns astrólogos consideram a parte mais vital de seu mapa natal.

Embora astrólogos ocidentais tenham discutido exaustivamente o significado dos Nodos, em geral eles concordam que o Nodo Norte representa o crescimento, enquanto o Nodo Sul simboliza os padrões estabelecidos em vidas passadas, portanto, indica o caminho de menor resistência. Para interpretar os Nodos, considere seu posicionamento por signo, aspectos e, principalmente, casa.

» **Nodo Norte na primeira casa/Nodo Sul na sétima:** Expressar sua personalidade e perseguir suas ambições o coloca em movimento. Você fica estacionado quando entrega seu poder a outros e se torna dependente (particularmente de um cônjuge).

» **Nodo Norte na segunda casa/Nodo Sul na oitava:** Buscar segurança financeira pelos próprios esforços e de acordo com seus valores centrais traz satisfação. Depender de outros para cuidar de você, mesmo através de herança, traz frustração, assim como relacionamentos totalmente baseados em sexo.

» **Nodo Norte na terceira casa/Nodo Sul na nona:** Reunir informações e usá-las para propósitos concretos traz satisfação; fixar residência permanente no reino diáfano do pensamento filosófico traz frustração. Dar aulas, ser jornalista investigativo, envolver-se em atividades no bairro e passar um tempo com os irmãos traz benefícios; devaneios religiosos e acadêmicos, bem como amplas divagações, embora agradáveis, não trazem.

» **Nodo Norte na quarta casa/Nodo Sul na décima:** Busque satisfação na família, na tradição e na vida interior. Não espere isso do mundo lá fora. Como Serena Williams ou o diretor George Lucas, você pode encontrar sucesso na carreira. Mas sua maior alegria vem do lar, da família e do contato com suas raízes.

» **Nodo Norte na quinta casa/Nodo Sul na décima primeira:** Cuidado com socializações sem sentido. Atividades em grupo, embora divertidas, não levam a lugar nenhum. Romance, filhos e expressão criativa expandem sua consciência e trazem satisfação.

» **Nodo Norte na sexta casa/Nodo Sul na décima segunda:** Um trabalho satisfatório é fundamental para seu desenvolvimento pessoal, assim como uma atitude positiva em relação à saúde. Solidão e escapismo podem ser um alívio, já que são familiares. Mas isso limita você. Não seja um eremita.

» **Nodo Norte na sétima casa/Nodo Sul na primeira:** Aceitar o desafio de se relacionar e se tornar um parceiro igualitário beneficia você. Cooperar com os outros, em termos pessoais e profissionais, acelera seu progresso. Concentrar-se em suas questões individuais o desacelera.

» **Nodo Norte na oitava casa/Nodo Sul na segunda:** Cuidado para não hipervalorizar a importância da segurança material. Em vez disso, busque oportunidades colaborativas e forme laços de intimidade com os outros.

» **Nodo Norte na nona casa/Nodo Sul na terceira:** Em vez de ficar andando por aí em frenesi, amplie seus horizontes. Ensino superior e viagens pelo mundo fazem bem a você. Ficar jogando no celular, não. Expanda sua mente.

» **Nodo Norte na décima casa/Nodo Sul na quarta:** Embora possa assustá-lo, você almeja reconhecimento público. Superar obstáculos e ir atrás de sua carreira trazem crescimento pessoal. Dedicar-se apenas ao lar e à família, embora tentador em alguns aspectos, não.

» **Nodo Norte na décima primeira casa/Nodo Sul na quinta:** Focar casos de amor, prazeres pessoais, lazer e filhos limita seu desenvolvimento. Tenha uma visão mais ampla. Alinhe-se com outras pessoas em busca de uma causa. Torne-se politizado. Desenvolva consciência social e seja um membro ativo de sua comunidade.

» **Nodo Norte na décima segunda casa/Nodo Sul na sexta:** Seu trabalho precisa de atenção, mas sua alma também. É meio perfeccionista, portanto, exagerar faz parte de você e políticas de escritório podem sugar sua energia. A busca por qualquer forma de transcendência espiritual pode lhe trazer força e alento. Prestar assistência a outros, talvez em uma cadeia, um hospital ou um asilo, também é gratificante.

Mercúrio nas Casas

Mercúrio é o planeta da comunicação. Seu posicionamento nas casas sugere as áreas que concentram seus pensamentos e definem a maneira como você se comunica.

» **Mercúrio na primeira casa:** Você é tagarela — rápido, eloquente e ávido por compartilhar suas opiniões. Você pode ser um contador de histórias sociável, o tipo de pessoa que se torna o corpo e a alma de um jantar. Mesmo que não seja extrovertido, mostra a que veio quando faz um discurso. Sua habilidade comunicativa atrai pessoas.

» **Mercúrio na segunda casa:** Você compreende a importância dos detalhes precisos e tem capacidade de entender de negócios e finanças. Ao pensar em termos práticos, você pode transformar uma ideia em vantagens concretas. Também pode ganhar dinheiro escrevendo.

» **Mercúrio na terceira casa:** Você tem sorte em possuir esse posicionamento bastante admirado, pois ele lhe proporciona uma mente alerta e vibrante, curiosidade intelectual e um jeito com as palavras. Fala em público com eficiência, tem uma conversa inteligente e talento para a escrita.

» **Mercúrio na quarta casa:** Há muito a discutir porque sua herança familiar é complicada e você tem de lidar com as repercussões disso. Por sorte, é antenado e extremamente consciente. Ao contrário de muitos, você gosta de se aprofundar na própria história, e é capaz de mudar.

» **Mercúrio na quinta casa:** Um amante da diversão com interesses variados, você é um pensador criativo com tendência para especulações e uma queda pela ficção. No amor, busca alguém que o entende mentalmente. Como pai ou mãe, boa parte de sua alegria vem dos filhos (e fala sobre eles sem parar).

» **Mercúrio na sexta casa:** Talentoso, eficiente e bom com trabalhos manuais, você tende a mergulhar no trabalho, lidando com os detalhes facilmente ou ficando obcecado por eles. Na ausência de outras coisas para fazer, você é o mestre do tapa-buraco; é fundamental que encontre um emprego que valha a pena. Quanto mais satisfatório é seu trabalho, é menos provável que se preocupe com a saúde.

» **Mercúrio na sétima casa:** Você é uma pessoa sociável que adora uma brincadeira e almeja relacionamentos com muita conversa. Embora seja extrovertido e se conecte facilmente com os outros, você fica entediado muito rápido e pode evitar se comprometer. Quando encontra a pessoa que está procurando, a conversa nunca acaba.

» **Mercúrio na oitava casa:** Esse posicionamento proporciona intuição, capacidade de desmascarar segredos, habilidades investigativas impressionantes e envolvimento profundo com os mistérios da vida, incluindo sexo, morte, dinheiro (preocupar-se com isso o chateia) e artes metafísicas.

» **Mercúrio na nona casa:** Você é estimulado por ideias, revigorado pelas forças do intelecto e feliz em explorar o mundo, embora tenha pouca paciência para tarefas banais e outros detalhes. Gosta de discutir ideias e conhecer pessoas, o que torna o ensino um campo natural para você. Outras escolhas sensatas incluem direito, publicidade e religião.

» **Mercúrio na décima casa:** Com esse posicionamento de grande destaque, é provável que desenvolva carreira nas comunicações. Você exige frequente estímulo mental, logo, seu trabalho ideal deve ser variado. Sem isso, passa por mudanças frequentes de emprego. Você prefere estar no comando e tem mais sucesso quando pode ir atrás das próprias ideias.

» **Mercúrio na décima primeira casa:** As pessoas querem conversar com você, na internet e fora dela, e você faz amigos com facilidade. Mas pode haver uma dança das cadeiras em relação a amizades. Profissionalmente, para você é vantajoso estar em grupo e manter um networking ativo com pessoas que apoiam seus ideais e aspirações.

» **Mercúrio na décima segunda casa:** Você é misterioso, intuitivo, contemplativo e reservado; uma pessoa introvertida que não divide os segredos com facilidade. Mas você pode interpretar sonhos, decifrar códigos e fazer todos os outros tipos de tarefa mental que exigem pensamento criativo. A solidão o revigora.

Vênus nas Casas

A casa ocupada por Vênus, o planeta do amor, indica as áreas da vida que lhe dão prazer e aumentam sua capacidade de se conectar com outras pessoas.

» **Vênus na primeira casa:** Tudo o que aparece na primeira casa é óbvio para todos. Com Vênus em ascensão, você é caloroso, sociável e inegavelmente atraente, qualidade que também admira nos outros.

- **Vênus na segunda casa:** Você ouviu dizer que dinheiro não compra o amor. Só que não acredita isso. Você extrai um prazer sensorial de coisas bonitas — as que o dinheiro não compra e as que ele compra. O mundo material é música para seus ouvidos, e é por isso que provavelmente os astrólogos associam essa Vênus em particular a compras. Felizmente, você é especialista em ficar no azul.
- **Vênus na terceira casa:** Você adora conversar, viajar e reunir informações. Você se expressa com eloquência e atrai muitos admiradores com seu charme. Também interage bem com vizinhos e irmãos. Esse é um posicionamento excelente para um professor, um jornalista ou um palestrante.
- **Vênus na quarta casa:** Na ausência de outros fatores, esse posicionamento sortudo ostenta uma infância feliz, um elo íntimo com a mãe, talento para decoração e uma casa bonita.
- **Vênus na quinta casa:** Você atrai o amor e interage muito bem com crianças (e você mesmo é meio criança). Tem um talento natural para áreas como moda, design, música, arte, teatro e os diversos aspectos da interpretação. Uma pessoa agradável de se ter por perto, você aprecia os prazeres da vida e se dá bem com todos. Você nunca ficará sem admiradores ou convites.
- **Vênus na sexta casa:** Trabalho e amor: o que mais existe? Quando um prospera, o outro também prospera. Um emprego satisfatório atrai amigos e parceiros em potencial para seu mundo. Se o ambiente físico é agradável, melhor ainda. Vênus reage à beleza, mesmo no escritório. Se conseguir evitar o perigo da indulgência excessiva, Vênus nessa casa melhorará sua saúde.
- **Vênus na sétima casa:** Afetuoso e apreciado, você é uma pessoa amigável que fica mais feliz em um relacionamento sério. Graças a seu charme inato, atrai muitos parceiros em potencial e tem habilidade para constituir uma relação amorosa, talvez com alguém das artes. Para você, é vantajoso estabelecer parcerias de negócios.
- **Vênus na oitava casa:** Você é sedutor, manipulador, obsessivo, passional e frequentemente sob influência de uma tempestade violenta de sentimentos e apetites. Sua vida amorosa pode ser um emaranhado de complicações. Também é esperto em relação a dinheiro, que vem através do casamento, herança ou investimentos inteligentes.
- **Vênus na nona casa:** Qualquer coisa que amplie seus horizontes pode trazer felicidade e amor. Filosófico e idealista, você pode encontrar sucesso em viagens, educação, direito, religião e publicidade. Ou pode se casar com um estrangeiro (ou alguém que conheceu longe de casa), professor, escritor, advogado, um membro da igreja ou editor.
- **Vênus na décima casa:** Você é cativante, extrovertido e socialmente ambicioso. Sua carreira, talvez em diplomacia ou artes, significa muito para você. Por sua excelente reputação, as pessoas querem ficar por perto, e você sempre encontra parceiros em potencial por meio de atividades

profissionais. É só lembrar: as pessoas se sentem naturalmente atraídas por você. Não é preciso forçar a barra.

» **Vênus na décima primeira casa:** Você tem a mente aberta, é agradável, discreto e colaborativo. Centro de seu ciclo social, uma bênção em todos os grupos e amigo dedicado, você sabe como deixar as pessoas à vontade. Seu charme atrai admiradores com facilidade.

» **Vênus na décima segunda casa:** Em alta sintonia com os sentimentos alheios, você é uma pessoa sensível com tendência à introspecção e tem talento para o amor incondicional. Mas isso pode ser anulado por sua falta de limites ou sua disposição para se sacrificar. Muitas pessoas com esse posicionamento caem em casos de amor clandestinos, enquanto outras, tímidas e vulneráveis, buscam refúgio na escuridão. Buscas espirituais podem lhe trazer paz e coragem.

Marte nas Casas

O posicionamento de Marte nas casas diz onde é mais provável que você aja por impulso, assuma riscos e vá atrás de seus desejos pessoais.

» **Marte na primeira casa:** Vigoroso e passional, você inicia atividades, às vezes de um jeito impulsivo. Sua vitalidade atrai pessoas, mas seus desejos (e raiva) são óbvios para todo mundo. Esse posicionamento lhe proporciona uma personalidade assertiva e pode ser um sinal do guerreiro.

» **Marte na segunda casa:** Você é competitivo, ganancioso e prático. Quando quer algo, corre atrás com prazer. Mais contente quando pode focar um objetivo concreto, também quer ser recompensando por seus esforços, e não somente com elogios. Dinheiro e bens materiais resolvem o problema de maneira mais eficaz do que meras palavras.

» **Marte na terceira casa:** Você tem uma atitude independente, argumentativa e fala as coisas na cara, mesmo que isso signifique tirar conclusões precipitadas ou ser menos diplomático. Com inteligência afiada, você é impaciente e se distrai com facilidade, e pode ser agressivo ao conversar.

» **Marte na quarta casa:** Você é independente e incansável, com uma constituição robusta e entusiasmo inato. Quando criança, um dos pais, nervoso, pode ter feito da casa um local imprevisível e desagradável. Adulto, sua tentativa de constituir um lar sereno e harmonioso pode fracassar. Ao contrário, talvez inconscientemente você crie um ambiente no qual haja briga e discórdia.

» **Marte na quinta casa:** Você é impulsivo, estourado, divertido e altamente sexual. Tem prazer em começar casos amorosos e projetos criativos. Você também se envolve com as crias, sejam bebês literais de carne e osso ou filhos de sua imaginação. Embora possa ser impaciente, você gosta de brincar e se sente energizado ao assumir riscos.

- **Marte na sexta casa:** O trabalho o deixa empolgado (mesmo quando o esgota). Você é independente e forte, com uma afeição genuína pelos ossos do ofício. Um desafio o anima, mas um trabalho idiota o deixa impaciente, e regras organizacionais restritivas o deixam frustrado e irritado. Evite o excesso de trabalho e faça bastante exercício, do tipo que faz suar. E não dê sopa para o azar. Capacetes de ciclistas foram inventados por um motivo.

- **Marte na sétima casa:** Parcerias o revigoram, mas isso não significa que você se dê bem com elas. Você atrai um parceiro agressivo ou se torna um, e tem um gênio ruim. Trago verdades: um relacionamento calmo, tranquilo, não é o que você quer. Prefere paixão e fogos de artifício, e está disposto a pagar o preço. Quando uma relação não está indo bem, busca solução com coragem, tornando Marte na sétima casa o posicionamento da reconciliação.

O EFEITO MARTE

Há muito tempo, tem sido uma vergonha para os astrólogos que tão pouca pesquisa tenha sido feita sobre o tema. Uma pesquisa astrológica significativa foi feita nos anos 1950 por Michel Gauquelin, estatístico francês que estudou astrologia durante a juventude, e sua esposa, Françoise. Eles decidiram provar que a área não tinha nenhuma base em fatos científicos. Examinaram mapas natais de mais de 20 mil pessoas, e o que descobriram foi o melhor da astrologia. Eles não anunciaram que sagitarianos eram melhores cavaleiros ou que capricornianos eram melhores gerentes — nada tão óbvio. Em vez disso, revelaram um elo entre sucesso profissional e planetas localizados perto do Ascendente, do Descendente, do Meio do Céu ou do Fundo do Céu.

Especificamente, eles descobriram que Júpiter angular aparecia com uma probabilidade estatística frequente nos mapas de atores de sucesso; a Lua angular dava as caras nos mapas de escritores; Vênus angular surgia nos mapas de pintores e músicos; Saturno angular aparecia nos mapas de médicos e cientistas; e Marte angular, nos mapas de atletas campeões. Dois posicionamentos eram os mais poderosos: os próximos ao Meio do Céu (na nona casa ou nos primeiros 10 graus da décima casa) ou os próximos ao Ascendente (na décima segunda casa ou nos primeiros dez graus da primeira casa).

(continua)

(continuação)

> Muitas pessoas tentaram desmentir essa associação, e houve controvérsias iradas sobre os métodos estatísticos. No fim, o fenômeno pegou e se tornou conhecido como o *efeito Marte*. Atletas com Marte angular incluem Tiger Woods, Muhammad Ali, Arnold Schwarzenegger, Derek Jeter e Neil Armstrong, primeiro homem a andar na Lua (e, sim, na minha opinião ele conta como atleta).
>
> Nem todo profissional de sucesso tem esses posicionamentos. A ausência de um planeta angular não o condena ao fracasso de maneira alguma. Mas se, por acaso, Marte (ou outro planeta) ocupa as zonas angulares de Gauquelin em seu mapa, esse planeta deve ser considerado especialmente forte. No caso de Marte, talvez ele não lhe dê a habilidade de girar como um pião em pleno salto, como a ginasta olímpica Simone Biles, ou de superar Lebron James. Ambos possuem Marte conjunto com o Meio do Céu. Se você também possui, ele deve pelo menos lhe dar um pouco de altivez.

» **Marte na oitava casa:** Você tem desejos fortes e muito carisma sexual. Pesquisador habilidoso, você pode se sentir atraído pelas artes da cura, temas ocultos e finanças de alto risco. Por desejar experiências intensas, toma sem medo as iniciativas que almas mais sensíveis evitam. Esse toque de loucura o torna irresistível para outras pessoas e, às vezes, é um perigo para si mesmo.

» **Marte na nona casa:** Você é um pensador independente, um debatedor temido e um viajante intrépido com uma vontade grande de ver o mundo. Você se sente à vontade nas áreas da religião, da educação, da publicidade e do direito, sobretudo o contraditório. Você é um guerreiro, não um mediador. Suas convicções são firmes. Mas pode resvalar para o fanatismo e precisa evitar se tornar intolerante.

» **Marte na décima casa:** Uma carreira exigente e estimulante o revigora e o enche de determinação. Você gostaria de ser famoso, porém, mais que isso, de ser parte de algum feito grandioso, algo que exija estratégia e inteligência, como uma revolução, um movimento social ou a produção de um filme épico. Competitivo e agressivo, você quer causar impacto no mundo.

» **Marte na décima primeira casa:** Seus amigos o incentivam, vão à academia com você e o ajudam a alcançar suas aspirações. Em um grupo, você atinge uma posição de liderança porque consegue motivar o pessoal. Mas também pode ser irracionalmente exigente e, de maneira inconsciente, gerar conflitos ou atrair gente briguenta.

» **Marte na décima segunda casa:** Outras pessoas podem não entender quem você é porque reprime ou esconde boa parte de sua energia e raiva. Você hesita em revelar esses aspectos sobre si mesmo e, como consequência, pode se sentir incompreendido. Descobrir uma válvula de escape para sua agressividade, talvez através das artes marciais, é revigorante, uma maneira de compensar sua tendência em se esconder. Ao trabalhar em equipe, você é uma força motivadora ou de ação nos bastidores.

Júpiter nas Casas

O posicionamento de Júpiter nas casas define as áreas da vida mais benéficas para você — os lugares em que as bênçãos vêm com menos esforço e também as áreas em que talvez seja complacente demais.

- **Júpiter na primeira casa:** Você tem uma personalidade expansiva, carismática, que atrai naturalmente as pessoas. Também pode ter tendência para ganhar peso.
- **Júpiter na segunda casa:** A prosperidade chega até você, com frequência, sob a forma de ganhos inesperados. É uma pessoa de sorte. Mas sua vontade de gastar e sua generosidade dispensada aos outros podem superar sua habilidade de ganhar dinheiro, então, seja prudente — se conseguir.
- **Júpiter na terceira casa:** Tagarela e ávido por informações, você é inteligente e bem informado, embora corra o risco de passar tempo demais em mídias sociais. Para você, é vantajoso viajar, ler e estar em companhia dos irmãos.
- **Júpiter na quarta casa:** Você é uma pessoa generosa que abre sua casa para os outros. Casas confortáveis, até luxuosas, cruzam seu caminho, e você tem um talento especial para fazer de seu lar um lugar agradável em que ficar. A vida melhora conforme você vai envelhecendo e, na terceira idade, está cercado de conforto.
- **Júpiter na quinta casa:** Está se divertindo? Se seu Júpiter está aqui, provavelmente a resposta é sim. Esse posicionamento traz uma profusão de casos amorosos, um gosto por brincadeiras, a capacidade de se divertir em circunstâncias difíceis e uma criatividade jovial. Embora nem todo mundo com esse posicionamento se torne pai/mãe, os que se tornam gostam demais.
- **Júpiter na sexta casa:** Encontrar o trabalho certo é essencial para sua felicidade, e você gosta de ser útil. É um empreendedor feliz ou um funcionário dedicado que fica famoso por conviver bem com os colegas. Mas sofre de uma tendência a negligenciar os detalhes e pode se tornar um workaholic. No trabalho e na saúde, você precisa evitar excessos.
- **Júpiter na sétima casa:** Você é sociável e uma pessoa fácil de ter por perto. Casamento e parcerias de negócios são favorecidos por esse posicionamento, e você tem várias oportunidades de estabelecer alianças. Mesmo na era do divórcio, pessoas com essa posição ficam casadas a vida toda.

- **Júpiter na oitava casa:** Financeiramente, você tem a ganhar com seguros, heranças, acordos comerciais com outras pessoas e bolsa de valores. Acordos de parcerias atuam a seu favor. Você também tem um forte impulso sexual e excelente poder de recuperação.
- **Júpiter na nona casa:** Você é desbravador com uma atitude expansiva e otimista diante da vida. Professor nato com uma queda para a filosofia, você quer conhecer tudo e entender tudo. Você se beneficia de viagens, educação, religião, publicidade e qualquer coisa que amplie seus horizontes. Como regente do nono signo, Júpiter está domiciliado na nona casa, tornando invejável esse elemento de seu mapa natal.
- **Júpiter na décima casa:** Com pouco esforço, você pode realizar seu desejo de reconhecimento. Você tem capacidade inata para a liderança; as pessoas querem apoiá-lo, e você prospera na vida pública. Esse posicionamento traz sucesso, proeminência e, possivelmente, fama. Lady Gaga e Kim Kardashian são excelentes exemplos.
- **Júpiter na décima primeira casa:** Você é mente aberta, amigável, prestativo e justo. Trabalha de forma eficaz em equipe, conhece zilhões de pessoas e seus amigos são loucos por você. Ambições grandes revelam seu melhor. O sucesso vem através de empreendimentos em grupo.
- **Júpiter na décima segunda casa:** Você é simpático, introspectivo e generoso, embora possa sofrer de uma tendência a se esforçar demais. Solidão e buscas espirituais o acalmam e o preparam para suas aventuras pelo mundo.

Saturno nas Casas

O posicionamento de Saturno nas casas define as áreas da vida nas quais você sente um pouco de limitação e se beneficiará ao estabelecer limites, criar estruturas e praticar a autodisciplina.

- **Saturno na primeira casa:** É inseguro e tem medo de se magoar. Você se preocupa com o que as pessoas acham de você e, como consequência, pode camuflar sua personalidade em uma armadura de proteção. Por trás de seu exterior cauteloso, você é complexo, sério e vale muito a pena conhecê-lo. Mas você não facilita.
- **Saturno na segunda casa:** Você se preocupa com o lado prático da vida, e dinheiro é um problema, sendo pão-duro ou gastador. Mesmo ao lidar com situações emocionais, você está ciente das implicações pragmáticas. Gostaria de ganhar na loteria, mas, se ganhasse — o que é altamente improvável —, poderia causar problemas sem fim. Em vez disso, você manifesta a segurança de que precisa à moda antiga: trabalhando duro.

- » **Saturno na terceira casa:** Você é consciente e contemplativo, com talento para explorar um tema de maneira aprofundada. Questões de comunicação, falando ou escrevendo, são cruciais. Você tem relações complicadas com irmãos e irmãs, e a rivalidade entre irmãos pode ser um problema.
- » **Saturno na quarta casa:** Embora para você sua família seja extremamente importante, você se sente afastado dela (e, talvez, de um dos pais em particular). Compreender os familiares e interagir com eles de maneira construtiva exige esforço. Ter sua própria casa é uma fonte gratificante de identidade e segurança.
- » **Saturno na quinta casa:** Você leva a sério as coisas divertidas e tem dificuldade para relaxar. Não paquera com facilidade e se sente mais à vontade namorando pessoas mais velhas. Criatividade é importante para você, mas por talvez temer não ser talentoso, é possível que reprima sua veia artística. Ou pode enfrentar o desafio de Saturno e trazer estrutura à sua vida criativa. Como pai/mãe, você é responsável e comprometido.
- » **Saturno na sexta casa:** No trabalho, é confiável e minucioso. Se tem coragem para insistir em algo que considera valioso, você encontra realização através do trabalho. No cotidiano, você é bastante atento às responsabilidades, mas é um preocupado de marca maior, sobretudo com a saúde. Tranquilize-se fazendo checapes regulares.
- » **Saturno na sétima casa:** Você leva o casamento a sério, mas também pode fugir dele. Se superar seu medo da intimidade, pode constituir uma relação de longa data e sólida. Você ficará mais à vontade com um parceiro mais velho que seja responsável e moderado.
- » **Saturno na oitava casa:** Você tem insights psicológicos profundos. Seu desafio é superar o medo da morte e encarar os problemas sexuais. Você é prudente e talentoso para ganhar dinheiro, o que é uma sorte, porque há uma boa chance de se unir a um parceiro que tenha problemas financeiros.
- » **Saturno na nona casa:** Você é uma pessoa prudente, com inteligência ampla e interesse por ideias grandiosas, mas luta contra dúvidas e incertezas. Embora possam surgir obstáculos relacionados à educação e à religião, adotar uma abordagem disciplinada e séria torna sua busca por significado uma aventura gratificante.
- » **Saturno na décima casa:** Você é responsável, organizado e persistente em seu esforço para atingir suas ambições. Mas também pode ser arrogante, e precisa cumprir suas obrigações antes de obter o reconhecimento que, afinal, é seu. Embora seu pai ou sua mãe tenha sido exigente ou distante, sua própria busca profissional provavelmente terá sucesso.
- » **Saturno na décima primeira casa:** Você define objetivos grandiosos e embora possa temer não estar à altura deles, segue em frente mesmo assim. Você pode transformar uma ambição vaga em um plano, e um plano em um desejo realizado. Sua habilidade organizacional e tenacidade lhe permitem mobilizar a ajuda de que necessita. Amizades podem ser mais difíceis. Você

> não faz amigos com facilidade, mas os elos que forma são duradouros e sólidos.
> **Saturno na décima segunda casa:** Muitas pessoas ficariam estupefatas ao saber que, por baixo da superfície, você luta contra o medo, o pessimismo, a insegurança, a solidão e a culpa. Embora acostumado a trabalhar sozinho ou nos bastidores, a solidão pode piorar sua ansiedade. Esse é um problema que você precisa vencer. Ter coragem para encarar os medos é fundamental para seu bem-estar.

Urano nas Casas

A posição que Urano ocupa nas casas define a área da vida em que você pode esperar o inesperado.

> **Urano na primeira casa:** Tem algo em você — sua aparência, conduta, voz — que leva as pessoas a vê-lo como um autêntico diferentão. Não importa o quanto tente parecer convencional, suas tentativas de bancar o normal são perdidas. (Exemplos: Mia Farrow, Keanu Reeves, Kurt Cobain e Douglas Adams, autor de *Guia do Mochileiro das Galáxias*.) Acontecimentos bizarros podem virar seu mundo de cabeça para baixo.
> **Urano na segunda casa:** As coisas deste mundo — dinheiro, bens, tecnologia — vêm e vão, chegando e partindo com a mesma velocidade. Você pode descobrir petróleo, ir à falência ou aparecer com alguma invenção tão brilhante que é capaz de mudar tudo. Suas finanças são voláteis e, como seus valores, podem sofrer uma reviravolta repentina.
> **Urano na terceira casa:** Você tem uma mente criativa e um jeito inteligente de se expressar. Poderia ser um pensador ou um escritor brilhante, conhecido por suas ideias revolucionárias e idiossincráticas. Você tem irmãos interessantes, mas sua relação com eles tem altos e baixos.
> **Urano na quarta casa:** Você vem de uma família não convencional ou constituiu uma. Um relacionamento inconstante com seu pai ou sua mãe o impactou de maneira significativa. Você acha difícil sossegar e, quando o faz, organiza as tarefas domésticas de um jeito totalmente particular. Mudanças profissionais afetam sua vida doméstica.
> **Urano na quinta casa:** Você tem uma veia criativa alucinante e uma vida amorosa intrigante. Tende a se apaixonar à primeira vista, de preferência por tipos rebeldes. Mas rompimentos repentinos também fazem parte do pacote. Seus filhos podem ser pessoas notáveis, embora você possa sentir que eles atrapalham sua liberdade.
> **Urano na sexta casa:** Você não se importa em trabalhar, mas se opõe ao conceito tradicional "das oito às cinco". Consegue encontrar empregos

atípicos, peculiares e faz as coisas de um jeito único tanto no trabalho quanto na vida privada. Seus nervos afetam sua saúde e você se beneficia de técnicas não ortodoxas de cura.

» **Urano na sétima casa:** Você pode se casar com uma pessoa incomum, que faça o tipo rebelde, ou criar uma relação aberta que reconheça, em seu formato radical, sua necessidade de independência. Você tem propensão a se casar à velocidade da luz, mas cuidado — pode se divorciar com a mesma rapidez.

» **Urano na oitava casa:** Sua vida sexual tem um quê de notável, às vezes ultrajante, e o mesmo vale para suas finanças (e as de seu cônjuge). Você se beneficia de investimentos não usuais e heranças inesperadas. Também se sente atraído por temas metafísicos e ocultos, incluindo reencarnação e vida após a morte.

» **Urano na nona casa:** Experiências incomuns vêm até você por meio de viagens, educação e justiça. Poderia estudar um tema não convencional ou frequentar uma escola não convencional. Na religião e em outras áreas, você se rebela contra dogmas e opiniões preconcebidas. Sua filosofia de vida é sua própria invenção.

» **Urano na décima casa:** Você insiste em manter sua independência, sobretudo em relação à carreira. Tem uma visão original, que as pessoas notam. Oportunidades profissionais brotam do nada. Mas você tem problemas para se adaptar à autoridade ou trabalhar em uma empresa hierárquica. Você é um empreendedor ou freelancer nato. Áreas gratificantes incluem ativismo social, tecnologia, ciência e astrologia.

» **Urano na décima primeira casa:** Você é uma pessoa tolerante com aspirações incomuns e companheiros igualmente fora da caixa. Grupos podem motivá-lo, mas se rebela contra regras e regulamentações. Pessoas entram em sua vida em um piscar de olhos, sobretudo quando você está envolvido em uma causa, mas pode perder contato com elas com a mesma velocidade. Seus amigos diferentes refletem seus interesses amplamente diversificados.

» **Urano na décima segunda casa:** Sua paixão por independência e falta de confiança em doutrinas podem levá-lo a explorar várias formas de espiritualidade. Sua individualidade mais profunda vem à tona quando você está sozinho ou nos bastidores, em um ambiente protegido. Lampejos de intuição e insights surgem de seu íntimo. Aprenda a prestar atenção neles.

Netuno nas Casas

A casa que Netuno habita em seu mapa natal lhe informa onde acessar seu nível mais profundo de intuição, e onde você tende a se decepcionar.

» **Netuno na primeira casa:** Você é sonhador, glamoroso, facilmente influenciável e difícil de ficar parado. Sua intuição é aguda, mas você pode ficar dependente. Confunde e fascina as pessoas; elas não têm certeza de quem você é ou o que faz porque sua identidade parece fluida. Há uma forte chance de você ter talento musical ou artístico.

» **Netuno na segunda casa:** Você tem uma sensação intuitiva de como ganhar dinheiro ou, pelo menos, acha que tem. Mas os mecanismos de todo o processo podem lhe escapar e, como consequência, seus negócios financeiros podem resvalar para o caos. Contrate um signo de terra responsável para ajudar. Você pode tirar proveito de buscas artísticas ou espirituais.

» **Netuno na terceira casa:** Você tem imaginação, é visionário e altamente sensível às nuances da linguagem. Persuasivo e facilmente distraído, você absorve conhecimento e tem habilidades poéticas. Também é ingênuo, e ninguém o faz mais de bobo do que seus irmãos e irmãs.

» **Netuno na quarta casa:** Os membros de sua família são pessoas muito talentosas e confusas, e você acha difícil se afastar deles. Talvez tenha herdado habilidades psíquicas. Mas a sensibilidade a drogas e álcool também pode fazer parte da herança. Embora sua casa possa ser um local de confusão e dúvida, também pode ser seu santuário. Aí, é com você.

» **Netuno na quinta casa:** Embora possa achar difícil direcionar seus impulsos criativos livres, esse posicionamento é um indício interessante de imaginação artística. Aprender a usar essa energia amorfa é parte de seu desafio. Um toque de devaneio pode caracterizar sua vida romântica, que apresenta casos secretos, relações platônicas e uma névoa de confusão. Seus filhos (se você superar sua ambivalência e decidir se tornar pai/mãe) são gentis e criativos, e você tem uma ligação psíquica com eles.

» **Netuno na sexta casa:** Você tende a ficar preso na teia das políticas da empresa e os aspectos físicos dos trabalhos comuns — as lâmpadas fluorescentes, a decoração horrenda — fazem você querer fugir. Há possibilidades de emprego em filmes, farmacologia, música, moda e qualquer coisa ligada ao mar. Por ser uma luta para os médicos o diagnosticarem adequadamente, seus problemas de saúde com frequência são resolvidos por meio de práticas de cura alternativas ou de medicina não ocidental.

» **Netuno na sétima casa:** Pessoas "de lua" e artísticas o atraem. Você busca sua alma gêmea espiritual, porém, em meio à confusão sobre relacionamentos, pode se sacrificar por uma imagem ou um ideal que nada tem a ver com seu parceiro real. Quando alguém usa a expressão "pintura impressionista", é de Netuno que está falando. Idealismo nas relações é maravilhoso, mas somente com um pouco de clareza.

» **Netuno na oitava casa:** Sessões mediúnicas, tábuas Ouija, cartas de tarô, percepção extrassensorial e todas as formas de comunicação com o psíquico e o mundo oculto o atraem. Você considera o sexo um exercício espiritual.

Porém, quando o assunto é conta bancária conjunta e outros ativos compartilhados, talvez você confie demais em seus instintos. Seja cauteloso em associações comerciais.

» **Netuno na nona casa:** Religiões místicas e jornadas espirituais são suas coisas favoritas. Você gostaria de se identificar com um caminho espiritual, mas talvez isso não aconteça com tanta facilidade quanto espera, porque o visionário Netuno o levará a muitas direções. Você pode vagar pelo deserto durante um tempo, procurando um professor ou um mentor. Ou pode se tornar um.

» **Netuno na décima casa:** Confie na intuição e conseguirá encontrar o sucesso que ambiciona. Seguir uma profissão só porque acha que ela é prática (como se você soubesse) é perda de tempo. Embora tenda a oscilar e ache difícil se impor, você pode ser inspirado e inspirar. Você prospera em ocupações netunianas, como arte, poesia, música, filmes, fotografia, farmacologia e qualquer profissão que envolva líquidos.

» **Netuno na décima primeira casa:** Você tem ideais fluidos, aspirações vagas e um grupo diversificado de amigos talentosos que podem ter problemas com álcool e drogas. Compassivo, mas ingênuo, tende a ver o que quer ver neles. Para expandir seus horizontes, considere participar de um clube de filmes, uma campanha política, um teatro comunitário, um workshop de poesia, uma organização ambiental, uma roda de tambores — você escolhe. Isso poderia mudar sua percepção de um jeito extremamente positivo.

» **Netuno na décima segunda casa:** Você é empático, contemplativo, introspectivo e, possivelmente, clarividente. Recebe um fluxo contínuo de mensagens do seu inconsciente. Os sonhos o fascinam. Ajudar pessoas necessitadas, talvez porque elas foram excluídas ou isoladas de alguma forma, satisfaz sua necessidade de ser útil e, na verdade, o deixa mais feliz. Finalmente, seus esforços criativos prosperam quando você pode lidar com eles em particular. Um pouco de solidão favorece sua paz de espírito.

Plutão nas Casas

A casa que o minúsculo Plutão ocupa em seu mapa natal determina a área de sua vida em que você mais tende a vivenciar obsessão e renovação, mergulhar na escuridão e retornar, revigorado.

» **Plutão na primeira casa:** Por mais que tente reprimi-las, as emoções fervilhando em seu interior o fazem se sentir assustadoramente vulnerável. Você tem uma personalidade magnética, mas sua necessidade de se proteger pode deixá-lo compulsivo e controlador. Você causa um impacto imenso nas pessoas, mas também pode afastá-las.

» **Plutão na segunda casa:** Você encontra válvulas de escape concretas para suas habilidades, mas também pode ficar obcecado por posses materiais. Seu medo da perda pode levar o dinheiro a se tornar um campo de batalha. Pode lutar para controlar outras pessoas com sanções econômicas: desnecessário dizer que isso é perda de tempo.

» **Plutão na terceira casa:** Você tem uma mente reflexiva, prudente, percepções precisas, um desejo de compreender os mistérios da vida e uma relação complicada com um irmão. Pensamentos obsessivos podem assolá-lo, e você tem uma necessidade profunda de se comunicar. Também tem um forte senso de privacidade. Certamente o inventor do diário com cadeado tinha Plutão na terceira casa.

» **Plutão na quarta casa:** Seu pai ou sua mãe era uma força a ser levada em conta; lidar com as desavenças psicológicas da infância é sua tarefa plutoniana. A casa e a família podem ser perigosas, mas o caos doméstico contém a chave para sua evolução. A mudança o revigora.

» **Plutão na quinta casa:** Envolvimentos românticos podem se transformar em fixação e disputas de poder que nunca se resolvem. Você não sabe ganhar e não sabe perder. Não importa o quanto tente manipular seu amante (ou filho), a pessoa mais afetada na relação é você. Aprender a acessar seu poder sem se atrapalhar é um processo para a vida toda. Tarefas criativas trazem renovação. Um alerta: apostas podem ser viciantes.

» **Plutão na sexta casa:** Você tem mais poder do que pensa, sobretudo no trabalho. Não importa o que os outros pensem do seu emprego, se ele tem mérito e propósito para você, pode ser transformador. Uma armadilha a evitar: trabalhar até ficar exausto. Uma habilidade que talvez não saiba que tem: a de cura.

» **Plutão na sétima casa:** Confiança e sigilo não podem coexistir por muito tempo se uma relação tem que ser saudável, tanto na vida pessoal quanto nos negócios. Esse é o teste que você encara. Você atrai um parceiro autoritário cuja influência o leva a mudanças profundas. Manter sua individualidade na presença desse ser magnético não é fácil, mas você está preparado para o desafio.

» **Plutão na oitava casa:** Você é intuitivo, perspicaz e profundamente sério. Luta com as grandes questões da vida, incluindo sexo, morte e embates sobre poupanças e investimentos. Sua coragem para enfrentá-las compensa. Em tempos difíceis, essas jornadas metafóricas para o submundo o deixam cara a cara com seus medos, mas eles também fortalecem sua determinação e rejuvenescem seu espírito.

» **Plutão na nona casa:** O conhecimento o atrai e o fortalece. Mergulhando em estudos sérios ou envolvendo-se com pessoas de cultura diferente da sua, você aprofunda sua compreensão. Educação e viagens são suas passagens para a transformação. Busque a sabedoria. Conheça o mundo.

» **Plutão na décima casa:** Você é a atração fatal na arena política ou profissional. Você se ressente contra figuras de autoridade (começando com seu pai ou sua mãe) e, mesmo assim, deseja ser uma. Quando decide ir atrás de poder, pode ser um jogador sério. Há perigos e oportunidades aqui, mas, no geral, esse posicionamento favorece o sucesso.

» **Plutão na décima primeira casa:** Amizade é complicado. Você pode tropeçar em relacionamentos matizados por conflito ou rivalidade. Amigos podem desaparecer, mas também ajudar a moldar suas aspirações e agir como catalisadores da mudança. Envolver-se em um grupo pode ser intenso e gratificante, mesmo que leve a uma disputa por poder.

» **Plutão na décima segunda casa:** Você é uma pessoa introvertida com uma vida sigilosa. Hesita em expressar seu poder e, por outro lado, tem fascínio por qualquer coisa que esteja acontecendo por baixo da superfície e em sua própria psique. Mergulhar no seu inconsciente pode ser assustador, mas é aí que o poder da transformação pode ser encontrado.

Interpretando as Casas Vazias

Faça as contas: seu mapa tem doze casas, mas apenas dez planetas. Isso significa que está fadado a ter casas vazias em algum lugar do mapa. Elas são inevitáveis, e não há nada com que se preocupar.

Ter a casa do casamento vazia, por exemplo, não quer dizer que você esteja condenado a ficar solteiro. Veja Zsa Zsa Gabor, diva socialite hollywoodiana da metade do século XX e uma das primeiras a ser famosa por ser famosa. Ela se casou nove vezes, embora sua casa do casamento não tenha planeta. Então, o que contribui para toda essa atividade amorosa? Sua casa do casamento pode estar vazia, mas a quinta casa do romance e da paquera está lotada.

LEMBRE-SE

Com frequência, uma casa desocupada significa que os assuntos relacionados a ela simplesmente não têm lá grande importância. Mas você não pode definir isso de modo superficial. Só porque uma casa não está habitada não significa que não é importante. A verdade é que há tanto a considerar em um mapa natal que até uma casa vazia pode mantê-lo ocupado. Para analisar uma casa vazia, sugiro o seguinte método de três etapas:

1. Olhe o signo na cúspide da casa.

O signo no início de cada casa define como você lida com as questões relacionada a ela. Por exemplo, veja o mapa de Andy Warhol no Capítulo 19. Repare que a segunda casa do dinheiro está vazia, com Virgem na cúspide (a cúspide da segunda casa está às 8 horas, a da terceira casa, às 7 horas, e assim por diante). Logo, a maneira como ele abordava questões financeiras era virginiana: meticulosa e detalhada. E, de fato, ele adquiriu o hábito de registrar suas atividades e despesas diárias, exatamente como um virginiano. Quando gastava US$1,50 em uma corrida de táxi, ele anotava.

A Tabela 12-1 no início deste capítulo resume as questões de cada casa. A Tabela 12-2 a seguir sugere maneiras de interpretar o signo na cúspide.

TABELA 12-2 Regência das Casas

Se o Signo na Cúspide É	A Maneira como Você Aborda as Questões Dessa Casa É	E o Regente da Casa É
Áries	Espontânea, enérgica	Marte
Touro	Produtiva, deliberada	Vênus
Gêmeos	Flexível, comunicativa	Mercúrio
Câncer	Intuitiva, defensiva	Lua
Leão	Distinta, expressiva	Sol
Virgem	Exigente, detalhista	Mercúrio
Libra	Diplomática, artística	Vênus
Escorpião	Intensa, penetrante	Plutão
Sagitário	Independente, expansiva	Júpiter
Capricórnio	Responsável, tradicional	Saturno
Aquário	Incomum, desapegada	Urano
Peixes	Receptiva, vulnerável	Netuno

2. Verifique o planeta que rege o signo na cúspide.

A posição desse planeta contém muita informação. No caso de Andy Warhol, Virgem, signo na cúspide de sua segunda casa vazia, é regido por Mercúrio. Ele pode ser encontrado no exuberante Leão, perfeito para um artista que, literalmente, pintou retratos do cifrão do dólar.

Ou olhe o mapa de Beyoncé no Capítulo 5. Sua sétima casa do casamento e parcerias está vazia. Por Áries estar na cúspide dessa casa, ela se atrai por tipos agressivos, impetuosos. E por conta de o regente de Áries, o aguerrido Marte, estar em sua décima casa da fama e vida pública, ela tende a se casar com alguém ambicioso e proeminente, que possivelmente tem problemas de temperamento.

3. Observe os aspectos feitos pelo planeta regente.

Se o planeta regente da casa vazia está próximo do Sol, da Lua ou de um dos ângulos de um mapa, sua relevância aumenta. Se faz conjunção com Júpiter, as questões dessa casa são abençoadas por uma boa sorte. Se faz oposição a Saturno, as dificuldades podem ser muitas. E assim por diante. Para saber mais sobre os aspectos, vá para o Capítulo 13.

Todo ano, à medida que o Sol faz sua peregrinação anual pelo zodíaco, ele viaja por todo o seu mapa, iluminando cada signo e cada casa. A Lua e os outros planetas também fazem visitas, cada um na própria velocidade e de acordo com horários próprios. Com o tempo, os planetas em trânsito giram por todas as casas, de uma em uma, impregnando-as de energia. Cedo ou tarde, chega a vez de todas as casas, inclusive as vazias.

> **NESTE CAPÍTULO**
>
> » Descobrindo os aspectos planetários mais importantes
>
> » Detectando os aspectos maiores de seu mapa
>
> » Reconhecendo os aspectos menores
>
> » Decifrando o significado dos aspectos

Capítulo **13**

Aspectos Incríveis: Os Segredos da Geometria Cósmica

Saber a posição dos planetas de acordo com o signo e a casa não é o bastante. Para compreender a complexidade real de um mapa astrológico, você precisa saber como os planetas interagem entre si. Essa informação é revelada pelos ângulos matemáticos, ou *aspectos*, entre os planetas.

Considere o caso de uma mulher cuja Vênus, o planeta do amor, está localizada a poucos graus do expansivo Júpiter. Essa combinação lhe confere certo charme e faz com que expressar afeto e encontrar o amor seja fácil para ela — na teoria. Mas e se ambos os planetas estiverem a 90° de Saturno? Com esse ângulo reto hostil, a decepção entra em cena. Agora, você tem uma pessoa que luta contra a rejeição ou atrai outras que não atendem aos padrões dela, alguém que, como Groucho Marx, não quer estar em um clube que a aceitaria como membro.

DICA

Para detectar esse tipo de processo interno em seu próprio mapa, você precisa saber o grau do zodíaco que cada planeta ocupa. Para isso, precisa de uma cópia exata do seu mapa. Se ainda não tem uma, vá para o Capítulo 2 e siga as instruções para conseguir seu mapa online.

Com a cópia do mapa em mãos, você está pronto para distinguir os principais aspectos nele. Está longe de ser complicado como você talvez esteja pensando.

Identificando os Aspectos Maiores

Um mapa astrológico, como qualquer outro círculo, tem 360°, com cada signo do zodíaco abrangendo exatamente 30° ou um doze avos do todo. Dentro desse círculo, dois planetas estão separados por uma quantidade específica de graus. Planetas com uma certa distância significativa um do outro formam um aspecto. A Tabela 13-1 lista os *aspectos maiores*, ao lado de seus símbolos.

TABELA 13-1 Aspectos Maiores

Distância	Nome do Aspecto	Símbolo	Efeito
0°	Conjunção	☌	Unifica ou entra em sintonia
60°	Sextil	⚹	Estimula
90°	Quadratura	□	Gera dificuldade
120°	Trígono	△	Apoia e traz oportunidades
180°	Oposição	☍	Gera conflito

Grosso modo, há três tipos de aspectos. Se dois planetas estão a poucos graus um do outro, eles estão *conjuntos*, o que significa que atuam em sintonia. Se dois planetas estão a 60° ou a 120° de distância, eles se apoiam e se auxiliam. Esses aspectos (sextil e trígono) são considerados *harmoniosos*. E se dois planetas formam um ângulo reto (90°) ou uma oposição entre si (180°), basicamente estão em guerra. Esses aspectos (quadraturas e oposições) são considerados *tensos*.

EXEMPLO

O mapa da Figura 13-1 pertence a Alexandria Ocasio-Cortez, ex-bartender que também é a mais jovem mulher já eleita para a Câmara dos Representantes dos EUA. Sua personalidade vívida e persistente, sua política progressista e o domínio das mídias sociais a impulsionaram para o reino da fama, onde ela é amada e odiada. Ela tem Sol em Libra, uma audaciosa Lua em Áries, Ascendente em Sagitário e, como todas as outras pessoas na Terra, uma mistura de aspectos. Entre eles:

» Uma conjunção importante entre Mercúrio e o Meio do Céu em Libra.

» Um trígono benéfico entre a Lua em Áries e Vênus em Sagitário.

242 PARTE 3 **Folheando o Livro de Receitas Cósmico**

» Um agrupamento impressionante de quadraturas e oposições interligadas que enlaça a maioria dos planetas de seu mapa, formando o que é conhecido como a "Grande Cruz" — a característica dominante desse mapa (veja o Capítulo 14 para ter mais informações sobre como interpretar um mapa natal).

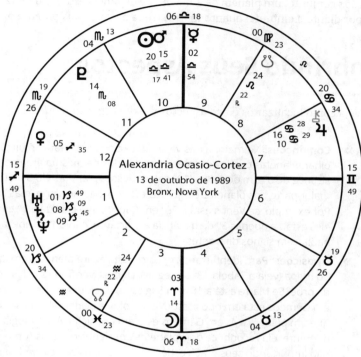

FIGURA 13-1: Mapa natal de uma agitadora: Alexandria Ocasio-Cortez.

© John Wiley & Sons, Inc.

LEMBRE-SE

Um mapa "fácil" enfeitado com sextis e trígonos não é melhor que um mapa "difícil" atravessado por quadraturas e oposições. Astrólogos têm observado há muito tempo que pessoas com mapas harmoniosos correm o risco de se tornar preguiçosas e satisfeitas com o que já são, enquanto vencedores realizados com frequência possuem mapas altamente tensos.

Os aspectos mais poderosos ocorrem quando as distâncias entre os planetas são próximas às listadas na Tabela 13-1. Uma quadratura de 90°, por exemplo, é mais forte que uma de 82°, independentemente dos planetas envolvidos. Mas observações indicam que um aspecto não precisa ser exato para ter influência. Portanto, astrólogos permitem um pequeno desvio em ambos os lados. A quantidade depende de cada um. Alguns profissionais usam uma orbe de 14°. Videntes mais rigorosos não permitem uma orbe de mais que 5°. A maioria dos astrólogos, inclusive eu, fica no meio do caminho.

CAPÍTULO 13 Aspectos Incríveis: Os Segredos da Geometria Cósmica   243

DICA

Em geral, recomendo usar uma orbe de 8° para a conjunção, a quadratura, o trígono e a oposição, e uma orbe de 6° para o sextil, que é um aspecto ligeiramente mais fraco (os aspectos menores, que abordo mais adiante neste capítulo, podem comportar uma orbe de somente 2°). Em todos os casos, você pode adicionar 2° extras se o Sol ou a Lua estiverem envolvidos. Isso significa que, se seu Sol está a 14°, qualquer planeta entre 4° e 24° de seu signo solar é considerado conjunto, um planeta de 82° a 98° de distância está em quadratura, e assim por diante. Lembrete: quanto mais estreita a orbe, mais potente o aspecto.

Descobrindo Seus Aspectos

Veja como localizar os cinco aspectos maiores em seu mapa:

» **Conjunções:** Na maioria das vezes, você pode detectar conjunções só de olhar. Planetas conjuntos estão amontoados na mesma área do mapa, ao alcance de 8° um do outro (10° se um desses planetas é o Sol ou a Lua). A maior parte dos planetas conjuntos está no mesmo signo, mas há exceções. Por exemplo, se Vênus está a 28° em Capricórnio e a Lua a 1° em Aquário, eles estão a apenas 3° de distância e, portanto, conjuntos, apesar de habitarem signos diferentes.

» **Oposições:** Para identificar as oposições, procure planetas em lados opostos do mapa (veja a Tabela 13-2 a seguir). Depois, verifique se eles estão dentro da orbe. Se Marte está a 18° em Sagitário, qualquer planeta entre 10° e 26° em Gêmeos está em oposição. (Na astrologia ocidental, não se considera que um planeta a 4° em Gêmeos está em oposição. A astrologia védica é diferente; ela reconhece dois planetas em signos opostos como em oposição, não importando seus graus específicos. Mas a astrologia védica não é o tema deste livro.)

» **Quadraturas:** São mais difíceis de avistar. Procure planetas em signos da mesma qualidade ou modalidade (cardinal, fixa ou mutável). Depois, verifique se estão a cerca de 90° de distância, mais ou menos 8°. Se estiverem, você descobriu a fonte de suas frustrações mais profundas.

» **Trígonos:** Você pode encontrar trígonos entre planetas nos signos do mesmo elemento, ou seja, ambos os planetas estão em signos de fogo, terra, ar ou água. Será que você tem Mercúrio em Gêmeos e Urano em Libra? Se estiverem ao alcance de 8° um do outro, eles estarão em trígono. Nesse caso, parabéns: você tem uma mente ágil, original.

» **Sextis:** O mais fraco dos aspectos maiores, o sextil surge entre planetas que estão a dois signos de distância.

A Tabela 13-2 mostra quadraturas e oposições resumidas e a Tabela 13-3 faz o mesmo com os aspectos harmoniosos. Na maioria das vezes, os aspectos estão nas combinações de signos esboçadas abaixo. Mas outras combinações podem aparecer e tal situação é descrita no próximo parágrafo.

TABELA 13-2   Os Aspectos Tensos

Se um Planeta Está em...	Ele Faz Quadraturas com Planetas em...	E se Opõe a Planetas em...
Áries	Câncer e Capricórnio	Libra
Touro	Leão e Aquário	Escorpião
Gêmeos	Virgem e Peixes	Sagitário
Câncer	Áries e Libra	Capricórnio
Leão	Touro e Escorpião	Aquário
Virgem	Gêmeos e Sagitário	Peixes
Libra	Câncer e Capricórnio	Áries
Escorpião	Leão e Aquário	Touro
Sagitário	Virgem e Peixes	Gêmeos
Capricórnio	Áries e Libra	Câncer
Aquário	Touro e Escorpião	Leão
Peixes	Gêmeos e Sagitário	Virgem

TABELA 13-3   Os Aspectos Harmoniosos

Se um Planeta Está em...	Ele Faz Sextil com Planetas em...	E Trígonos com Planetas em...
Áries	Aquário e Gêmeos	Leão e Sagitário
Touro	Peixes e Câncer	Virgem e Capricórnio
Gêmeos	Áries e Leão	Libra e Aquário
Câncer	Touro e Virgem	Escorpião e Peixes
Leão	Gêmeos e Libra	Sagitário e Áries
Virgem	Câncer e Escorpião	Touro e Capricórnio
Libra	Leão e Sagitário	Gêmeos e Aquário
Escorpião	Virgem e Capricórnio	Câncer e Peixes
Sagitário	Libra e Aquário	Áries e Leão
Capricórnio	Escorpião e Peixes	Touro e Virgem
Aquário	Sagitário e Áries	Gêmeos e Libra
Peixes	Capricórnio e Touro	Câncer e Escorpião

LEMBRE-SE

É claro que há exceções. A maioria dos aspectos ocorre entre planetas nos signos listados acima, mas aspectos fora de signo também acontecem e são

CAPÍTULO 13 **Aspectos Incríveis: Os Segredos da Geometria Cósmica**   245 especialmente difíceis de notar. Se você está analisando um mapa com, digamos, Sol a 28° em Gêmeos e Saturno a 1° em Libra, é fácil presumir que eles devem estar em trígono, pois dois planetas estão em signos de ar. Na verdade, eles estão 93° afastados, portanto, em quadratura. Esse é mais um motivo para obter um mapa feito por computador. Provavelmente ele virá com um quadro de aspectos como o da próxima seção. Mesmo um astrólogo experiente pode não conseguir notar um aspecto fora de signo, mas esses quadros gerados por computador nunca deixam passar nada.

Lendo um Quadro de Aspectos

O quadro de aspectos mostrado na Figura 13-2 é mais simples do que parece. Ele mostra os aspectos maiores — e somente esses — do mapa de Alexandria Ocasio-Cortez. Comece pelo lado esquerdo com o símbolo do Sol. Conforme se desloca pela fileira de cima, você pode ver que o Sol forma um sextil com o Ascendente, uma quadratura com Júpiter e uma conjunção com Marte. Sua Lua em Áries, exposta na próxima fileira de baixo, forma muito mais aspectos que o Sol, com quadraturas e oposições na maioria. Não surpreende que ela seja irritadiça. Qualquer um seria.

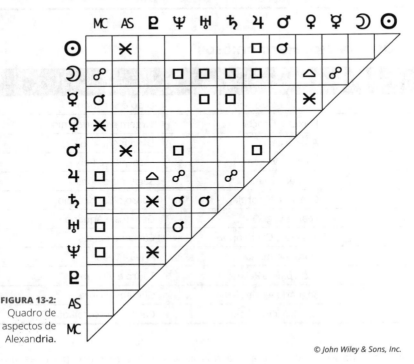

FIGURA 13-2: Quadro de aspectos de Alexandria.

© John Wiley & Sons, Inc.

Uma Observação sobre os Aspectos Menores

Os aspectos maiores abordados neste capítulo não são as únicas conexões geométricas que os astrólogos consideram significativas. Outros aspectos, em geral descritos como *aspectos menores*, também ligam dois planetas. Como esses aspectos são relativamente fracos, a orbe atribuída a eles é pequena — só 2°.

Dois aspectos menores que menciono neste capítulo são o *semissextil*, um aspecto de 30° que é ligeiramente positivo, e a *semiquadratura*, um aspecto de 45° cuja influência é meio desgastante. Esses aspectos menores adquirem mais importância se um mapa tem escassez de aspectos maiores, como pode acontecer. Mas lembre-se, há um motivo para eles se chamarem menores.

A Tabela 13-4 lista os aspectos menores mais importantes.

TABELA 13-4   **Aspectos Menores**

Distância	Nome do Aspecto	Símbolo	Efeito
30°	Semissextil	⚹	Levemente favorável
45°	Semiquadratura	∠	Levemente irritadiço
72°	Quintil	Q	Estimula talentos
135°	Sesquiquadratura	⬔	Desgastante e ativa
144°	Biquintil	bQ	Estimula a criatividade
150°	Quincúncio ou inconjunção	⚻	Levemente frustrante

Há outros aspectos menores? Pode apostar. Há o *septil*, o *novil* e mais. Já vi símbolos para aspectos dos quais nunca ouvi falar. É possível chegar a um ponto em que acrescentar mais aspectos a um mapa apenas aniquila o quadro geral. É por isso que recomendo ficar com os maiores.

Uma Palavrinha sobre Recepção Mútua

Há algumas situações em que dois planetas têm uma ligação especial, independentemente se formam ou não um aspecto. Uma circunstância como essa é conhecida como *recepção mútua*. Acontece quando um dos planetas está em um signo regido pelo outro planeta.

Por exemplo, no mapa natal de Albert Einstein, que você pode ver no Capítulo 7, Saturno e Marte não formam um aspecto. Porém, como Saturno está em Áries, que é regido por Marte, e Marte está em Capricórnio, que é regido por Saturno, diz-se que os dois planetas estão em recepção mútua. É como se eles se entendessem de alguma forma. Ambos os planetas são fortalecidos pela combinação.

Para encontrar uma recepção mútua, você precisa saber qual planeta rege qual signo. Se não tem certeza, vá para o Capítulo 1, onde pode encontrar uma Tabela das Dignidades Planetárias Essenciais.

Interpretando os Aspectos

Nesta seção, interpreto os principais aspectos de cada um dos planetas. Coloco sextis e trígonos no mesmo grupo como aspectos harmoniosos. Eles atuam de modo semelhante, embora os trígonos sejam mais poderosos. Da mesma forma, classifico quadraturas e oposições como aspectos tensos, embora não sejam idênticos. Em geral, uma quadratura produz conflitos internos, enquanto as oposições são mais propensas a criar entraves externos.

Existe um sistema para consultar os aspectos. Os do Sol sempre vêm primeiro, seguidos pelos aspectos lunares. Depois, os aspectos planetários são listados em ordem de distância do Sol: Mercúrio, Vênus, Marte, Júpiter, Saturno, Urano, Netuno e Plutão. Portanto, se seu mapa mostrasse 3° entre Mercúrio e Urano, os astrólogos diriam que Mercúrio está conjunto com Urano, e não que Urano está conjunto com Mercúrio. Você pode ler sobre esse aspecto sob o título "Aspectos de Mercúrio".

Aspectos do Sol

Seu signo solar representa a parte mais essencial de sua natureza. Alguns dos aspectos que ele faz com outros planetas o ajudam a moldar e expressar seu potencial, enquanto outros colocam obstáculos no seu caminho.

Sol/Lua

O Sol representa sua identidade consciente, e a Lua governa seus sentimentos e seu eu inconsciente. O aspecto Sol/Lua mostra o quanto a cooperação entre ambos é tranquila.

> » **Conjunção:** Se seu Sol e sua Lua estão em conjunção, você nasceu perto da Lua nova, com toda vitalidade e promessa que isso implica. Você tem intenções claras, vontade e disposição para começar, embora finalizar seja mais difícil. Exemplos incluem Fiona Apple, Mindy Kaling e Georgia O'Keeffe.

> **Aspectos harmoniosos:** Com o Sol formando sextil ou trígono com a Lua, você é genial e bem-disposto. Oportunidades vêm até você. Se tudo dá certo, você simplesmente fica em paz consigo mesmo. Considere-se abençoado.

> **Aspectos tensos:** Se seu Sol e sua Lua formam uma quadratura, seu eu consciente deseja uma coisa e seu subconsciente almeja outra. Então, você nunca está satisfeito de verdade, e de maneira inconsciente pode se sabotar. No entanto, esse desconforto acaba se revelando altamente estimulante. Legiões de pessoas realizadas em todas as áreas possuem esse aspecto, tantas que nem tenho mais certeza se ele é desvantajoso.
>
> Se seu Sol e sua Lua estão em oposição, você nasceu sob uma Lua cheia, época em que as emoções estão com a corda toda. Incansável e conflituoso, você acha difícil combinar o que quer com o que sabe fazer. Você atrai relacionamentos desgastantes e pode reagir a problemas de maneira exagerada. Embora algumas pessoas com oposição Sol/Lua avacalhem tudo de um jeito que até Deus duvida, a oposição também as estimula a vencer o dilema interno, romper barreiras externas e atingir o sucesso. Exemplos incluem Samantha Bee, Michael Jackson e Susan Boyle.

Sol/Mercúrio

O impetuoso Sol rege seu ego e Mercúrio, a comunicação. Esse aspecto revela a facilidade com que você diz o que pensa.

> **Conjunção:** Esses dois corpos nunca podem estar a mais de 28° de distância, então muitas pessoas possuem esse aspecto. Ele indica uma disposição para o nervosismo. Quando a conjunção está excepcionalmente próxima, em um grau ou menos, pode indicar um nível exagerado de egoísmo.

> **Aspectos harmoniosos:** Mercúrio e Sol nunca estão distantes o suficiente para formar um sextil (60°) ou um trígono (120°). Mas, às vezes, podem estar separados por 28°, formando um semissextil, aspecto ligeiramente útil que fortalece sua habilidade para se comunicar.

> **Aspectos tensos:** Mercúrio e Sol estão sempre tão próximos que nunca formam um aspecto tenso.

Sol/Vênus

A maneira como esses dois planetas interagem influencia seus talentos artísticos, sociabilidade e talento para atrair relacionamentos, dinheiro e coisas bonitas.

> **Conjunção:** Você é sedutor e carinhoso. Deseja intimidade, tem amor pelos prazeres, sensibilidade estética inata e uma necessidade constante de

relacionamentos. Por Vênus nunca poder estar mais que 48° longe do Sol, esse é o único aspecto maior que esses dois corpos podem formar.

- » **Aspectos harmoniosos:** Vênus e Sol nunca estão distantes o suficiente para formarem um sextil ou um trígono. Mas se estiverem a 30° de distância, estão em semissextil, um aspecto menor agradável que apoia talentos artísticos e a expressão de afeto.
- » **Aspectos tensos:** Sol e Vênus nunca formam oposição nem quadratura. Quando estão quase na distância máxima, estão em semiquadratura, um aspecto menor de 45° que pode gerar problemas sexuais. Reflitam: Hugh Hefner, Bill Clinton, Woody Allen, Bill Cosby e marquês de Sade.

Sol/Marte

Esse aspecto descreve a maneira como você mobiliza energia e coloca suas intenções em ação.

- » **Conjunção:** Você é aventureiro com fôlego e coragem. É empreendedor, competitivo, passional e disposto a tomar a iniciativa — um guerreiro em todos os sentidos. Exemplos: Idris Elba, Gloria Steinem, a poeta Natasha Trethewey e Alexandria Ocasio-Cortez.
- » **Aspectos harmoniosos:** A energia está à sua disposição. Você é assertivo sem ser combativo e ativo sem ser doido.
- » **Aspectos tensos:** Controlar o fluxo de energia que o percorre não é fácil. Você tende a abusar, com frequência virando um workaholic. Sua raiva pode sair de controle. Você pode ser polêmico e propenso a acidentes, e tende a agir com impulsividade. Exemplos: Mark Zuckerberg e, sei que não é justo, Lizzie Borden.

Sol/Júpiter

Misture o Sol, que representa seu potencial, com Júpiter, o arauto das oportunidades, e o resultado é um aspecto de dar inveja. O desafio é fazer uso da conexão entre esses dois planetas, e não desperdiçá-la.

- » **Conjunção:** Você é abençoado por uma boa sorte, senso de humor, inteligência elevada, um espírito alegre e atitude otimista. Também pode ser imprudente e ultraconfiante, contando com o fato inegável de que a sorte está ao seu lado. Exemplos: Kanye West, Mick Jagger e Sonia Sotomayor.
- » **Aspectos harmoniosos:** Esse aspecto traz saúde, sucesso, uma maneira leve e otimista de lidar com a vida, e uma índole generosa. Possível desvantagem: preguiça. Você adora relaxar.

> **Aspectos tensos:** Você tende a exagerar, a se tornar presunçoso, julgar mal e deixar a moderação de lado. A indulgência excessiva pode assolá-lo. Mesmo assim, por conter Júpiter, esse aspecto pode trazer oportunidades únicas. Exemplos: Fidel Castro e Hunter S. Thompson.

Sol/Saturno

O Sol quer deslumbres. O sombrio Saturno é adepto da cautela. Quando esses dois planetas formam um aspecto maior, frequentemente você se sente julgado ou encurralado. Esse aspecto mostra como você lida com essa provação.

> **Conjunção:** Contido, mas incansável, você é consciente e introspectivo. Você se leva a sério. É um aspecto árduo, mas que traz direção, determinação e capacidade de superar seu sentimento de inadequação através de realizações permanentes.
>
> **Aspectos harmoniosos:** Você é aplicado, focado e disposto a assumir a responsabilidade pela própria situação. Objetivo e pragmático, você olha antes de saltar, e sua moderação compensa.
>
> **Aspectos tensos:** Na infância, decepções e frustrações maltrataram sua autoestima. Se você tem Sol e Saturno em quadratura, as aflições resultantes, entre elas, melancolia, pessimismo e rigidez, podem deixá-lo no chão. Se tem Sol e Saturno em oposição, entraves externos ou inimigos podem bloquear seu caminho. Em cada caso, as vantagens decorrem de aproveitar as virtudes saturnianas da estrutura e da persistência. Exemplos: Malala Yousafzai, Virginia Woolf, Bradley Cooper e Zadie Smith.

Sol/Urano

O Sol representa o resplendor de sua identidade. Urano representa seu lado mais individualista. Se eles formam um aspecto maior, pode ter certeza de uma coisa: você não é qualquer um.

> **Conjunção:** Habitante independente do cosmos, você se apega à sua visão característica e insiste em escrever seu próprio roteiro. Você é espontâneo, inimitável, meio gênio e meio rebelde, uma personalidade única. Exemplos: Sacha Baron Cohen, Keanu Reeves, Richard Albert (Baba Ram Dass), Laurie Anderson, Ronan Farrow, Marianne Williamson, Donald J. Trump e, finalmente, Meryl Streep e Elizabeth Warren, que nasceram no mesmo dia com o Sol e Urano a 0° em Câncer.
>
> **Aspectos harmoniosos:** Um aventureiro de alma livre, você possui originalidade, independência, resiliência e tendência a se deparar com a sorte no meio do caminho, sem esperar.

> **Aspectos tensos:** Você é uma pessoa provocadora, independente e, possivelmente, um gênio que pode tomar decisões precipitadas, com forte tendência a pensar em si mesmo como incomparável. Rebelde e facilmente entediado, você tende a tomar rumos desconhecidos, sobretudo quando se sente encurralado pelas circunstâncias. Exemplos: Victoria Beckham e Elon Musk.

Sol/Netuno

O Sol ostenta vitalidade, enquanto o sonhador Netuno traz inspiração... ou indolência. Essa combinação favorece a expressão criativa em sua forma mais rara.

> **Conjunção:** Você é sonhador, intuitivo e inspirador, com uma queda por atividades místicas e artísticas, mas pouco interesse por questões do cotidiano. Possível desvantagem: enxergar só o que quer. Possível vantagem: abraçar o mundo, em todas as suas nuances e belezas. Exemplos: Thomas Alva Edison, M. C. Escher, a poeta Mary Oliver e a astróloga Caroline Casey.
>
> **Aspectos harmoniosos:** Você tem uma intuição bem desenvolvida e capacidade de usar a imaginação de maneiras construtivas.
>
> **Aspectos tensos:** Você tem uma imaginação ativa aliada a uma tendência desanimadora de se iludir. Assim como em relação a todos os aspectos de Netuno, a decepção pode ser um problema, porque você escolhe enganar os outros ou por ser tão ingênuo que qualquer um, inclusive você, é capaz de iludi-lo.

Sol/Plutão

Se esses dois planetas formam um aspecto maior, o controle é importante para você. Esse aspecto revela o modo como você equilibra sua identidade principal com a necessidade de expressar poder pessoal e lidar com a autoridade.

> **Conjunção:** Uma pessoa carismática e vigorosa, você tem coragem, comprometimento e força de vontade. Pode lutar contra uma tendência a dominar ou ser dominado, e o demônio da obsessão pode se infiltrar em seus pensamentos. Mas você também sabe como invocar os deuses da mudança e é capaz de se transformar. Exemplos incluem Natalie Wood, Gwyneth Paltrow e Meghan McCain.
>
> **Aspectos harmoniosos:** Determinado, perseverante e à vontade com o poder e suas utilidades, você tem uma combinação de insight e capacidade de se adaptar às circunstâncias, e de gerar mudança positiva.
>
> **Aspectos tensos:** A competição o excita. Extremamente ciente das utilidades do poder pessoal, você é manipulador, habilidoso e, às vezes, intimidante.

> Seja competindo com os outros ou simplesmente tentando realizar sua própria e notável ambição, o desafio é evitar ficar agressivo demais ou louco por poder. Friedrich Nietzche (Sol em Libra, Plutão em Áries).

Aspectos da Lua

A Lua representa suas emoções, instintos, hábitos e o subconsciente.

Lua/Mercúrio

Você tem uma necessidade constante de contar às pessoas como se sente? Se Mercúrio e Lua formam um aspecto maior, a resposta é sim.

- **Conjunção:** Você é inteligente, responsável e conectado com as próprias emoções. Sabe como se comunicar com graça e confiança.
- **Aspectos harmoniosos:** Você pensa com clareza, comunica-se com eficácia, tem uma memória excelente e pode até se vangloriar por ter senso de humor.
- **Aspectos tensos:** Você reage com rapidez, mas seus pensamentos e sentimentos talvez não estejam alinhados. Com frequência, sente que as pessoas o interpretam mal, e a crítica o deixa apreensivo e inquieto.

Lua/Vênus

Se Lua e Vênus formam um aspecto maior, suas carências emocionais e necessidade de amor (e beleza) estão interligadas.

- **Conjunção:** Um apreciador das coisas boas da vida, você é responsável, atraente, gentil e uma pessoa agradável de se ter por perto. Seu estado de espírito depende dos relacionamentos, e você pode se envolver por inteiro nos jogos do amor.
- **Aspectos harmoniosos:** Você expressa seu afeto com facilidade. É uma pessoa simpática com sensibilidade aguçada, mesmo que às vezes caia no poço do comodismo.
- **Aspectos tensos:** Coisas do coração percorrem uma estrada acidentada e você não consegue deixar de sentir que o amor é um campo de batalha. Isso não significa que não encontrará a relação íntima que está procurando. Só quer dizer que, no caminho, acumulará histórias.

Lua/Marte

Se você tem um aspecto maior entre Lua e Marte, é assertivo na maneira como exprime suas emoções.

> » **Conjunção:** Você é emocionalmente impaciente e se irrita com facilidade. Diz às pessoas como se sente e não necessariamente com diplomacia.
> » **Aspectos harmoniosos:** Corajoso, vigoroso, confiante e direto, você é uma pessoa que corre riscos, sempre pronta para encarar situações novas.
> » **Aspectos tensos:** Imprudente, na defensiva e impulsivo, você é competitivo e combativo. Você não tem papas na língua para expressar suas opiniões e seu humor instável pode gerar conflito. Não importa como se mostra para o mundo, cedo ou tarde terá de se entender com a própria raiva.

Lua/Júpiter

A Lua quer pôr os sentimentos para fora, enquanto o extravagante Júpiter diz "mais é mais", o que gera uma cascata de emoções.

> » **Conjunção:** Você é acolhedor, otimista, ponderado e empático, uma pessoa de enorme percepção, mesmo que, às vezes, prometa mais do que pode cumprir. Você tem fé nas próprias habilidades, e se sente melhor quando suas opções se multiplicam e seu universo se expande.
> » **Aspectos harmoniosos:** Você é responsável, calmo e incentivador: um ser humano de verdade.
> » **Aspectos tensos:** Com você, é tudo ou nada. Ou está parado ou agitado, relaxado ou uma pilha de nervos. Você tem problema para controlar seus sentimentos e tende a fazer drama.

Lua/Saturno

Saturno é o planeta da contenção e a Lua tem tudo a ver com emoções irrefreadas. Essa dupla poderia ser chamada de "Razão e Sensibilidade".

> » **Conjunção:** O passado exerce grande influência sobre você. É possível que sofra de insegurança como consequência de uma relação fria com sua mãe, mas também possui um autocontrole admirável. A sensatez o ajuda a direcionar seus sentimentos para um caminho mais gratificante. Exemplo: Jane Austen.
> » **Aspectos harmoniosos:** Disciplinado e sensível, você faz um esforço sobre-humano para administrar as emoções. Isso explica como o destemido Evel Knievel e o autor de terror Stephen King fazem o que fazem.

> **Aspectos tensos:** Uma história de privação emocional o torna hesitante e complexado. Embora pessimismo, emoções reprimidas, insegurança e dificuldades com mulheres possam desgastá-lo, sua compreensão aumenta com a maturidade, assim como a habilidade de descobrir o que o deixa contente.

Lua/Urano

Para que se contentar com a chatice do previsível sem necessidade? Você não precisa disso, não se a inconstante Lua em seu mapa faz dupla com o rebelde Urano, o planeta do desafio.

> **Conjunção:** Impetuoso e incansável, você atrai e persegue pessoas peculiares e experiências bizarras, e pode lutar contra oscilações de humor. Essa pode ser uma combinação volúvel.
> **Aspectos harmoniosos:** Um rebelde contra restrições e convenções, você valoriza sua autonomia, mesmo quando está em um relacionamento. Você se atrai por pessoas estimulantes e situações incomuns.
> **Aspectos tensos:** Talentoso e distraído, você não suporta restrições. Pode se exaltar e, às vezes, provoca (ou atrai) uma crise. Para manter sua independência, é possível que se distancie inconscientemente dos outros.

Lua/Netuno

A Lua abriga seu lado gentil particular, enquanto Netuno envolve tudo em um manto de mistério. Juntos, essa dupla pode aguçar e ampliar sua empatia e imaginação, ou aprisioná-lo em um nevoeiro de emoções.

> **Conjunção:** Você capta as mais ínfimas demonstrações de emoção e com frequência se sente sobrecarregado, drenado ou com pena de si mesmo. Você é vulnerável e gentil, com inclinações espiritualistas, potencial psíquico, uma vida onírica ativa e uma imaginação aguda. Essa conjunção também pode gerar escapismo e abuso de drogas.
> **Aspectos harmoniosos:** Compassivo e intuitivo, você acha difícil dizer não. Você se inspira com facilidade, mas tende a se perder em devaneios. Transformar fantasia em realidade exige esforço, e isso pode ser um problema.
> **Aspectos tensos:** Embora lute contra esperanças vãs, sentimentos à flor da pele e medos irracionais (como hipocondria), você é criativo e receptivo, com sensibilidades psíquicas.

Lua/Plutão

Plutão confere intensidade e drama a questões emocionais frequentemente controladas pela Lua. Um aspecto maior entre esses dois significa que seus sentimentos são profundos e suas percepções, afiadas.

- » **Conjunção:** Você é magnético, controlador, possessivo, intenso e compulsivo. Resiste a mudanças. Porém, quando inevitáveis, reconhece a necessidade e se sai muito bem.
- » **Aspectos harmoniosos:** Você lida bem com mudanças. Também vivencia uma necessidade irresistível de, vez ou outra, exorcizar velhos sentimentos e se renovar.
- » **Aspectos tensos:** Você é emocionalmente inibido. Com medo de confiar em outras pessoas ou não conseguir manter o controle, você manipula situações com o intuito de controlar e superar seus medos. Brigas domésticas e disputas por poder são dolorosas, mas podem abrir caminhos.

Aspectos de Mercúrio

Mercúrio representa seu modo de pensar, sua curiosidade, a maneira como se expressa e seu intelecto.

Mercúrio/Vênus

A adorável Vênus, musa do zodíaco, é a rainha do charme e da graça na ginástica mental de Mercúrio.

- » **Conjunção:** Você se expressa com elegância, humor e uma possível veia literária. Ouvinte atento, adora conversas frutíferas e troca de informações.
- » **Aspectos harmoniosos:** Você é alerta, diplomático e um comunicador talentoso.
- » **Aspecto (um pouco) tenso:** Mercúrio e Vênus nunca estão mais que 76° afastados, portanto, não podem formar quadratura ou oposição. Mas podem estar em semiquadratura — um ângulo de 45° que pode estimular suas habilidades criativas, mas também incitá-lo a ser crítico com aqueles que ama.

Mercúrio/Marte

Quando Mercúrio, o ágil regente do intelecto, junta-se com o planeta da agressividade, o resultado é uma inteligência afiada, digna de um advogado.

- » **Conjunção:** Você tem uma mente vívida, argumentativa e autoridade intelectual para vencer a maioria dos debates, sabendo tudo sobre o assunto ou não.
- » **Aspectos harmoniosos:** Você é franco e mentalmente astuto, com inteligência resoluta e poder de persuasão.
- » **Aspectos tensos:** Você responde na mesma hora e, às vezes, de forma imprudente. Tem a resposta na ponta da língua e tende a ser combativo. Exemplos: Sandra Oh e Randy Newman.

Mercúrio/Júpiter

Quando o guardião do intelecto se conecta com o planeta da expansão, pensamentos e teorias atravessam o etéreo. Essa dupla pode inspirar ideias sólidas ou degenerar-se em distrações banais.

- » **Conjunção:** Você é inteligente, filosófico, mente aberta e consciente. Faz perguntas relevantes e pode influenciar os outros. Reunir informações o deixa envolvido; dominar habilidades novas o deixa feliz.
- » **Aspectos harmoniosos:** Você é um orador persuasivo, afável, otimista e desperto, com vários interesses.
- » **Aspectos tensos:** Você é cheio de ideias estimulantes e das melhores intenções. Mas tende a exagerar e tirar conclusões precipitadas, sua opinião pode ser equivocada, e, às vezes, você fala demais.

Mercúrio/Saturno

O ágil Mercúrio rege o processo do raciocínio enquanto, no zodíaco, o austero Saturno é o defensor do controle, da disciplina e da realização. Juntos, eles colocam ideias em ação.

- » **Conjunção:** Você é cauteloso e reservado, com uma mente racional, senso de humor ácido e gosto por conhecimentos úteis.
- » **Aspectos harmoniosos:** Você é metódico e inteligente, com talento para se concentrar. Absorve rápido as informações e pode fazer bom uso delas.
- » **Aspectos tensos:** Você não leva as coisas numa boa, mesmo quando deveria. Embora seja um organizador eficaz, pode ser inflexível, melancólico e ficar incomodado com novas ideias.

Mercúrio/Urano

Mercúrio representa sua maneira de pensar; Urano simboliza o lampejo do insight. Juntos, os dois incentivam o inventor visionário, o literato pioneiro, o cientista brilhante ou o falador excêntrico da rua.

> » **Conjunção:** O aspecto "Eureca!" Você é um pensador progressista dado a insights repentinos e a ideias eletrizantes. Tem uma forma inovadora de se comunicar e até um toque de genialidade.
>
> » **Aspectos harmoniosos:** Ideias novas empolgam você. Sua mente é espontânea e viva, e você se expressa com estilo e alvoroço.
>
> » **Aspectos tensos:** Seu intelecto espontâneo e idiossincrático pode levá-lo longe. Às vezes brilhante, às vezes irritável e impaciente, você se rebela contra a autoridade, a rotina e as convenções, e ao proceder assim pode ativar energias de tensão e conflito. No entanto, ninguém pensa como você. Exemplos: Benjamin Franklin, Jane Austen, Jimi Hendrix, Howard Stern, Ursula Le Guin e Wanda Sykes.

Mercúrio/Netuno

Mercúrio pensa e fala; Netuno oscila e fantasia. Quando trabalham juntos, Mercúrio pode manifestar a visão tenebrosa de Netuno, e este pode elevar e iluminar os pensamentos do primeiro. Quando em conflito, Netuno pode dissolver a lista de tarefas inspiradora de Mercúrio com apenas um sopro.

> » **Conjunção:** Você é visionário com imaginação fértil, um artista multitalentoso capaz de invocar mundos, um sonhador sensível ao humor e com habilidades linguísticas. Porém, quando se apega a uma ideia fixa, pode perder o contato com a realidade. Exemplos: Taylor Swift, Neil Gaiman e Stephen King.
>
> » **Aspectos harmoniosos:** Você tem uma mente exigente, imaginação de artista e um jeito gracioso de formular pensamentos e comunicar ideias.
>
> » **Aspectos tensos:** Fantasia e realidade disputam sua atenção, e nem sempre fica claro qual das duas está ganhando. Em seu melhor, você é intuitivo e visionário. Em seu pior, é desorganizado e esquecido, com um domínio frágil da verdade.

Mercúrio/Plutão

Quando Plutão, o alquimista do zodíaco, conecta-se com o desenvolto Mercúrio, a combinação lhe proporciona uma inteligência imponente e astúcia para examinar além do óbvio.

- **Conjunção:** Você é analítico, firme e tem habilidade para desenterrar segredos. Com sua inteligência penetrante, você pode ser um pesquisador talentoso, um repórter investigativo ou um detetive. Esse aspecto traz profundidade, aptidão para a escrita e disposição, junto com a capacidade para vencer pensamentos obsessivos ou de medo.
- **Aspectos harmoniosos:** Você é um pensador perspicaz, atento, que pode ir além da superfície, lidar com o que quer que encontre e emergir, transformado.
- **Aspectos tensos:** Você é atencioso, habilidoso, curioso e determinado, assim como nervoso e combativo, com tendência para remoer as coisas.

Aspectos de Vênus

Vênus é o símbolo do amor, dos relacionamentos, da arte, do prazer, das posses e do dinheiro.

Vênus/Marte

Na mitologia clássica, Vênus e Marte — a deusa do amor e o deus da guerra — eram amantes. Em seu mapa, eles despertam as forças do desejo e da sensualidade.

- **Conjunção:** Efusivo e magnético, você irradia energia vital. Você não tem nenhum problema em atrair as pessoas porque elas querem ficar por perto. Sua cordialidade atrai, e sua sexualidade também. Mas gosta de ver faíscas voando e, inconscientemente, pode criar relações tumultuadas.
- **Aspectos harmoniosos:** Seu jeito carinhoso e sua capacidade de atração geral trazem realização afetiva. Marte dá vitalidade a Vênus, estimulando seu elo com todas as coisas venusianas, incluindo música, dança, arte, moda, design de interiores e dinheiro.
- **Aspectos tensos:** Você não tem certeza do que quer, sobretudo em relação a romance. Como consequência, sua vida amorosa pode ser conturbada por brigas, infelicidade e tensões. Exemplos: Demi Moore, Hillary Clinton e Katharine Hepburn.

Vênus/Júpiter

Quando a amorosa Vênus encontra o generoso Júpiter em um mapa natal, o resultado é uma profusão de afeto e uma paixão por luxo, arte e beleza.

- **Conjunção:** É um aspecto de sorte. Por ser carinhoso e generoso, você atrai amor, amizade e até dinheiro, o que é maravilhoso, considerando o quanto você pode ser imprudente e comodista. Esse aspecto também proporciona talento para as artes e uma profunda consciência do que é belo.

- » **Aspectos harmoniosos:** Esse aspecto privilegiado aumenta a facilidade com que você atrai atenção, faz dinheiro e escolhe o companheiro certo.
- » **Aspectos tensos:** Você exagera. Come, bebe ou gasta em excesso, é irracionalmente exigente ou explode em sentimentos de um jeito desproporcional. De uma forma ou de outra, o excesso é um problema.

Vênus/Saturno

O restrito Saturno inibe a afetuosa Vênus. Esse aspecto aterra e fortalece seus sentimentos, mas pode trazer sofrimento e atrasos na vida amorosa.

- » **Conjunção:** Emocionalmente reservado e com medo de se machucar, você se valoriza demais para tratar o romance como uma coisa leve e informal. Você se sente mais à vontade em uma relação com alguém mais velho ou mais estabelecido. O amor é algo de que se aproxima com cautela. Esse aspecto também edifica seus talentos artísticos.
- » **Aspectos harmoniosos:** Em termos emocionais e financeiros, você valoriza mais a segurança que a empolgação. Responsável e leal, busca uma relação duradoura, amorosa e madura, e um portfólio bem recheado.
- » **Aspectos tensos:** Namorar pode ser uma batalha. Na defensiva e com medo da rejeição, se esconde por trás de um muro que você mesmo criou. Mesmo quando encontra uma parceria gratificante (e várias dessas pessoas com esse aspecto têm um casamento feliz), pode se sentir isolado e carente. Acontece mais ou menos o mesmo com o dinheiro. Em ambos os casos, o medo da perda é uma sensação com que você convive.

Vênus/Urano

Se Vênus, a divindade do amor, e o pouco convencional Urano pintam e bordam em seu mapa natal, você é a estrela impetuosa de sua própria novela.

- » **Conjunção:** Esse é o aspecto relâmpago que lhe proporciona uma personalidade oscilante e uma vida amorosa dramática e instável. Assim como Elizabeth Taylor (que se casou oito vezes), a it-girl dos anos 1960 Edie Sedgwick ou Miley Cyrus, você quer atração fatal e fogos de artifício.
- » **Aspectos harmoniosos:** Nas amizades e no namoro, você se atrai por pessoas estimulantes e incomuns. Você é original, tem talentos artísticos e sorte no amor. Além disso, tem a habilidade invejável, mas totalmente imprevisível, de atrair rios de dinheiro.

- **Aspectos tensos:** Procurando uma relação estável com a pessoa certa? Duvido. Você busca a adrenalina do proibido. O amor inesperado faz parte de sua história; a traição repentina talvez também faça. Em meus arquivos, entre as pessoas com aspecto tenso entre Vênus e Urano, há uma que teve um caso com o marido da irmã, uma que fugiu com o marido da melhor amiga, uma que se casou com o primo de primeiro grau e várias que superaram as expectativas casando-se com alguém de outra etnia ou nacionalidade. Outro exemplo: a princesa Diana.

Vênus/Netuno

Vênus vive para o romance e a beleza. O glamoroso Netuno estimula o mistério e a magia. Quando em sintonia, você fica nas nuvens, mas acontecimentos podem trazê-lo de volta à terra em um piscar de olhos.

- **Conjunção:** Sua compaixão e imaginação viva podem torná-lo um artista inspirado ou deixá-lo em maus lençóis, sobretudo no romance. Você é idealista e um buscador espiritual, e talvez deixe sua vontade de amar ofuscar sua visão. Exemplos: Leonard Cohen, Amelia Earhart e Alice B. Toklas.
- **Aspectos harmoniosos:** Você pode ser gentil, místico, musical, refinado, poético, ou preguiçoso e comodista.
- **Aspectos tensos:** A ilusão entra em sua vida de um jeito positivo através da arte, da música e de filmes. Mas você é propenso a paixões sonhadoras. Ser realista em relação a romance não é seu forte. Você se apaixona por Heathcliff todas as vezes, até finalmente parar. Exemplos: Tina Turner, Mia Farrow e Kim Kardashian.

Vênus/Plutão

O amor conhece a obsessão. Adivinha o que acontece. Intriga e paixão são o lema dessa dupla.

- **Conjunção:** Você é ciumento, possessivo, profundamente sexual e controlador. Esse aspecto também proporciona profundidade artística e aptidões financeiras.
- **Aspectos harmoniosos:** Intenso sem ser destrutivo, você atrai pessoas poderosas, tanto no amor quanto nos negócios.
- **Aspectos tensos:** Esse aspecto traz paixão e pode torná-lo magneticamente sedutor, o que não o impede de ficar obcecado por alguém que não é adequado para você. A boa notícia é que Plutão não fica parado. Você evolui, goste ou não.

Aspectos de Marte

Marte representa suas vontades, desejos, impulsos, vitalidade e agressividade.

Marte/Júpiter

Uma dupla sólida, entusiasmada: o ousado e destemido Marte, e o otimista Júpiter, avatar da fartura.

- » **Conjunção:** Por que a canção mais famosa sobre astrologia já composta ("Age of Aquarius" [Era de Aquário, em tradução livre], do Fifth Dimension) sugere que vivenciaremos paz e amor "quando a Lua estiver na sétima casa e Júpiter se alinhar com Marte"? Sinceramente, não tenho a menor ideia. Meu palpite: se Júpiter se alinha com Marte em seu mapa, você tem iniciativa, um bom senso de oportunidade, vigor e confiança. A rainha Elizabeth II, a monarca de maior reinado na história britânica, possui esse aspecto; além disso, sua Lua está na sétima casa.
- » **Aspectos harmoniosos:** Definir objetivos ambiciosos é natural para você. Você é aventureiro, incansável, seguro de si e corajoso, uma combinação espetacular.
- » **Aspectos tensos:** Você tem vigor e uma queda pelo extravagante. Moderação, embora seja uma recomendação frequente de almas mais cautelosas, não é com você.

Marte/Saturno

O esquentadinho Marte é o planeta da ação; o sombrio Saturno é o senhor da cautela. Eles não se bicam muito, mas podem dar um jeito nisso.

- » **Conjunção:** Em seu melhor, esse aspecto traz autodisciplina, perseverança e coragem. Em seu pior, leva à timidez, inibição, ressentimentos e comportamento destrutivo.
- » **Aspectos harmoniosos:** Você é ambicioso, decidido, diligente e sensível. Você faz as coisas funcionarem.
- » **Aspectos tensos:** A impaciência o deixa abatido. Você se sente travado e frustrado. Além disso, talvez sinta que tem inimigos, e desentendimentos com autoridades podem ser bastante comuns em sua vida. É um aspecto desafiador. Pergunte a Anderson Cooper, Tim Cook, Dennis Rodman, Daryl Hannah, Richard Pryor, RuPaul ou Robert Downey, Jr.

Marte/Urano

O impaciente Marte e o imprevisível Urano: a combinação original "bad boy" do zodíaco. É que esses dois não param de causar problemas.

- » **Conjunção:** Você é irrefreável e determinado, com um comportamento sexual não convencional, desejos incomuns e dinamismo incrível. Mas sua energia é instável e você tende a se envolver em acidentes.
- » **Aspectos harmoniosos:** Agitado e sem rodeios, você persegue objetivos incomuns, busca novidades e reage com prontidão a situações ameaçadoras. Mas usa sua vitalidade incrível de uma forma construtiva ou a desperdiça? A escolha é sua.
- » **Aspectos tensos:** Você assume riscos e é um espírito livre, cuja atitude rebelde pode destruir tudo ao redor. Em seu pior, esse aspecto estimula um comportamento paranoico extremamente risível e acidentes. Em seu melhor, incita independência e aventura.

Marte/Netuno

Duas hipóteses: o místico Netuno se refestela em devaneios confusos, enquanto o negligente Marte vai à luta. Sai faísca para todos os lados. Ou: Marte estimula a criatividade de Netuno, configurando-a em uma trajetória que vai do etéreo nada até o mundo concreto.

- » **Conjunção:** Apesar de seu talento, você é inseguro e acha difícil mobilizar sua energia, talvez porque seus objetivos sejam inviáveis e vagos. Ou pode acontecer o contrário: sua visão netuniana pode ser tão inspiradora que lhe permite vencer suas dúvidas e realizar alguma coisa de fato.
- » **Aspectos harmoniosos:** Você é romântico, artístico e consegue pôr em prática seus sonhos e aspirações.
- » **Aspectos tensos:** Você é idealista, mas desanima rápido e tende a se desviar do caminho ou se acomodar em atitudes escapistas.

Marte/Plutão

Você é um poço de energia e propósito. Esse aspecto traz uma ambição feroz e perseverança extraordinária.

- » **Conjunção:** Dotado de reservas imensas de energia, você é agressivo e diligente. Vai atrás do que quer com determinação impressionante. É um aspecto fantástico. Exemplos: Hillary Clinton, Malcolm X e Paul McCartney.

> **Aspectos harmoniosos:** Você tem gostos e aversões definidos, confiança e a habilidade rara de terminar uma relação ou sair de um emprego sem desabar. Seu destemor talvez não se aplique a todas as áreas da vida, mas o capacita a ir atrás de seus desejos mais profundos com fervor e comprometimento.

> **Aspectos tensos:** Você luta para refrear suas paixões, e evitar conflitos e confrontos desnecessários. Embora possa se sabotar, tem um vigor impressionante e disposição para dar fim a atitudes prejudiciais na busca daquilo que deseja. Essa batalha pode ser colossal, mas você dá conta. Exemplos: Shonda Rhimes, Angelina Jolie e Justin Trudeau.

Aspectos de Júpiter

Júpiter representa prosperidade, sabedoria, fartura e crescimento. Esse posicionamento em seu mapa natal diz onde você pode encontrar sorte e oportunidade.

Júpiter/Saturno

O expansivo Júpiter e o restrito Saturno não são aliados naturais. Misture-os e terá tensão — e determinação.

> **Conjunção:** Quando o melancólico Saturno se encontra com o otimista Júpiter, o idealismo é esmagado pela praticidade, e a frustração é galopante. Seu caminho fica cheio de obstáculos, mas sua capacidade de trabalhar duro é de tirar o fôlego. Esse aspecto exigente aparece em média a cada 20 anos. Procure-o nos mapas de quem nasceu em 1901, 1921, 1940 a 1941, 1960 a 1961, 1981, 2000 e 2020. Exemplos: John Lennon, Jennifer Hudson e Michael J. Fox.

> **Aspectos harmoniosos:** Você é sensível e tem cabeça fria o suficiente para reconhecer suas limitações e compensá-las com seus pontos fortes. Saturno o impele a desenvolver uma estratégia e aplicar a autodisciplina. Júpiter abre portas, capacitando-o para transformar sonhos em realidade. Exemplos: Jane Goodall, Gloria Steinem e Steve Jobs.

> **Aspectos tensos:** Descontentamento, maus momentos e tensões o assolam. Um cabo de guerra entre as forças de expansão e os guardiães da restrição o desequilibra. Em um nível mais profundo, você teme que sua capacidade de discernimento seja duvidosa, e sua confiança sofre as consequências. Exemplos: Reese Witherspoon, Winona Ryder e Guillermo del Toro.

Júpiter/Urano

Surpresas vêm com tudo quando o benevolente Júpiter se une a Urano, o planeta do inesperado. Urano acrescenta um toque de rebeldia à capacidade magnânima de Júpiter de abrir portas que você não sabia onde estavam.

- » **Conjunção:** Você assume riscos e com frequência consegue estar no lugar certo na hora certa, às vezes por mero acaso. É o aspecto da boa sorte repentina e das oportunidades raras; porém, assim como tudo que Urano toca, essas bênçãos podem não vir da forma como você esperaria.
- » **Aspectos harmoniosos:** Você é alerta, consciente e generoso. Quando possibilidades inimagináveis surgem em seu caminho, e surgirão, você encara o desafio.
- » **Aspectos tensos:** Você tem horror a caminhos predefinidos. Faz escolhas impressionantes e pode sofrer quando suas decisões impulsivas se revelam imprudentes. Mas é melhor um caminho bem trilhado do que a mediocridade. Você é rebelde por natureza.

Júpiter/Netuno

O generoso Júpiter encoraja o influenciável Netuno a sonhar alto. Esse aspecto reforça a imaginação, o idealismo e as aspirações espirituais.

- » **Conjunção:** Seu idealismo, bem-estar financeiro, atividades artísticas e vida espiritual se beneficiam com esse aspecto. Você é amigável e simpático, mas predisposto a ficar desligado ou preocupado. No entanto, é abençoado com um pouco de sorte. Cuidado para isso não o impedir de enxergar a verdade.
- » **Aspectos harmoniosos:** Você é compassivo, gentil, perspicaz e sortudo, com uma atração inata por buscas artísticas e espirituais.
- » **Aspectos tensos:** Você pode ser inocente demais, e sua recusa em encarar os fatos pode afastar os amigos. Esse aspecto pode trazer dinheiro e talento, sobretudo na área musical. Você também pode ser ingênuo e disperso, e pensamentos vazios podem ser sua ruína.

Júpiter/Plutão

Júpiter traz oportunidades e expande qualquer coisa que toque — boa e ruim. Plutão representa a jornada interna e o poder da transformação.

- » **Conjunção:** Quando esses dois planetas estão unidos, você tem convicções firmes e pode se tornar um agente poderoso de mudança. Exemplos: Peter Dinklage, Cory Booker, Jennifer Lopez e Bill Gates.

» **Aspectos harmoniosos:** Quando tempos de mudança dão as caras, você tira vantagem da turbulência. Líder envolvente, você alia clarividência e visão com táticas que realmente funcionam. Exemplo: Ruth Bader Ginsberg.

» **Aspectos tensos:** Você quer mudar o mundo. Em seu melhor, enfrenta com bravura o mais temível dos Golias, e vence. Mas há dentro de você um desejo por poder, e pode ser autodestrutivo e fanático. É um aspecto influente que aparece nos mapas de pessoas poderosas. Exemplos: Eminem, Bruce Lee e Jon Stewart.

Aspectos de Saturno

Saturno simboliza limitação, contração, restrição, responsabilidade, autoridade e necessidade de estrutura e estabilidade. Seu posicionamento diz onde você precisa encarar os fatos, impor limites e pôr mãos à obra.

Saturno/Urano

A tradição (Saturno) encontra a inovação (Urano). O cauteloso Saturno quer seguir as regras. O desafiador Urano quer quebrá-las. Com um combo desses, alguém tem que ceder.

» **Conjunção:** Você tem impulso, determinação e potencial de liderança. Também tem certa agitação interna, porque é difícil ser cuidadoso e rebelde ao mesmo tempo. Mas há um meio-termo. Aliando o brilhantismo de Urano ao pragmatismo de Saturno, você pode dar vida a suas ideias e descobrir seu lugar no mundo.

» **Aspectos harmoniosos:** Você é determinado e decidido, capaz de misturar os objetivos e as metas palpáveis de Saturno à atitude experimental e libertária de Urano. É um aspecto de realizações.

» **Aspectos tensos:** Comprometimento é difícil. Você pode se sentir prejudicado pelas circunstâncias, controlado pelos outros e que lhe negaram o reconhecimento ou a ajuda material que merece. Com muita frequência, pode sentir que suas qualidades mais idiossincráticas e extraordinárias, de certa forma, não encontram uma válvula de escape. Ou talvez sinta que sua necessidade de estabilidade continua não atendida. De qualquer modo, usar soluções novas (uranianas) para problemas antigos (saturnianos) é um jeito de lidar com esse dilema.

Saturno/Netuno

Saturno segue instruções e constrói sistemas. O sonhador Netuno absorve impressões e desfaz fronteiras. Juntos, eles fortalecem os poderes da percepção ou o levam a vagar sem rumo, em busca de algo que você não consegue nomear.

- » **Conjunção:** Se os dois planetas formarem uma boa combinação, você terá tanto disciplina quanto criatividade para ir em busca de seus sonhos. Se o austero Saturno domina, você desconfia de sua intuição e cala seus impulsos criativos. Se o atordoado Netuno prevalece, ele mina sua tentativa de estar no controle.
- » **Aspectos harmoniosos:** O idealismo netuniano combina com a sensatez de Saturno, permitindo a você dar direção concreta a seus rompantes de fantasia.
- » **Aspectos tensos:** Você não tem facilidade para confiar nas pessoas, tende a se conter e pode ser solitário. Também tem problemas para se organizar. O posicionamento de Saturno em seu mapa indica onde você precisa de estrutura. Há chances de que saiba exatamente o que deve fazer para proporcioná-la a si mesmo. A questão é que, graças ao misterioso Netuno, pode ter problemas com isso.

Saturno/Plutão

Na mitologia, Plutão governa o submundo. Em seu mapa, ele é o prenúncio da mudança evolutiva, enquanto Saturno, o capataz, força você a impor limites e fazer o que precisa ser feito. Nenhum planeta é lá muito divertido. Porém, quando eles se conectam em seu mapa, alimentam seu senso de propósito e o põem na estrada rumo a uma metamorfose profunda e permanente.

- » **Conjunção:** Plutão tem tudo a ver com transformação, mas o zeloso Saturno restringe sua ação com hábitos difíceis de romper e uma veia resistente. Para contornar isso, você precisa de uma abordagem sistemática para resolver problemas, uma boa dose de determinação e, infelizmente — ou felizmente —, aceitar o fato de que, embora a mudança possa ter um ritmo de tartaruga, foi ela que ganhou da lebre na corrida.
- » **Aspectos harmoniosos:** Um trígono ou sextil conectando Saturno e Plutão fortalece sua disposição, senso de controle, confiança e persistência.
- » **Aspectos tensos:** Pensamentos obsessivos ou comportamentos compulsivos podem mantê-lo sob controle até você descobrir um jeito de aniquilar o poder deles. Embora vários tipos de obstáculos, internos e externos, possam diminuir sua velocidade, você tem uma tenacidade excepcional e pode superá-los. Exemplos: Nancy Pelosi, Toni Morrison e Tony Kushner.

Aspectos de Urano, Netuno e Plutão

Urano representa individualidade, disrupção, revolução e o imprevisível. Netuno simboliza aspirações espirituais, sonhos, visões e a imaginação. Plutão representa obsessão, compulsão, morte, renascimento e regeneração.

LEMBRE-SE

Urano, Netuno e Plutão, os três planetas exteriores, percorrem o zodíaco tão lentamente que os aspectos que formam ficam em órbita durante um bom tempo e exercem maiores influências sobre gerações, não sobre indivíduos. Netuno e Plutão, por exemplo, estão em sextil — a uns 60° de distância — desde os anos 1940 e continuarão a formar sextil ao longo da maior parte de 2030. Portanto, o simples fato de ter um aspecto como esse no mapa não diferencia você; simplesmente o torna membro de sua geração, com todos os prós e contras que isso traz.

Entretanto, há certas circunstâncias que podem aumentar a importância de um aspecto. Um aspecto que envolve os planetas exteriores pode adquirir proeminência no mapa de uma pessoa quando:

» Um dos planetas ocupa um ângulo ou faz conjunção com seu Ascendente ou Meio do Céu.
» Um deles faz vários aspectos próximos com outros planetas e, em particular, com o Sol, a Lua ou o regente de seu Ascendente.
» Um dos planetas rege seu signo solar, signo lunar ou o Ascendente.

Urano governa Aquário, Netuno comanda Peixes e Plutão rege Escorpião.

LEMBRE-SE

Urano/Netuno

Urano, o planeta da revolução, e o místico Netuno, o planeta dos sonhos e das visões, inspiram você, trazem insight e agitam as coisas.

» **Conjunção:** Em 1993, Urano e Netuno formaram uma conjunção exata pela primeira vez desde 1821; brincadeira que não repetirão até por volta de 2165. Todo mundo que nasceu com esse aspecto tende a lidar com mudanças sociais de um modo inovador. Exemplos: Susan B. Anthony, Clara Barton, Frederick Douglass, George Eliot e Alexandria Ocasio-Cortez.
» **Aspectos harmoniosos:** Se você tem um trígono ou um sextil entre Netuno e Urano, pertence a uma geração compassiva, utópica e com tendências espiritualistas.
» **Aspectos tensos:** Você é único, irritadiço e original, sobretudo em épocas de instabilidade. Esse aspecto é enfatizado se um dos planetas faz aspecto próximo com um terceiro. Exemplos: Spike Lee, Bill Maher e Sonia Sotomayor.

Urano/Plutão

O incomum Urano e o resistente Plutão colaboram para promover mudanças cruciais, às vezes catastróficas.

» **Conjunção:** Já se perguntou por que os anos 1960 foram tão turbulentos? Por isto: pela primeira vez em 115 anos, o indomável Urano estava em conjunção com Plutão, o planeta da transformação. Planetas em trânsito afetam todo mundo, não só bebês nascidos sob a influência deles. Se nasceu durante essa década — se é cria verdadeira dos anos 1960 —, você é independente e obstinado, e carrega aquela fagulha descontrolada woodstockiana dentro de si.

» **Aspectos harmoniosos:** Trígonos e sextis entre o amante da liberdade Urano e Plutão conduzem a mudanças abruptas, mas lhe permitem direcionar a energia que se dissipa de maneiras criativas.

» **Aspectos tensos:** Quando irrompe uma catástrofe, você reprime suas reações naturais, produzindo inadvertidamente, e para piorar as coisas, uma medida extra de ansiedade. Você não está sozinho: esse aspecto tem influência geracional. Como todos os outros de sua geração, você nasceu durante a Grande Depressão dos Estados Unidos, e acompanhou tudo.

Netuno/Plutão

Netuno, mensageiro da imaginação, corresponde aos sonhos, à música, à poesia, ao misticismo e ao oculto. Plutão, senhor do submundo, sonda as cavernas do proibido. Juntos, eles fazem uma dupla poderosa e inspiram uma busca heroica.

» **Conjunção:** Essa conjunção rara, que andou girando por aí pela última vez em 1892 e não reaparecerá até o século XXIV, combina a espiritualidade netuniana e o impulso plutoniano por poder e renovação. Exemplos: Paramahansa Yogananda, autor de *Autobiografia de um Iogue*, e J. R. R. Tolkien, autor de *O Senhor dos Anéis*.

» **Aspectos harmoniosos:** Durante praticamente um século, Netuno e Plutão quase formaram um sextil, aspecto que liga os desejos místicos de Netuno e a magia transformadora de Plutão, gerando um surto de interesse pela espiritualidade e pelo oculto.

» **Aspectos tensos:** A energia com matiz sexual ou o sobrenatural podem surgir pelas fendas desse aspecto carregado, mas a direção que ela toma depende da pessoa. Dois exemplos, nascidos com uma semana de diferença: a rainha Vitória, que cedeu seu nome a uma era conhecida pela opressão, e Walt Whitman, cuja poesia é impregnada de sexualidade jovial e amor desinibido.

> **NESTE CAPÍTULO**
> » Descobrindo padrões em seu mapa
> » Analisando os seis elementos específicos de um mapa
> » Observando as configurações dos aspectos
> » Completando o quebra-cabeça

Capítulo **14**

Guia para Interpretar Seu Mapa Natal

A maioria dos astrólogos concorda que a astrologia do signo solar, que descreve modelos em vez de indivíduos, é apenas um ponto de partida. Mas esse tipo de astrologia pode alegar uma vantagem: a simplicidade. Por outro lado, um mapa astrológico completo, com seu emaranhado de planetas, signos, casas e aspectos, é tão complexo e confuso quanto um ser humano de verdade, e tão difícil de entender quanto.

Por sorte, você não precisa ser vidente para ser astrólogo. O que precisa é de um sistema. Este capítulo fornece tudo isso.

Passo Um: Identificando Padrões Gerais

Dê uma folheada em alguns mapas natais e talvez note que, em alguns, os planetas estão amontoados em uma parte do círculo, em outros, espalhados pela roda como números em um relógio. Esses agrupamentos podem ser reveladores, independentemente dos signos e dos planetas envolvidos. Astrólogos desenvolveram dois modos principais de avaliar as configurações de um mapa astrológico:

» **Análise por hemisfério:** É fácil. Tudo o que você precisa fazer é dividir o círculo do mapa pela metade, uma na horizontal e outra na vertical, e contar o número de planetas em cada lado.

» **Análise padrão:** Esse método, lançado pelo astrólogo Marc Edmund Jones em seu *Guide to Horoscope Interpretation* ["Guia para Interpretação de Mapas Natais", em tradução livre], analisa a maneira como os planetas estão espalhados na roda do mapa.

LEMBRE-SE

Ambos os métodos recorrem somente a padrões, não a signos e planetas.

Análise por hemisfério

Uma olhada rápida em seu mapa permite que você comece a interpretá-lo com facilidade, e tudo o que precisa fazer é contar. Primeiro, localize a *linha do horizonte* no mapa — a linha que vai do Ascendente até o Descendente, conforme mostrado na Figura 14-1 (volte ao Capítulo 11 para saber mais sobre seu Ascendente e seu Descendente). Se sete ou mais planetas estão acima do horizonte, você é uma pessoa extrovertida que procura reconhecimento e aprovação no mundo externo. Se a maioria dos planetas habita a área abaixo da linha, você é introvertido e precisa de privacidade, busca realização pessoal e pode se sentir pouco à vontade sob os holofotes.

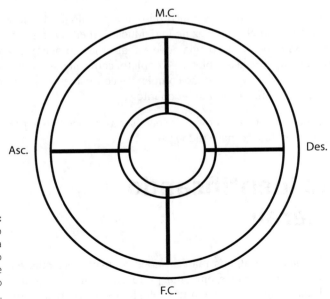

FIGURA 14-1: Dividindo seu mapa pelo horizonte e pelo meridiano.

© John Wiley & Sons, Inc.

Agora, divida seu mapa pela metade na vertical ou ao longo do *meridiano*, que vai do seu Meio do Céu, ou M.C., no local que aponta para as 12 horas no mapa, até seu F.C. no local que marca 6 horas (consulte a Figura 14-1). Essa linha divide o mapa em dois setores: o hemisfério oriental à esquerda e o hemisfério ocidental à direita. Se a maior parte de seus planetas fica no lado oriental, ou esquerdo, do mapa, você tem a capacidade invejável de fazer as coisas acontecerem, de preparar seu próprio caminho. Você é extremamente independente, mas também pode ser intolerante com pessoas que aparentemente não conseguem tomar decisões como você consegue.

Se seu mapa tende para a direita, por assim dizer, com sete ou mais planetas no lado ocidental, ou direito, do círculo, você é mais dependente das circunstâncias do que aparenta. Precisa aproveitar o momento quando ele chega e pode sentir que precisa se submeter aos caprichos alheios para ter sucesso.

A maioria de nós possui planetas em ambos os lados da divisória, não importa como você corta o círculo. Mas há algumas pessoas, incluindo as melhores entre os melhores, cujos planetas ocupam somente um hemisfério. Serena Williams, a atleta mais talentosa da Terra, tem todos os planetas no lado direito do mapa. Isso não diminui suas realizações em nada. Apenas sugere que ela reage às circunstâncias e é adaptável. Não é o caso de Beyoncé. Com todos os planetas no lado esquerdo do mapa, ela é autossuficiente e independente, uma pessoa com iniciativa e garras de aço.

LEMBRE-SE

O Ascendente simboliza sua personalidade superficial. O Descendente representa como você lida com casamento e parcerias. O Meio do Céu ou M.C. (o ápice de seu mapa) descreve sua ambição e imagem pública. Na base de seu mapa, o Fundo do Céu, ou F.C., revela sua atitude diante do lar e da família.

Análise padrão

Em 1941, o astrólogo Marc Edmund Jones (um libriano) identificou sete padrões planetários que, como a divisão por hemisfério, atuam sem relação com signos e planetas específicos. Desde então, estudantes de astrologia têm analisado o significado desses padrões. São eles:

> » **O feixe:** Se todos os seus planetas estão concentrados em quatro signos ou em mais ou menos 120° (um *trígono*), você tem um mapa de feixe, não importa quais signos estão envolvidos ou em que lugar se encontra esse feixe de planetas. Esse padrão, mostrado na Figura 14-2, proporciona-lhe um foco claro, interesses sólidos, confiança e força pessoal. Ele também o limita: quando você é forte, é forte mesmo, mas completamente inconsciente (ou desinteressado) quando não é. Exemplos: George W. Bush, Sylvester Stallone, Paul McCartney e Scarlett Johansson.

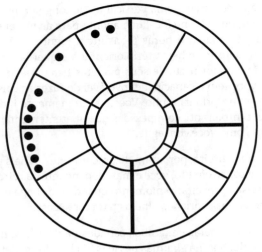

FIGURA 14-2:
O padrão feixe.

© John Wiley & Sons, Inc.

» **A tigela [ou taça]:** Se seus planetas cobrem mais de 120°, mas não mais que 180° (ou metade do zodíaco), você tem um mapa do tipo tigela, conforme mostrado na Figura 14-3. Esse padrão altamente motivador pode gerar uma sensação frustrante de que algo está faltando, aliada a uma determinação para preencher esse vazio. Essas pessoas não esperam sentadas. São ativistas e resolvem as coisas, gostem disso ou não. Exemplos: Abraham Lincoln, Vincent van Gogh, Amelia Earhart, Billie Jean King, Ella Fitzgerald e Donald J. Trump.

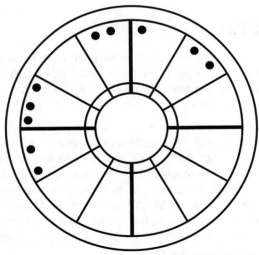

FIGURA 14-3:
O padrão tigela.

© John Wiley & Sons, Inc.

» **O balde:** Um mapa do tipo balde (às vezes chamado de funil) é como uma tigela, exceto que um planeta (ou dois em conjunção próxima) está separado do restante, como na Figura 14-4. Esse planeta afastado, a alça do balde, torna-se o foco do mapa. Como as necessidades dele são sempre primordiais, Marc Edmund Jones comparou esse planeta isolado com uma dor de dente. Exige atenção e é dolorido. De acordo com o signo e a casa, ele age como um contrapeso para o resto do mapa. Quatro pessoas com mapas do tipo balde: Taylor Swift; Harry, duque de Sussex; a cunhada de Harry, Catherine, duquesa de Cambridge; e Alexandria Ocasio-Cortez.

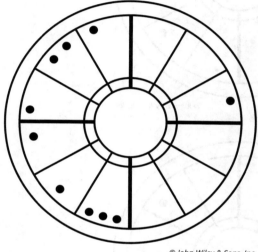

FIGURA 14-4: O padrão balde.

© John Wiley & Sons, Inc.

» **A locomotiva:** Se os dez planetas de seu mapa formam uma fila perfeita em cerca de dois terços do zodíaco, conforme mostrado na Figura 14-5, você tem impulso, vigor e praticidade. Os dois planetas mais importantes são o primeiro e o último: a locomotiva, que lidera o desfile dos astros quando o mapa gira no sentido horário, e a carroceria, que engata a parte de trás. Isaac Newton, George Washington, Jennifer Lawrence e Oprah Winfrey possuem esse mesmo padrão.

» **O salpicado:** Exatamente o que parece, os planetas desse padrão relativamente raro estão espalhados de maneira mais ou menos igual pela roda celeste, como na Figura 14-6. Com um mapa do tipo salpicado, existe uma profusão de experiências ao seu dispor. A desvantagem? Por mais que você goste de mergulhar nessa piscina azul brilhante, sua energia pode ficar espalhada e difusa. Exemplos do salpicado em seu ápice: George Harrison, Steve Jobs e o político e médico francês Bernard Kouchner, cofundador do Médicos sem Fronteiras.

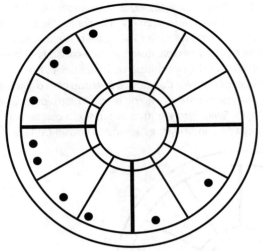

FIGURA 14-5:
O padrão locomotiva.

© John Wiley & Sons, Inc.

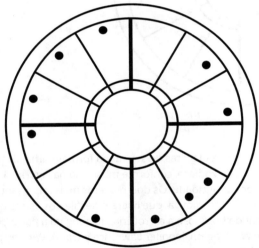

FIGURA 14-6:
O padrão salpicado.

© John Wiley & Sons, Inc.

» **O espalhado:** Esse padrão, mostrado na Figura 14-7, é semelhante ao salpicado, exceto que aqui os planetas estão distribuídos de maneira desigual pelo mapa, com até três grupos de três ou mais planetas. Pessoas com esse padrão têm múltiplos talentos, mas leva um tempo até elas se encontrarem, já que vão e voltam de uma atividade para outra. Quando finalmente sossegam com alguma coisa, se dedicam intensamente, recusando-se a ceder à opinião popular ou à pressão. Exemplo: W. B. Yeats.

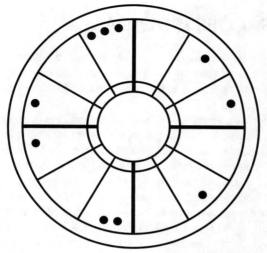

FIGURA 14-7:
O padrão espalhado.

© John Wiley & Sons, Inc.

» **A gangorra:** Se você tem dois grupos de planetas opostos separados por algumas casas vazias em cada um dos lados, como na Figura 14-8, está sempre subindo ou descendo na gangorra das circunstâncias. Excelente mediador, juiz e administrador, você consegue enxergar as coisas com objetividade porque tem uma consciência profunda dos dois lados da própria natureza. Mas internamente, pode se sentir dividido porque tem dois grupos de necessidades e talentos, e talvez ache desafiador satisfazer a ambos. Exemplos incluem Whitney Houston, Ted Kennedy, Frank Sinatra, Malcolm Gladwell, Alexander McQueen e Barack Obama.

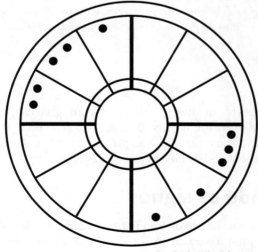

FIGURA 14-8:
O padrão gangorra.

© John Wiley & Sons, Inc.

CAPÍTULO 14 **Guia para Interpretar Seu Mapa Natal** 277

DUAS SENSAÇÕES ISOLADAS

Toda vez que você encontra um mapa natal com um verdadeiro isolado, isto é, um mapa do tipo balde com um único planeta afastado de todos os outros, é sinal de que encontrou o segredo da pessoa. Seguem dois exemplos de meus arquivos:

- **Lulu (nome fictício), a melhor anfitriã.** Com três planetas no carismático Leão, ela atrai pessoas aonde quer que vá, dá os melhores jantares para os quais já fui convidada e parece a rainha da autoconfiança. Também é uma das mulheres mais gentis e bem-sucedidas que conheço. Mas ela se casou e se divorciou várias vezes, teve mais namorados que todos os meus amigos juntos e é obcecada por relacionamentos. Por quê? Ela tem um mapa tipo balde com nove planetas do lado oriental e a Lua do outro lado, a qual busca segurança. Graças aos nove planetas, ela é ativa e independente, uma pessoa verdadeiramente dinâmica. Porém, com a Lua bem no meio de sua sétima casa das parcerias, seu bem-estar emocional gira em torno de relacionamentos. É o que a localização do isolado indica: o foco de uma vida.

- **Dr. X (nome fictício), o psiquiatra mais interessante que conheço.** Sua personalidade acolhedora vem do Ascendente em Leão. Seu interesse pela psiquiatria obviamente vem da Lua isolada que, assim como a do Dr. Freud, está na oitava casa da intimidade, dos segredos, da psicanálise, da regeneração (ou cura) e da sabedoria oculta. Em seu trabalho como psicoterapeuta, o Dr. X é mestre em criar facilmente intimidade com seus pacientes, o que o torna capaz de trazer à tona os segredos deles. Na vida privada, a Lua o estimula a estudar temas em que a maioria dos médicos jamais admitiria sequer pensar — áreas como quiromancia (a palma de sua mão foi lida pela primeira vez aos 5 anos), astrologia (foi assim que ficamos amigos) e todas as formas de técnicas espirituais. Mais uma vez, o planeta isolado é a chave.

Um aviso: esses padrões são auxílios valiosos para a interpretação, mas às vezes é difícil detectar minimamente alguns. Quando isso acontecer, esqueça esse negócio de encontrar o rótulo perfeito. Não pense, não julgue. Apenas assimile o mapa como o símbolo visual de uma alma. Apenas olhe.

Considerando os signos

Após refletir sobre os padrões da divisão por hemisfério e o desenho geral de seu mapa, você está pronto para analisá-lo conforme o elemento e a modalidade. Comece contando os planetas em cada *elemento* (fogo, terra, ar e água) e em cada *modalidade* (cardinal, fixa e mutável). A Tabela 14-1 mostra qual é qual. Se você sabe o horário em que nasceu, acrescente seu Ascendente e Meio do Céu para um total de 12 componentes distintos. Quer incluir Quíron? Fique à vontade. Mas tenha em mente que ainda estamos aprendendo sobre ele.

TABELA 14-1 Elementos e Modalidades

	Fogo	Terra	Ar	Água
Cardinal	Áries	Capricórnio	Libra	Câncer
Fixa	Leão	Touro	Aquário	Escorpião
Mutável	Sagitário	Virgem	Gêmeos	Peixes

LEMBRE-SE

A maioria dos mapas é mais ou menos equilibrada, com dois a quatro planetas em cada elemento. Se você tem cinco ou mais planetas em signos de um único elemento, os traços associados a esse elemento são acentuados. Veja a Tabela 14-2 para ter explicações sobre o que essa quantidade alta pode significar no seu caso.

TABELA 14-2 Ênfase por Elemento

Com Planetas Predominantes em...	Você É...
Signos de fogo	Ativo, agitado, assertivo, um líder nato
Signos de terra	Realista, sensual, estável, prudente, diligente, voltado para a segurança
Signos de ar	Comunicativo, intelectual, sociável, estimulado por ideias e interação social
Signos de água	Sensível, passional, influenciável, compassivo e perspicaz

DICA

Ao classificar os componentes de um mapa, lembre-se de que o Sol, a Lua e o Ascendente são mais influentes que os outros posicionamentos, portanto, merecem um peso extra. Alguns astrólogos chegam a contá-los duas vezes, só para assegurar que eles receberam a parte que lhes cabe.

As modalidades (ou qualidades) atuam da mesma maneira que os elementos. A maioria das pessoas tem um equilíbrio aproximado. Porém, se você tem uma pilha de planetas em uma modalidade específica, esses traços são acentuados. A Tabela 14-3 traz mais informações.

TABELA 14-3   Ênfase por Modalidade

Com a Maior Parte dos Planetas em...	Você É...
Signos cardinais	Voltado para a ação, corajoso, moldado para tomar a iniciativa
Signos fixos	Obstinado, determinado, focado, avesso a mudanças
Signos mutáveis	Versátil, habilidoso, aberto a mudanças

Há mais uma possibilidade. E se você não tiver nada em um desses elementos ou modalidades? Aqui está o significado da ausência de um elemento ou uma modalidade.

Apertem os Cintos: Os Elementos Sumiram

Vazios elementais podem afetar gerações inteiras. Por exemplo, entre 1943 e 1955, Plutão estava em Leão, um signo de fogo, e Netuno estava em Libra, que é de ar. Logo, ninguém que nasceu durante esses anos tem escassez de fogo nem de ar, que pode ser o motivo por que os baby boomers, não importa o que se diga sobre eles, não podem ser acusados de falta de energia (fogo) ou ideias (ar). Porém, entre os membros dessa geração, escassez de água (consciência emocional) e terra (praticidade) são comuns. Isso faz certo sentido.

Durante os anos 1960, Netuno estava em Escorpião e Plutão, em Virgem, portanto, não era possível ter água ou terra vazia. Mas um bebê nascido nesses anos poderia facilmente crescer com escassez de fogo ou ar — ou ambos, como foi o caso de Kurt Cobain. Ele tinha uma quantidade impressionante de oito planetas em signos de água e dois vazios, um de fogo e um de ar: uma avalanche emocional para qualquer um.

Se você tem um vazio elemental, veja como isso pode afetá-lo:

» **Ausência de fogo:** Para você é difícil ser assertivo, manter um nível consistente de entusiasmo e mobilizar a energia de que precisa.

» **Ausência de terra:** O lado material da vida ilude e, possivelmente, estressa você. Pagar as contas em dia, saber onde estão as chaves — essas tarefas banais podem abatê-lo.

» **Ausência de ar:** Você reage com emotividade e leva para o lado pessoal. Para você, é difícil analisar uma situação de maneira objetiva. Lidar com abstrações o deixa muito apreensivo.

» **Ausência de água:** Sentimentos o deixam confuso. Às vezes, você sequer identifica as próprias reações e tem limitações para entender as emoções alheias.

Modalidades em Fuga

A ausência de modalidades é menos comum que os vazios elementais, mas existe. Se por acaso você tem uma, veja como interpretá-la:

> » **Nenhum planeta em signo cardinal:** Tomar a iniciativa não é fácil para você. Quando se depara com tempos de mudança, você se adapta. Mas prefere não trocar o certo pelo duvidoso.
>
> » **Nenhum planeta em signo fixo:** Você é do tipo "deixa a vida me levar", tomando de bom grado novos rumos conforme a situação exige. Pode, inclusive, ter orgulho de sua flexibilidade. A verdade é que lhe falta persistência. Esse é seu ponto fraco.
>
> » **Nenhum planeta em signo mutável.** Deixar a vida te levar? Por que você faria isso? Você tem habilidade para tirar uma ideia do papel e a tenacidade de levá-la até o fim. Mas adaptar-se às circunstâncias? Comprometer-se? Não é sua melhor jogada.

Descobrindo fatores atenuantes

O negócio é o seguinte: planetas não são os únicos protagonistas. Você pode ter um vazio planetário em, digamos, água. Mas se o Ascendente, o Meio do Céu, os nodos lunares ou até mesmo Quíron estiverem em um signo de água, então esse vazio não será total.

Posicionamentos de casa também podem ser um fator atenuante. No alfabeto astrológico, a primeira casa corresponde a Áries, a segunda a Touro, e por aí vai. Logo, a primeira casa tem um pouco de fogo em si, não importa qual signo está em sua cúspide. A segunda casa tem um toque de terra. E assim por diante. Veja a Tabela 14-4.

Então, talvez você tenha um vazio em água. Mas se tem planetas na quarta, na oitava ou na décima segunda casa, que correspondem a signos de água, isso alivia a situação. Esses posicionamentos de casas chamam sua atenção para caminhos que podem ajudar a equilibrar um mapa ligeiramente fora do lugar. Essa influência é sutil. Mas não significa que não exista.

Para ver esse efeito em ação, volte para o Capítulo 7 e dê outra olhada no mapa de Oprah Winfrey. Ela tem muito pouca terra — somente Quíron e o nodo norte da Lua. Nenhum dos planetas dela habita os signos de terra. Mas ela tem três planetas na segunda casa do dinheiro e das posses, um na sexta casa do trabalho e dois na décima casa da carreira e da reputação. Portanto, a maioria dos planetas está nas casas associadas a signos de terra, também conhecidas como casas da substância (veja a Tabela 14-4), o que talvez explique como uma aquariana idealista se tornou uma das mulheres mais ricas da galáxia.

Vazios em signos cardinais, fixos ou mutáveis atuam da mesma maneira. Digamos que você não tenha nada em Áries, Câncer, Libra e Capricórnio — nem um planeta, nem Ascendente, nem sequer um nodo. Esse vazio cardinal dificulta colocar um novo empreendimento em ação. Mas espere um segundo... dê uma olhada em seu mapa. Tem alguma coisa nas casas angulares, ou seja, nas casas um, quatro, sete e dez? Se sim, está melhor do que pensava. Tomar a iniciativa nunca será sua qualidade mais notável. Mas quando precisar dar o primeiro passo, encontrará os recursos de que precisa (veja a Tabela 14-5).

TABELA 14-4   Casas e Elementos

Casas	Nome do Grupo	Características
1, 5 e 9	Casas da Vida (casas de fogo)	Impetuoso; vigoroso; pronto para aproveitar a vida
2, 6 e 10	Casas da Substância (casas de terra)	Fã de sistemas e métodos; motivado a buscar segurança e reconhecimento
3, 7 e 11	Casas das Relações (casas de ar)	Comunicativo; determinado a criar relações gratificantes
4, 8 e 12	Casas da Emoção (casas de água)	Emotivo; exigente; interessado em mergulhar em conexões familiares, na psique e no passado

TABELA 14-5   Casas e Qualidades

Casas	Nome do Grupo	Características
1, 4, 7 e 10	Casas Cardinais	Empreendedor, ativo
2, 5, 8 e 11	Casas Fixas	Estável, firme
3, 6, 9 e 12	Casas Mutáveis	Atencioso, adaptável

Passo Dois: Seis Componentes de um Mapa Natal

Agora, você está preparado para analisar signos e planetas. Para ter uma ideia de seu mapa sem entrar muito em detalhes, concentre-se nestes fatores:

» **O Sol:** O Sol reflete sua identidade básica — suas motivações, necessidades, vontade e individualidade. O signo solar descreve como você expressa esses aspectos de si mesmo. A casa na qual ele está determina a área em que pode ser você mesmo de maneira mais efetiva.

> **A Lua:** A Lua descreve seus sentimentos, subconsciente, instintos, hábitos e memória. O signo lunar determina como você vivencia as emoções. Seu posicionamento na casa indica a área da vida que é mais essencial para seu bem-estar.

> **O signo Ascendente:** O Ascendente descreve a camada superficial de sua personalidade, a face que você mostra ao mundo (veja o Capítulo 11).

> **O planeta regente:** O planeta que governa seu Ascendente é o regente de seu mapa, independentemente de sua localização ou qualquer outra coisa no mapa natal. Como regente, ele contribui tanto com seu senso de individualidade quanto com a impressão que você passa às outras pessoas. A Tabela 14-6 mostra os signos Ascendentes e seus planetas regentes. Volte ao Capítulo 9 ou ao 10 para ter dicas sobre seu planeta regente.

Uma das qualidades mais esclarecedoras do planeta regente é sua posição de acordo com a casa. Considere o ator Peter Dinklage, que fez o papel de Tyrion Lannister em *Game of Thrones*. Geminiano, ele tem Ascendente em Peixes com Netuno, o corregente de Peixes, em Escorpião na oitava casa do sexo. Além disso, seu Netuno faz conjunção com Marte, ainda que de forma generalizada. Não dá para ficar mais sexy que isso.

Dê uma olhada no mapa de Rachel Maddow. Ariana, ela tem Ascendente em Câncer com a Lua, seu regente, conjunta a Mercúrio em Peixes na nona casa das publicações (ela é autora de um livro best-seller em 1º lugar pelo *New York Times*), da educação (tem um doutorado pela Oxford) e do jornalismo televisivo. O que quer que você pense sobre as opiniões políticas dela, acredito que seja justo dizer que ela atendeu ao chamado do próprio mapa.

A Tabela 14-7 informa como o regente de seu Ascendente influencia você.

TABELA 14-6 **Signos Ascendentes e Regências**

Se Seu Ascendente É...	As Pessoas Acham Você...	E Seu Planeta Regente É...
Áries	Impetuoso, determinado	Marte
Touro	Estável, sensual	Vênus
Gêmeos	Verbal, temperamental	Mercúrio
Câncer	Emotivo, adaptável	Lua
Leão	Confiante, exuberante	Sol
Virgem	Metódico, exigente	Mercúrio
Libra	Charmoso, atraente	Vênus
Escorpião	Controlado, reservado	Plutão e/ou Marte
Sagitário	Cosmopolita, incontrolável	Júpiter
Capricórnio	Respeitável, orgulhoso	Saturno
Aquário	Amigável, individualista	Urano e/ou Saturno
Peixes	Idealista, acolhedor	Netuno e/ou Júpiter

> **Stelliums:** Um conjunto de três ou mais planetas no mesmo signo e de preferência na mesma casa é conhecido como stellium. Um agrupamento desses salta aos olhos imediatamente. Quando aparece no mesmo signo do Sol, como acontece em geral, ele reforça a mensagem desse signo. Quando surge em outro lugar, pode rivalizar com o Sol em importância. De qualquer forma, um stellium fornece uma concentração intensa de paixões e interesses. É sempre um ponto de foco em um mapa. Se ele inclui quatro planetas e um deles é Urano, Netuno ou Plutão, pode dominar o mapa inteiro.
>
> Para ver um stellium em ação, considere o mapa do poeta chileno ganhador do prêmio Nobel, Pablo Neruda. Seu mapa exibe seis planetas em Câncer, inclusive o Sol, a Lua e Netuno, regente de seu Ascendente. A maioria desses planetas está na quinta casa do romance, que era um de seus temas frequentes, mas nem de longe o único. Além de sonetos de amor, ele compôs odes para uma colher, um prato, um sabonete em barra, uma alcachofra e uma caixa de chá, entre outros objetos domésticos. Ele era o poeta das coisas domésticas.
>
> Ou analise o mapa de Mick Jagger. O astro do rock mais antigo e incansável do mundo tem stellium em Leão: Sol, Júpiter, Plutão, Mercúrio (seu planeta regente), o Nodo Norte da Lua e Quíron, sem conjunção com nenhum dos já citados acima, mas ainda em Leão. Então, é natural que ele ainda esteja se apresentando. Ele sempre desejará estar nos palcos. É a natureza de Leão.
>
> » **Um Planeta Elevado:** Finalmente, pode haver (ou não) um planeta em seu mapa que não recebe nenhuma outra homenagem — não é o regente de seu mapa, não é parte de uma Grande Cruz; no entanto, ele está aí por um motivo simples: é uma bandeira, um cata-vento, um farol brilhando no topo de seu mapa. É só isso, e pronto. Só por estar no ápice, ganha importância.

TABELA 14-7 Planeta Regente por Posição da Casa

Se Seu Planeta Regente Está na...	Você É...
Primeira casa	Consciente, motivado, tem personalidade e iniciativa
Segunda casa	Voltado para a segurança; obstinado; alguém que prioriza valores materiais
Terceira casa	Ocupado, incansável, comunicativo e mestre do papo-furado
Quarta casa	Uma pessoa de família que aprecia a vida doméstica
Quinta casa	Qual o problema em se divertir? Você é romântico, interessante, pai/mãe dedicado(a), uma alma criativa
Sexta casa	Saudável, aplicado, alguém que descobre a identidade na vocação
Sétima casa	Confidente e companheiro. Parcerias são essenciais à sua existência
Oitava casa	Um observador atento, questionador, mágico

Se Seu Planeta Regente Está na...	Você É...
Nona casa	Um explorador e pensador, aventureiro e dogmático
Décima casa	Um empreendedor, um líder, uma pessoa proeminente
Décima primeira casa	Um amigo, sociável, uma pessoa de esperanças e aspirações
Décima segunda casa	Um buscador espiritual e eremita

Passo Três: Procurando Padrões de Aspectos

Um mapa natal pode conter facilmente dezenas de aspectos. Os que merecem maior atenção são os mais estreitos, os que envolvem o Sol ou a Lua e os que entrelaçam três ou mais planetas em um só padrão, conforme estas configurações:

» **O Grande Trígono:** Três planetas, cada um a um ângulo de 120° com os outros dois, formam um triângulo gigante auspicioso chamado *Grande Trígono*, mostrado na Figura 14-9.

Um Grande Trígono ideal tem pelo menos um planeta em cada signo de determinado elemento. Nessas áreas da vida, as coisas parecem se encaixar — você não precisa fazer muita coisa — e oportunidade é o que não falta. Os escritores de terror Shirley Jackson e Stephen King têm Grandes Trígonos em signos de fogo. Babe Ruth e Ruth Bader Ginsburg têm Grandes Trígonos em água. Stephen Hawking tem um em terra e F. Scott Fitzgerald, em ar. Mas nem todo mundo que é sortudo o suficiente para ter esse aspecto harmonioso usa-o de maneira eficaz. O Grande Trígono, símbolo do preguiçoso, é conhecido por trazer sorte suficiente para evitar que você sinta que precisa se esforçar.

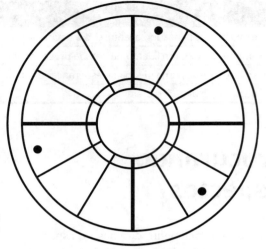

FIGURA 14-9: Um Grande Trígono.

© John Wiley & Sons, Inc.

» **A Grande Cruz:** Se em seu mapa dois grupos de planetas fazem oposição e *quadratura* entre si, conforme mostrado na Figura 14-10, mãos à obra, porque há muitas peças móveis com esse padrão. A *Grande Cruz* perfeita é um aspecto relativamente raro, mas insistente, que traz motivações conflitantes, brigas desagradáveis e muita tensão, obstáculos e frustração. A Grande Cruz pode ser uma fonte de comprometimento e coragem. Exemplos são Miles Davis, Mia Farrow, Conan O'Brien e Jan Morris, uma famosa escritora e historiadora galesa que se tornou uma das primeiras pessoas conhecidas a fazer cirurgia de mudança de sexo e a escrever abertamente sobre a própria transição.

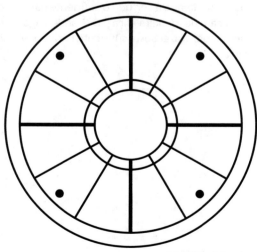

FIGURA 14-10: Uma Grande Cruz.

© John Wiley & Sons, Inc.

» **A Quadratura em T:** Quando dois planetas se opõem e um terceiro planeta faz quadratura com ambos, conforme mostrado na Figura 14-11, eles formam uma *quadratura em T* — um padrão dinâmico, problemático, mas corriqueiro. Uma quadratura em T inevitavelmente gera tensão, descontentamento e a sensação de estar cercado. Ela também o incita a mudar de situação, o que talvez seja o motivo de tantas pessoas de sucesso terem esse tipo de quadratura nos mapas. Entre elas: Prince, Ronald Reagan, Diane Arbus, Stephen Hawking, Elon Musk, Steve Jobs e Cher.

» **O Yod, Dedo do Destino ou Mão de Deus:** É grave, doutor? Na verdade, essa configuração do tipo "desafio à vista", mostrada na Figura 14-12, é mais sutil que outros padrões de aspectos. Ela se parece com um triângulo longo e estreito, com dois planetas na base formando um *sextil* (um ângulo de 60°) e um terceiro no *ápice,* ou pico, formando ângulos de 150° com os outros dois.

Esse aspecto de 150°, também chamado de *quincúncio,* ou *inconjunção,* possui uma energia intermitente que gera falsos começos, recaídas, incertezas e frustrações. Ele exige ajustes contínuos e prejudica sua capacidade de tomar decisões, sobretudo nas áreas afetadas pelo planeta na ponta do triângulo. Esse aspecto configura uma dinâmica complexa em um mapa. Mas é letal? Não. É um sinal de favores especiais de Deus? Não. Muita gente tem esse aspecto? Sim (Veja Leonardo da Vinci, Winston Churchill, Meryl Streep, Bonnie Raitt, Margaret Atwood, Amal Clooney e Barack Obama.) Não deixe o nome desse aspecto enlouquecer você.

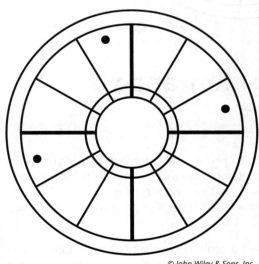

FIGURA 14-11: Uma Quadratura em T.

© John Wiley & Sons, Inc.

Astrólogos criaram tudo quanto é tipo de aspectos extras, a maioria variações sobre os descritos anteriormente. Há pipas, castelos, berços, retângulos místicos, pentagramas, árvores, cunhas, trapézios e uma série de ângulos de 60° chamados de Grande Sextil, Estrela de Davi ou Selo de Salomão. Há um martelo, uma borboleta, um guerreiro, uma variação do Yod, chamada bumerangue, e outros. Mas não é necessário conhecer todas as combinações possíveis. Comece pelo Grande Trígono, a Grande Cruz, a Quadratura em T e o Yod. Por um bom tempo, talvez para sempre, isso deve bastar.

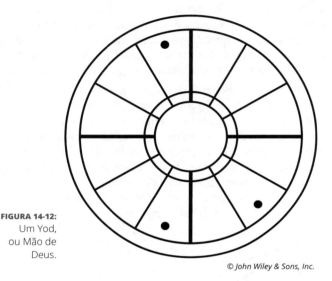

FIGURA 14-12: Um Yod, ou Mão de Deus.

© John Wiley & Sons, Inc.

Passo Quatro: Montando o Quebra-cabeça

LEMBRE-SE

Antes de tirar conclusões precipitadas sobre um mapa (principalmente o seu), examine tudo: os planetas, os aspectos, o Ascendente e o Meio do Céu, as casas e qualquer outra coisa em que conseguir pensar. Se asteroides o deixam curioso, não hesite em consultá-los. Observar algo novo em um mapa pode lhe dar uma perspectiva nova.

No entanto, talvez você descubra que, quanto mais se aprofunda em seu mapa, mais a informação se repete. Você descobrirá algumas contradições: elas estão presentes nos mapas e na psique de todas as pessoas. Também descobrirá o posicionamento ou o aspecto eventual que não bate com o restante do mapa ou que, simplesmente, não combina com a pessoa que você acha que é. Não descarte isso rápido demais. Seu desconforto pode ser indício de que ainda não se compreendeu por completo.

288   PARTE 3   **Folheando o Livro de Receitas Cósmico**

Após avaliar todos esses fatores, notará que certas características parecem brotar em todos os lugares. É incrível como, em todos os casos, alguns temas percorrem o mapa inteiro. Não importa onde você começa — pelo equilíbrio do hemisfério ou a contagem de elementos, pelo signo solar ou aquele *stellium* peculiar na terceira casa —, o mesmo tema continua aparecendo várias e várias vezes. Quando se der conta, o mapa inteiro se encaixará. É aí que você sabe que está se tornando um astrólogo.

4 Usando a Astrologia em 3, 2, 1...

NESTA PARTE...

Examine seus relacionamentos, signo por signo.

Conecte-se com o cosmos e perceba como o movimento dos planetas afeta você.

Viva o dia a dia à luz da Lua.

Assuma o controle do movimento retrógrado.

Enalteça a criatividade de cada signo do zodíaco.

NESTE CAPÍTULO

» **Procurando o amor, signo por signo**
» **Verificando suas chances**
» **Indo além do Sol**

Capítulo 15

As Combinações entre Signos Solares

A astrologia não julga. Todos os 12 signos têm o mesmo valor. Essa é a versão oficial. Na real, todo mundo tem preferências. Ao dar uma espiada nos limites do próprio mapa natal, você não consegue evitar a sensação de que alguns signos são mais fáceis de lidar do que outros. Neste capítulo, falo sobre as combinações entre signos solares — as que parecem dar certo desde o início e as que deixam você louco. "Como eu te amo?" De 78 maneiras; uma para cada dupla de signos solares.

Nas páginas seguintes, falo sobre cada combinação de acordo com o signo que vem primeiro no zodíaco. Se você é um ariano impetuoso e seu amado ou amada de Libra é adepto(a) do "paz e amor", veja em Áries uma descrição da dinâmica de seu relacionamento. Como o primeiro signo do zodíaco, Áries vem primeiro em cada dupla. Porém, se é um pisciano sentimental envolvido com um canceriano afetuoso, analise sua relação de acordo com o signo do caranguejo. Já que Peixes é o último signo, todo relacionamento que você tem (exceto se for com um xará de signo) é classificado conforme o outro signo. Peixes sempre vem por último. Pode não ser justo. Mas é o que tem para hoje.

Áries Apaixonado

Sensual e exuberante, você é passional, idealista e dedicado, sobretudo quando apaixonado. Você também é impaciente e impulsivo, e não gosta de se sentir encurralado. Namorados(as) que tentam controlar seu comportamento perdem pontos com você, assim como amigos que mandam mensagens com muita frequência ou exigem intimidade além da conta. É assim que você se sai com outros signos do zodíaco:

- **Áries + Áries:** Pense em pimenta, saxofone e vulcões, tudo que seja quente. Esse combo "velozes e furiosos", ativo e competitivo, produz fogos de artifício, quando quer e não quer. Exemplo: Matthew Broderick e Sarah Jessica Parker.

- **Áries + Touro:** O impetuoso carneiro é briguento, impaciente e em ponto de bala; o firme, obstinado e sedutor touro é devagar e imóvel. Assim como em todas as combinações entre vizinhos da casa ao lado, as diferenças de estilo e ritmo podem deixá-lo maluco. Exemplos: Spencer Tracy (Sol em Áries com Vênus em Touro) e Katharine Hepburn (Sol em Touro com Vênus em Áries); Victoria Beckham (Áries) e David Beckham (Touro).

- **Áries + Gêmeos:** Ambos são alto astral e agitados, com milhões de interesses e uma paixão por tudo quanto é tipo de atividade. Áries é uma presença poderosa, direta e física, enquanto o inconstante e curioso Gêmeos vive na mente. Mesmo assim, é um combo maravilhoso. Exemplo: Warren Beatty (Áries) e Annette Bening (Gêmeos).

- **Áries + Câncer:** Ambos são dinâmicos e expressivos, mas as semelhanças terminam por aqui. Câncer é sensível, dedicado e, com frequência, tímido, enquanto o esquentadinho Áries é dominador e afrontoso. Mas Áries não é emocionalmente sintonizado, para a frustração constante do Caranguejo. Exemplo: Steve McQueen (Áries) e Neile Adams (Câncer); Betty Ford (Áries) e Gerald Ford (Câncer).

- **Áries + Leão:** Dois signos de fogo geram muito calor. Exceto em disputas ocasionais por poder e rompantes egoicos de ambas as partes, essa combinação feliz e vigorosa não poderia ser melhor. Quando é boa, é ótima. Exemplo: Debbie Reynolds (Áries) e Eddie Fisher (Leão); Jennifer Garner (Áries) e Ben Affleck (Leão); Reese Witherspoon (Áries) e Jim Toth (Leão).

- **Áries + Virgem:** O incontrolável carneiro prefere pular primeiro e olhar depois, o inibido virginiano quer ponderar os prós e os contras. O impulsivo ariano fala o que dá na telha, curto e grosso; Virgem, analítico, pensa antes de falar e tenta, nem sempre com sucesso, ficar em alerta com o impacto que as palavras podem causar. Ambos os signos têm queixas legítimas um sobre o outro. Exemplos: Reese Witherspoon (Áries) e Ryan Phillippe (Virgem); Heath Ledger (Áries) e Michelle Williams (Virgem).

- **Áries + Libra:** Os opostos se atraem nesse combo. Áries traz energia exaltada, curiosidade e entusiasmo à mistura; Libra adiciona inteligência, cortesia e charme. Embora não se possam descartar as diferenças entre vocês — Áries é espontâneo e direto, enquanto Libra é prudente e contido —, mesmo assim, é uma receita de romance. Exemplos: Kelly Ripa (Libra) e Mark Consuelos (Áries); Bonnie Parker (Libra) e Clyde Barrow (Áries).

» **Áries + Escorpião:** Em termos de sexo, esse combo é fora de série. Ambos são pulso firme, mas o arrojado ariano é curto e grosso, enquanto o ciumento escorpiano é tudo, menos isso. Em geral, formar um par como esse é procurar sarna para se coçar. Exemplos: Ethel Kennedy (Áries) e Robert F. Kennedy (Escorpião); Meg Ryan (Escorpião) e Dennis Quaid (Áries).

» **Áries + Sagitário:** Dois signos de fogo se atiçando resultam em um combo clássico altamente enérgico e divertido, presumindo que vocês não se queimem. Embora as brigas possam ser acirradas, rir ajuda a aplacá-las; se não ajudar, nenhum dos dois terá paciência para fazer as pazes. Exemplos: Emma Thompson (Áries) e Kenneth Branagh (Sagitário).

» **Áries + Capricórnio:** No início, a cabra fica animada pela aventura de estar com um ser tão imprudente e turbulento. Mas os capricornianos são arrivistas, maduros e focados, enquanto os carneiros podem ser eternos adolescentes, cheios de entusiasmo e com planos pela metade. Com o tempo, a animação desaparece. Exemplo: Patricia Arquette (Áries) e Nicholas Cage (Capricórnio); MacKenzie Bezos (Áries) e Jeff Bezos (Capricórnio).

» **Áries + Aquário:** Embora esses dois signos sejam um sextil, a dupla não é tão perfeita quanto se pode imaginar. O etéreo aquariano vislumbra o futuro; Áries é precipitado, ousado e vive no presente. Um elo Vênus/Marte pode ajudar. Exemplo: Andre Previn (Áries) e Mia Farrow (Aquário).

» **Áries + Peixes:** Flexível e solidário, o pisciano pode amansar o dominador carneiro por um tempo. Mas o que acontece no momento inevitável em que Peixes precisa de um pouco de colo? Áries vira Satanáries. Proteja-se, Peixes. Vá cantar em outra freguesia — embora Sarah Michelle Gellar (Áries) e Freddie Prinze, Jr. (Peixes) pareçam se dar bem. Eis o motivo: ela tem Lua e Marte em Peixes, em conjunção com o Sol dele, e ele tem Júpiter em Áries, em conjunção com o Sol dela. Eles se complementam.

DICA

Se você está apaixonado(a) por um(a) ariano(a), não seja indeciso ou sutil. Ouse na paquera. Sugira alguma coisa informal e repentina. Não deixe sombra de dúvidas na cabeça do ariano de que você tem interesse. Se seus esforços caírem por terra, recue imediatamente e fique indisponível. Acima de tudo, não implore, apele nem se lamente. Áries não tem a menor paciência para "mimimi" ou carência de nenhum tipo.

Touro Apaixonado

Possessivo, fiel e nem sempre tão tranquilo quanto gostaria de ser, você precisa de contato físico, seguranças emocional e financeira, e conforto doméstico. Quando encontra alguém que tem os mesmos valores essenciais e é igualmente sensual, você fica contente. Vocês podem, de bom grado, passar o tempo apenas um ao lado do outro, sem fazer muita coisa. O tempo fecha quando seu parceiro quer mudar o ritmo. Resistir é inevitável. Você é um objeto imóvel. Aprenda a ceder.

- » **Touro + Touro:** Presumindo que um dos dois tenha iniciativa para dar o primeiro passo, pode ser um encontro duradouro. Mas quando surgem desentendimentos, você compra a briga. Embora vá enfrentar muita paixão e disputa, esse combo pode durar, apesar do primeiro exemplo infeliz: Bernie Madoff e Ruth Madoff; e também Rosario Dawson e Cory Booker.

- » **Touro + Gêmeos:** O fervilhante geminiano tenta fazer o impassível touro relaxar, mas talvez seja um esforço em vão. Gêmeos aprecia mudança e a abraça com alegria, enquanto o cauteloso Touro prefere estabilidade. Como sempre, signos vizinhos podem ser problemáticos. Exemplos: a rainha Elizabeth II (Touro) e o príncipe Philip (Gêmeos); Melania Trump (Touro) e Donald J. Trump (Gêmeos). E também o tenista campeão André Agassi (Touro com Vênus em Gêmeos) e Steffi Graf (Gêmeos com Vênus em Touro); ou André Agassi e sua primeira esposa, Brooke Shields (Gêmeos).

- » **Touro + Câncer:** Bem-vindo ao lar. Touro é sensual, carinhoso e busca segurança; Câncer é sintonizado, acolhedor e também busca segurança. Um par perfeito, harmonioso. Exemplo: Barbra Streisand (Touro) e James Brolin (Câncer); Daniel Day Lewis (Touro) e Isabelle Adjani (Câncer).

- » **Touro + Leão:** O confiável Touro deseja uma vida normal, ir para a cama na mesma hora e uma conta bancária cada vez mais gorda. O exigente Leão quer viver em grande estilo. E nenhum dos dois cede um milímetro. Dois signos fixos podem soltar faíscas, mas ambos são inflexíveis. Exemplo: Bianca Jagger (Touro) e Mick Jagger (Leão); Kylie Jenner (Leão) e Travis Scott (Touro).

- » **Touro + Virgem:** Ambos valorizam soluções práticas, ainda que o sensível e sensual taurino leve mais tempo para chegar a elas do que o eficiente virginiano. Além de terem os mesmos valores, Touro, amante do conforto, acalma os nervos em frangalhos de Virgem, enquanto o focado virginiano estimula o taurino a agir. Uma bela combinação. Exemplos: Leonard Cohen (Virgem) e Marianne Ihlen (Touro); Faith Hill (Virgem) e Tim McGraw (Touro).

- » **Touro + Libra:** Ambos são regidos pela sexy Vênus, mas como vocês são diferentes! Libra valoriza o refinamento, a música, a meia-luz; o pé no chão Touro quer pular as preliminares e ir direto ao ponto. Quando a excitação do momento desaparece, talvez vocês tenham pouca coisa para dizer um ao outro. Como sempre, outros contatos planetários podem aplacar a dor. Exemplo: Serena Williams (Libra com Ascendente em Touro) e Alexis Ohanian (Touro).

» **Touro + Escorpião:** O playground da paixão. Escorpião ferve com ideias eróticas; Touro vai atrás. Mas a paixão escorpiana por segredos, melodrama e controle recebe uma gélida acolhida do taurino, que se move com lentidão e é consideravelmente mais honesto. Quando surgem problemas, vocês são igualmente teimosos. Exemplo: Pierre Curie (Touro) e Marie Curie (Escorpião); Jessica Lange (Touro) e Sam Shepard (Escorpião); Uma Thurman (Touro) e Ethan Hawke (Escorpião).

» **Touro + Sagitário:** Sexualmente vocês combinam, pelo menos por um tempo. Em outras áreas, são tão diferentes que é de se espantar que tenham ficado juntos. Sagitário coleciona milhas aéreas, precisa de espaço pessoal mais do que o normal e tem fome de estímulos; Touro precisa de mimos (e um refúgio confortável) e adora relaxar em casa, tornando essa combinação inflexível. Exemplo: Channing Tatum (Touro) e Jenna Dewan (Sagitário).

» **Touro + Capricórnio:** É uma boa combinação. Vocês têm valores parecidos, apreciam o conforto físico, desejam prosperidade financeira, possuem uma ética de trabalho similar e uma crença frequentemente reforçada no poder de cura do sexo. Exemplo: Coretta Scott King (Touro) e Martin Luther King, Jr. (Capricórnio); Gigi Hadid (Touro) e Zayn Malik (Capricórnio).

» **Touro + Aquário:** Ideia é o nome do meio do etéreo e excêntrico Aquário; o conservador e estável Touro está enraizado no mundo real. Ambos são rígidos. Essa não é uma boa perspectiva em longo prazo, apesar do famoso exemplo de Alice B. Toklas (Touro) e Gertrude Stein (Aquário). (Para saber mais sobre esse casal, leia o boxe no final do capítulo, "Incompatíveis? Me julguem".) Outros exemplos: Sonny Bono (Aquário) e Cher (Touro); George Clooney (Touro) e Amal Clooney (Aquário).

» **Touro + Peixes:** O pé no chão Touro é basicamente físico; o sonhador Peixes é metafísico. No entanto, os dois possuem ritmos, gostos e ideias românticas similares. Exemplos: Robert Browning (Touro) e Elizabeth Barrett Browning (Peixes); Penelope Cruz (Touro) e Javier Bardem (Peixes); Behati Prinsloo (Touro) e Adam Levine (Peixes); Mark Zuckerberg (Touro) e Priscilla Chan (Peixes).

DICA

Perdido(a) de amor por alguém de Touro? Segura aí. Seja paciente. Evite discussões. Não demonstre neuroses arraigadas. E dê ao taurino uma chance para se sentir à vontade. Segurança é essencial para ele. Para proporcionar um paraíso a ele, dê comida boa, toques suaves, tardes de preguiça, um bom vinho, caminhadas sem compromisso pelo bosque e qualquer pretexto para se sentir relaxado. Touro reage a cheiros e texturas, então use seda, veludo, caxemira, lã, qualquer coisa boa de tocar. É aí que Touro vive.

Gêmeos Apaixonado

O libertino geminiano, o último dos moicanos a defender o sexo casual, é ousado na paquera, fácil de se conectar e segue em frente à velocidade da luz quando tudo se desfaz. Por apreciar desafios intelectuais, você busca pessoas inteligentes, atualizadas, que têm o mesmo prazer que você por conversas simples e estímulos constantes. Você é encantador, volúvel e difícil de definir, ainda que mais uma vítima da história de que "a grama do vizinho é sempre mais verde".

» **Gêmeos + Gêmeos:** Apesar do nível geral de energia irritadiça que criam juntos, vocês se divertem e interagem um com o outro. E nunca precisam enfrentar os silêncios deprimentes que acometem os relacionamentos alheios. Um bate-papo que não acaba. Exemplo: George H. Bush e Barbara Bush.

» **Gêmeos + Câncer:** O distraído Gêmeos é o peso-leve da emoção, capaz de negar os próprios sentimentos por anos a fio; o sensível Câncer, medalha de ouro do campeonato olímpico de choro, quer uma conexão profunda. O geminiano, que já nasceu cheio de energia, deseja dar umas voltinhas; o canceriano quer ficar em casa. Procure elos planetários sólidos, porque em geral essa combinação não é das mais perfeitas. Exemplo: Wallis Simpson (Gêmeos) e o duque de Windsor (Câncer); Nicole Kidman (Gêmeos) e Tom Cruise (Câncer).

» **Gêmeos + Leão:** Essa dupla tira boas notas, mas com um asterisco. Esses dois festeiros divertidos realmente gostam um do outro. Porém, inconscientemente podem competir para ser o centro da atenções, de que o leonino necessita e o geminiano, um tagarela incessante, odeia deixar de lado. Da mesma forma, Leão é leal ao extremo, já Gêmeos... bem, pense neste exemplo: John F. Kennedy (Gêmeos) e Jacqueline Kennedy Onassis (Leão).

» **Gêmeos + Virgem:** Espertos e ácidos, sua conexão é imediata e vocês não conseguem parar de conversar. Mas Gêmeos acredita em associações livres e no acaso, enquanto Virgem confia na análise lógica e nas vantagens da ressignificação. Mais cedo ou mais tarde, vocês acabam se irritando. Exemplos: Elizabeth Hurley (Gêmeos) e Hugh Grant (Virgem); Courtenay Cox (Gêmeos) e David Arquette (Virgem).

» **Gêmeos + Libra:** Essa combinação maravilhosa favorece uma paquera afetuosa e fácil conexão. Embora possa não ser a relação mais ardente, vocês se dão muito bem. Exemplos: Marilyn Monroe (Gêmeos) e Arthur Miller (Libra); Blake Shelton (Gêmeos) e Gwen Stefani (Libra); Paul McCartney (Gêmeos) e Linda McCartney (Libra); Kanye West (Gêmeos com Lua em Peixes) e Kim Kardashian (Libra com Lua em Peixes).

» **Gêmeos + Escorpião:** Escorpião considera o sexo o mistério principal da vida. Gêmeos, um signo mais sensual do que geralmente se ouve falar, gosta da coisa sem se envolver emocionalmente. Em pouco tempo o ciumento escorpiano se sente ferido, enquanto o volúvel geminiano, perdido no labirinto do smartphone, não consegue deixar de se perguntar qual é o problema. Exemplo: Donald J. Trump (Gêmeos) e Marla Maples (Escorpião); Nicole Kidman (Gêmeos) e Keith Urban (Escorpião).

» **Gêmeos + Sagitário:** Apesar de quebra-paus eventuais, essa dupla adepta da liberdade e eloquente está na mesma sintonia. Então, anote na agenda atividades variadas e muita viagem; pilhas de livros e notebooks nas mesas de cabeceira são importantes; e não fique preso à rotina conjugal, porque não é aí que esse casal independente viceja. Exemplos: Marilyn Monroe (Gêmeos) e Joe DiMaggio (Sagitário); Angelina Jolie (Gêmeos) e Brad Pitt (Sagitário).

» **Gêmeos + Capricórnio:** O austero capricorniano se leva a sério; o afável geminiano, embora egocêntrico, leva as coisas numa boa e está sempre tomando novos rumos. Não é uma combinação tranquila. Exemplos: Jean-Paul Sartre (Gêmeos) e Simone de Beauvoir (Capricórnio); Priscilla Presley (Gêmeos) e Elvis Presley (Capricórnio); Johnny Depp (Gêmeos) e Kate Moss (Capricórnio).

» **Gêmeos + Aquário:** Vocês podem ser almas gêmeas. São sociáveis e divertidos, e ambos têm mentes hiperativas, embora Aquário deseje se aprofundar em assuntos contemporâneos e Gêmeos, que gosta de andar por aí e se divertir, tenha opiniões incontáveis sobre quase tudo. Nenhum de vocês está em sintonia emocional, logo, em tempos difíceis, a cola que os une pode se enfraquecer. Exemplo: Anderson Cooper (Gêmeos) e Benjamin Maisani (Aquário).

» **Gêmeos + Peixes:** O tranquilo pisciano quer dormir até mais tarde; o geminiano quer pegar um café logo cedo. O místico Peixes quer interpretar seus sonhos; Gêmeos é hipnotizado pela tela minúscula. Vocês vêm de planetas diferentes. Conflitos são inevitáveis, mas essa relação não é impossível porque ambos estão dispostos e são capazes de ceder. Exemplos: Laurie Anderson (Gêmeos) e Lou Reed (Peixes); Ruth Bader Ginsburg (Peixes) e Martin Ginsburg (Gêmeos).

DICA

Se há um geminiano na sua cabeça, seja animado, atualizado e disponível. Gêmeos é curioso e topa qualquer parada. Para atrair a atenção de um geminiano, demonstre essas mesmas qualidades. Não seja lento. Não lamente a triste situação atual no mundo de hoje. Não reclame. Não peça que ele agende os encontros com semanas de antecedência. Acima de tudo, lembre-se de que Gêmeos valoriza conversas estimulantes. Já se perguntou por que os geminianos têm fama de infiéis? É porque ficam entediados com facilidade. Que isso sirva de alerta.

Câncer Apaixonado

Câncer tem talento para intimidade e cuidado. Quando apaixonado, você ignora cegamente os defeitos mais óbvios da pessoa amada, enquanto se concentra no potencial oculto dela. Compassivo e generoso, precisa estar com alguém que tenha o mesmo dinamismo que você e espelhe sua disposição em explorar questões emocionais complexas. Quando encontra uma pessoa dessas, você dá apoio total, mesmo que a recíproca não seja verdadeira. Alguns cancerianos tendem a se apegar. A mãe extremosa é o arquétipo canceriano por um motivo: às vezes você não consegue se desapegar, nem um pouquinho. Mas vamos recordar, também, o arquétipo positivo e mais representativo da mãe. Câncer sabe amar — com profundidade, incentivo e para a vida toda.

» **Câncer + Câncer:** Vocês são conscientes e receptivos, com muita energia e dinamismo. Deem uma chance. Essa pode ser uma parceria produtiva e carinhosa. Mas lembrem-se: as emoções estão com a corda toda durante as Luas cheias, e ambos sentem a influência. Exemplos: Rodgers e Hammerstein; Barnum e Bailey; os críticos literários Diana e Lionel Trilling.

» **Câncer + Leão:** Dominador, Leão adora paixão, aventura e hotéis cinco estrelas; temperamental, Câncer imagina uma vida mais tranquila em um chalé coberto de videiras. Se o leonino estiver disposto a reduzir expectativas glamorosas, e o canceriano estiver preparado para afagar o ego fragilizado do Leão e dar uma chance, será possível chegar a um acordo. Exemplos: Josephine, imperatriz da França (Câncer) e Napoleão Bonaparte (Leão); Kevin Bacon (Câncer) e Kyra Sedgwick (Leão); Gisele Bündchen (Câncer) e Tom Brady (Leão).

» **Câncer + Virgem:** Depois de firmar confiança, Câncer ajuda Virgem a relaxar, e Virgem ajuda Câncer a se sentir mais seguro. Problemas surgem com questões emocionais. Supersensível, o canceriano quer desconstruir sentimentos, enquanto o crítico virginiano preferiria pular esse negócio de emoção (a menos que possa ser abordada de um jeito tranquilo e sistemático) e fazer planos práticos. Exemplos: Ringo Starr (Câncer) e Barbara Bach (Virgem); Priyanka Chopra (Câncer) e Nick Jonas (Virgem).

» **Câncer + Libra:** O caseiro Câncer e o artístico Libra se divertem muito decorando uma casa juntos. Mas o temperamento emotivo e os humores inconstantes do canceriano podem levar o lógico libriano a se afastar. Como outros signos que fazem quadratura entre si, esses dois formam um encaixe natural, embora o desejo de Libra de parceria, aliado ao de Câncer de se aninhar, possa ser um fator atenuante. Exemplos: Pamela Anderson (Câncer) e Tommy Lee (Libra).

» **Câncer + Escorpião:** Ambos estão em sintonia com os sentimentos e amam estar apaixonados. Problemas surgem se Escorpião não consegue lidar com os altos e baixos das emoções cancerianas. Os sentimentos de

Escorpião, ainda que profundos, mudam lentamente (e, às vezes, de maneira imperceptível); os de Câncer estão sempre fluindo. Embora processem as emoções de um jeito diferente, vocês são compatíveis. Exemplos: Tom Hanks (Câncer) e Rita Wilson (Escorpião); George W. Bush (Câncer) e Laura Bush (Escorpião); princesa Diana (Câncer) e príncipe Charles (Escorpião); também Camilla Parker-Bowles (Câncer) e príncipe Charles (Escorpião).

» **Câncer + Sagitário:** Câncer quer amar, nutrir e possuir; Sagitário não pode ser possuído. Embora possam se amar com ternura, vocês são completamente diferentes. Pense duas vezes. Exemplos: Frida Kahlo (Câncer) e Diego Rivera (Sagitário); Tom Cruise (Câncer) e Katie Holmes (Sagitário).

» **Câncer + Capricórnio:** Como quaisquer opostos complementares, este aqui tem vantagens e desvantagens. O temperamental canceriano tem um senso instintivo para como as coisas devem ser feitas e uma fé inabalável no poder da intuição; o sensato capricorniano prefere seguir as regras estabelecidas. Mas Capricórnio ajuda Câncer a se sentir protegido, Câncer ajuda Capricórnio a se sentir amado, e vocês têm o mesmo respeito pela tradição e pela família. Exemplos: Egon von Furstenberg (Câncer) e Diane von Furstenberg (Capricórnio); William, duque de Cambridge (Câncer) e Catherine, duquesa de Cambridge (Capricórnio).

» **Câncer + Aquário:** O acolhedor e vulnerável Câncer com o frio e desapegado Aquário? Não é recomendável. Exemplo: Natalie Wood (Câncer) e Robert Wagner (Aquário). Mas alguns casais desafiaram as probabilidades. Exemplo: Nancy Reagan (Câncer) e Ronald Reagan (Aquário).

» **Câncer + Peixes:** Vocês têm a mesma sensibilidade. Um grande sentimento flui entre vocês, seus ritmos são similares e podem, inclusive, compartilhar um elo psíquico raro. É uma combinação perfeita, embora Câncer, que adora ser o salvador, possa ter dificuldade para superar a famosa habilidade pisciana de autodestruição. Exemplos: Johnny Cash (Peixes) e June Carter Cash (Câncer); Courtney Love (Câncer) e Kurt Cobain (Peixes).

DICA

Se está caído de amores por um(a) canceriano(a), pense em chocolate, luz de velas, flores brancas. Monogâmico de coração, Câncer é terno e amoroso — para valer. Para seduzir um Filho da Lua (como eles às vezes são chamados), vá para o mar. Dance sob as estrelas. Câncer almeja intimidade e reage a esse simbolismo tradicional. Três sugestões: pergunte sobre a árvore genealógica inteira de seu caranguejo; prove que sabe cozinhar e esteja disposto a analisar suas emoções, em detalhes.

Leão Apaixonado

Desinibido e engraçado, você é romântico, generoso, manipulador e, apesar de aparentar autoconfiança, precisa desesperadamente de amor. Quando alguém ganha seu coração, você quer essa pessoa para sempre em sua vida. Mas deseja ser seduzido da maneira correta e insiste em ter as rédeas do poder. Apesar de sua atitude controladora, você é tão radiante e agradável que consegue o que quiser.

- **Leão + Leão:** Vocês têm personalidades imponentes, dramáticas, e a casa é cheia de alegria. Mas também têm egos inflados, sedentos por infusões constantes de aplausos e elogios. Sexualmente, vocês são incríveis. Mas a pergunta que não quer calar é: quem é o rei desse castelo? Difícil decidir. Exemplo: Jennifer Lopez e Alex Rodriguez.

- **Leão + Virgem:** Glamoroso, o leonino faz declarações esplêndidas; o rígido virginiano foca os detalhes que Leão deixa escapar. Não é uma dupla fácil. O ideal é que um dos dois ou ambos tenham pelo menos um planeta no outro signo para reduzir o abismo entre vocês. Exemplos: Percy Bysshe Shelley (Leão) e Mary Shelley (Virgem); Jacqueline Kennedy (Leão) e Aristotle Onassis (Virgem); Meghan, duquesa de Sussex (Leão com Vênus em Virgem e Lua em Libra) e Harry, duque de Sussex (Virgem com Vênus em Libra).

- **Leão + Libra:** Libra é paquerador; Leão gosta de joguinhos. Ambos têm prazer em namorar. Embora o leonino seja mais exuberante que o equilibrado libriano, ambos se estimulam e se gostam. Exemplos: Zelda Fitzgerald (Leão) e F. Scott Fitzgerald (Libra); Jimmy Carter (Libra) e Rosalyn Carter (Leão).

- **Leão + Escorpião:** Leão é fogo, Escorpião é lenha; ambos são os reis do drama, passionais e orgulhosos. Que altos e baixos! Essa aliança fascinante rende bons momentos e batalhas ferozes — fogo e gelo. Exemplos: Ted Hughes (Leão) e Sylvia Plath (Escorpião); Arnold Schwarzenegger (Leão) e Maria Shriver (Escorpião); Bill Clinton (Leão) e Hillary Rodham Clinton (Escorpião); Mary Matalin (Leão) e James Carville (Escorpião).

- **Leão + Sagitário:** Essa dupla exuberante rende risos, paixão e aventuras compartilhadas. Mas o leal Leão, que quer fazer tudo em casal, deve se lembrar de que o livre, leve e solto Sagitário precisa andar sem coleira de vez em quando, e o sincero sagitariano precisa se acostumar com o fato de que o melodramático leonino pode ser surpreendentemente manipulador. (Nota: É uma mistura compatível e alegre de dois signos de fogo. Já vi dar certo na vida real. Mas não consigo encontrar um exemplo de casal famoso.)

- **Leão + Capricórnio:** Leoninos gostam de declarações esplêndidas, emoções exageradas e ambientes dramáticos. O conservador capricorniano prefere subestimar as próprias reações e pode sentir necessidade de manter o leonino sob controle, o que não é fácil. Mas Capricórnio tira vantagem do carinho extrovertido de Leão; este respeita o firme senso de responsabilidade de Capricórnio; e ambos gostam de ambientes de luxo e das boas coisas da vida. Essa combinação pode funcionar. Exemplos: Barack Obama (Leão) e Michelle Obama (Capricórnio); David Bowie (Capricórnio) e Iman (Leão).

- **Leão + Aquário:** Se o expressivo Leão conseguir aceitar o jeito excêntrico (e os amigos bizarros) do Aguadeiro, e se o libertário aquariano não tiver problemas para encher o carente leonino de adoração, pode dar certo. Leão também precisa deixar um pouco de lado a necessidade de controle, porque Aquário resiste em fazer parte dos planos alheios. Exemplos: Roman Polanski (Leão) e Sharon Tate (Aquário); Mila Kunis (Leão) e Ashton Kutcher (Aquário).

- **Leão + Peixes:** Peixes fica encantado com a confiança exagerada do audacioso Leão, que por sua vez fica impressionado pela expressividade, falta de praticidade e consciência do pisciano. No início, o quixotesco Peixes se sente protegido por Leão, que quer fazer tudo dar certo. Mas, no fim, o pisciano, que estragou as coisas de um jeito que o leonino, incrédulo, mal consegue entender, sente-se criticado e julgado. Aproxime-se com cuidado. Exemplos: David Duchovny (Leão) e Téa Leoni (Peixes); Lucille Ball (Leão) e Desi Arnez (Peixes).

DICA

Para cativar o coração de um(a) leonino(a), coloque sua melhor roupa, exale confiança e abra a carteira. Leão espera flores depois do primeiro encontro e após isso, as apostas sobem. Não é questão de ganância; é só que Leão quer ter certeza do que você sente. Então, não pense que pode se dar bem com presentinhos de segunda — o leonino sabe a diferença. Além disso, Leão tem fome de afeto, atenção e elogios. É preciso ser explícito — sapos leoninos acham que são príncipes; príncipes leoninos acham que são reis; reis leoninos acham que são deuses. Não é hipérbole.

Virgem Apaixonado

Você é compreensivo, fácil de conversar e muito mais sexy do que seu símbolo virginal sugere. Mas seus padrões ideais são impossivelmente altos, e meros mortais têm problemas para atingi-los. Quando alguém se prova digno de fato, você é dedicado e não poupa elogios. Mas talvez tenha que aprender, do jeito mais difícil, que sugestões e conselhos bem-intencionados, não importa o quanto sejam dados com gentileza, podem ser um soco no estômago.

- **Virgem + Virgem:** Suas mentes funcionam de maneiras semelhantes. Presumindo que suas compulsões perfeccionistas podem coexistir, essa pode ser uma união feliz e saudável. Exemplo: Claudia Schiffer e David Copperfield.

- **Virgem + Libra:** Analítico e diligente, Virgem se conecta mentalmente com o atencioso libriano. Mas o virginiano visa eficiência e perfeição, enquanto Libra precisa de mais tempo ocioso e tem fome de romance, mesmo com roupa suja para lavar. Como sempre acontece com signos vizinhos, procure por planetas no signo da outra pessoa. Exemplo: Jada Pinkett Smith (Virgem com Vênus em Libra) e Will Smith (Libra com Marte em Virgem).

- » **Virgem + Escorpião:** É um par admirável. Virgem é pé no chão o bastante para satisfazer os momentos mais sensuais de Escorpião, enquanto este, detetive habilidoso que gosta de se aprofundar no sentido das coisas, pode satisfazer Virgem no campo intelectual que compartilham. Exemplo: Blake Lively (Virgem) e Ryan Reynolds (Escorpião).

- » **Virgem + Sagitário:** Uma carga erótica corre entre vocês, que se conectam mentalmente. Mas o extravagante Sagitário gosta de refletir noite adentro e lidar com as pequenas coisas depois (se é que lida), enquanto o prudente virginiano prefere ter hora para dormir. Depois que o encanto inicial desaparece, pode haver diferenças demais para superar, como frequentemente acontece com dois signos que fazem quadratura entre si. Ainda assim, pode dar certo. Exemplos: Beyoncé (Virgem) e Jay-Z (Sagitário); Sophia Loren (Virgem) e Carlo Ponti (Sagitário), juntos por mais de 50 anos.

- » **Virgem + Capricórnio:** Dois signos do mesmo elemento se entendem. Vocês têm um ótimo relacionamento, sem precisar se esforçar. Ambos são práticos, metódicos, talentosos e fervorosos, coisas essenciais para uma relação duradoura e agradável. Exemplo: Lyndon Johnson (Virgem) e Lady Bird Johnson (Capricórnio).

- » **Virgem + Aquário:** A mente excepcional e vasta de Virgem atiça o inteligente aquariano, cujo jeito rebelde ajuda o correto virginiano a relaxar. Vocês se divertem juntos e se conectam intelectualmente. Mas nenhum fica à vontade no pegajoso reino das emoções, o que significa que quando surgem problemas nessa área, ambos se sentem mal preparados para lidar com as consequências. Exemplos: Lauren Bacall (Virgem) e Humphrey Bogart (Aquário); Michael Jackson (Virgem) e Lisa Marie Presley (Aquário).

- » **Virgem + Peixes:** Vocês intrigam um ao outro porque são polos opostos. Virgem precisa de ordem, horários e explicações racionais. O sensível Peixes confia na intuição, reage de maneira instintiva e sente uma atração profunda e permanente pelo caos. Naturalmente, Virgem vence as discussões. Mas o afável pisciano sempre dá um jeito de discordar. É uma disputa em pé de igualdade: analítico-compulsivo versus passivo-agressivo.

DICA

Para atrair virginianos(as), admire a inteligência astuta deles(as), faça jogos de palavras e brincadeiras, e não seja carente. Sob os lençóis, Virgem pode ser uma fogueira, mas também é maníaco por controle, o que não é nem um pouco divertido. Logo, evite bagunçar as emoções. Na real, evite bagunça de todos os tipos. Lembrete: Virgem se preocupa com comportamentos apropriados e aparência adequada, portanto, nada de demonstrar afeto em público, por favor.

Libra Apaixonado

Você é sociável e atraente, um paquerador nato. Nascido para se relacionar, você é contido em público, amoroso em particular e se identifica por completo com o objeto de sua afeição. Quando solteiro, é charmoso e popular. Mas formar um casal lhe traz equilíbrio, é fundamental para sua satisfação, e, no fim, você fica contente por deixar a vida de solteiro para trás.

- **Libra + Libra:** Harmoniosa parceria igualitária, essa é uma combinação fácil e espontânea. Ambos são criativos, diplomáticos, lógicos e afáveis. A desvantagem é que se ambos se sentem inseguros, podem flutuar eternamente à deriva em um mar de indecisões. Exemplos: Michael Douglas e Catherine Zeta-Jones; Naomi Watts e Liev Schreiber.
- **Libra + Escorpião:** Embora os dois signos tenham em comum a necessidade de romance, Escorpião anseia por intensidade e melodrama, enquanto o imparcial libriano almeja serenidade. A menos que Libra tenha planetas em Escorpião, a atração inicial é forte, mas a conexão a longo prazo não é. Exemplo: John Mellencamp (Libra) e Meg Ryan (Escorpião).
- **Libra + Sagitário:** Embora a necessidade de aventura do Arqueiro independente possa gerar momentos de ciúme em Libra, o charme libriano faz o cigano errante voltar para casa. Uma boa combinação, apesar do exemplo bizarro: Soon-yi Previn (Libra) e Woody Allen (Sagitário).
- **Libra + Capricórnio:** Romance à moda antiga atrai a ambos e vocês adoram ser um casal. Mas os dois tendem a reprimir as emoções. Quando surgem problemas, o que é inevitável, o desafio é admitir que existe um problema e lidar com ele. Exemplo: Howard Hughes (Libra) e Ava Gardner (Capricórnio); Dita van Tees (Libra) e Marilyn Manson (Capricórnio).
- **Libra + Aquário:** Sua conexão mental alimenta a relação. Outros aspectos amorosos podem deixar um pouco a desejar. Exemplos: Eleanor Roosevelt (Libra) e Franklin D. Roosevelt (Aquário); John Lennon (Libra) e Yoko Ono (Aquário). O Ascendente de Yoko em Libra no signo solar de John e a Lua dele em Aquário no signo solar dela ajudou o "come together".
- **Libra + Peixes:** Vocês parecem almas gêmeas, mas não são. O misterioso Peixes é uma alma em ebulição e Libra, embora tentadoramente romântico na superfície, não se sente à vontade com emoções. Depois de um tempo, o gentil pisciano se sente ignorado, enquanto o libriano, longe de ser o capital energético do zodíaco, sente-se exausto. Exemplos: Abbott (Libra) e Costello (Peixes); Gwyneth Paltrow (Libra) e Chris Martin (Peixes); John Krasinski (Libra) e Emily Blunt (Peixes).

DICA

Apaixonado por alguém de Libra? Seja esperto, elegante, culto e tenha boa aparência. Leve o libriano a lugares pitorescos; Libra se derrete na presença de beleza natural. Não seja exigente nem carente; Libra responde apenas quando é importante, então não dê alarme falso. Não seja ciumento; Libra atrai admiradores por onde passa, então você também precisa se acostumar com isso. E não seja barulhento, impróprio ou nervoso; Libra não suporta. No entanto, os librianos dão conta de desentendimentos saudáveis. De fato, com frequência eles crescem com isso. É porque, na verdade, Libra está procurando um relacionamento, não um clone.

Escorpião Apaixonado

Você é fascinado pelo jogo do amor. Pensa em romance em termos heroicos, exige grandes paixões e com frequência cai na areia movediça da obsessão. Por irradiar sex appeal, outras pessoas normalmente ficam obcecadas por você. Observe, no entanto, que embora Escorpião tenha uma merecida fama de signo mais sexy do zodíaco, muitos escorpianos lutam contra complicações sexuais que vão de ninfomania a impotência, e toda a gama de incertezas em relação à identidade e à orientação. Ainda assim, a conclusão é esta: você espera que o amor (e o sexo) o transforme, e é exatamente isso o que acontece.

- **Escorpião + Escorpião:** A comunicação é misteriosamente fácil e o sexo, deliciosamente erótico. Mas se houver o mínimo indício de suspeita ou disputa por poder, a batalha psíquica será intolerável. Pode ser uma união de eras ou um exercício de tortura excessiva. Exemplos: Roy Rogers e Dale Evans; Ryan Gosling e Rachel McAdams; Kris Jenner e Bruce Jenner (agora Caitlyn).

- **Escorpião + Sagitário:** Escorpião é complicado e dissimulado; Sagitário é direto e honesto. Escorpião busca imersão total; Sagitário quer independência. Os signos solares são assustadoramente diferentes. Porém, quando pelo menos um dos parceiros tem planetas no signo do outro, a atração é fatal. Exemplos: John Adams (Escorpião) e Abigail Adams (Sagitário com Mercúrio em Escorpião); Pablo Picasso (Escorpião com Lua em Sagitário) e Françoise Gilot (Sagitário); Ike Turner (Escorpião) e Tina Turner (Sagitário); Neil Young (Escorpião com Mercúrio em Sagitário) e Daryl Hannah (Sagitário com Mercúrio em Escorpião).

- **Escorpião + Capricórnio:** Esses signos sérios e lascivos parecem diferentes porque Escorpião mergulha no mar tropical da emoção, enquanto Capricórnio desliza na superfície congelada. O equilíbrio é que Escorpião permite a Capricórnio ter sentimentos, Capricórnio protege o sempre emotivo Escorpião e ambos se sentem seguros e respaldados. Exemplos: Georgia O'Keeffe (Escorpião) e Alfred Stieglitz (Capricórnio); Mike Nichols (Escorpião) e Diane Sawyer (Capricórnio); Robert Maplethorpe (Escorpião com Lua em Peixes) e Patti Smith (Capricórnio com Lua em Peixes).

- **Escorpião + Aquário:** Escorpião busca ligação, é absorvido pela complexidade emocional e segue o coração, enquanto Aquário, embora mentalmente vibrante, prefira um pouco de distância, o que torna essa mistura volátil. Ambos os signos são fixos, e ninguém quer ceder. Exemplos: Lee Krassner (Escorpião) e Jackson Pollock (Aquário); Demi Moore (Escorpião) e Ashton Kutcher (Aquário); Ben Harper (Escorpião) e Laura Dern (Aquário).

» **Escorpião + Peixes:** Embora ambos sejam sensuais e emocionalmente conscientes, o possessivo escorpião se sente mais à vontade no mundo do que o outsider pisciano. Mas Escorpião deseja magia, e o criativo Peixes pode fazê-la acontecer. Exemplos: Richard Burton (Escorpião) e Elizabeth Taylor (Peixes); Goldie Hawn (Escorpião) e Kurt Russell (Peixes); Kris Jenner (Escorpião) e Robert Kardashian (Peixes).

Se está obcecado por um escorpiano, seja passional e expressivo, e busque experiências para compartilhar. Vejam um eclipse juntos. Vão praticar mergulho. E quando o objeto de sua afeição entrar em seus domínios, tire partido de suas qualidades. Sinta-se à vontade para paquerar, insinuar e recuar. Escorpião adora essas coisas. Proteja-se — escorpianos podem picar — e, ao mesmo tempo, seja corajoso. Deixe os escorpianos saberem o quanto são fascinantes. Sério, nada se compara.

Sagitário Apaixonado

Você valoriza sua liberdade, busca aventuras e assume o "Não me aprisione" como crença pessoal, conscientemente ou não. Não é preciso dizer que o romance pode ser um desafio. Quando uma relação o empolga ou lhe apresenta um mundo mais amplo, você fica encantado e interessado. O imprevisível o atrai. Mas, para você, "sossegar" é quase o mesmo que "engessar". Excesso de regras e vida doméstica o deixam desesperado.

» **Sagitário + Sagitário:** Como dois Don Quixotes, vocês se entendem bem. Eternamente jovens de espírito, vocês compartilham aventuras, aspirações e a habilidade de se divertirem. Mas tendem a sonhar um sonho impossível e podem não conseguir lidar com problemas concretos quando eles aparecem. Confrontem a realidade com frequência, por favor. Exemplo: Katie Holmes e Jamie Foxx.

» **Sagitário + Capricórnio:** Capricórnio se encanta pelo jeito imprudente do Arqueiro, enquanto o jovial Sagitário fica maravilhado em ver como a Cabra é organizada e madura. Assim como dois países vizinhos, vocês podem ir à guerra ou estabelecer um intercâmbio cultural. Ajuda se um dos dois tiver um ou dois planetas no signo do outro. Exemplos: John F. Kennedy, Jr. (Sagitário) e Carolyn Bessette Kennedy (Capricórnio); Chrissy Teigen (Sagitário) e John Legend (Capricórnio).

» **Sagitário + Aquário:** Ambos são animados e têm a mente excepcionalmente vasta. Vocês também não são regrados, e nenhum tem muito talento para a vida doméstica, ou para a convivência familiar. Prepare-se para uma vida de jantares para viagem, filmes e séries madrugada adentro, e papos até tarde da noite com amigos excêntricos. Pode ser divertido. Se vai além disso, são outros quinhentos. Exemplo: Mary Todd Lincoln (Sagitário) e Abraham

Lincoln (Aquário); Frank Sinatra (Sagitário) e Mia Farrow (Aquário); Woody Allen (Sagitário) e Mia Farrow (Aquário); Brad Pitt (Sagitário) e Jennifer Aniston (Aquário).

» **Sagitário + Peixes:** Vocês são dois buscadores, cada um com um tipo de tendência para sonhar. Mas Sagitário desinfla o ego fragilizado do pisciano, enquanto o sensível Peixes, embora encantado, pode se tornar estranhamente passivo, o que o ativo sagitariano não consegue tolerar. Um casal duvidoso, na melhor das hipóteses. Exemplos: Mileva Einstein (Sagitário) e Albert Einstein (Peixes); Felicity Huffman (Sagitário) e William H. Macy (Peixes); Hailey Baldwin (Sagitário) e Justin Bieber (Peixes).

DICA

Para agarrar um sagitariano, não chegue "chegando". Gestos de paquera clichês fazem o Arqueiro se contorcer. Em vez disso, seja informal, espirituoso, leve e espontâneo. Passeios em cima da hora funcionam a seu favor; estabelecer condições, contra. Não se esqueça de que Sagitário quer ser um espírito livre e gosta do inesperado. Então, mantenha o passaporte atualizado. Esteja disposto a ousar. E não apresse os sagitarianos: não importa o que digam, a maioria tem fobia de compromisso. Em relacionamentos, eles precisam relaxar.

Capricórnio Apaixonado

Conservador e elegante, você quer uma relação tradicional, com todas as pompas. Não tem interesse particular em casinhos, o que não significa que não seja interessado por sexo. Pelo contrário: como signo de terra, você é altamente hormonal, um amante com muito vigor. Mas sexo casual parece não fazer sentido para você. Você é um cônjuge dedicado, pai/mãe atencioso(a), amigo verdadeiro e filho(a) leal — o pacote completo. Você busca um compromisso para sempre, e nada menos.

» **Capricórnio + Capricórnio:** Vocês são ambiciosos, comprometidos e sensuais. Mas correm o perigo de levar uma vida tão certinha e programada que, tirando o sexo, vocês nunca se divertem. Além disso, se um de vocês fica deprimido, estão encrencados. Vocês precisam de um pouco de leveza. Mas quem irá proporcioná-la se ambos são melancólicos? Exemplo: Tiger Woods e Elin Nordegren.

» **Capricórnio + Aquário:** Capricórnio é um tradicionalista que acredita em sistemas; o progressista Aquário é um rebelde que vive para superá-los. Capricórnio se preocupa e se sente desesperado; Aquário tem certeza de que o futuro será brilhante. Há chances de vocês irritarem um ao outro. Pode ser um desastre, a menos que um de vocês tenha um ou dois planetas no signo do outro. Exemplo: Gayle King, capricorniana cuja Lua em Aquário faz conjunção com o Sol em Aquário de sua melhor amiga Oprah Winfrey.

Além disso, a Vênus em Escorpião de Gayle e Marte de Oprah formam uma conjunção exata, na medida. Elas nunca ficarão sem assunto.

» **Capricórnio + Peixes:** Empreendedor, o capricorniano sabe como lidar com o mundo do trabalho, mas pode ficar atolado nele; o compassivo pisciano, que tem outros valores, é especialista em escapar (ou ignorar) das duras restrições da vida cotidiana. Mas Peixes pode levantar o ânimo de Capricórnio, e este pode ajudar aquele a pôr os pés na realidade, de leve. Vocês se inspiram e se apoiam. Exemplo: Richard Nixon (Capricórnio) e Pat Nixon (Peixes); Henry Miller (Capricórnio) e Anaïs Nin (Peixes).

DICA

Com ideia fixa em um capricorniano? Frio e contido, Capricórnio compreende o sistema e segue as regras. Você também deveria. Vista-se com classe. Seja polido e admirado. Proponha atividades de primeira linha — concertos, exposições de arte, palestras. Não vá para a cama no primeiro encontro. Não seja agressivo. Nem vulgar. Não resmungue. Deixe as coisas fluírem naturalmente. E tenha paciência: Capricórnio reprime as emoções e faz as coisas devagar. Mas não brinca em serviço.

Aquário Apaixonado

Do tipo amigável e incomum que tem curiosidade em relação a todo mundo, você se conecta com rapidez, mas de maneira superficial, e valoriza a própria liberdade. Apesar da fama de ter comportamento boêmio, quando encontra alguém a quem respeita, você se compromete com alegria, o que não significa que pretende abrir mão da sua independência ou do seu jeito excêntrico. Isso nunca acabará. Você pode ser tão ardente como qualquer outra pessoa (e mais bizarro que a maioria); por mais que goste, não é escravo do sexo. Seu mundo é a própria cabeça.

» **Aquário + Aquário:** Ah, as pessoas que vocês conhecem, as causas que apoiam e as festas que dão! Isso para não mencionar a maneira como decoram a própria casa. Vocês são livres, diferentões, afrontosos e visionários; um casal como nenhum outro. A conexão mental existe. A romântica é mais imprecisa. Mas talvez isso não importe. Como signos de ar, ambos podem ser arrebatados pelas correntes de ideias que há mundo afora. Exemplo: Ellen DeGeneres e Portia de Rossi.

» **Aquário + Peixes:** Em princípio essa combinação é tentadora, mas a longo prazo decepciona. Peixes se magoa com muita facilidade ao estar com alguém tão desapegado e cerebral quanto o Aguadeiro; Aquário é independente demais para dar conta das inseguranças piscianas. Ainda assim alguns casais fazem dar certo. Exemplos: Oprah Winfrey (Aquário) e Stedman Graham (Peixes); Paul Newman (Aquário) e Joanne Woodward

(Peixes); Justin Timberlake (Aquário) e Jessica Biel (Peixes); Anaïs Nin (Peixes) e Hugh Parker Guiler, seu marido tolerante, dedicado e complacente (Aquário).

DICA

Se está atraído por um aquariano, prepare-se para conhecer mais gente esquisita do que jamais pensou que existia fora de Oz. Aquário tem uma coleção delas. Sua missão é fazer o Aguadeiro pensar que você é insubstituível e fascinante o suficiente para colocá-lo na coleção. Não há necessidade de apresentar uma versão falsa sua ou aparar arestas. Pelo contrário. Seja independente, mas disponível. Expresse suas opiniões. E seja você mesmo — quanto mais diferentão, melhor. Um buquê de rosas? Nem vem que não tem. Um convite para um passeio à meia-noite pelo Porto Maravilha? Uma aula magna de flamenco? Talvez funcione.

Peixes Apaixonado

Declarações — um passeio ao luar, uma serenata — significam tudo para você. Você é um romântico que deseja uma união conectada pelo cosmos, gerada pelo carma e do tipo "uma noite encantada" com a alma gêmea. Embora sua intuição tenha precisão cirúrgica em outras ocasiões, quando apaixonado, você pode ser surpreendentemente ingênuo e mais exigente do que talvez perceba. Regido pelas emoções, você também é generoso, erótico, afetuoso, incentivador e gentil.

» **Peixes + Peixes:** Uniões de xarás de signo são uma mistura privilegiada, porque amplificam tanto os pontos fortes quanto os fracos de cada signo. Dois piscianos sonhadores conseguem se comunicar de um jeito que outros signos sequer imaginam. Mas coisas práticas iludem vocês. E isso importa? No fim, é provável que sim. Exemplos: Daniel Craig e Rachel Weisz; George Harrison e Patti Boyd (depois que a união se desfez, ela se casou com o amigo ariano dele, Eric Clapton); ou os juízes da Suprema Corte Ruth Bader Ginsburg e Antonin Scalia, ambos piscianos com Lua em Escorpião. Embora antagonistas políticos, esses colegas se divertiam juntos, tinham a mesma paixão pela ópera, saíam juntos de férias com os próprios cônjuges e se consideravam "melhores amigos".

DICA

Se está caído de amor por um pisciano, seja romântico. Peixes quer ser arrebatado, mas não à la Tarzan e Jane. Ser agressivo demais pode funcionar a curto prazo (os piscianos podem ser passivos), mas com o passar do tempo, não cairá bem. Peixes deseja um amor que seja um encontro de duas almas gêmeas, dois companheiros contra as pedradas e os insultos da vida diária. Peixes também quer presentes sentimentais, café na cama, que a pessoa se lembre do Dia dos Namorados, a coisa toda. O que ele não quer é conselho. Não importa como você verbaliza, o pisciano entende como crítica; portanto, deixe-o em paz.

Encontrando Outros Laços

E se o seu signo e o de seu amor não forem compatíveis? Sua próxima parada tem que ser o www.match.com.br? Não necessariamente. Conjunções ou outros aspectos próximos entre a Lua em um mapa e o Sol no outro — ou entre as duas Luas — geram entendimento emocional. Aspectos próximos (até, e inclusive, oposições) que conectam Vênus em um mapa e Marte em outro proporcionam atração sexual. Aspectos com Mercúrio estimulam uma comunicação clara. Ascendentes de signos concordes contribuem para personalidades que engrenam. Isso vale não somente para parceiros amorosos, mas para qualquer outra pessoa que você possa vir a conhecer. Todas as relações podem ser analisadas pelas lentes da astrologia.

No geral, sextis e trígonos facilitam as coisas, oposições e quadraturas atiçam as diferenças, e conjunções podem tomar qualquer rumo, dependendo dos planetas envolvidos. Os únicos aspectos planetários muito pouco importantes são as conjunções entre os lentos planetas exteriores, como Urano com Urano, Netuno com Netuno e Plutão com Plutão. Esses planetas orbitam o Sol com tanta lentidão que definem gerações, não indivíduos. O fato de seu Netuno estar conjunto com o de outra pessoa não significa que vocês foram feitos para ficar juntos. Significa que têm mais ou menos a mesma idade — um laço que não é lá essas coisas. Mas também não é tão insignificante, como qualquer pessoa que já participou de uma reunião de ensino médio pode comprovar.

INCOMPATÍVEIS? ME JULGUEM

EXEMPLO

Parece que alguns signos solares simplesmente não combinam. Mas tudo depende de outras coisas que acontecem nos dois mapas. Considere os atores e ativistas pelos direitos civis Ruby Dee (Escorpião) e Ossie Davis (Sagitário). Eles nasceram sob signos vizinhos, portanto, incompatíveis. Mas o Ascendente e a Vênus dela eram no signo solar dele, Sagitário; a Lua dela e a Vênus dele faziam conjunção; e ambos nasceram com a Lua em Aquário. Embora seus signos solares não fossem um par perfeito, o casamento, que também era uma parceria de trabalho, durou 57 anos — até a morte dele.

Ou pense em Gertrude Stein, a escritora aquariana de vanguarda, e sua companheira, a taurina Alice B. Toklas. Elas se conheceram em 1907 em Paris, onde Gertrude recebia todo mundo em seu famoso salão, de Picasso a Hemingway, e elas ficaram juntas até a morte de Gertrude, em 1946. Embora o terrestre Touro e o aéreo Aguadeiro geralmente não se misturem, a conexão entre elas foi imediata. Conforme Gertrude escreveu ao descrever seu encontro em *A Autobiografia de Alice B. Toklas* (que compôs na voz de Alice, como se ela própria tivesse escrito): "Conheci várias pessoas excelentes, mas apenas três gênios de primeira linha e, em cada caso, alguma coisa soava dentro de mim."

Eu sei o que era essa "alguma coisa". Era o Marte de Alice, em conjunção próxima com a Vênus de Gertrude e oposição exata ao Urano dela. No domínio do coração, essa conexão inesperada — ao lado de uma série de trígonos harmoniosos ligando os dois mapas — rapidamente prevaleceu sobre os signos solares em conflito.

Aliás, os outros dois gênios que Alice conheceu foram Pablo Picasso e o filósofo Alfred North Whitehead. Pessoalmente, nunca duvidei de que Alice poderia ter correspondido às investidas de Picasso, que claramente sabia lidar com mulheres e tinha o mesmo signo lunar dela. Mas Alfred North Whitehead? Não sei, não. Então, rastreei a data de nascimento dele, e adivinha? A Vênus de Whitehead em Aquário estava conjunta com o Marte de Alice, e o Plutão dele em Touro fazia conjunção exata com a Vênus dela. Tenho certeza de que, quando eles se conheceram, algo soou dentro dela. E talvez dentro dele também.

NESTE CAPÍTULO

» Identificando os trânsitos

» Rastreando os ciclos dos planetas

» Mantendo a calma durante trânsitos problemáticos

Capítulo **16**

A Melhor Fase de Nossas Vidas (ou Não): Trânsitos

Antigamente, a astrologia era território dos privilegiados. Reis e faraós consultavam astrólogos não porque eram fascinados pelos meandros da personalidade, mas porque queriam saber quando declarar guerra, estocar grãos, construir um templo e se casar. Em suma, queriam saber como conduzir as próprias vidas. A astrologia dava algumas respostas.

Hoje, todo mundo pode se beneficiar da sabedoria que a astrologia tem a oferecer. Você pode inferir um pouco desse conhecimento pelo seu mapa natal e pelo posicionamento atual dos planetas, que estão sempre em movimento. *Planetas em trânsito* são os que aparecem no céu nesse exato instante. Conforme giram pelo zodíaco, eles ativam seus planetas natais, influenciando seus humores e presenteando-o com desafios e oportunidades. Saturno em trânsito está conjunto com sua Lua? Prepare-se para lutar contra a tristeza. Urano está cruzando seu Meio do Céu? Esteja pronto para uma possível reviravolta, boa ou ruim, na carreira. No céu, sempre que um planeta forma um aspecto com um planeta ou um ângulo em seu mapa natal, ele estimula uma parte diferente de sua psique.

Lamento dizer que este livro não é longo o bastante para analisar cada trânsito. Estou excluindo os trânsitos pelas casas. Ignoro trânsitos em quadraturas (são desgastantes), bem como sextis e trígonos (esses são úteis). E omito por completo aspectos feitos por Vênus, Mercúrio e o Sol em trânsito porque eles se movem tão rápido que sua influência é passageira. (A Lua passa pelos signos em um ritmo ainda mais veloz. Mas está tão perto que, de qualquer forma, exerce influência, motivo pelo qual dedico o Capítulo 17 aos trânsitos lunares.)

Neste capítulo, foco os planetas que se movem mais lentamente, começando com Marte e terminando com Plutão. Examino as conjunções e as oposições que esses planetas fazem em seu mapa natal. E tento fazer o melhor que posso para esclarecer as possibilidades que eles abrem para você. Os trânsitos não mudam seu mapa natal. Goste ou não, ele é eterno. Mas os trânsitos podem ajudá-lo a atingir o potencial que ele contém.

Investigando Trânsitos

Há várias maneiras de identificar os trânsitos. A mais fácil é pesquisá-los em um calendário astrológico à moda antiga. Usando um calendário como esse, você pode visualizar a posição exata dos planetas em um piscar de olhos, e também olhar adiante para descobrir aonde eles estão indo e quando chegarão lá. Aplicativos são ótimos para descobrir o que está acontecendo nesse instante. Nesse momento exato, por exemplo, uma olhada rápida em meu app me lembra de que Mercúrio está retrógrado (tudo bem, estou revisando). Mas quando ele volta a ficar direto? O jeito mais fácil de descobrir é consultando um calendário. Folheie as páginas e conseguirá descobrir.

DICA

Os calendários de que mais gosto são o *Guia Celestial* e o *Pocket Astrologer* ["Astrólogo de Bolso", em tradução livre, e todos a seguir com conteúdo em inglês] de *Jim Maynard*, e todos os calendários disponíveis pela Llewellyn Publications. Entre eles, meu favorito é o *Llewellyn's Daily Planetary Guide* ["Guia Planetário Diário da Llewellyn", em tradução livre], uma agenda em espiral cheia de informações úteis, incluindo previsões semanais, aspectos diários e bastante espaço em branco para você colocar as próprias anotações. Ou talvez prefira o *Astrological Pocket Planner* ["Organizador Astrológico de Bolso", em tradução livre] menor ou um calendário de parede ilustrado. Qualquer um deles lhe dirá quais aspectos os planetas estão formando, e em qual época. Quando haverá Lua nova? Quando Vênus entrará em seu signo? Pegue o calendário e saberá.

DICA

Você também pode obter um aplicativo. Há muitos. Meus favoritos são o Time-Passages, gratuito, e o TimePassages Pro [conteúdos em inglês], que cobra uma taxa (uma quantia bem razoável) e lhe dá mais informações; é esse o que uso (volte para o Capítulo 2 para saber mais sobre o TimePassages).

Mas é aqui que mora o problema: qualquer app escolhido fornece incontáveis dados — alguém diria infinitos —, que incluem dezenas de aspectos por dia; por exemplo, os de longo prazo, os que não importam quase nada, os que podem derrubá-lo e os que realizam seus sonhos. É por isso que gosto do TimePassages. Ele faz a gentileza de separar as "Influências Astrológicas de Hoje", que são passageiras, das "Influências de Longo Prazo", nas quais precisa prestar atenção.

Visualizando trânsitos

Para gerenciar os trânsitos que estão afetando você agora, recomendo os passos a seguir:

1. **Obtenha uma cópia exata de seu mapa natal, conforme instruções no Capítulo 2.**

2. **Descubra onde os planetas estão nesse instante.**

    Você pode fazer isso com um calendário de papel, um app eletrônico, com software de astrologia, ou procurando no Google, que mostrará algumas opções, incluindo estas [conteúdos em inglês]:

    - `https://astro-charts.com/chart-of-moment/` Fornece tudo de que você precisa: o mapa real do cosmos como ele está agora e, abaixo, uma lista providencial de cada planeta, com seu posicionamento no zodíaco.

    - `https://www.astro.com/h/pl_e.htm`. Ou faça do jeito fácil. Digite, no Google, Planetas Atuais – Astrodienst e encontrará uma lista pequena e organizada, justamente aquilo de que precisa. Você também pode clicar em "Mapa do momento" e vê-lo exibido como um mapa redondo, não uma lista.

3. **Anote os posicionamentos dos planetas, omitindo o Ascendente e o Meio do Céu, que mudam a cada quatro minutos.**

4. **Insira esses trânsitos na margem de seu mapa.**

Não é complicado escrever os planetas em trânsito dessa forma, e isso lhe dará uma noção concreta de onde eles estão e quais partes de seu mapa estão ativando. A seção seguinte mostra um exemplo de trânsitos em ação.

Mostrando a importância dos trânsitos

EXEMPLO

Serena Williams foi considerada a maior atleta de todos os tempos. A roda interna na Figura 16-1 mostra seu mapa natal, dominado por seis planetas na sexta casa, inclusive o Sol, a Lua, Júpiter e Saturno (portanto, você sabe que ela trabalha duro e provavelmente se preocupa com a saúde). A roda externa mostra os trânsitos no dia 12 de maio de 2015 — não um dia aleatório, como você verá. A margem estreita cheia de símbolos de signos do zodíaco mostra as cúspides da casa em seu mapa natal.

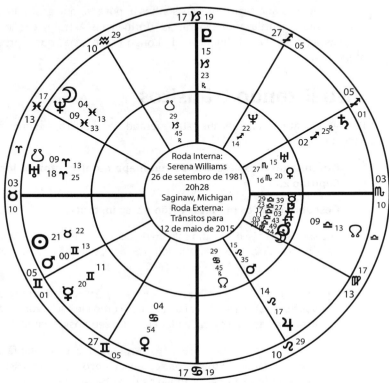

FIGURA 16-1: Mapa natal de Serena Williams com trânsitos na roda externa.

© John Wiley & Sons, Inc.

Ao olhar os trânsitos dela na roda externa, a primeira coisa que você talvez note seja Plutão passando pelo topo do mapa. Plutão é o planeta exterior com movimento lento que simboliza a transformação. Ele faz conjunção com o Meio do Céu em Capricórnio (que, nesse caso, é o mesmo que a cúspide na décima casa). Esse trânsito sugere uma mudança importante em sua imagem pública. Plutão ainda não tinha atingindo o Meio do Céu — esse momento está a menos de um ano de distância —, mas o aspecto está próximo o bastante para considerar. E já que Plutão é o regente de sua sétima casa das parcerias — e também faz um sextil com sua Vênus natal na sétima casa —, esse trânsito poderia revelar uma mudança no status de relacionamento.

O próximo passo é examinar o trânsito do outro planeta exterior lento. Netuno, transitando pela décima primeira casa de Serena, não forma um aspecto próximo com nenhum dos planetas natais dela, portanto, não é o planeta mais influente no momento. Vou pulá-lo.

Saturno está transitando próximo à cúspide da oitava casa, com o longo trânsito de sua sétima casa quase no fim. Ele está em sextil com o Sol natal de Serena, o que é uma influência positiva, mas não poderosa. Saturno também está em conjunção com Urano na sétima casa, mas essa conjunção é ampla — mais de cinco graus —, e os planetas estão em signos diferentes. Então, vou pular Saturno também.

Sobrou Urano, o senhor das surpresas, sempre um participante que vale a pena observar. Ele está na décima segunda casa, em oposição próxima ao Júpiter natal de Serena, o guardião da boa sorte, e em quadratura com o Meio do Céu dela, que representa sua imagem pública e reputação. Isso indica mudança inesperada — e tem mais.

Localizado na roda externa, há um trânsito de Júpiter, passando pela quinta casa do romance de Serena pela primeira vez em doze anos. Ele faz conjunção com o Marte natal dela, o planeta da ação e do desejo. Ele também está formando quadratura, quer dizer, ativando sua Vênus natal na sétima casa. Logo, aqui está um saboroso coquetel: Júpiter em trânsito, Plutão e Urano misturando-se com a Vênus natal, Marte e Júpiter. Está com uma cara boa.

Coloque um pequeno enfeite de guarda-chuva nesse coquetel: Marte em trânsito na primeira casa. Ele está a zero grau em Gêmeos, portanto, acabou de entrar em um novo signo. Marte muda de signo a cada dois meses, então não posso enfatizar esse trânsito em particular. Francamente, não é importante. No entanto, ele faz um trígono com seu Sol, e um novo signo poderia ser sinal de alguma novidade. E foi: esses foram os trânsitos do dia em que Serena Williams conheceu Alexis Ohanian, seu futuro marido.

LEMBRE-SE

O mapa interno é o mapa natal. Os planetas no círculo externo representam os trânsitos.

Para acompanhar seus trânsitos, faça uma cópia de seu mapa. Então, posicione os planetas em trânsito ao redor da margem externa. Você verá logo de cara que há muita coisa acontecendo. Portanto, como saber em quais trânsitos se concentrar?

LEMBRE-SE

A regra é: os trânsitos que causam maior impacto são realizados pelos planetas lentos, mais distantes (Saturno, Urano, Netuno e Plutão) sobre o Sol, a Lua, o Ascendente, o Meio do Céu e os planetas internos, mais rápidos.

Contatos feitos pelos planetas mais rápidos geralmente têm vida curta, portanto, são menos importantes. Contatos feitos por planetas mais lentos com planetas mais lentos (como Urano oposto a seu Plutão ou Netuno em conjunção com seu Saturno) têm um impacto geracional, mas podem ser sutis demais para ser detectados em um mapa pessoal (a menos que o planeta esteja ocupando uma posição de destaque em seu mapa natal; nesse caso, tudo é possível).

Mas contatos feitos por um planeta exterior lento com planetas internos mais rápidos e os ângulos de seu mapa — Plutão em conjunção com seu Meio do Céu, Urano em oposição a seu Sol e assim por diante — significam os capítulos de sua vida.

Rastreando Marte

Marte é associado à vitalidade, à iniciativa, à paixão, à força, à raiva e à agressividade. Marte estimula seus desejos e o incita a tomar atitude. Via de regra, Marte passa cerca de dois meses em um signo, levando uns dois anos para percorrer o zodíaco e retornar à posição que ocupava quando você nasceu. Mas esses números são apenas médias porque, como os outros planetas, Marte às vezes se desacelera, fica retrógrado e permanece em um signo (veja o Capítulo 18 para saber mais sobre planetas retrógrados). Para mostrar como os horários dele podem ser variados, no verão de 2012 Marte atravessou Libra em cerca de sete semanas. Porém, quando retornou a esse signo, em dezembro de 2013, ficou nele por oito meses. Naturalmente, quanto mais tempo ele passa em um signo, mais energiza o planeta com o qual mantém contato.

Os trânsitos principais de Marte são os seguintes:

» **Marte em conjunção com o Sol:** Você se sente determinado, agressivo e corajoso. Mas tente evitar o ataque. Marte estimula sua iniciativa, mas também acerta em cheio sua raiva. O trânsito de Marte em conjunção com seu Sol natal geralmente dura apenas alguns dias, embora às vezes, quando esse planeta fica retrógrado, ele possa trazer uma carga extra, mais árdua. Porém, em média, ele também passa cerca de dois meses em seu signo solar, trazendo um aumento de energia que você não tinha há dois anos.

» **Marte em oposição ao Sol:** Você fica com energia, mas pronto para comprar briga de uma hora para outra. É um trânsito do tipo "não mexa comigo".

» **Marte em conjunção com a Lua:** Você fica agressivo, espontâneo e sem clima para reprimir suas emoções marcantes ou rompantes de mau humor. Orientado para um propósito definido, esse trânsito o ajuda a reparar um erro ou aceitar um desafio. Não orientado, pode levar à animosidade. Um pouco de autoconhecimento é meio caminho andado.

» **Marte em oposição à Lua:** Cuidado. Suas ondas de emoção, que parecem causadas por fatores externos, sendo verdade ou não, podem levar a confrontos.

» **Marte em conjunção com Mercúrio:** Você se sente impaciente, empolgado e cheio de ideias. Expressa suas opiniões com segurança, mas uma pitada de hostilidade ou sarcasmo pode se insinuar quando você se comunica. Verbalmente, você fica todo entusiasmado.

- **Marte em oposição a Mercúrio:** Você argumenta, debate, manda bala. É rápido nas respostas, mas também pode se sentir acuado e hostil. Cuidado com o que fala. Você até pode acabar com seu oponente, mas também não ganha nenhum amigo.

- **Marte em conjunção com Vênus:** Seu impulso sexual, habilidades amorosas e estímulos artísticos estão fazendo hora extra. Você fica muito irresistível.

- **Marte em oposição a Vênus:** De modo social e sexual, você está no clima para o amor. Mas não force tanto. Você corre o risco de ficar assertivo demais ou de atrair pessoas que agem de um jeito também desequilibrado.

- **Marte em conjunção com o Marte natal:** Marte está de volta. A jornada do herói recomeça como uma forte onda de energia, e você se inunda de desejo. Seu desafio é dominar essa energia. Esse trânsito importante, que ocorre mais ou menos a cada dois anos, marca o fim de um ciclo de energia e o início de outro. É o momento de buscar um novo interesse, inventar um projeto, começar um novo programa de ginástica, conseguir um emprego novo e ficar aberto a possibilidades que chegam sem avisar. Marte em trânsito pode gerar hostilidade, então, controle a raiva. Mas ele também abre caminho para coisas novas.

- **Marte em oposição ao Marte natal:** Embora seu vigor esteja alto, você pode não achar fácil canalizar sua energia de modo construtivo e constante. Algo em que esteve envolvido por cerca de um ano chegou a uma fase crítica. Muito esforço é exigido nesse ponto de virada. É necessário agir.

- **Marte em conjunção com Júpiter:** O universo apoia seus objetivos, preparando-o para se levantar do sofá e fazer algo para realizá-los. Você está pronto para tomar uma atitude. Nesse trânsito de expansão, viagens e educação são vantajosos.

- **Marte em oposição a Júpiter:** Pode ser um trânsito favorável. Você fica com muita energia, além de animado e otimista, mas corre o risco de prometer coisas demais, superestimar suas capacidades e reagir de maneira exagerada.

- **Marte em conjunção com Saturno:** O que quer que esteja prendendo você ou bloqueando seu caminho, algo interno ou externo, pode ser abordado agora. Por ficar indignado com os obstáculos que encara, esse trânsito tende a ser desafiador. Também pode ser um momento de realizações, graças à sua crescente habilidade de focar as coisas que realmente precisam ser feitas.

- **Marte em oposição a Saturno:** Esse trânsito pede cautela, empenho e atitudes responsáveis. Infelizmente, é provável que você aja com imprudência, resista a ordens alheias e expresse sua autoridade de um jeito estranho. Nessa época de tensão, ficar irritado ou sentir pena de si mesmo não ajudará. Pelo menos, vá à academia.

- **Marte em conjunção com Urano:** Você age com impulsividade e rebeldia, às vezes tomando um rumo que pode chocar todo mundo, inclusive você. Durante os poucos dias em que Marte fica em conjunção com seu Urano, afivele o cinto, evite andar de skate e olhe para os dois lados. Com Urano, a regra é simples: espere o inesperado.
- **Marte em oposição a Urano:** Tensão, estresse, acidentes e imprevistos podem interromper seus planos e bagunçar seus dispositivos tecnológicos. Não corra riscos imprudentes durante esse trânsito agitado. E faça cópias de segurança de seus arquivos.
- **Marte em conjunção com Netuno:** A vida dos seus sonhos engrena, e você busca inspiração. Atividades artísticas, espirituais ou de cura o deixam empolgado. Mas tome cuidado com drogas e álcool, e evite tomar decisões importantes; seu discernimento pode estar distorcido.
- **Marte em oposição a Netuno:** Sonhos vívidos e inspirações artísticas caracterizam esse trânsito. Mas seus esforços para realizar algo no dia a dia podem dar errado. Você pode se sentir confuso ou fora da casinha. Ioga, natação ou outros tipos de exercício físico podem ajudar a névoa a se dissipar.
- **Marte em conjunção com Plutão:** Corra atrás de suas ambições e não hesite em assumir o comando. Talvez fique espantado com o poder que é capaz de adquirir.
- **Marte em oposição a Plutão:** Você se sente competitivo e determinado. Mas, no afã de se estabelecer, corre o risco de gerar conflitos e disputas por poder. Conserve sua coragem e princípios.
- **Marte em conjunção com o Ascendente:** Você está transbordando de vitalidade e totalmente preparado para tomar iniciativas em benefício próprio, mas também pode se sentir impaciente ou briguento. Seguindo a conjunção com o Ascendente, Marte percorre sua primeira casa, aumentando sua energia e conferindo-lhe uma ousadia que normalmente você não vivencia. Aproveite.
- **Marte em oposição ao Ascendente:** Mais ou menos um ano após Marte formar conjunção com seu Ascendente, esse planeta faz oposição a ele. Você não se dispõe à passividade, sobretudo em relação a casamento ou parcerias de negócios. Mas as tensões no ambiente o incomodam, e você pode descontar sua frustração em pessoas mais próximas. Seu desafio é agir com decisão e positividade.
- **Marte em conjunção com o Meio do Céu:** Esse trânsito, ao lado da estada de dois meses de Marte em sua décima casa, motiva você a correr atrás de suas metas profissionais. Ele aumenta sua visibilidade profissional e seu desejo de se envolver. Faça qualquer trabalho voluntário de seu interesse e deixe seu entusiasmo se revelar.
- **Marte em oposição ao Meio do Céu:** Seus esforços profissionais fracassam ou são recusados, e você volta sua atenção para outras coisas. Conforme Marte faz conjunção com o ponto mais baixo de seu mapa, que se opõe

> diretamente ao seu Meio do Céu, e percorre sua quarta casa, ele desperta seu interesse pelo lar e pela família, animando sua vida doméstica. Conflitos ocultos podem vir à tona. Mas também é um bom momento para consertar a casa.

Os trânsitos de Marte são dinâmicos e motivadores. Quando esse planeta está percorrendo uma casa, você encontra a energia para tomar atitude nessa área. Ser assertivo é uma vantagem e você sofre se não faz nada. Não tenha medo.

Ativando Júpiter

Júpiter dá uma volta pelo zodíaco em pouco menos de doze anos, passando cerca de um ano em cada signo. Seus trânsitos estão entre os mais ansiosamente aguardados, e os mais frustrantes. Como planeta da expansão, da oportunidade, da generosidade e da prosperidade, Júpiter pode trazer felicidade, crescimento e sucesso. Como planeta da filosofia, da religião e da educação, pode incentivar a investigação de uma crença e a busca pelo conhecimento. Porém, apesar de sua fama como senhor da fartura e arauto da boa sorte, Júpiter nem sempre entrega as coisas de mão beijada, e as pessoas que, sob sua influência, ficam esperando sentadas passivamente que seus desejos se realizem estão fadadas à insatisfação. O problema é que, enquanto o adorável Júpiter pode levá-lo direto às portas da oportunidade, ele também desperta sensações de contentamento e comodismo. Em vez de tentar arrombar essas portas, muitas pessoas relaxam para aproveitar o trânsito e, por isso, o deixam passar.

Em minha experiência, um trânsito de Júpiter é um chamado distante às armas. Quando você vê Júpiter equilibrado no limiar de seu signo solar, prestes a contatar seu Meio do Céu voltado para a carreira ou entrando em sua sétima casa das parcerias, sabe que há oportunidades disponíveis nessas áreas. Mas é preciso cumprir sua parte da promessa. Para extrair o melhor de Júpiter, faça um esforço genuíno para aprender algo, lidar com um velho dilema de uma nova maneira ou arranjar tempo para coisas que sempre diz que quer fazer. Ao tomar uma atitude sob um trânsito de Júpiter, seus esforços são recompensados. Mas primeiro você precisa fazer sua parte.

Júpiter tem a ver com expansão e oportunidade. Ele traz benefícios. Mas um trânsito só consegue ativar o potencial que já existe em seu mapa.

> » **Júpiter em conjunção com o Sol:** Aproveite a oportunidade para se expandir durante esse ano de crescimento, mas um alerta: se a vida está correndo bem, você pode ficar tentado a não fazer nada. Se a vida não está saindo como você quer, é possível que fique desmotivado ou cínico. Não deixe Júpiter paralisá-lo no comodismo. Essa é a hora de estender a mão, ser generoso e correr riscos.

- **Júpiter em oposição ao Sol:** Há oportunidades disponíveis, mas você corre o risco de exagerar, hiperdramatizar sua situação ou, simplesmente, prometer coisas demais.
- **Júpiter em conjunção com a Lua:** Esse trânsito traz um aumento de sensibilidade e um fluxo maior de emoções, o que é agradável se sua Lua natal forma principalmente aspectos harmoniosos com outros planetas, mas exaustivo se ela está afligida por quadraturas e oposições.
- **Júpiter em oposição à Lua:** Por que qualquer indício de emoção — qualquer mínimo desprezo, frustração, elogio e impulso — parece um terremoto? A resposta é que, graças a Júpiter, você está supersensível, com tendência a exagerar os sentimentos.
- **Júpiter em conjunção com Mercúrio:** Júpiter aviva seu intelecto e expande sua capacidade de se expressar. Você fala livremente, viaja com alegria e absorve informações com facilidade, tornando essa época ideal para aprender um idioma ou atacar aquele clássico da literatura que sempre quis ler.
- **Júpiter em oposição a Mercúrio:** Busque conhecimento. Leia com voracidade. Escreva. Viaje muito, absorva ideias, procure conselhos. Comunique, mas não dite leis. Júpiter pode ser ultraconfiante, mas sob sua influência, seu intelecto vicejará.
- **Júpiter em conjunção com Vênus:** Sua vida social floresce, sua beleza interior resplandece, e você atrai amor e afeição. Esse trânsito favorável até melhora sua habilidade de ganhar dinheiro.
- **Júpiter em oposição a Vênus:** Você atrai outras pessoas, e sua vida social se expande em conformidade. Se deseja ampliar seu círculo social, pode fazer isso agora com facilidade. Mas o comodismo excessivo pode seduzi-lo. Vênus é o planeta do dinheiro, então, cuidado: o otimismo inerente de Júpiter pode levar você a gastar demais.
- **Júpiter em conjunção com Marte:** Você fica entusiasmado, ativo, generoso e cheio de iniciativa. Ser assertivo gera os resultados desejados.
- **Júpiter em oposição a Marte:** Você se sente energizado, mas pode achar difícil direcionar essa energia de maneira eficaz. Superestimar sua capacidade de fazer alguma coisa leva à autorrecriminação e a problemas com outras pessoas. Exigências e desentendimentos são vários. Fazer exercício ajuda.
- **Júpiter em conjunção com Júpiter natal:** Júpiter volta à sua posição de origem a cada 12 anos, renovando seu otimismo. Pode ser um período de sorte e aventureiro, durante o qual você pode encontrar satisfação ao viajar, estudar, fazer investigações filosóficas ou espirituais, e concentrar esforços em áreas que o vêm atraindo há muito tempo. Seu empenho em vencer limitações antigas compensa, e você se diverte um pouco ao longo do caminho. Mas Júpiter também pode incentivar a presunção, a preguiça e a indiferença orgulhosa. Não desperdice esse trânsito.

- **Júpiter em oposição ao Júpiter natal:** Você fica generoso e exuberante, porém mais alegre do que a situação merece. Cuidado com o excesso de comodismo e otimismo.
- **Júpiter em conjunção com Saturno:** Você pode ficar extremamente consciente de seus medos e limitações, mas eles têm menos influência do que no passado. Você encontra a ajuda de que precisa, descobre um jeito de contornar um problema ou, finalmente, trabalha duro e lida com questões persistentes que o estavam atrasando.
- **Júpiter em oposição a Saturno:** Por mais que você queira romper com antigos padrões, talvez as circunstâncias não permitam. Por mais tentado que possa estar com novas amizades e oportunidades, suas responsabilidades estão em andamento ou até aumentando. Sua melhor jogada é aceitar suas obrigações.
- **Júpiter em conjunção com Urano:** Oportunidades incomuns se apresentam, dando-lhe coragem para dar um salto e tentar algo fora daquilo com que está acostumado. Não há motivos para esconder suas idiossincrasias, porque isso não dá certo! Sua singularidade resplandece. É hora de abraçar sua individualidade.
- **Júpiter em oposição a Urano:** Oportunidades notáveis podem trazer uma chance por demais esperada de romper com circunstâncias restritivas. Confiança em excesso não leva a lugar nenhum, mas é importante correr um risco calculado.
- **Júpiter em conjunção com Netuno:** Seu lado místico, interesses espirituais, habilidades paranormais e imaginação estão ampliados. Problemas possíveis incluem devaneios excessivos, abuso de drogas e recusa em aceitar a realidade. Porém, se alguma vez você quis escrever poemas, tentar uma técnica nova de meditação, inscrever-se em um workshop sobre sonhos ou aprender a cantar, a hora chegou.
- **Júpiter em oposição a Netuno:** Aceitar a realidade não é fácil, e provavelmente você não está nem tentando. Sua imaginação pode estar a toda, mas seu discernimento está fraco. Você é pouco prático e se engana com facilidade. Se já lutou contra o abuso de drogas, é preciso ficar vigilante agora.
- **Júpiter em conjunção com Plutão:** Sua ambição e poder pessoal estão ampliados, e seus esforços rendem frutos. No passado, pode ter percorrido o submundo da tristeza, do medo ou do isolamento. Se sim, agora você volta à luz.
- **Júpiter em oposição a Plutão:** Seu desejo por poder pode sair de controle, e obstáculos podem bloquear seu caminho. Nesse momento de transição, você pode sentir que tem muito pouco controle ou que foi pego em uma disputa por poder.
- **Júpiter em conjunção com o Ascendente:** Você está acessível, entusiasmado e até com sorte. Durante o ano (ou mais) em que Júpiter entra em contato com seu Ascendente e percorre sua primeira casa, você

fica extrovertido e acolhedor, e as pessoas reagem à sua positividade. A má notícia: é fácil ganhar peso. Esteja avisado.

» **Júpiter em oposição ao Ascendente:** Sua conexão com os outros é imediata, e suas relações com as pessoas, bem como com a população em geral, florescem. Durante o ano (ou mais) em que Júpiter se opõe ao Ascendente e habita a sétima casa, você pode atrair um parceiro de negócios ou um companheiro para a vida toda.

» **Júpiter em conjunção com o Meio do Céu:** A conjunção de Júpiter com o Meio do Céu, seguida por uma passagem com um ano de duração por sua décima casa, pode trazer sucesso, maior envolvimento no mundo e fartas opções de carreira. Tire proveito disso.

» **Júpiter em oposição ao Meio do Céu:** Os relacionamentos familiares melhoram. É um ano bom para se mudar, investir em imóveis, focar atividades domésticas e curar feridas familiares.

LEMBRE-SE

Os trânsitos de Júpiter trazem crescimento e oportunidade, mas também o perigo da preguiça.

Lidando com Saturno

Quem entende um pouco de astrologia tende a ficar alegre com a expectativa dos trânsitos de Júpiter, apreensivo e até com medo ao examinar os de Saturno. Esse planeta leva quase 30 anos para percorrer o zodíaco. Ele passa cerca de dois anos e meio em cada signo e está associado ao dever, ao esforço, a impedimentos, limitações, limites e lições aprendidas. O sombrio Saturno pode trazer desespero, apatia e casos perigosos de depressão. Porém, assim como Júpiter necessariamente não dá amores incomparáveis ou bilhetes premiados da loteria, Saturno nem sempre gera tristeza. Ele pode trazer responsabilidade em forma de um emprego mais qualificado, limitação em forma de um relacionamento sério e um aumento da autoestima que vem junto com a autodisciplina. Para tirar vantagem de um trânsito de Saturno, você precisa criar estrutura, organizar-se e descobrir como gerenciar seu tempo.

LEMBRE-SE

Trânsitos, por definição, são transitórios. Eles não duram muito, então você precisa agir com prontidão para tirar proveito deles.

» **Saturno em conjunção com o Sol:** Você colhe o que planta: é a mensagem desse trânsito sério e, às vezes, desanimador. Saturno pode desacelerar as coisas e criar obstáculos. Ele estimula suas ambições e aumenta sua necessidade de segurança. Também o força a confrontar seus pontos fracos e a lutar contra o pensamento negativo. Lembre-se de que Saturno também traz segurança, satisfação, reconhecimento e realização. Por trás de cada feito grandioso, está Saturno. Nada de importante acontece sem ele. Mas Saturno exige trabalho duro.

» **Saturno em oposição ao Sol:** Pessimismo e vitalidade baixa caracterizam esse trânsito difícil, que acontece aproximadamente 14 anos depois que Saturno faz conjunção com o Sol. Outras pessoas podem se opor aos seus esforços. Seja paciente.

Observação: As quadraturas de Saturno com o Sol, que ocorrem cerca de sete anos antes e depois da oposição, também são árduas.

» **Saturno em conjunção com a Lua:** Preocupações o afligem. Você pode se sentir melancólico, incompreendido, não amado ou sem sorte, sem mencionar o excesso de dúvidas e a autopiedade. Você fica momentaneamente aprisionado no abismo, um período sempre bom para fazer um diário, conversar com um terapeuta e se lembrar de que isso também passará.

» **Saturno em oposição à Lua:** Insegurança, amargura e relações exigentes podem levá-lo a se afastar durante esse período de isolamento. Embora possa esperar solidariedade dos outros, não é provável que consiga. Tome atitudes práticas e leia o parágrafo imediatamente anterior a este. Ele se aplica a você.

» **Saturno em conjunção com Mercúrio:** Você está em um clima pensativo e pessimista que favorece o estudo, a concentração, o afastamento e a comunicação cuidadosa. Talvez tenha sido rígido, incoerente ou desconexo demais na maneira como diz o que pensa. Esse é o momento ideal para aprimorar suas habilidades de comunicação e mudar de atitude.

» **Saturno em oposição a Mercúrio:** Circunstâncias podem levá-lo a entrar em conflito com alguém por causa de ideias ou a questionar os próprios princípios. O pensamento negativo pode se infiltrar em tudo. Descubra um jeito de contê-lo.

» **Saturno em conjunção com Vênus:** Relacionamentos frágeis podem desabar. Você pode se sentir sozinho, inibido, não amado e descapitalizado. E, ainda assim, uma relação nova e mais séria pode começar, possivelmente com uma pessoa mais velha ou mais estabelecida. Esse momento também é bom para lançar um projeto artístico.

» **Saturno em oposição a Vênus:** Rompimentos são difíceis, mesmo se forem a única jogada possível. Relações saudáveis sobrevivem a esse trânsito estressante. Mas mesmo os tapa-olhos caem conforme você encara a verdade.

» **Saturno em conjunção com Marte:** Seus esforços são em vão, levando-o a se sentir frustrado e sobrecarregado. Se tem problemas com a raiva, aprenda a administrá-la agora. Você está sendo desafiado a aprender a ter controle. Se agir de forma metódica, poderá conseguir muita coisa.

» **Saturno em oposição a Marte:** Esse trânsito pode ser dureza, sobretudo se você é do tipo que coleciona inimigos. Obstáculos impedem seu progresso, já que Saturno, o senhor da disciplina, força-o a tomar a atitude apropriada e, pior, a ter paciência.

» **Saturno em conjunção com Júpiter:** Embora as oportunidades que surgem durante esse período chato possam não ser atraentes, elas são reais apesar dos pesares. Durante um trânsito de Saturno, talvez você precise racionalizar seus objetivos ou reduzir suas expectativas. Mas você tem bastante vigor, e Saturno recompensa seus esforços.

» **Saturno em oposição a Júpiter:** A sorte não está ao seu lado, mas também não está contra você. Preferencialmente, é um período de crescimento restrito, entusiasmo atenuado, empenho e aceitação do status quo.

» **Saturno em conjunção com Saturno:** O retorno de Saturno. É um momento crítico, um período para se entender com a realidade. Saturno volta à posição que ocupava em seu mapa natal quando você tem entre 28 e 30 anos, 58 e 60, 88 e 90. O primeiro retorno de Saturno representa o verdadeiro começo da fase adulta. Durante esse período tipicamente difícil, você é forçado a encarar a verdade sobre si mesmo, parar de fazer bobagens e crescer. Muitas pessoas temem esse trânsito. Mas é durante o primeiro retorno de Saturno que você limpa e descobre seu caminho real. O segundo e o terceiro retornos de Saturno representam pontos adicionais, cada um deles incitando-o a reconhecer suas insatisfações e a se preparar para uma nova fase em sua vida. Em cada caso, Saturno o encoraja a confrontar seus medos, reconhecer os limites do possível, identificar e, talvez, alterar seu rumo, e aprimorar seus hábitos. Entretanto, o caminho continua sinuoso.

» **Saturno em oposição a Saturno:** Esse trânsito, que o força a se enxergar em relação ao mundo externo, pode incomodar sobretudo na primeira vez, quando você tem por volta de 14 anos. Experiências subsequentes ocorrem mais ou menos aos 44 e aos 74 anos. Em cada caso, você pode se sentir sozinho e inseguro. Focar tarefas específicas e atividades práticas pode aumentar sua sensação de segurança. A mensagem é: persista.

» **Saturno em conjunção com Urano:** Embora possa se sentir encurralado, rebelar-se só para se afirmar não o levará a lugar algum. A resistência radical não funcionará. Mas você também não pode ficar de braços cruzados. Em vez disso, busque formas controladas de expressar sua individualidade, além de se libertar, ou desapegar, de algumas restrições que o fazem se sentir preso. Isso permitirá que navegue por esse trânsito com serenidade.

» **Saturno em oposição a Urano:** Livre por natureza? Não é o que parece. Eventos conspiram para fazer você sentir que suas opções estão diminuindo, mas não subestime o poder positivo de Saturno. Esse planeta apoia a organização e a autodisciplina. Junto com Urano, ele permite que você desenvolva os aspectos mais originais de seu eu singular.

» **Saturno em conjunção com Netuno:** Você pode se sentir mais estável e mais no controle durante essa fase introspectiva, ou pode ficar pessimista e com a criatividade bloqueada. Trânsitos de Saturno poucas vezes são divertidos. Porém, se vem tendo problemas com álcool ou abuso de drogas, esse é um período excelente para confrontá-los. E se você escreve letras de músicas ou poesia, não poderia haver momento melhor para aprender os fundamentos do ofício e aplicá-los aos produtos de sua imaginação.

» **Saturno em oposição a Netuno:** Você pode se sentir atormentado pela confusão, pela dúvida e pelo desânimo. Você se sente testado, frustrado. No entanto, esse trânsito apresenta outra chance de aceitar responsabilidades e enfrentar seus medos sem ser tão duro consigo mesmo. Uma abordagem estruturada funciona melhor.

» **Saturno em conjunção com Plutão:** Questões de controle e manipulação vêm à tona durante esse trânsito de longo prazo e transformador. Apesar das circunstâncias limitadoras e frustrantes, você pode encontrar um meio de reconhecer os próprios erros ou obsessões e repensar seu propósito. Como sempre acontece com Saturno, atingir essas metas exige que reconheça a realidade de sua situação. Pode ajudar saber que todo mundo da mesma faixa etária está vivenciando esse trânsito. Todos os trânsitos de Saturno com Netuno, Urano e Plutão possuem aspecto geracional. Você não está sozinho.

» **Saturno em oposição a Plutão:** Seu desejo de controlar as circunstâncias e perseguir suas metas bate de frente com pressões externas, que podem ser mais fortes que você. Uma compulsão ou um hábito que o mantém sob controle precisa ser rompido, e talvez você se sinta incapaz disso. Quando Saturno está envolvido, a solução é sempre construir uma estrutura, tijolo por tijolo. Saturno recompensa a disciplina, a persistência e a força de vontade.

» **Saturno em conjunção com o Ascendente:** As pessoas acham que você é confiável e leal, e como consequência podem chegar mais responsabilidades até você. Embora possa se sentir limitado e sobrecarregado, esse trânsito difícil tem algumas vantagens. Ele melhora sua capacidade de concentração, estimula-o a moderar sua conduta e o incita a repensar suas ambições. No ciclo de Saturno, você está começando uma série de sete anos conhecida como *período de obscuridade*, caracterizado por introspecção e busca por crescimento pessoal. Essa é a época de olhar para dentro.

» **Saturno em oposição ao Ascendente:** Esse trânsito marca um ponto de virada na maneira como você se relaciona com o mundo. Ele pode trazer insatisfações à tona e destruir relacionamentos, pessoais e profissionais. É mais provável que haja novas alianças com pessoas mais velhas ou mais autoritárias. Embora os relacionamentos provavelmente sejam desafiadores durante os dois anos e meio seguintes, a boa notícia é que você está começando um período de sete anos de oportunidades conhecido como *período de atividade*. Durante catorze anos, seu foco foi principalmente interno; agora, você se abre para o mundo.

» **Saturno em conjunção com o Meio do Céu:** Com esse trânsito, tem início o *período de influência* de sete anos. Se você pagou suas dívidas, pode esperar atingir um ápice de reconhecimento e responsabilidades. É um período de sucesso e proeminência durante o qual você confirma seu lugar no mundo.

Mas lembre-se de que, com Saturno, esforços são sempre necessários. Se você não encontrou sua base em uma profissão ou comunidade, esse trânsito pode acionar uma onda de insatisfação. Se essa é sua situação, lembre-se de que Saturno reage positivamente à organização, à estrutura e à distribuição consciente do tempo.

» **Saturno em oposição ao Meio do Céu:** O lar e a família demandam atenção. Talvez um pai ou um avô precise de sua ajuda, sua casa necessite de uma reforma ou você precise se mudar. Qualquer que seja o problema, você pode se sentir sobrecarregado por necessidades familiares ou oprimido pelos problemas do passado. Embora não seja um trânsito fácil, ele marca o início de outro elemento do ciclo de Saturno. Tendo acabado de finalizar o período de obscuridade de sete anos, descrito anteriormente nesta seção, agora você está entrando no *período de desenvolvimento,* mais criativo e estimulante.

Como planeta das limitações e das perdas, Saturno traz responsabilidade e exige uma avaliação clara de sua situação. Ele também recompensa a disciplina, a força de vontade, a organização e o trabalho duro.

Urano, o Imprevisível

Quando Urano chega à cidade, a vida fica interessante. Como planeta da revolução, da tecnologia, das invenções, da eletricidade, da individualidade e da excentricidade, Urano destrói o fluxo habitual de acontecimentos e é associado a eventos futuros e a pessoas incomuns. Urano leva 84 anos, praticamente uma vida, para atravessar o zodíaco (volte para o Capítulo 10 para ter mais informações sobre os planetas exteriores).

» **Urano em conjunção com o Sol:** Se tem estado em compasso de espera, você não ficará assim por muito tempo. Sua necessidade de expressar sua individualidade o impulsiona rumo a uma mudança que só acontece uma vez na vida. Se está na direção certa, esse trânsito não deve ser traumático. Mas se está à deriva ou fora do seu caminho, pode ser o prenúncio de uma mudança perturbadora. Se você não der início a alterações por conta própria, poderá esperar que elas virão de fontes externas sem serem convidadas. Tome uma atitude agora. Como dizia o grande poeta Rilke: "Queira a mudança."

» **Urano em oposição ao Sol:** Uma mudança está por vir, não há como escapar. Esse trânsito destruidor apoia pensamentos inovadores e poderia anunciar uma era explosiva de instabilidade. Resistir não funciona. É necessário flexibilidade.

» **Urano em conjunção com a Lua:** Lampejos de intuição trazem insights durante esse trânsito inconstante e instável. Procure tempestades emocionais, mudanças na dinâmica familiar ou uma urgência repentina de independência.

- **Urano em oposição à Lua:** Sentimentos de restrição e necessidade de romper com o passado tornam este um período de oscilações emocionais e mudanças revolucionárias. Ficar correndo sem sair do lugar não é mais opção. Você precisa se movimentar, ver as coisas de uma nova maneira ou se libertar de uma prisão emocional que o tem travado.

- **Urano em conjunção com Mercúrio:** Embora você se sinta sobrecarregado e agitado, pensamentos rígidos o deixam travado. Você se beneficia — e encontra prazer — em aprender algo novo. Insights e fatos recentes o estimulam a abolir ideias e padrões de comunicação desgastados. Urano ativa sua habilidade de pensar de um jeito original. Registre seus pensamentos.

- **Urano em oposição a Mercúrio:** Você fica mentalmente ativo e fisicamente nervoso, e pode ter problemas para dormir. Lidar com eles do mesmo jeito de sempre leva ao mesmo resultado. Com boa vontade ou não, você precisa tentar uma nova abordagem.

- **Urano em conjunção com Vênus:** Se o calor de uma relação que você valoriza se perdeu, não é mais possível ficar passivo quanto a isso. Revigore-o ou vá cantar em outra freguesia. Se está só, talvez encontre alguém de uma forma inesperada, e essa pessoa não será como nenhuma outra que conhece. Relacionamentos podem conter um toque de imprevisibilidade que o atrai. Elos chatos e antigos, não importa o quanto sejam dignos ou arraigados, não.

- **Urano em oposição a Vênus:** Você se sente agitado e com necessidade de estímulos. No afã de fugir do tédio, você — ou seu parceiro — pode se sentir seduzido por uma relação que parece oferecer mais paixão. Mas essa união irá durar? Depende do que está acontecendo em seu mapa.

- **Urano em conjunção com Marte:** Você está agitado, ansioso por mudança e pronto para tomar a iniciativa: esse é o lado positivo. Também está propenso a acidentes, com mais raiva que o normal e tende a agir com imprudência e tomar decisões precipitadas. Se sentir que sua energia está instável, canalize-a por meio de aulas de artes marciais. É um jeito de administrar a agressividade que esse trânsito pode trazer.

- **Urano em oposição a Marte:** Alguma coisa precisa mudar durante esse período inconstante, mas você não tem certeza do que quer. Controlar sua animosidade e sentimentos competitivos pode ser complicado, e você pode despertar a oposição alheia. No entanto, essas influências externas podem proporcionar justamente o pontapé inicial de que precisa.

- **Urano em conjunção com Júpiter:** Oportunidades raras e mudanças surpreendentes de circunstâncias caracterizam essa conjunção. Em um mapa de meus arquivos, esse trânsito coincidiu com a perda de um familiar e uma gravidez não planejada. Em outro caso, trouxe uma mudança de país turbulenta, mas positiva. Em um terceiro exemplo, uma mulher teve ascensão profissional meteórica quando Urano fez conjunção com sua décima casa em Júpiter, e deu com a cara no chão um ano depois, quando Saturno contatou seu Sol e ela recebeu a temida carta de demissão, que a lançou em uma jornada nunca antes desejada para um lugar que, no fim das contas, ela adorou.

» **Urano em oposição a Júpiter:** Uma necessidade de independência e uma urgência em assumir riscos caracterizam essa influência desregrada. Novas possibilidades podem atormentar (ou frustrar) você. Em seu desejo de levar uma vida melhor, você faz algumas escolhas de arrepiar. Surpreenda seus amigos de todas as maneiras, mas não deixe seu otimismo (ou imponência) fugir com seu bom senso.

» **Urano em conjunção com Saturno:** Você se sente preso e tenso, e não está mais disposto a tolerar as limitações que impõe a si mesmo. Urano age como um catalisador, forçando-o a largar medos, limitações e até trabalhos antigos em busca de um senso de individualidade menos opressor.

» **Urano em oposição a Saturno:** Você se sente inquieto e ansioso. Velhos hábitos morrem e padrões desgastados sucumbem aos ataques de forças além de seu controle.

» **Urano em conjunção com o Urano natal:** O retorno de Urano ocorre quando você faz 84 anos. Ele simboliza um ciclo completo de individualidade e pode estimulá-lo a buscar uma nova expressão de seu eu mais essencial.

» **Urano em oposição ao Urano natal:** Esse trânsito inquietante, que gera ansiedade, a crise da meia-idade e acontece por volta dos 42 anos, incita você a assumir riscos e a se rebelar contra o status quo.

» **Urano em conjunção com Netuno:** Se você nasceu no fim dos anos 1990 ou depois, não vivenciará esse trânsito estonteante e surpreendente até ficar velho. É uma influência mística e radical, e virá acompanhada de todo tipo de ideias novas. Mas não acontecerá até o fim deste século.

» **Urano em oposição a Netuno:** Se está sentindo os efeitos desse trânsito, você é velho o bastante para entrar no cinema com desconto, inteligente o suficiente para evitar esquemas para enriquecer fácil e bem sábio para se importar menos com o que outras pessoas pensam e mais com o que é importante para você. Urano instiga seus sonhos, e buscas espirituais não tradicionais têm um apelo renovado.

» **Urano em conjunção com Plutão:** Esse trânsito pesado pode trazer transições imprevistas e momentâneas. No entanto, a menos que tenha mais de 100 anos, você não o vivenciará tão cedo.

» **Urano em oposição a Plutão:** Padrões e obsessões antigas caem no esquecimento com esse trânsito, sobretudo se Plutão está proeminente em seu mapa.

» **Urano em conjunção com o Ascendente:** Mudar de aparência, agir de um jeito brusco ou imprevisível e enfatizar suas maiores excentricidades são maneiras de expressar sua necessidade constante de liberdade pessoal. Esse trânsito também pode coincidir com um reconhecimento inesperado.

- **Urano em oposição ao Ascendente:** Seja você ou outra pessoa o agente dessas mudanças, abalos inesperados em relacionamentos abrem caminho para a liberdade e a individualidade. As pessoas que o atraem agora são consideravelmente diferentes do tipo habitual.
- **Urano em conjunção com o Meio do Céu:** Confusões na carreira podem inaugurar um capítulo dramático em sua vida. Quando uma oportunidade incomum se apresentar, seja corajoso e agarre-a. Não deixe sentimentos mal resolvidos o impedirem de cumprir seu destino.
- **Urano em oposição ao Meio do Céu:** Eventos inesperados e problemas na família podem virar sua vida doméstica de cabeça para baixo e alterar seu status social ou relações profissionais. Uma mudança brusca de residência não está fora de questão.

LEMBRE-SE

Urano, o planeta da reviravolta, traz mudanças surpreendentes e é associado ao caos, à desorientação e à emancipação.

Netuno, o Nebuloso

Mágico e misterioso, Netuno desorienta e inspira. Ele dissolve barreiras, gera ilusões, estimula a compaixão e aguça a imaginação. Ao contrário de Urano, a influência de Netuno pode ser difícil de detectar, porque chega envolta em uma névoa misteriosa de imprecisão e mal-entendido. Quando alguma coisa está acontecendo e você não sabe o que é, pode apostar que é Netuno.

- **Netuno em conjunção com o Sol:** Pena de si mesmo, um sentimento reduzido de autoestima e tendência para oscilar são os obstáculos desse trânsito longo. É um período de reflexão, mas também de consciência visionária e sensibilidade psíquica. A maior vantagem é que os projetos criativos, que até agora não passavam de devaneios, aos poucos podem se manifestar no mundo real. Se você é pisciano, pode aproveitar para nadar. Isso afastará o nevoeiro.
- **Netuno em oposição ao Sol:** Sua capacidade de se iludir (ou de se permitir ser iludido) está no auge durante esse trânsito confuso. Embora sua confiança possa vacilar, às vezes a única coisa que você pode fazer é vagar pelo deserto. Você está buscando um senso de individualidade mais amplo, mais compassivo.
- **Netuno em conjunção com a Lua:** Você é empático, complacente e altamente sintonizado com o ambiente emocional que o cerca. Preste atenção aos seus sonhos e intuição. Proteja-se das ilusões conversando de vez em quando com seu confidente mais pé no chão.
- **Netuno em oposição à Lua:** Ondas de incerteza emocional e a urgência de fugir passam por você. Você se engana com facilidade, portanto, cuidado ao

se envolver com um amante indigno de confiança ou um guia espiritual que tem respostas para tudo. Não deixe que os outros destruam sua fé em si mesmo.

- **Netuno em conjunção com Mercúrio:** Se você é poeta, artista ou músico, irá adorar esse trânsito. Mas prepare-se: o impulso criativo ocorre à custa das coisas comuns sobre as quais você espera que Mercúrio aja, como tomar decisões inteligentes ou se lembrar de pagar os boletos.
- **Netuno em oposição a Mercúrio:** Acha que está se comunicando com clareza? Acha que bolou um plano infalível para salvar o meio ambiente? Quem dera. Netuno estimula seus impulsos artísticos, mas também diminui sua concentração e fomenta um clima em que podem surgir pensamentos desorientados.
- **Netuno em conjunção com Vênus:** Esse período pode ser mágico. Sua sensibilidade está intensa, e você está pronto para se apaixonar. Certamente poderia acontecer. Mas o objeto de sua devoção retribui o afeto? A relação é tão perfeita como você imagina? Lembre-se de que Netuno é o planeta da ilusão. Da mesma forma, se você passa a se convencer de que estará sempre só, largue mão dessa sensação e confie nas coisas da alma.
- **Netuno em oposição a Vênus:** Você se sente irritado, sobretudo (mas não somente) em relação à sua vida amorosa. Imagens românticas, ou financeiras, dançam em sua mente, só que você se sente relutante ou incapaz de realizar esses sonhos. Esteja ciente de que esse trânsito, assim como a conjunção de Netuno e Vênus, estimula as ilusões.
- **Netuno em conjunção com Marte:** Raiva ou inveja podem levá-lo a desperdiçar energia. Ao agir intuitivamente e mobilizar seus talentos, você prepara o terreno para o sucesso, sobretudo em atividades criativas. Preste atenção às coincidências e à sorte, boa ou má. O mundo externo reflete sua realidade interna e diz se você está no caminho certo.
- **Netuno em oposição a Marte:** Confuso em relação ao que quer? Observe como seus desejos reprimidos vêm à consciência e expresse-os em suas atitudes. E observe também se você se pega reagindo com negatividade a outras pessoas. Essas reações refletem sua sombra, o lado obscuro de sua personalidade.
- **Netuno em conjunção com Júpiter:** Você fica fantasiando sobre mil possibilidades. Então, sem sequer perceber, você se abre para experiências novas. Seu idealismo, compaixão e fé na vida aumentam.
- **Netuno em oposição a Júpiter:** Você é solidário, idealista e aberto a experiências, mas totalmente fora da realidade. Vá viajar. Conheça o mundo. Não seja ingênuo.
- **Netuno em conjunção com Saturno:** As regras e os regulamentos rígidos que regem sua vida não estão mais funcionando e você precisa atualizá-los para um conjunto de leis menos terríveis. Lembre-se de que todo mundo que nasceu com poucos meses de diferença que você está vivenciando esse trânsito. Deixe o idealismo derrotar seus medos.

- **Netuno em oposição a Saturno:** Surgem velhos medos e bloqueios, e você precisa enfrentá-los cara a cara. É um período desafiador, mas não necessariamente negativo, pois Netuno pode dissipar as limitações do passado.
- **Netuno em conjunção com Urano:** Esse trânsito geracional tende a produzir estados alterados de consciência, uma concepção de liberdade e um surto de excentricidade.
- **Netuno em oposição a Urano:** Uma insatisfação vaga, do tipo crise da meia-idade, o deixa aflito. Se sua vida virou rotina, ainda que você mesmo a tenha plantado, é possível tentar se redefinir por meio de experiências estimulantes.
- **Netuno em conjunção com o Netuno natal:** Se você está vivenciando esse trânsito, é jovem demais (ainda criança) ou velho demais (164 anos) para se incomodar com ele.
- **Netuno em oposição ao Netuno natal:** Esse trânsito ocorre aos 82 anos, uns dois anos antes do retorno de Urano. Pode coincidir com um aumento de confusão, mas também pode fortalecer sua imaginação e consciência espiritual.
- **Netuno em conjunção com Plutão:** Essa conjunção não acontecerá na sua vida.
- **Netuno em oposição a Plutão:** Esse trânsito exerce uma influência sutil que aumenta a consciência e o estimula a repensar vários aspectos de sua vida, incluindo problemas psicológicas que você tentou reprimir.
- **Netuno em conjunção com o Ascendente:** Netuno dissolve as fronteiras da personalidade externa, deixando-o fora de foco ou perdido em devaneios. Conscientemente ou não, você pode alterar sua imagem. Em seu pior, você se torna autodestrutivo. Em seu melhor, fica intuitivo e criativo. Atuar, pintar, compor uma música e explorar a espiritualidade são válvulas de escape saudáveis. Preste atenção a seus sonhos e devaneios. Eles querem lhe dizer algo.
- **Netuno em oposição ao Ascendente:** Se você está em uma relação satisfatória, ambos desenvolvem uma forma de comunicação quase clarividente. Porém, se seu relacionamento está instável, mistério e decepções podem fazer tudo ruir. Preste atenção às nuances.
- **Netuno em conjunção com o Meio do Céu:** As fronteiras de sua carreira estão se dissolvendo. Você pode achar cada vez mais difícil focar as partes mais chatas de suas atividades. Ou acontecimentos estranhos no escritório podem fazê-lo refletir sobre outras opções, mais inspiradoras. Filme, fotografia, música, arte, oceanografia, qualquer coisa relacionada à cura e todas as profissões netunianas são opções que valem a pena buscar.
- **Netuno em oposição ao Meio do Céu:** Confusão ou insatisfação com a carreira, os pais ou a vida doméstica atrapalham sua capacidade de tomar decisões. Para encontrar propósito e resolução, ouça sua voz interior. Ou converse com seus avós. Como sempre acontece com Netuno, é

possível encontrar ajuda através da arte, da música, de buscas espirituais e caminhadas longas pela praia.

LEMBRE-SE

Netuno dissolve fronteiras, gera confusão, convoca a ilusão e aguça a imaginação.

O Ambicioso Plutão

Em 2006, astrônomos reclassificaram Plutão como planeta anão. Isso pode fazer diferença para os astrofísicos (embora eu não consiga entender por quê). Na realidade, os astrólogos não se importam. Em nossa maneira de interpretar o Universo, Plutão é associado ao poder, à regeneração e ao submundo da psique — lugar em que a alquimia é a metáfora em vigor, e tamanho, definitivamente, não é documento. Trânsitos plutonianos, que duram dois ou três anos, coincidem com períodos de profunda transformação.

» **Plutão em conjunção com o Sol:** Sua consciência se amplia. Você fica cada vez mais ciente de seu potencial e sem vontade alguma de ser outra pessoa além de seu eu mais poderoso. Relações e trabalhos inadequados podem desaparecer, e você consegue reunir coragem para resolver problemas relacionados a seu pai ou outras figuras de autoridade. Nada disso será fácil. Plutão é um peso-pesado. Mas as vantagens são imensas. Ao longo dos próximos anos, começa uma fase nova em sua vida. Entre 2020 e 2050, somente Capricórnio, Aquário e Peixes vivenciarão esse trânsito.

» **Plutão em oposição ao Sol:** As circunstâncias o forçam a assumir o controle de seu destino. Embora possa se sentir bloqueado ou frustrado, você está determinado a agir do jeito mais vigoroso possível. Acima de tudo, busca reconhecimento. Ações construtivas levam ao sucesso; atitudes vingativas, com base no medo ou egoístas saem pela culatra. Esse trânsito, assim como a conjunção, não é fácil, mas pode gerar uma mudança permanente, conforme Câncer, Leão e Virgem descobrirão entre 2020 e 2050.

» **Plutão em conjunção com a Lua:** Forças emocionais potentes estão girando em torno de você. Questões que talvez tenha ignorado desde a infância reaparecem, incluindo problemas com sua mãe. Enfrentar assuntos relacionados à dependência e à inferioridade traz cura e catarse.

» **Plutão em oposição à Lua:** Turbulência emocional e novas circunstâncias familiares geram mudanças em sua vida doméstica. Encarar a verdade é a única opção, por mais dolorosa que seja.

» **Plutão em conjunção com Mercúrio:** Leve-se a sério. Sua capacidade mental está se ampliando, e seus insights estão mais perspicazes do que nunca. Você consegue influenciar os outros através da oratória ou da escrita.

- **Plutão em oposição a Mercúrio:** Diferenças de opinião, problemas de comunicação e pensamentos obsessivos ou depressivos podem estressá-lo. Segredos podem ser revelados. Você também tem a chance de se comunicar de maneira mais contundente.
- **Plutão em conjunção com Vênus:** Louco de amor? Ciúme, ressentimento ou obsessão irrefreável podem mantê-lo sob controle. Inconscientemente, você busca uma conexão profunda. É provável que a encontre durante esse período intenso e, às vezes, melodramático.
- **Plutão em oposição a Vênus:** Uma crise emocional pode levar uma relação a se desfazer ou se aprofundar. Um choque de valores ou um descompasso sexual talvez precise de atenção, e problemas financeiros podem persegui-lo.
- **Plutão em conjunção com Marte:** Uma crescente determinação e ambição abrem muitas portas. Embora você talvez precise administrar a raiva, sua habilidade intensificada de focar o capacita a agir com grande efeito.
- **Plutão em oposição a Marte:** Eventos ou circunstâncias incômodas além de seu controle o incitam a tomar atitude e a canalizar sua raiva de maneiras construtivas.
- **Plutão em conjunção com Júpiter:** Amplie as fronteiras de sua vida e conseguirá transformá-la por completo. Oportunidades chegam através de estudos, viagens, religião ou justiça.
- **Plutão em oposição a Júpiter:** Seu desejo por sucesso e poder o motiva a correr atrás de mudanças, mas você pode se sentir frustrado em sua busca. Cuidado para não superestimar seus talentos ou prometer mais do que pode cumprir. E, se você é religioso, também pode vivenciar uma crise da fé.
- **Plutão em conjunção com Saturno:** Largar as correntes que você mesmo se impôs é tudo, menos fácil. Essa conjunção inaugura um período de intensa autoanálise que resulta em uma mudança concreta.
- **Plutão em oposição a Saturno:** Forças externas contrariam seus intuitos e o obrigam a alterar seus planos durante essa fase de testes. Como sempre acontece com Saturno, você tira proveito da autodisciplina e do empenho.
- **Plutão em conjunção com Urano:** Se você reprimiu sua individualidade, agora ela reaparece. Em vez de esconder suas idiossincrasias, abrace-as. Você achará isso mais gratificante.
- **Plutão em oposição a Urano:** Circunstâncias inesperadas o impulsionam em direção ao futuro, forçando-o a acertar as contas com quem você é e quem quer ser.
- **Plutão em conjunção com Netuno:** Seus sonhos, crenças e ideais estão mudando lentamente.
- **Plutão em oposição a Netuno:** A menos que tenha mais de 100 anos, esse não é um trânsito que o afetará tão cedo.
- **Plutão em conjunção com o Plutão natal:** Não é possível.

- **Plutão em oposição ao Plutão natal:** Se está passando por esse trânsito, você tem por volta de 90 anos. Não é fácil — os trânsitos plutonianos nunca são —, mas você já viu coisa pior. Não se assuste.
- **Plutão em conjunção com o Ascendente:** Você não está mais disposto a negar ou suprimir seu poder pessoal. Uma autoimagem sólida fortalece sua resolução e o incita a iniciar a mudança.
- **Plutão em oposição ao Ascendente:** Você exige ser reconhecido pela pessoa poderosa que é e quer causar impacto no mundo. Se um relacionamento tóxico está prendendo-o, ele precisa acabar. Se alguma mania de timidez ou autodepreciação o limitou, ela também precisa acabar. Tome posse do seu poder.
- **Plutão em conjunção com o Meio do Céu:** Sua carreira ou papel na comunidade entra em uma nova era. Sua imagem pública muda.
- **Plutão em oposição ao Meio do Céu:** Ao longo dos próximos anos, sua situação em casa ou até na relação com seus pais sofrerá uma reviravolta. O poder flui em sua direção.

LEMBRE-SE

Plutão traz desintegração, regeneração e metamorfose. Conflitos com outras pessoas e batalhas internas caracterizam esses trânsitos transformadores.

Cuidado: A Maldição do Astrólogo

Se você é meio parecido comigo, talvez descubra que conhecer o básico dos trânsitos pode deixá-lo apavorado. Mais cedo ou mais tarde, notará um trânsito problemático se aproximando e começará a entrar em pânico à medida que os piores cenários assombrarem seu imaginário. Alguém morrerá? Há uma catástrofe iminente? Semanas ou meses mais tarde, talvez fique aliviado ao perceber que nenhum dos desastres que você imaginou ocorreu. Eventos importantes, positivos ou negativos, exigem influências convergentes, e é por isso que quanto mais você acompanha os trânsitos, mais tende a se tornar comedido em suas previsões.

As regras de interpretação de trânsitos são simples:

- **Se as configurações de seu mapa natal não tornam possível um evento, ele não acontecerá, não importam os trânsitos.** O imprevisível Urano dançando com o generoso Júpiter pela sua segunda casa das finanças traz um prêmio da loteria se, e somente se, seu mapa natal estiver cheio de aspectos para ganhar dinheiro fácil. A predisposição tem que estar lá.
- **Mesmo com uma predisposição inata, um único trânsito poucas vezes se relaciona com um acontecimento que muda a vida.** Essas situações

drásticas surgem de influências múltiplas, todas elas apontando para uma direção semelhante.

» **Todo trânsito tem várias interpretações possíveis.** Nada é predestinado. Mas a energia do trânsito precisa ser expressa. A maneira como ocorre depende das circunstâncias e das escolhas que você faz.

EXEMPLO

Aqui está um caso em que prever uma catástrofe teria sido fácil demais, e bem equivocado. Imagine uma pessoa cujo Sol, Ascendente e vários planetas estão sendo atacados não apenas por Saturno, mas também por Urano, Netuno e Plutão. Mesmo separadamente, esses mundos distantes ficaram famosos por fazer os astrólogos estremecerem. Quando todos estão agindo de uma só vez, é difícil não ficar preocupado.

Então, eu me pergunto o que teria dito em 1993 se Toni Morrison, cujo mapa está reproduzido na Figura 16-2, tivesse vindo se consultar comigo. O mapa natal dela está na parte interna da roda. Os planetas em trânsito estão na parte externa. Olhando o mapa, eu teria notado que Saturno em trânsito — o planeta do carma, das lições, de colher o que se plantou — estava balançando para frente e para trás acima do Sol (e havia feito, duas vezes, uma conjunção exata com ele no mesmo ano); que os trânsitos de Urano e Netuno, viajando em paralelo pela nona casa, estavam em conjunção com seu Saturno natal e em oposição a seu Plutão natal; e que Plutão em trânsito esteve duelando com seu Ascendente por cerca de um ano e estava quase em oposição exata.

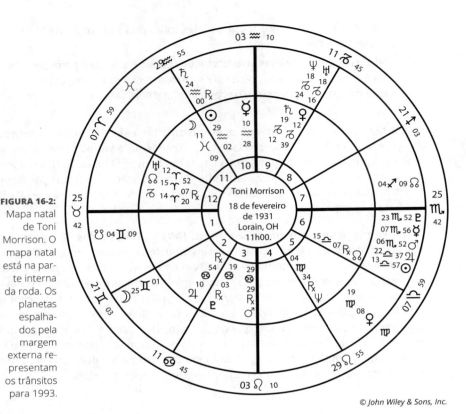

FIGURA 16-2: Mapa natal de Toni Morrison. O mapa natal está na parte interna da roda. Os planetas espalhados pela margem externa representam os trânsitos para 1993.

© John Wiley & Sons, Inc.

Observando tudo isso, eu poderia ter dito palavras de esperança sobre transformação (Plutão) e responsabilidade (Saturno). Sem dúvida, teria informado a ela que o trânsito de Saturno pela décima casa com frequência se relaciona a sucesso profissional. Mas, aqui com meus botões, teria ficado preocupada. Como muita gente, acho fácil imaginar catástrofes.

Então, o que de fato aconteceu com Toni Morrison em 1993? Ela ganhou o Prêmio Nobel de Literatura. Com Saturno em seu signo solar, ela realmente colheu o que havia plantado.

LEMBRE-SE

O erro mais autodestrutivo que você pode cometer como astrólogo é permitir que seu conhecimento sobre trânsitos vire uma fonte de ansiedade. Vai por mim: a maioria das coisas terríveis que agonizam os astrólogos (principalmente nos próprios mapas) nunca chega a acontecer. Não perca tempo preocupado com os piores danos possíveis que os trânsitos podem causar.

338 PARTE 4 **Usando a Astrologia em 3, 2, 1...**

> **NESTE CAPÍTULO**
>
> » Tirando proveito das fases da Lua
> » Sintonizando-se com a Lua nos signos
> » Observando a Lua nas casas
> » Examinando as cinco principais influências lunares
> » Refletindo sobre a Lua fora de curso

Capítulo **17**

Tomo Um Banho de Lua: Usando a Astrologia na Vida Diária

V ocê sabe onde a Lua está neste exato instante? Sem olhar pela janela, você lembra em que fase ela está? Pode citar o signo do zodíaco que ela habita? Sabe se está crescente ou minguante?

Não se sinta mal se não conseguir responder a essas perguntas. Exceto quando a Lua está cheia (e até mesmo nesse caso), a maioria das pessoas não tem a menor ideia de onde ou como a Lua está. Porém, milhares de anos atrás, homens e mulheres de todos os continentes cultuavam a Lua e prestavam atenção a todas as fases dela. Na Grécia antiga, por exemplo, contadores de histórias criaram um elenco completo de divindades lunares, um *dramatis personae* [personagens da peça, em latim], cada uma delas refletindo uma fase. A masculina Ártemis, protetora das meninas e deusa da caça, simbolizava a Lua nova; Hera, rainha dos deuses, ao lado de Deméter, mãe de Perséfone e deusa da colheita, regia a Lua cheia; e Hécate, deusa de certa idade, comandava a bruxaria e o quarto crescente lunar.

Ao contrário de nós, povos de muito tempo atrás que veneravam essas deusas observavam a Lua com cuidado. Com o passar do tempo, eles registraram a trajetória mensal da Lua conforme ela crescia e minguava, e descobriram o ciclo dos eclipses de 18 anos. Também chegaram à conclusão de que a Lua, em sua órbita mensal ao redor da Terra, refletia e promovia o padrão das atividades humanas.

Essa sabedoria antiga está a seu alcance. Quando você compreende a Lua e suas mudanças essenciais, pode escolher datas que fortalecem suas intenções, evitar as que poderiam levar à frustração ou fracasso e viver de acordo com o ritmo dos astros. Este capítulo mostra como, e quando, aproveitar a ocasião.

Escolhendo o Momento Certo para Agir conforme as Fases da Lua

Quantas fases lunares existem? Depende de para quem é feita a pergunta. Na Índia, astrólogos identificam 27 "mansões lunares". Dane Rudhyar, astrólogo (e compositor) do século XX, contabilizou oito fases: Nova, Crescente, Quarto Crescente, Divulgadora, Cheia, Corcunda, Quarto Minguante e Balsâmica (nada a ver com o vinagre). Devotos da antiga deusa, como seus equivalentes contemporâneos pagãos e wiccanos, geralmente reconhecem três fases: crescente, cheia e minguante. Hoje, a maioria das pessoas reconhece as quatro fases lunares a seguir.

- » **Nova:** Época de aumento de energia e novos começos. As Luas novas que coincidem com eclipses solares são particularmente poderosas. Eclipses solares acontecem umas duas vezes por ano e podem afetá-lo mesmo que não sejam visíveis na parte do mundo onde você mora.
- » **Quarto Crescente:** Época de crescimento, conflito e ação.
- » **Cheia:** As situações em andamento chegam a um ponto crítico, as emoções são acentuadas e eventos importantes acontecem. As Luas cheias são especialmente reveladoras quando são também eclipses lunares.
- » **Quarto Minguante:** Época de finalização, libertação e redução da vitalidade.

Ao tomar nota desses ritmos naturais, você pode escolher a hora certa de agir e tirar o máximo proveito disso — e também não precisa de um calendário astrológico. É só dar uma olhada na Lua sempre que sair à noite e logo ficará habituado a reconhecer a fase dela. A Tabela 17-1 descreve a aparência aproximada e a orientação da Lua, ao lado das ações mais apropriadas conforme a fase. Cada fase dura cerca de uma semana.

TABELA 17-1   O que Fazer à Luz da Lua

Fase da Lua	Aparência	Atividades Recomendadas
Lua Nova	Invisível no início; depois, aparece como uma farpa, com as pontas do crescente em direção ao leste. Aparece ao amanhecer, desaparece ao anoitecer.	Época de começos. Defina metas, faça pedidos, inicie projetos, plante sementes, dê início a empreendimentos.
Quarto Crescente	Um semicírculo com o lado plano voltado para o leste (à esquerda) e o lado curvo para o oeste. Aparece ao meio-dia. No alto do céu após o pôr do sol. Desaparece por volta da meia-noite.	Época de agir. Tome atitude, desenvolva projetos, dê os primeiros passos, tome decisões, lide com conflitos.
Lua Cheia	Uma esfera brilhante. Aparece ao pôr do sol. No alto do céu à meia-noite. Desaparece ao amanhecer.	Época do apogeu, quando as emoções estão a todo vapor e as coisas se concretizam. Avalie progressos, faça ajustes, lide com desavenças.
Quarto Minguante	Um semicírculo com o lado plano voltado para o oeste (à direita) e o lado curvo para o leste. Aparece à meia-noite. No alto do céu antes do amanhecer.	Finalize, relaxe, reflita, recolha-se.

DICA

Uma vez por ano há uma Lua nova em seu signo. Independentemente de ela vir antes ou depois de seu aniversário, o período extremamente emotivo desses dois dias é ideal para definir metas anuais e dar os primeiros passos para realizá-las. Se por acaso a Lua nova cair bem no dia do aniversário, parabéns. O ano que se aproxima será um período de novos começos.

Observando a Lua

Não quero ficar batendo na mesma tecla, mas saber a localização da Lua, tanto por fase como por signo, é mais do que útil. É emocionante, e não só porque você pode surpreender seus amigos. Mesmo no ponto mais central da cidade, onde ninguém vê a Via Láctea há anos, é possível observar a Lua em todo o seu esplendor. Você pode ver que o formato dela nunca é o mesmo duas noites seguidas e que as estrelas ao redor mudam toda noite. Você saberá quando a Lua está crescente, cheia e minguante. E começará a se sentir em sincronia com o ritmo dos astros. E não é exagero. É o que acontecerá.

Tirando Proveito da Lua nos Signos

A Lua está cheia? Então, está no signo oposto ao Sol. Se você vir uma Lua cheia no início de maio, quando o Sol está em Touro, saberá com certeza que a Lua está em Escorpião. Duas noites depois, observando que a Lua está nitidamente assimétrica, talvez conclua que é provável que ela esteja em Sagitário. Mas será que está mesmo? Para ter certeza, você tem uma escolha. Pode consultar na internet ou em um app. Ou pode usar um calendário astrológico. Pessoalmente, eu não andaria sem um.

DICA

Dois dos melhores são o *Jim Maynard's Celestial Guide* [conteúdo em inglês] e os diversos calendários produzidos pela Llewellyn, inclusive meu favorito, o *Llewellyn's Daily Planetary Guide* [conteúdo em inglês]. Esses calendários, disponíveis em vários tamanhos, contêm muitas informações sobre os signos, planetas e atividades astrológicas de cada dia. O mais importante é que informam exatamente quando a Lua entra em cada signo e quais aspectos ela forma enquanto está nele.

Saber a localização da Lua é curiosamente gratificante. Ao longo dos anos, descobri que gosto mais de alguns posicionamentos lunares do que de outros, e espero ansiosa por eles. Por ser escritora, adoro a Lua em Gêmeos. Sempre tenho esperança de fazer muita coisa nesses dias, embora a experiência tenha me ensinado que a Lua em Gêmeos atrai mais turistas, compras por impulso e compromissos inevitáveis do que qualquer outro signo. Mesmo assim, quando me comprometo a sentar para escrever nesses dias, as palavras fluem.

Também adoro a Lua em Virgem: é ideal para cuidar dos negócios e limpar a casa. Não sou a pessoa mais eficiente do planeta, mas talvez você não saiba disso nesses dias.

Acima de tudo, nada supera a Lua em meu signo. Eu me sinto revigorada e cheia de esperança. Acho que você também se sentirá assim.

LEMBRE-SE

Veja como tirar o máximo proveito da trajetória da Lua através de cada signo:

» **Lua em Áries:** Ouse. Seja assertivo, comece projetos de curto prazo, faça qualquer coisa que exija uma explosão de energia e uma centelha de coragem. Cuidado com acessos de raiva.

» **Lua em Touro:** Seja prático. Comece projetos de longo prazo, pratique jardinagem, pague as contas. Concentre-se em trabalhos que exijam paciência. Ouça seu corpo. Ande no meio do mato. Cante.

» **Lua em Gêmeos:** Leia, escreva, ligue para seus irmãos, tome café com um amigo. Compre livros, revistas, artigos de papelaria e qualquer coisa que venha em dobro. Vá às compras, faça viagens curtas, mude de ideia. Não envie mensagens enquanto dirige.

- **Lua em Câncer:** Fique em casa. Cozinhe, redecore, ligue para sua mãe. Passe um tempo com as pessoas que ama. Compre antiguidades. Ande pela praia. Olhe as estrelas. A Lua está domiciliada em Câncer, o signo regido por ela, fazendo deste um período de vulnerabilidade emocional. Compre lenços de papel.
- **Lua em Leão:** Seja romântico, brinque com crianças, aprenda tango, assista a uma peça, dê uma festa. Ouse se aproximar de pessoas de status elevado. Seja confiante. Elegante. E que venham os bons tempos.
- **Lua em Virgem:** Cuide das coisas triviais. Ponha tudo em ordem. Elimine a bagunça, vá ao dentista, agende compromissos, leve seu pet ao veterinário, lide com os detalhezinhos que em geral você tenta driblar. A Lua em Virgem aumenta a produtividade.
- **Lua em Libra:** Permita-se. Vá a um concerto ou museu, faça algo relacionado à arte, um tratamento de beleza, alivie discórdias. Forme uma parceria de negócios. Faça as pazes com alguém. Case-se.
- **Lua em Escorpião:** Espere encontros intensos. Faça sexo, veja seu terapeuta, leia um livro de mistério, pague impostos, acerte as dívidas, faça um seguro, escreva seu testamento. Vá fazer mergulho ou espeleologia. Explore as profundezas.
- **Lua em Sagitário:** Saia. Faça uma viagem ou planeje uma, assista a uma aula, converse com um advogado, vá atrás de interesses espirituais ou filosóficos, ande de bicicleta, vá correr, mude sua rotina.
- **Lua em Capricórnio:** Seja metódico. Atualize seu currículo, prepare um contrato, faça tarefas que envolvam empresas ou outras organizações grandes. Converse com uma pessoa mais velha. Analise o passado. Cumpra seu dever.
- **Lua em Aquário:** Socialize. Una-se a uma causa como voluntário. Compre um software, saia com amigos, assista a um filme independente, visite um planetário. Participe de um evento em grupo. Faça algo incomum.
- **Lua em Peixes:** Relaxe. Medite, tire uma soneca, tome um banho, ande à toa, ouça música, interprete seus sonhos. Tenha uma conversa íntima ou chore muito. Leia (ou escreva) um poema. Pinte. Nade. Olhe para o mar ou para as estrelas.

Acompanhando a Lua pelas Casas

Acompanhar a Lua pelas casas de seu mapa natal é outra maneira de acessar o poder que ela tem. Comece com seu Ascendente. Digamos que seja Leão, isto é, Leão está na cúspide de sua primeira casa. Então, quando a Lua está em Leão, ela está passando pela sua primeira casa. Quando muda para Virgem, ela entra em sua segunda casa. E por aí vai.

Em um dado momento, a Lua está em um signo do zodíaco e em uma casa de seu mapa. Se quiser bancar o detalhista, você pode descobrir exatamente quando a Lua atingirá o grau exato de cada cúspide da casa. Mas quem tem tempo para isso? Eu é que não. Sugiro que simplesmente observe o signo na cúspide de cada casa.

Quando a Lua entra nesse signo, é sua deixa para prestar atenção às questões dessa casa. Por exemplo:

» **Lua na primeira casa:** Faça algo para si mesmo. Corte o cabelo ou vá à manicure. Marque uma entrevista ou um encontro. Faça uma apresentação no trabalho. Sua visibilidade está alta, então, apresente-se com estilo. Você causará uma boa impressão.

» **Lua na segunda casa:** Mais segurança traz mais paz de espírito. Questões práticas ou financeiras exigem atenção. Pague as contas. Encontre-se com um consultor financeiro. Faça uma venda de quintal. Faça compras importantes. E se estiver envolvido com qualquer tipo de construção, mãos à obra.

» **Lua na terceira casa:** Sentindo-se inquieto? Vá dar uma volta. Vá à biblioteca. Reúna informações. Responda aos e-mails. Converse com vizinhos. Saia com seus irmãos e irmãs. Faça uma viagem curta. Esse posicionamento favorece a leitura, a escrita e qualquer coisa relacionada a ensino.

» **Lua na quarta casa:** Foque o lar, a família, seus pais, imóveis, o passado.

» **Lua na quinta casa:** Romance, lazer, atividades criativas e qualquer coisa que tenha a ver com crianças são favoráveis durante esses dias.

» **Lua na sexta casa:** Destaque para o trabalho, a saúde e a rotina da vida cotidiana. Limpe sua mesa. Organize os arquivos. Ponha em dia tudo o que deixou de lado. E mais, comece uma dieta. Vá à academia. Faça um checape. Cuide-se.

» **Lua na sétima casa:** Se você é casado, deixe suas necessidades de lado e foque seu companheiro. Se tem um parceiro de negócios ou lida com o público em geral, coloque sua atenção aí. Essa casa tem a ver com cooperação, mas também rege seus adversários. Quando a Lua está na sétima casa, outras pessoas estão no controle. Aja de acordo.

» **Lua na oitava casa:** Quando a Lua está no reino do sexo, morte, regeneração e dinheiro alheio, você pode ter um caso, roubar um banco, visitar um mortuário ou seu terapeuta, ou conversar com um amigo íntimo, talvez sobre suas atitudes compulsivas ou sentimento de dependência. O que quer que faça, a carga emocional tende a ser intensa. É a casa da transformação.

» **Lua na nona casa:** Tudo o que envolve publicação, ensino superior, religião ou justiça está avançando agora. Vá a uma palestra ou ao cinema. Planeje uma viagem para lugares distantes. Tem tudo a ver com expandir sua visão.

- **Lua na décima casa:** Destaque para carreira, assuntos da comunidade e sua imagem pública. Envie currículos. Faça um discurso. Esteja no mundo.
- **Lua na décima primeira casa:** Visite amigos que apoiam suas aspirações. Forme um grupo ou junte-se a um. Seja uma ONG ambiental ou um clube do livro no bairro, você tira proveito dessa associação.
- **Lua na décima segunda casa:** Recolha-se. Relaxe. Revigore-se com solidão e sono. Essa é a casa do inconsciente, mas também dos segredos e da autodestruição. Portanto, cuide-se, e não faça nada precipitado.

Extraindo o Máximo das Influências Lunares Momentâneas

A Lua atravessa o zodíaco com mais rapidez do que qualquer outro planeta, então, ficar preocupado com sua localização exata conforme ela vai passando de um signo para outro pode deixá-lo maluco. A maioria dos trânsitos da Lua não faz a menor diferença e pode ser ignorada sem medo. Mas alguns trânsitos lunares mensais oferecem oportunidades valiosas demais para perder.

LEMBRE-SE

Estas são as cinco principais influências mensais:

- **Lua no seu signo solar:** Seu poder pessoal está no auge. Você fica muito carismático durante esses dias, o que faz com que sejam um período ótimo para marcar reuniões importantes, primeiros encontros ou qualquer coisa que exija o máximo de você.
- **Lua no signo oposto a seu signo solar:** Seu poder pessoal está fraco. Você está a serviço dos interesses alheios e é provável que seus planos sejam sabotados ou interrompidos. Espere por interferências.
- **Lua no seu signo lunar:** Suas emoções fluem livremente, querendo ou não. Você está mais sensível e magoável do que o habitual, mas também mais sintonizado com sutilezas emocionais e motivações inconscientes. Ouça sua intuição.
- **Lado oculto da Lua:** No fim do ciclo lunar, a Lua fica tão perto do Sol que se torna invisível. Durante esse período de declínio, tentativas de lançar novos empreendimentos fracassam, e a falta de esperança costuma ser bem frequente. Em vez de ficar se esforçando em uma tentativa infrutífera de influenciar os acontecimentos, dê toques finais a tarefas que estão quase concluídas. Também durma muito, com a certeza de que a Lua nova significa um novo começo.
- **Lua Nova:** Faça pedidos, defina metas e comece novos projetos.

Por fim, há outro momento de influência lunar: o eclipse. Se já viu um, você sabe como ele pode ser estranho. Um eclipse solar, que acontece durante uma Lua Nova, transforma o dia em noite. Um eclipse lunar, que ocorre durante a Lua cheia, parece apagar a Lua do céu. Não é de admirar que povos antigos tenham narrado vários mitos sobre esses fenômenos.

LEMBRE-SE

Adeptos da astrologia também têm mitos; um deles é o de que os eclipses sempre trazem más notícias. Isso é totalmente falso. Mas as pessoas têm medo da mudança, e os eclipses são isso. Quando um eclipse, ou uma série deles, toca seu mapa, ele proporciona uma explosão de energia cósmica que pode abalar as coisas. Já vi eclipses acabarem em divórcios medonhos, e vi alguns trazendo o amor verdadeiro. Eclipses fecham algumas portas e abrem outras. Às vezes, não fazem quase nada... até mais tarde. Um eclipse pode ter efeito retardado.

Um bom calendário astrológico lhe dirá quando, e onde, esperar um eclipse. Observe sua localização de acordo com o signo, a casa e o grau exato. Quanto mais perto ele estiver de um planeta ou ângulo importante de seu mapa, mais provável que o afete. Porém, se essa mudança é um acontecimento externo ou uma reviravolta psicológica, é outra questão.

Fora de Curso? Estou Fora

Imagine o seguinte: a Lua entra em um signo — digamos que seja Touro — e começa a se conectar com os planetas. Ela faz conjunção com Júpiter à noite (uma visão esplêndida), um trígono com Vênus alguns minutos depois, uma quadratura com o Sol na manhã seguinte, uma oposição com Marte ao meio-dia, uma conjunção com Saturno durante o *Jornal Nacional*, então, um sextil com Mercúrio. Depois disso... nada: não há mais aspectos importantes. Algumas horas mais tarde, ela entra em Gêmeos, e o processo recomeça.

Esse intervalo entre o último aspecto importante da Lua em um signo e sua entrada no próximo pode ter de alguns segundos de duração até um dia todo, ou mais. Durante esse período, diz-se que a Lua está *fora de curso*. Se a palavra "fora" o deixa nervoso, você percebe o problema. Quando a Lua está fora de curso, as coisas caem por terra, e o senso de discernimento fica distorcido. Embora atividades comuns não sejam afetadas, acordos de negócios feitos durante esse período tendem a desmoronar, e as decisões, embora tomadas com precaução, podem se revelar equivocadas.

O conselho habitual durante a Lua fora de curso é evitar se jogar em qualquer coisa nova ou fazer algo importante, como entrevista de emprego ou se casar. Mas caia na real: você precisaria ser artificialmente vigilante para viver assim. A Lua fica fora de curso a cada dois dias, e ficar frequentemente preocupado com isso é loucura. Eu costumava rejeitar isso por completo. Então, certo dia um editor me ligou do nada, pediu que eu escrevesse um livro sobre o amor e solicitou uma reunião. Concordei com o horário sugerido, embora a Lua estivesse fora de curso. A reunião não poderia ter sido mais empolgante. Nós nos demos extremamente bem, combinamos em tudo e concordamos alegremente com os termos. Mas o projeto morreu. Teria feito diferença se eu tivesse agendado a reunião para outro horário? Talvez não. Entretanto, após essa decepção, comecei a prestar atenção na Lua fora de curso.

Ainda assim, na maior parte do tempo eu a ignoro. No entanto, quando estou agendando uma reunião importante, começando um projeto com o qual me importo ou saindo pela primeira vez com alguém que torço para virar um amigo, dou uma olhada no meu prático calendário e, se possível, evito o "fora".

> **NESTE CAPÍTULO**
>
> » Explicando o movimento retrógrado
>
> » Lutando com Mercúrio retrógrado
>
> » Lidando com Marte e Vênus em retrogradação
>
> » Considerando outros planetas retrógrados

Capítulo 18
Inferno Astral? A Verdade Revelada

É impressionante a quantidade de pessoas que não sabe fazer um mapa natal, não conhece os próprios signos Ascendentes, mal consegue dizer quais são seus signos solares e, ainda assim, entra em pânico com o movimento retrógrado de Mercúrio. Esses períodos supostamente sinistros, durante os quais o pequeno planeta aparenta andar para trás, acontecem com regularidade, três ou quatro vezes por ano. E, sim, com frequência eles inauguram uma torrente de pequenos mal-entendidos, irritações e rompimentos. Pior ainda, despertam uma avalanche de medo e ansiedade no coração dos fãs da astrologia em todos os lugares. Então, essa reação é necessária? Não, simples assim. Movimento retrógrado não é uma tragédia. Não é um desastre. Sequer é motivo para alarme. É uma pausa e uma dádiva do cosmos, mas apenas se você compreende o propósito dele e usa-o da maneira adequada. Neste capítulo, conto a você como encarar com calma e sensatez os planetas retrógrados.

A Retrogradação Revelada

Quando um planeta está *retrógrado*, ele aparenta estar caminhando para trás. Na verdade, os planetas sempre se movem para frente. Em períodos regulares, cada um deles (exceto o Sol e a Lua) parece se desacelerar, parar (ou estacionar) e traçar novamente seu caminho, arqueando para trás na mesma faixa do zodíaco pela qual acabou de passar. Durante semanas ou meses ao mesmo tempo (dependendo do planeta), ele nada contra a corrente planetária. Depois, ele se desacelera, para e retoma seu movimento para a frente. Ou, como dizem os astrólogos, ele *vai direto*.

Quando astrônomos antigos observaram essa dança complexa, inventaram todos os tipos de hipóteses para explicá-la. No século II a.C., por exemplo, astrônomos gregos teorizaram que os planetas retrógrados haviam se afastado de suas órbitas regulares e estavam girando ao redor delas em esferas esculpidas com o mais puro cristal. Mas agora sabemos: os planetas giram em torno do Sol em apenas uma direção, não importam as aparências. E não existe esse negócio de esferas de cristal.

LEMBRE-SE

O movimento retrógrado aparente dos planetas é apenas um fenômeno visual, um efeito colateral perturbador da geometria do Sistema Solar e das velocidades distintas dos planetas. Você pode vivenciar uma sensação semelhante em um trem. Se dois trens partem juntos da estação, mas o seu está se movendo mais rápido, o trem no trilho adjacente parece deslizar para trás. Esse movimento para trás, assim como o movimento retrógrado dos planetas, é uma ilusão de ótica.

Quando um planeta está retrógrado, ele está revisitando padrões antigos. Geralmente, sem consequências. Em geral, não há drama envolvido. Porém, quando um planeta fica retrógrado perto de um de seus planetas natais, ele o alerta para alguma coisa que você não sabia, ignorava, deveria ter feito diferente ou precisa refazer.

Tendo Sucesso ao Lidar com Mercúrio Retrógrado

Recentemente, um oftalmologista que estava tendo problemas com seu equipamento de diagnóstico de milhões de dólares pediu minha opinião profissional: ele estava passando por isso porque Marte estava retrógrado? Não, consegui dizer a ele. Marte não era o culpado; é Mercúrio. A pergunta não me surpreendeu (embora a fonte da pergunta, sim) porque ouço isso o tempo todo de pessoas que perderam a paciência após sofrerem por conta de uma enxurrada de pequenas frustrações. A afronta final pode ser um colapso no Wi-Fi, uma mensagem ou um ônibus perdido, um compromisso cancelado, um cadarço desamarrado ou 27 minutos esperando em uma ligação telefônica seguidos por uma central de ajuda que não ajuda. Quando essas irritações se acumulam, mesmo os antiastrologia de carteirinha se perguntam se Mercúrio retrógrado pode explicar suas aflições.

Com frequência, pode. O minúsculo Mercúrio, o príncipe das comunicações, fica "retrógrado" a cada quatro meses por três semanas a fio. Durante esses interlúdios irritantes, especialmente no começo e no fim, você pode esperar acidentes e aborrecimentos menores. Quando Mercúrio está retrógrado, aparelhos "dão ruim", meios de transporte demoram demais para andar e a palavra da vez é "defeito".

Aproveitando ao máximo

Não posso afirmar que sei por que essas coisas doidas acontecem quando Mercúrio está retrógrado. A meu ver, a astrologia é um sistema metafórico, uma linguagem simbólica que reflete nossas vidas do mesmo jeito como a água reflete o céu. Portanto, embora os planetas nunca possam andar para trás de verdade, suas rotações aparentes refletem nossas reações e experiências.

LEMBRE-SE

Quando Mercúrio está retrógrado, a proposta é o recolhimento, o encontro cancelado, a xícara de chá quebrada. Os aborrecimentos são inúmeros. No entanto, apesar do que você pode ter ouvido falar, Mercúrio retrógrado não é uma força do mal que está vindo pegá-lo. É uma tarde chuvosa, não um furacão; um voo atrasado, não uma colisão em pleno ar. Ele o estimula a desacelerar (porque o Wi-Fi não está funcionando), se adaptar (porque a situação não era o que você pensava), verificar coisas que geralmente você deixa passar (porque sua encomenda deveria ter chegado agora), esperar (porque não tem escolha). Ele o incita a ver as coisas como são e a ser flexível. Também proporciona o que a maioria de nós precisa desesperadamente: uma pausa e uma chance de juntar os cacos.

Veja como lidar com isso.

Primeiro, prepare-se. Antes que o período de retrogradação comece, você pode pagar os boletos, terminar aquele projeto no trabalho, deixar tudo pronto. Se há alguma pendência importante, tente finalizá-la antes do período de retrogradação começar ou deixe-a para depois dele. Se nada disso for possível, paciência. Mercúrio retrógrado nunca arruinou a vida de ninguém.

Ainda assim, há algumas precauções. Quando Mercúrio estiver retrógrado, *não*:

- » Lance um projeto importante.
- » Abra um negócio.

- » Se case, a menos que seja a segunda vez com a mesma pessoa.
- » Adquira um computador, um smartphone ou qualquer outro aparelho eletrônico.
- » Compre um carro, um barco, um avião, uma moto elétrica.
- » Adquira uma casa.
- » Se mude.
- » Comece em um emprego (a menos que não haja escolha).
- » Assine um contrato.
- » Espere que as coisas corram bem.
- » Tente brigar com o destino. Forçar que as coisas aconteçam quando você quer só gera mais confusão no futuro.

DICA

Para tirar o máximo proveito de Mercúrio retrógrado, pense nele como uma coisa positiva, uma chance de sair do lugar. Você recebeu uma folga. Tudo o que precisa fazer é:

- » Rever.
- » Revisar (Mercúrio retrógrado é indispensável para escritores).
- » Reconsiderar.
- » Mudar de ideia.
- » Revisitar o passado.
- » Refazer algo.
- » Lembrar-se de fazer backup.
- » Confirmar suas reservas.
- » Verificar os fatos.
- » Fazer consertos.
- » Reorganizar.
- » Livrar-se da ansiedade.
- » Relaxar.
- » Verificar se o celular está funcionando, mas não conte com ele para entretê-lo. Ele pode ter seus próprios problemas.
- » Levar um livro ou uma revista. Quando Mercúrio está retrógrado, as chances de você ter que esperar aumentam exponencialmente.

Revelando o ritmo da retrogradação

Mercúrio fica retrógrado a cada quatro meses, durante cerca de três semanas a cada vez. Os primeiros dias tendem a ser os mais perturbadores, seguidos pelos últimos dois dias. Embora a retrogradação desse planeta afete todo mundo, cada ciclo é diferente. Às vezes, você mal repara. Outras, Mercúrio gera uma montanha tão grande de atrasos e aborrecimentos que você não consegue deixar de notar sua influência funesta. O que faz a diferença? A posição, a posição, a posição.

Você fica mais vulnerável ao Mercúrio retrógrado quando ele está situado perto de um planeta de seu mapa. Se Mercúrio estiver passando por Áries e você tem Sol, Lua, Mercúrio ou o Ascendente nesse signo, sentirá a lentidão. Se Mercúrio começa ou termina sua retrogradação em um grau ou dois de um planeta ou em um ângulo em seu mapa natal, é ainda mais provável que você sinta os efeitos irritantes.

A Tabela 18-1 mostra quando (e onde) Mercúrio fica retrógrado a partir do primeiro dia de 2020 até o último dia de 2032. As datas de cada período de retrogradação correspondem aos graus do zodíaco listados na coluna "Posição".

Por exemplo, você pode ver que em 2020 Mercúrio está retrógrado de 17 de fevereiro até 10 de março. Durante esse período, ele gira para trás a partir de 12° em Peixes, sua posição no dia 17, até 28° em Aquário, sua posição no dia 10 de março. Depois, vai direto. Ele retraça sua trajetória e se move para frente. Meses se passam. Então, no dia 18 de junho de 2020, ele fica retrógrado de novo, dessa vez a 14° em Câncer. Isso acontece três vezes por ano. Faz parte do ritmo de nossas vidas.

TABELA 18-1   Mercúrio Retrógrado

Ano	Datas	Posição
2020	17 fev–10 mar	12° em Peixes–28° em Aquário
	18 jun–12 jul	14° em Câncer–5° em Câncer
	14 out–3 nov	11° em Escorpião–25° em Libra
2021	30 jan–21 fev	26° em Aquário–11° em Aquário
	29 mai–22 jun	24° em Gêmeos–16° em Gêmeos
	27 set–18 out	25° em Libra–10° em Libra
2022	14 jan–4 fev	10° em Aquário–24° em Capricórnio
	10 mai–3 jun	4° em Gêmeos–26° em Touro
	10 set–2 out	8° em Libra–24° em Virgem
2022–2023	29 dez 2022–18 jan 2023	24° em Capricórnio–8° em Capricórnio
2023	21 abr–15 mai	15° em Touro–5° em Touro
	23 ago–15 set	21° em Virgem–8° em Virgem
2023–2024	13 dez 2023–2 jan 2024	8° em Capricórnio–22° em Sagitário

(continua)

(continuação)

Ano	Datas	Posição
2024	1º abr–25 abr	25º em Áries–15º em Áries
	5 ago–28 ago	4º em Virgem–21º em Libra
	26 nov–15 dez	22º em Sagitário–6º em Sagitário
2025	15 mar–7 abr	9º em Áries–26º em Peixes
	18 jul–11 ago	15º em Áries–4º em Leão
	9 nov–29 nov	6º em Sagitário–20º em Escorpião
2026	26 fev–20 mar	22º em Peixes–8º em Peixes
	29 jun–23 jul	26º em Câncer–16º em Câncer
	24 out–13 nov	20º em Escorpião–5º em Escorpião
2027	9 fev–3 mar	5º em Peixes–20º em Aquário
	10 jul–4 jul	6º em Câncer–27º em Gêmeos
	7 out–28 out	4º em Escorpião–19º em Libra
2028	24 jan–14 fev	19º em Aquário–3º em Aquário
	21 maio–14 jun	16º em Gêmeos–7º em Gêmeos
	19 set–11 out	18º em Libra–3º em Libra
2029	7 jan–27 jan	3º em Aquário–17º em Capricórnio
	1º mai–25 mai	26º em Touro–17º em Touro
	2 set–25 set	1º em Libra–17º em Virgem
2029–2030	22 dez 2029–11 jan 2030	17º em Capricórnio–1º em Capricórnio
2030	13 abr–6 mai	7º em Touro–27º em Áries
	16 ago–8 set	14º em Virgem–1º em Virgem
	6 dez–25 dez	1º em Capricórnio–15º em Sagitário
2031	26 mai–18 abr	19º em Áries–7º em Áries
	29 jul–22 ago	26º em Leão–14º em Leão
	19 nov–9 dez	16º em Sagitário–29º em Escorpião
2032	7 mar–30 mar	2º em Áries–19º em Peixes
	10 jul–3 ago	7º em Leão–26º em Câncer
	2 nov–22 nov	0º em Sagitário–14º em Escorpião

Essa tabela diz muita coisa sobre os ciclos de retrogradação nesses anos. Mas há uma parte do ciclo que foi omitida aqui. Não é a mais importante, mas também não é insignificante. É a sombra.

A sombra decodificada da retrogradação

Algumas pessoas sentem o efeito da retrogradação durante alguns dias depois que ela começou ou após seu término. Se isso acontece com você — se a retrogradação não começa até quinta-feira, e hoje é terça e você já quebrou a tela do celular e, sem querer, deu bolo em um amigo —, bem-vindo à sombra. Para ver sua atuação, considere o primeiro período retrógrado de 2020.

No dia 17 de fevereiro desse ano, Mercúrio fica retrógrado a 12° em Peixes. Ele continua se movendo para trás até atingir 28° em Aquário no dia 10 de março. Esse é o temível período retrógrado.

Mas na verdade, quando Mercúrio entra em retrogradação, ele passa pela mesma parte do zodíaco três vezes.

> No dia 2 de fevereiro, Mercúrio atinge 28° em Aquário e continua do mesmo jeito até chegar a 12° em Peixes no dia 17 de fevereiro. É a pré-sombra.

> No dia 17 de fevereiro, Mercúrio fica retrógrado a 12° em Peixes. Ele fica aí por cerca de três semanas, atingindo 28° em Aquário no dia 10 de março. É o tradicional período retrógrado.

> No dia 10 de março, Mercúrio fica direto a 28° em Aquário. Ele volta a 12° em Peixes no dia 31 de março, sua terceira volta nessa faixa do céu. É a pós-sombra.

O que fazer? Muitos astrólogos sugerem cautela durante os períodos de sombra. Nada contra cautela. Pelo contrário. Se você está fazendo algo monumental — comprando uma casa, assinando um contrato, lançando sua campanha para a presidência —, vale a pena ser cauteloso. Se quiser estender o período retrógrado por alguns dias, faça isso.

Mas observe: assim que você soma todos os períodos de sombra, qualquer período retrógrado tem um acréscimo de três semanas a dois meses. É muito tempo. De qualquer modo, preste atenção à retrogradação de Mercúrio. Mas, por favor, não permita que ela tome conta de sua vida. E não deixe a sombra assustá-lo.

Em Busca da Vênus Retrógrada

Na astrologia mesoamericana, Vênus dominava. Os astecas e os maias anotavam com cuidado quando ela surgia e desaparecia, sua chegada como estrela matutina e estrela vespertina, seus desaparecimentos regulares e intervalos de movimento retrógrado, que ocorrem a cada ano e meio por cerca de seis semanas. Astrólogos astecas acreditavam que essas semanas retrógradas eram perigosas, sobretudo na esfera política. Os de hoje geralmente consideram a retrogradação de Vênus como um período de incerteza, distração, mal-entendido, passividade e desejos não realizados em duas áreas: romance e finanças.

Parece ruim, eu sei. Mas, em geral, os efeitos são sutis. E se por acaso sua vida amorosa não tem nada de espetacular, quando ela existe, a Vênus retrógrada lhe permite esquecer isso por algum tempo e pensar em outros assuntos. Que alívio.

A retrogradação de Vênus também pode promover repetições, trazer de volta um acordo financeiro ou um romance antigo; nesse caso, você poderia ficar em maus lençóis. O movimento retrógrado sempre vem com um lembrete: aproveite, mas não cometa o mesmo erro duas vezes.

Aqui estão três conselhos à prova de bala:

» Não se case quando Vênus estiver em retrogradação (a menos que você e seu pretendente tenham Vênus retrógrada no mapa natal).
» Não assuma compromissos financeiros quando Vênus estiver retrógrada. Não faça empréstimo, não assine um financiamento, não coloque as economias de uma vida toda em uma oportunidade de investimento garantido nem compre obras de arte, pedras preciosas, roupas de alta-costura ou qualquer coisa associada a Vênus que não sejam flores e chocolate.
» Não faça cirurgia estética quando Vênus estiver retrógrada.

A Tabela 18-2 diz quando (e onde) Vênus está retrógrada de 2020 a 2032. Durante os anos não listados, Vênus permanece direta.

TABELA 18-2   Vênus Retrógrada

Ano	Datas	Posição
2020	13 mai–25 jun	21° em Gêmeos–5° em Gêmeos
2021–2022	19 dez 2021–29 jan 2022	26° em Capricórnio–11° em Capricórnio
2023	23 jul– 4 set	28° em Leão–12° em Leão
2025	2 mar–13 abr	10° em Áries–24° em Peixes
2026	3 out–14 nov	8° em Escorpião–22° em Libra
2028	10 mai–22 jun	19° em Gêmeos–3° em Gêmeos
2029–2030	16 dez 2029–26 jan 2030	24° em Capricórnio–8° em Capricórnio
2031	20 jul–1° set	26° em Leão–10° em Leão

De Olho em Marte Retrógrado

Adoro Marte, o planeta vermelho. Facilmente detectável no céu por conta de seu tom rosa-pálido, estimulando-nos à atividade e nos impelindo a tomar a iniciativa, Marte é empreendedor, dinâmico, determinado e dominador. Ele nos dá coragem e impulso, aumenta nossa energia e desperta o desejo sexual, ainda que também desperte raiva e hostilidade. Sem tirar nem pôr, Marte é o planeta da guerra. Mas, sem ele, nada nunca seria feito.

Além disso, gosto de pensar que tanto no meu mapa como no seu a energia de Marte pode ser canalizada para rumos positivos. No mínimo, ela se desenvolve na atividade física; não estou falando de ioga, embora a postura do guerreiro talvez seja o melhor exercício marcial já inventado. Marte prefere kickboxing, levantamento de peso ou artes marciais. Sejamos francos: Marte quer lutar. Esse impulso, que existe em todos nós, precisa ser reconhecido.

Porém, quando Marte está retrógrado, a energia dele se desvia. Tomar atitude passa a ser mais difícil que o esperado. Bloqueios começam a pipocar, e o ímpeto e a assertividade associados ao planeta guerreiro são descartados. Então, o progresso se desacelera, inclusive na atividade física, e tomar a ofensiva — ou tentar — pode levar a consequências inesperadas.

O agressivo Marte fica retrógrado a cada 22 meses durante cerca de 11 semanas. Durante esses períodos, a regra de ouro é simples: não inicie uma cruzada ou uma guerra, no sentido próprio ou figurado.

A Tabela 18-3 diz quando (e onde) Marte fica retrógrado de 2020 a 2031. Ele não entra em retrogradação nos anos não incluídos na lista.

TABELA 18-3 Marte Retrógrado

Ano	Datas	Posição
2020	9 set–14 nov	28° em Áries–15° em Áries
2022	30 out–31 dez	25° em Gêmeos–9° em Gêmeos
2023	1° jan–12 jan	9° em Gêmeos–8° em Gêmeos
2024	6 dez–31 dez	6° em Leão–1° em Leão
2025	1° jan–24 fev	1° em Leão–17° em Câncer
2027	20 jan–1° abr	10° em Virgem–20° em Leão
2029	14 fev–5 mai	13° em Libra–24° em Virgem
2031	29 mar–13 jun	24° em Escorpião–4° em Escorpião

Os Outros Planetas

De Marte em diante, os planetas ficam retrógrados por meses a fio, e tudo fica sem importância em termos individuais. Na maioria das vezes, não há motivos para ficar desorientado com a retrogradação de planetas além de Marte.

Entretanto, há duas situações em que é bom saber o que os planetas estão aprontando. Recomendo ficar atento ao movimento retrógrado dos planetas exteriores sob estas circunstâncias:

» **Quando cinco ou seis planetas estão retrógrados ao mesmo tempo.** Quando isso ocorre, e às vezes de fato acontece, as coisas se desaceleram. Elas não param de uma vez, mas avançam lentamente a passos de tartaruga.

» **Quando um planeta fica retrógrado ou direto bem no topo do (ou oposto a) seu planeta natal.** Por exemplo, se Saturno (ou qualquer outro planeta) fica retrógrado a 13° em Aquário e você tem um planeta bem aí, pode esperar que sofrerá as consequências. Um problema do passado, um antigo adversário ou uma situação que você pensava estar totalmente finalizada pode reaparecer. Você terá que lutar contra as mesmas questões tudo de novo. Sua melhor e única jogada, seguindo o exemplo de Saturno, é encarar a realidade.

MERCÚRIO, VÊNUS E MARTE RETRÓGRADOS NO MAPA NATAL

Anos atrás, eu tinha a falsa apreensão de que quando um planeta está retrógrado, sua energia se enfraquece. Mudei de opinião quando notei que algumas das pessoas mais inteligentes e eloquentes que conheço têm Mercúrio retrógrado nos próprios mapas, como alguns de meus escritores favoritos — ícones como Margaret Atwood, Robert Frost, Gabriel Garcia Marquez, Henry Miller, Philip Roth, Dylan Thomas, J. R. R. Tolkien e Jorge Luis Borges. Ficou claro que Mercúrio retrógrado em um mapa natal não anula a habilidade da comunicação. Em vez disso, ele torna seu intelecto adaptável, aprofunda-o, gera muita preocupação com o que exatamente você está querendo comunicar e faz de você um pensador mais independente. Meu palpite é que escritores com Mercúrio retrógrado passam mais tempo ruminando e revisando as coisas do que outros.

Se você tem Vênus retrógrada no mapa natal, talvez seja tímido, inseguro e tenha receio de expressar afeto, sobretudo em relação a parceiros em potencial. Namorar não é brincadeira de criança para você, por mais que queira. É complexo e problemático, um assunto para séria reflexão, e, como consequência, você pode ficar pisando em ovos em situações românticas. Mas nada de desespero. Vênus retrógrada não anula o romance. Ele só o deixa lento. Exemplo: Catherine, duquesa de Cambridge, antes conhecida como Kate Middleton. Antes de se casar, ela namorou o príncipe William por sete anos, com pelo menos um rompimento importante nesse período.

Marte retrógrado reprime sua agressividade, competitividade, ódio e raiva. Mas, na verdade, essas coisas não podem ser contidas. Elas buscam uma válvula de escape. Se você nasceu com Marte retrógrado, em algum momento será forçado a reconhecer sua raiva e focá-la de maneira construtiva. Algumas pessoas com Marte retrógrado — veio à mente Lizzie Borden — nunca descobrem como fazer isso. Outras conseguem com louvor. Esta pequena lista de guerreiros de primeira classe com Marte retrógrado fala por si mesma: Franklin Delano Roosevelt, Benjamin Disraeli, Billie Jean King, Theresa May, Bernie Sanders e Martin Luther King Jr.

NESTE CAPÍTULO

» Celebrando os dons criativos de cada signo do zodíaco

» Encontrando criatividade em todos os mapas

Capítulo **19**

Criatividade: Está Escrito nas Estrelas

Ninguém duvida da criatividade de um pintor, escultor, romancista, compositor, coreógrafo, diretor ou estilista. Pessoas que trabalham com arte são criativas por excelência. Seria possível dizer que elas foram abençoadas. Mas a criatividade não é uma coroa adornada concedida aos suficientemente sortudos para arranjar trabalhos criativos, e não é um extra fútil para uma vida comum em outros aspectos. Ela é tão fundamental como o amor e faz parte de todos os signos do zodíaco na mesma medida. Se você tem ânsia por se expressar de maneiras criativas, veio ao lugar certo.

Este capítulo começa com uma excursão pelo zodíaco, de acordo com a criatividade de cada signo, e continua com um mergulho na criatividade conforme os planetas, as casas e os aspectos. Você acha que não é criativo? Pense de novo.

Circulando pelo Zodíaco

Assim como todos os signos possuem uma composição psíquica, todos eles têm uma postura relacionada a assuntos criativos. Não tem nada a ver com uma arte específica. Afinal, Touro pode ser o signo mais associado à música, mas existem músicos de todos os signos. Gêmeos pode ser o signo mais associado à escrita, mas em todos os dias do ano (e, talvez, em todas as horas do dia) há nascimentos de escritores. E Leão pode ser o signo que mais precisa de aplausos, mas Globos de Ouro são concedidos com regularidade a todos os tipos de pessoas que não nasceram em julho ou agosto. A verdade é que a arte pertence a todos nós. A abordagem, no entanto, varia de signo para signo. Cada um tem os próprios obstáculos para contornar e o próprio estilo criativo.

DICA

Para identificar sua postura em relação à criatividade, leia seu signo solar e o Ascendente. Talvez observe contradições, mas ambos os signos fazem parte de quem você é. Leia os dois.

Áries

Como o primeiro signo do zodíaco, Áries é o equivalente astrológico do Big Bang, e não dá para ser mais criativo que isso. Áries é ousado, impaciente, decidido, um toque de vermelho-vivo em um mundo de neutros sóbrios. Tendo Marte, o planeta da guerra, como seu regente, você tira proveito ao se jogar na batalha criativa e colocar suas ideias em ação sem ficar aflito demais com um planejamento antecipado. Apenas siga em frente. Você é cheio de ideias, incrivelmente produtivo e animado para testar coisas novas. No auge dos auges, é um guerreiro criativo irrefreável.

Mas quem entre nós é ilimitado? Obstáculos acontecem. Entraves são reais. E também os sentimentos de raiva e frustração que brotam em você ao não conseguir tirar um projeto do papel. Quando consegue, fica cheio de entusiasmo e feliz em trabalhar no horário comercial. Porém, se surge um problema ou as coisas não avançam com tanta rapidez como imaginava, sua energia esmorece e você começa a duvidar de si mesmo. Projetos grandes com lentidões inevitáveis são, sobretudo, intimidadores.

É por isso que, para você, é vantajoso escolher projetos curtos ou dividir um grande em partes menores, digeríveis. Até uma pequena descarga de atividade criativa entre as responsabilidades fará seu projeto prosseguir, um pouco de cada vez — *Palavra por Palavra*, conforme explica a escritora ariana Anne Lamott em seu livro com esse título.

Seu trabalho é pôr lenha na fogueira, sabendo que, como signo cardinal de fogo, você detém muita energia e criatividade. Além disso, diz Maya Angelou, escritora ariana de *Eu Sei Por Que o Pássaro Canta na Gaiola*: "Não é possível esgotar a criatividade. Quanto mais se usa, mais se tem."

ARIANOS CRIATIVOS

- Quentin Tarantino
- Francis Ford Coppola
- Aretha Franklin
- Johann Sebastian Bach
- William Wordsworth
- Vincent Van Gogh
- Yayoi Kusama (cujas obras-primas loucas, cheias de pontos e bolas, fizeram dela uma das artistas mais reverenciadas do Japão)

Touro

A imagem do touro Ferdinando, personagem de livros infantis que gostava de cheirar as flores, capta seu lado amoroso de ser. Regido por Vênus, planeta da arte e da beleza, Touro possui muitos talentos, sem falar na habilidade de aproveitar a vida. Os que nasceram sob sua influência são criaturas dos sentidos, que adoram arte, música e tudo o que se relaciona com objetos, inclusive o desejo de fabricá--los. Entre as áreas que se alinham com suas habilidades estão pintura, escultura, desenho, fotografia, cerâmica, marcenaria, arte em tecido e todas as outras formas de expressão que contenham um elemento físico. Touro encontra satisfação em projetos com uma dimensão concreta. Arquitetos taurinos como I. M. Pei e Walter Gropius são exemplos dessa característica.

Mas a arte pela qual Touro é mais famoso é a música. Touro rege a garganta e com frequência garante a seus nativos a habilidade de cantar. Se essa é sua habilidade ou interesse particular, descobrir um jeito de tocar com outras pessoas é fundamental.

O problema é que, para você, não é fácil tomar a iniciativa. Como Ferdinando, você tem uma queda pela preguiça. Começar uma banda, ou um romance, é mais fácil de falar do que fazer. Correr em direção ao desconhecido, do jeito que um ariano pioneiro faria, não é sua praia. Você prefere não pegar a estrada que ainda não pegaram — ao menos, não até refletir a respeito. Então, recua. Como consequência, tudo exige tempo, em especial um projeto criativo que pode estar sem apoio externo. Para Touro, o primeiro passo é o mais difícil. Porém, uma vez que se compromete, é capaz de trabalhar até o fim, com serenidade, firmeza e determinação. Você também não perde a coragem diante de projetos ambiciosos. Você dá conta de fazê-los. É claro, isso não acontece da noite para o dia. Mas é o que dizem sobre ser lento e firme; é o taurino em seu melhor.

Embora Touro seja famoso por sua natureza sensual e materialidade, vale a pena lembrar que alguns dos pensadores mais criativos que o mundo conheceu, portadores de ideias grandiosas e abstratas, nasceram sob o signo de Touro. Sigmund Freud, Karl Marx: eles mudaram o mundo.

> **TAURINOS CRIATIVOS**
>
> - Martha Graham
> - James Brown
> - Lizzo
> - William Shakespeare
> - Leonardo Da Vinci
> - Honoré de Balzac
> - Sofia Coppola
> - Duke Ellington
> - Charlotte Bronte
> - Keith Haring

Gêmeos

Seria falso — mas desde quando isso já deteve um geminiano? — afirmar que todas as pessoas do signo de Gêmeos são dicionários ambulantes sagazes, cheias de curiosidade e nervosismo. É claro que há exceções. Ainda assim, a maioria dos geminianos é inteligente, bem informada, inquieta, versátil, tagarela e divertida. Você tem interesses mil, e várias atividades possíveis o atraem. Você odeia se limitar. Lidar com dois projetos de uma vez — um pesadelo para algumas pessoas — é seu ideal. O ambiente criativo certo para você incentiva a escolha.

Como todos os signos, Gêmeos tem sua quota de músicos talentosos (Prince), artistas (Mary Cassatt), comediantes (Amy Schumer) e outros. Mas Gêmeos é regido por Mercúrio, o planeta da comunicação e, antes de mais nada, está associado à escrita, de não ficção, como Rachel Carson; poesia, como Allen Ginsberg; canções, como Bob Dylan e Kanye West; ficção, como Salman Rushdie; ou tudo e mais um pouco, como Joyce Carol Oates. A escrita é uma área em que a habilidade geminiana de contar lorotas está voltada para um propósito nobre.

E é de propósito que você precisa, já que os geminianos podem facilmente andar sem rumo. Incansável e distraído, Gêmeos concebe vários projetos, mas finaliza apenas uma parte deles. Focar um projeto, mesmo quando é algo com que se importa, é um desafio e, no entanto, você se sente péssimo quando não termina algo que começou. A única maneira de contornar é passando por isso. Como Áries, você precisa identificar projetos que pode terminar com rapidez antes de se distrair. Para você, é vantajoso escrever capítulos curtos, trabalhar durante picos temporários de atividade e descobrir um modo de silenciar, ainda que temporariamente, o falatório mental. Meditar é uma maneira de fazer isso; escrever é outra. Mesmo que sua atividade principal não seja literária, escrever o auxilia a processar os pensamentos e o ajuda a planejar. Faça disso uma prática diária.

GEMINIANOS CRIATIVOS

- Frank Lloyd Wright
- Anne Frank
- Paul McCartney
- Ellsworth Kelly
- Miles Davis
- Laurie Anderson
- William Butler Yeats
- Louise Erdrich

Câncer

Se está procurando por vida doméstica, você veio ao signo certo, embora talvez não ache essa característica minimamente parecida com a maneira como imaginou. Hunter S. Thompson, o aventureiro do jornalismo "gonzo", era um canceriano que se refugiou em 1968 em um "complexo fortificado" — uma propriedade chamada Owl Farm ["Fazenda da Coruja", em tradução livre], cheia de livros e munições — e viveu lá durante o resto da vida. Sua vida doméstica era real, ainda que atípica. Sua escrita criativa também era atípica. Era aventureira e extravagante. Câncer também inclui essas possibilidades.

Como signo de água, Câncer é sensível, tímido e profundamente emotivo. Mas o canceriano pode ficar tão envolvido em cuidar das necessidades alheias que as próprias não são atendidas. Entre elas está a necessidade de mergulhar em um projeto criativo que seja envolvente, significativo e emocionalmente rico.

Como signo cardinal, você é capaz de começar um projeto tomando a iniciativa, apesar da sua insegurança. Também consegue descobrir ou inventar um projeto que toque seu coração. Um jeito de fazer isso é vasculhar o passado. Lembranças pessoais proporcionam um ponto de partida natural, mas revolver o passado pode ser doloroso; ainda assim, conforme muitos artistas e escritores descobriram, experiências tristes com frequência rendem um material excelente. O passado histórico oferece outro caminho para a criatividade. Ele pode ser uma fonte fértil de inspiração e verdade emocional.

Quando se identifica com um projeto, você se joga de cabeça. O trabalho criativo pode ser uma cura no seu caso. Mas também pode atiçar seus medos, que são consideráveis, entre eles o medo de não finalizar o trabalho criativo que morre de vontade de fazer. Para sair da esteira do medo e da fuga, é útil buscar apoio de um amigo incentivador ou de um mentor com quem compartilhar vitórias e derrotas. Vá a um workshop, um grupo de apoio, uma aula, qualquer lugar onde possa encontrar pessoas mais ou menos afins. E leia *The Creative Habit: Learn It and Use It for Life* ["O Hábito Criativo: Aprenda-o e Use-o a Vida Toda", em tradução livre], de Twyla Tharp, a grande dançarina e coreógrafa canceriana. Ela sabe do que está falando.

CANCERIANOS CRIATIVOS

- David Hockney
- Vera Wang
- Rembrandt van Rijn
- Marcel Proust
- Gustave Mahler
- Frida Kahlo
- Ingmar Bergman
- Franz Kafka

Leão

Não há mundo igual ao mundo do espetáculo, sobretudo se você é de Leão, o signo da criatividade por natureza. Dotados de personalidade sociável e paixão pelos holofotes, os leoninos são artistas natos. Mesmo aqueles que não têm a presença radiante de, digamos, Jennifer Lopez, Jennifer Lawrence ou Barack Obama, ou os que fingem não sentir nada além de desprezo pelo desejo de reconhecimento almejam ser aplaudidos de pé de vez em quando. Porém, embora possam aparentar segurança, sua autoconfiança não é tão sólida como parece. Por baixo de sua fachada elegante, Leão tem um ego fragilizado.

Um problema é que a criatividade é um jogo incerto. Você não sabe quais serão os resultados de seu empenho. É possível que fracasse em se destacar. Esse pensamento pode até mesmo impedi-lo de correr atrás de um hobby artístico. Já vi isso acontecer. Durante anos, minha vizinha leonina não demonstrou nem um pingo de interesse em fazer arte, embora gostasse de frequentar galerias. Ela sabia que não tinha talento algum. Então, para quê se incomodar? Então, alguém (não fui eu) a inscreveu em uma aula de arte. Agora, a cozinha dela é um estúdio de pintura com cheiro de aguarrás, e há quadros a óleo encostados pela casa toda. Eles são bons. Se não fossem, não estariam à mostra.

O que a fez superar a hesitação? Há algo que o leonino deseja mais que o aplauso. Ele quer atuar, de preferência na companhia dos outros. Qualquer coisa relacionada à arte — uma aula de improvisação, um teatro comunitário — pode satisfazer esse desejo. Ou entrar em uma aula de desenho, um grupo de dramaturgia, um workshop de fabricação de joias. E traga a diversão com você; essa é a tarefa de Leão. Transformar o trabalho em brincadeira reduz os riscos e libera sua criatividade.

Por fim, lembre-se das palavras da escritora leonina imortal J.K. Rowling, autora dos romances da série *Harry Potter*: "Tudo é possível se você tiver coragem." É claro que você tem.

> **LEONINOS CRIATIVOS**
>
> - Emily Bronte
> - Alfred Hitchcock
> - Herman Melville
> - Robert DeNiro
> - Claude Debussy
> - Greta Gerwig
> - Beatrix Potter
> - James Baldwin

Virgem

Em círculos de astrologia, muito se fala sobre a capacidade virginiana de criticar e a queda para o perfeccionismo. Não se fala muito sobre os talentos criativos de Virgem, que são afinados, aprimorados e intelectuais. Pense no *Frankenstein*, de Mary Shelley, que dá vida a uma ideia que ainda estamos debatendo; nos murais geométricos de Sol LeWitt, que você pode adquirir como um conjunto de instruções bem exatas do tipo "faça você mesmo"; ou nas obras do compositor conceitual John Cage, cuja famosa peça, *4'33"*, orienta os músicos a não tocarem seus instrumentos durante quatro minutos e 33 segundos; é só eles ficarem sentados em silêncio. A arte virginiana faz você pensar.

O controle de Virgem sobre o processo e os detalhes também lhe permite extrair prazer da arte em cerâmica, tecelagem, tricô ou trabalhos com vidro, que no passado era uma forma de fazer taças e vasos, e, hoje, é uma arte maior graças ao trabalho impressionante do vidreiro Dale Chihuly, cuja conjunção Sol/Lua/Netuno em Virgem transformou artesanato em arte (e, no processo, eliminou essa falsa distinção).

A arte de Virgem é cativante. É impossível desviar o olhar dos movimentos de dança flexíveis e angulares de Michael Jackson. É impossível largar um romance de Stephen King (mesmo que *queira*, falando por mim mesma). Os padrões artísticos virginianos são altos.

E é aí que mora o problema. Os obstáculos que você enfrenta incluem padrões inatingíveis e altos, seu desconforto com a ambiguidade e uma tempestade de emoções reprimidas revolvendo em sua pisque. Para Virgem, o desafio é trabalhar apesar de tudo isso. As curas usuais — respirar fundo, chá de camomila, terapia — se aplicam. Porém, se não funcionarem, você precisa continuar tentando mesmo assim. Virgem tem a capacidade para conceber um projeto criativo, lidar com ele de maneira metódica e cronometrada, e finalizá-lo no prazo. Definir cronogramas não funciona com outros signos, mas com Virgem, sim. E não preciso dizer que é útil ter um lugar limpo e bem iluminado onde criar. Para Virgem, isso é fundamental.

VIRGINIANOS CRIATIVOS

- George R. R. Martin
- Jorge Luis Borges
- Leonard Cohen
- Hildegard of Bingen
- Romare Bearden
- Leo Tolstoy
- Ava DuVernay
- Elvis Costello

Mas e se não for a hora certa? E se você não conseguir superar a ansiedade, os padrões ou as múltiplas responsabilidades? Você não quer que anos se passem sem que escreva um poema ou modele um pote. É preciso fazer algo. Uma possibilidade é carregar consigo um bloquinho de rascunho ou caderno e preenchê-lo. Não importa o quanto seus esboços ou poemas pareçam tolos ou inconsequentes. Você precisa fazê-los de qualquer forma. Pense nisso como uma prática diária. Mantenha a chama acesa.

Libra

Com o planeta da arte e da beleza como seu regente (Vênus), não é de surpreender que você tenha sensibilidade refinada, afinidade pelas artes, muitos talentos e um desejo de fazer algo belo. Para começar, você vê beleza em qualquer lugar. Como consumidor culto de artes, aprecia seus elementos: forma, harmonia, técnica e equilíbrio, a virtude libriana por excelência. Mas encontrar esse equilíbrio para si mesmo não é fácil.

Há duas pedras no caminho entre você e a vida criativa e produtiva que imagina. Primeiro, por mais que deseje ser de outra forma, sua energia não é infinita. Então, precisa usá-la com critério, acrescentando atividades criativas em sua agenda sem se sobrecarregar. Você também precisa relaxar, e deveria fazer isso sem culpa. O descanso é parte de uma vida bem equilibrada, e não algo que você possa deixar de lado.

Segundo, ser criativo significa tomar decisões. Porém, apesar de seu intelecto poderoso, mesmo um mero sim ou não pode desacelerar seu impulso, e ter que fazer uma escolha entre dezenas de opções pode significar o tédio de ter que lidar com a dúvida. Em cada caso, o verdadeiro desafio não é tomar decisões. É confiar em sua intuição, da qual sua criatividade depende. Tenha coragem para seguir sua intuição, fazer a escolha que o atrai (em seu coração, você sabe qual é), e libertará sua alma de artista.

E se de fato não souber o que fazer a seguir? Tire cara ou coroa. Pode não ser um jeito sensato de escolher um médico ou comprar um carro. Porém, no reino etéreo da literatura, da música e das artes, é melhor se render ao oráculo da moeda do que ficar em um vacilo eterno, tentando decidir.

LIBRIANOS CRIATIVOS

- Maya Lin
- Annie Leibovitz
- George Gershwin
- Miguel de Cervantes
- Rumi
- John Lennon
- Rei Kawakubo
- Mark Rothko

Finalmente, se você está realmente travado, experimente colaborar. Libra é o signo das parcerias. Sua vida criativa se acelera quando existe outra pessoa na jogada.

Escorpião

Qualquer pessoa em busca de um artista escorpiano cuja obra reflita as esferas celestes e as profundezas do labirinto não precisa mais procurar: há Sylvia Plath, Georgia O'Keeffe ou o subestimado Robert Louis Stevenson, autor de *O Estranho Caso do Dr. Jekyll e Sr. Hyde* [ou *O Médico e o Monstro*]. Esse livro mostra, de um jeito inesquecível, uma coisa que sabemos que é verdade: que todo mundo tem um lado sombra. Escorpião é fascinado por esse lado, por mistérios e segredos, e pela própria psique. Além disso, ele tem coragem, pelo menos algumas vezes, de acessá-la. Esse é seu talento, e sua punição.

Os escorpianos podem despertar melodramas emocionais sem muito esforço. Eles podem se afundar em desespero ou obsessão. Podem ficar ensimesmados além da conta e são conhecidos por se levarem a sério demais. Viver a vida como escorpiano, ou com um escorpiano, não é para quem tem coração fraco.

Mas e em termos artísticos? Criativos? Escorpião está com tudo. Ele consegue transformar a emoção mais intensa — raiva, vingança, luxúria, ciúme — em algo novo e interessante. No auge do poder, Escorpião é alquimia em ação. "Todo ato de criação é, antes de tudo, um ato de destruição", afirmou Pablo Picasso, principal artista do século XX. O escorpiano entende isso e não vira as costas. Canalizada para a criatividade, sua intensidade emocional pode transformar temores em expressões atemporais de medos e emoções universais. Considere Margaret Atwood e *O Conto da Aia* (ou tente não pensar nele).

E se estiver se sentindo sem coragem? E se não quiser mergulhar nesse caldeirão fervente? Pode ir ao cinema ou a um museu. Pode adiar o inevitável. Mas, no fim, não há saída. Se você é, ou almeja ser, um artista, o tema, as emoções ou a obsessão que tomaram conta da sua mente buscarão se expressar. Você não tem escolha. Veja Picasso, mais uma vez: "Uma boa imagem — qualquer imagem — deve estar cheia de lâminas de barbear." Se não for uma permissão para colocar qualquer coisa em sua obra, não sei mais o que é. Seja brutal. É seu direito inato.

ESCORPIANOS CRIATIVOS

- Jan Vermeer
- Bram Stoker
- Kathy Griffin
- Fiódor Dostoiévski
- Dylan Thomas
- René Magritte
- George Eliot
- Bonnie Raitt

Sagitário

O glifo de Sagitário — uma flecha apontada para o canto superior direito da página — diz tudo. Esse pequeno símbolo representa a ambição sagitariana, talvez sua maior qualidade. Mas repare que a flecha não está ligada a nada. Ela não tem amarras. E é aí que mora o problema. Sagitarianos têm objetivos. Eles pensam grande e miram alto. A empolgação que você sente no início de uma aventura criativa o enche de alegria. O começo, quando há infinitas possibilidades e você está transbordando de otimismo, é um período eletrizante.

Você dá de cara com a realidade quando reconhece que, por mais que seu objetivo seja fenomenal, realizá-lo exigirá um pouco de labuta. Bem, isso você entende. Está disposto a fazer o que for preciso. Mas espere.... o que é aquela luz brilhante na escuridão? É... será que é... um desvio? Um projeto totalmente novo? Ah, que tentador! E lá vamos nós. Enquanto isso, sua ideia brilhante, o projeto criativo que poderia mudar sua vida, se ao menos conseguisse executá-lo, foi abandonado. Não era sua intenção. Mas foi o que aconteceu.

As curas para Sagitário são extraordinariamente prosaicas. Viagem e ensino podem não ser panaceias, mas de fato revigoram a mente, assim como exercícios. Se não pode fazer uma trilha no Nepal, ainda assim pode colocar o laptop na mochila e ir a um café ou livraria, ou a uma cidade a meia hora de distância. Ainda pode se inscrever em um curso ou um workshop. Ainda pode plantar sementes.

Quando você está pronto para iniciar um projeto novo ou relançar um que esteja parado, sua melhor aposta é dedicar um dia todo a ele, se possível. Mergulhe de cabeça. Permita que ele floresça em sua mente. Mais tarde, quando estiver 100% implantado em sua consciência e agenda, conseguirá dar vida a ele com doses menores de atenção. Até lá, nada de interferir ou perder tempo. Mire com cuidado e fique de olho na flecha enquanto ela voa.

> ## SAGITARIANOS CRIATIVOS
>
> - Emily Dickinson
> - Jane Austen
> - Sarah Silverman
> - Kathryn Bigelow
> - Steven Spielberg
> - Jay-Z
> - Sinead O'Connor
> - Diego Rivera

Capricórnio

Independentemente da área de conhecimento, você verá capricornianos no topo. É onde eles querem estar. Então, ninguém fica chocado por Jeff Bezos, fundador e CEO da Amazon, e a pessoa mais rica da Terra (pelo menos até o divórcio), ser de Capricórnio. É claro que ele é. Não esperamos nada menos que isso.

O surpreendente é que capricornianos, que preferem seguir as regras do jogo, também chegam ao topo em áreas criativas, nas quais seguir as regras apenas prova, supostamente, que você é "maria vai com as outras", e quebrá-las não somente é valorizado como também glamorizado. A verdade é que Capricórnio pode passar uma imagem rígida e tediosa, mas seus talentos criativos são loucos. Considere, por exemplo, Patti Smith — roqueira, poeta, memorialista, pintora, fotógrafa, sem mencionar esposa e mãe. Desde bem pequena ela se viu rodeada de pessoas criativas, mas chegou ao sucesso do jeito tradicional capricorniano: através de "esforço consistente e um pouco de sacrifício". Se isso parece uma estratégia para transformar a atividade criativa em um tipo de castigo, provavelmente você não é de Capricórnio. Para os capricornianos, usar o poder da disciplina não é uma batalha horrível. "Não espere pela inspiração", disse o artista capricorniano Henri Matisse. "Ela chega quando se está trabalhando."

Porém, ainda assim a estrada rumo à expressão criativa está cheia de obstáculos. Primeiro, assim como Virgem, você é um juiz severo do próprio empenho. Para Capricórnio, bom o bastante raramente é bom o suficiente. Se um projeto não está caminhando na direção certa, você fica insatisfeito e melancólico, incapaz de abandoná-lo, mas também de mudar de abordagem e tentar algo novo. Sem nenhuma solução possível à vista, você trava e sofre as consequências.

Segundo, no quesito diversão, Capricórnio pode ser meio devagar. Um jeito de preencher essa lacuna é flertar com outras áreas. David Bowie até podia não parecer capricorniano — seu Ascendente era Aquário —, mas trabalhou como um até o fim. Ele também desenhava ou pintava quando sentia algum bloqueio musical, não para se distrair, mas para seguir a mesma linha de pensamento em outro meio. Assim, ele transformou a pintura em uma solução para os problemas: um legítimo capricorniano.

CAPRICORNIANOS CRIATIVOS

- Paul Cézanne
- Edgar Allan Poe
- Joseph Cornell
- Diane von Furstenberg
- Haruki Murakami
- Annie Lennox
- John Singer Sargent
- Elvis Presley

Aquário

Será que existe algum aquariano que não tenha orgulho do próprio signo? Você é incomum, independente e inovador, um diferentão fascinante cuja maneira heterodoxa de pensar proporciona um bom estímulo para nós, mortais. Olhe as evidências: há escritores aquarianos pioneiros como James Joyce e Virginia Woolf; artistas revolucionários como Jackson Pollock; diretores como Franco Zeffirelli; compositores minimalistas como Philip Glass e John Adams; e essa lista sequer menciona Darwin, Dickens e Wolfgang Amadeus Mozart. Oscilando entre a independência liberal de Urano e as bases firmes de Saturno, Aquário cruza, feliz e contente, as fronteiras da criatividade — e quanto mais você se aventurar na vastidão de seu projeto, mais ele mudará. Quando as coisas estiverem indo bem, sua atividade criativa sofrerá alterações bem diante de seus olhos.

Mas há momentos em que você simplesmente não consegue fazer acontecer, e a culpa é do mundo. Aquário tem consciência social. Alguns aquarianos (Charles Dickens, Yoko Ono) encontraram maneiras de aliar suas preocupações sociais e impulsos criativos. Outros, porém, sucumbem ao peso de um aparente dilema moral. Salvar o mundo ou estudar cinema? Diante de problemas que você, talvez, poderia ajudar a atenuar, correr atrás de sonhos criativos pode parecer egoísmo... então, eles começam a definhar.

Mas você não consegue virar as costas para questões sociais, e também não pode desistir dos esforços criativos. Para juntar a fome e a vontade de comer, considere compartilhar seus talentos criativos com um grupo da comunidade, talvez como voluntário. Talvez pareça incoerente, mas pode ser a melhor maneira de fortalecer sua criatividade. Acrescentar um propósito a seu projeto poderia dar a ele o choque necessário.

AQUARIANOS CRIATIVOS

- Toni Morrison
- Alice Walker
- François Truffaut
- Edith Wharton
- Paul Auster
- Laura Ingalls Wilder
- Christian Dior
- Bob Marley

Peixes

Qual é o signo mais criativo? Pessoalmente, eu rejeito essa ideia. A criatividade se expressa de várias maneiras, e há gênios criativos de todos os signos. Mas se eu tivesse que escolher, Peixes seria um ótimo candidato. Você é alerta, gentil e possui visões diferenciadas, com uma vida onírica vibrante e imaginação única. Na vida cotidiana, isso não é necessariamente vantajoso. Mas em qualquer tipo de atividade criativa, seja a invenção de uma sombrinha melhor (alguém precisa fazê-la), seja a escrita de um romance sem usar a letra e (como do romancista francês Georges Perec), a imaginação abre a porteira, e a boiada passa. Entre os principais idealizadores piscianos estão Gabriel Garcia Marquez, autor de *Cem Anos de Solidão* e um dos fundadores do realismo mágico, e Alexander McQueen, cujo estilo é absolutamente alucinante em sua especificidade surrealista. "O Edgar Allan Poe da Moda", como às vezes era chamado, incorporava imagens de mergulho, máscaras, armaduras, milhares de penas e uma nuvem de borboletas vermelhas ao redor da cabeça das modelos, como se fossem cabelos. A imaginação pisciana não tem limites. Não deixe isso assustá-lo. É seu grande talento, mesmo que no momento sua imaginação pareça estagnada ou restrita. Preste atenção e isso mudará.

Um problema que você enfrenta é que Peixes se cansa com facilidade e é propenso à inércia. Você gostaria de fazer alguma coisa. Mas que tal um cochilo primeiro? O problema é que não sabe separar as coisas, nem consegue espantar pensamentos externos e se concentrar. Sua cabeça é cheia de emoções, desejos, sonhos, lembranças, preocupações e letras de música. Apesar de todo o café do mundo (e sabe-se lá o que mais), você fica desanimado e desorganizado. Chega a um ponto em que trabalhar não faz sentido. Nesse momento, sua melhor jogada é limpar a mente com rituais, ioga, meditação, caminhada perto de um curso d'água natural ou qualquer coisa similar. Pode parecer procrastinação, e para muitos é exatamente isso. Para você, abre caminhos e revigora a mente.

No seu caso também é vantajoso trabalhar com um mentor, definir metas concretas e fazer relatórios de verificações regulares. Se está encarando com seriedade a conclusão de um projeto criativo e suspeita que não tem a autodisciplina necessária, este pode ser seu bilhete de ida.

> **PISCIANOS CRIATIVOS**
>
> - Philip Roth
> - John Updike
> - Michelangelo
> - Johnny Cash
> - Nina Simone
> - Antonio Vivaldi
> - Dr. Seuss
> - Victor Hugo

Descobrindo o Cerne Criativo de Todos os Mapas

Criatividade não é um traço solitário que você tem ou não tem. É uma mistura de habilidades que podem ser aprendidas, aprimoradas, fortalecidas, expandidas e desfrutadas. Aparece de várias maneiras em um mapa, incluindo as seguintes:

Signos

É preciso ficar repetindo que todo signo é criativo? Alguns minutos na internet agora há pouco me convenceram de que sim. Encontrei vários sites avaliando a criatividade de cada signo. Nos seis que consultei, Áries e Sagitário receberam as avaliações mais baixas, o que me levou a refletir. Será que Van Gogh e Bach sabiam disso? Emily Dickinson e Jimi Hendrix receberam o recado? É claro que não. Todo signo é criativo. Ponto. É um absurdo, é calúnia sugerir o contrário.

Planetas

Da mesma forma, todo planeta contribui com a criatividade. Ou seja:

» O Sol ilumina seu caminho, seus propósitos e seu ser fundamental. Ele fornece as raízes de sua criatividade, a vontade de se expressar de forma criativa e é a fonte de sua maior autenticidade.

» A Lua representa seu inconsciente, suas emoções, lembranças e mais. Pesquisas sugerem que ela tem destaque especial nos mapas natais de escritores.

» Mercúrio expande a linguagem, o intelecto, a curiosidade, jogos de palavras e a habilidade de contar uma história ou fazer uma observação. É essencial para todos os tipos de escritores.

» Vênus estimula sua sensibilidade à beleza e seus talentos artísticos, com ênfase nas artes visuais e na música.

- » Marte confere energia, paixão e ação.
- » Júpiter concede crescimento, boa sorte e impulso para fazer algo grandioso.
- » Saturno traz estrutura e persistência. Sem ele, nada jamais seria realizado.
- » Urano gera originalidade e ideias bombásticas.
- » Netuno aguça a imaginação e a intuição.
- » Plutão proporciona transformação, a essência da criatividade.

Todas essas forças estão atuando dentro de você, mas em todo mapa alguns planetas são mais potentes que outros. Um planeta é potente sob estas condições:

- » Está em um signo regido por ele, como Mercúrio em Gêmeos ou Virgem (veja uma tabela de regências no Capítulo 1).
- » Está em um signo de sua exaltação, como Mercúrio em Aquário (de novo, veja o Capítulo 1).
- » Ele rege seu Ascendente ou Meio do Céu. Então, se você tem Ascendente em Virgem, seu Mercúrio é potente, independentemente do signo ou da casa que ele ocupa.
- » Ele ocupa um ângulo (isto é, a primeira, quarta, sétima ou décima casa) ou faz conjunção com o Meio do Céu, o Ascendente, o Fundo do Céu ou o Descendente (veja o Capítulo 11).
- » Ele faz aspectos próximos com outros planetas em seu mapa e, em particular, com o Sol, a Lua e o planeta que rege seu Ascendente.
- » Ou não forma um aspecto importante com absolutamente nada, ou seja, não forma conjunção, sextil, quadratura, trígono ou oposição com outro planeta. Ele pode formar um aspecto menor — mais sobre isso dentro de alguns instantes —, mas é só isso. O planeta é um ator solo, um lobo solitário cujas tendências, quaisquer que sejam, não são mediadas por outros planetas. Poderia ser o planeta mais importante de seu mapa.

Casas

Assim como em relação a signos e planetas, toda casa pode contribuir com a criatividade de um jeito ou de outro. Mas estas são as casas mais influentes que se observam em uma busca por dons criativos:

- » A quinta casa. É a principal casa da criatividade, o primeiro lugar para se observar. Ela rege brincadeiras, jogos, apresentações e crianças. Qualquer planeta nela fortalece o impulso criativo. A criatividade também é estimulada se o regente da quinta casa está em um posicionamento proeminente.

- » A terceira casa. Nela, qualquer coisa, sobretudo Mercúrio, incita a habilidade de se comunicar e, portanto, incentiva a escrita. Planetas na nona casa proporcionam incentivo extra.
- » A segunda casa. Aqui, os planetas, sobretudo Vênus, promovem as artes visuais, habilidades para decoração, música e o amor pelo dinheiro.
- » A décima casa. Os planetas aqui fortalecem a carreira. Se o regente da décima está na quinta, uma carreira criativa se torna uma forte possibilidade.
- » A sexta casa. Qualquer coisa aqui ou em Virgem fortalece trabalhos manuais e o artesanato.
- » A décima segunda casa. Os planetas aqui conferem ânimo à vida da alma.

Aspectos

É legal ver aspectos principais conectando Netuno e Urano com outros planetas. Netuno e Urano tendem a definir mais gerações do que indivíduos, porém, quando se conectam com os planetas internos, pessoais, seus dons criativos se tornam individuais e acessíveis.

Graças ao astrônomo do século XVI Johannes Kepler (veja o Capítulo 3), alguns aspectos menores também podem ser incluídos. Na esteira do filósofo grego Pitágoras, Kepler acreditava na música das esferas e na importância dos números. Ele reparou que os aspectos maiores são criados dividindo os 360° do zodíaco por dois, três, quatro e seis, que produz a oposição de 180°, o trígono de 120°, a quadratura de 90° e o sextil de 60°. Mas e o cinco? Dividir o círculo por cinco gera um ângulo de 72° chamado quintil, que, argumentava Kepler, deveria ser acrescentado à lista junto com o biquintil de 144°. Esses dois aspectos concedem um pouco mais de criatividade ou até, como se diz às vezes, uma dose de genialidade criadora.

Para provar que tudo isso acrescenta, sim, alguma coisa, pare e observe o mapa de Wolfgang Amadeus Mozart (Figura 19-1), cuja música inspira as pessoas a falar de Deus, dos anjos, do gênio e da perfeição.

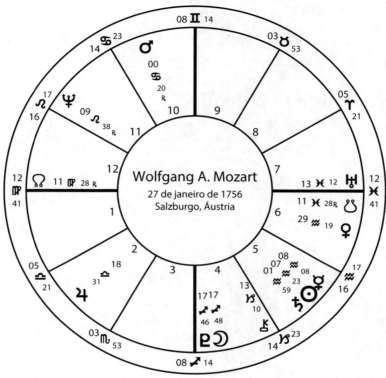

FIGURA 19-1: Wolfgang Amadeus Mozart.

© John Wiley & Sons, Inc.

Estes são alguns sinais de criatividade em seu mapa:

- » Três planetas, inclusive o Sol, na quinta casa da criatividade.
- » Mercúrio, regente de seu Ascendente e Meio do Céu, também na quinta casa.
- » Saturno, o regente da quinta casa, na quinta casa em Aquário.
- » Netuno em Leão formando uma oposição próxima a todos os planetas na quinta casa.
- » Urano em Peixes em um posicionamento potente, em oposição ao Ascendente de Mozart e em quadratura com a Lua e Plutão.
- » Vários quintis e biquintis. A Lua e o Plutão de Mozart em Sagitário formam quintis com Vênus. Marte forma um quintil com o Ascendente. Mercúrio e o Sol formam biquintis com Marte. E há mais.

Ele era um verdadeiro gênio criador. Está em todo o mapa.

5
A Parte dos Dez

NESTA PARTE...

Fique ligado em dez talentos extraordinários.

Mergulhe nos segredos do sincronismo astrológico.

NESTE CAPÍTULO

» Reconhecendo talentos especiais em um mapa natal

» Observando a astrologia em ação

Capítulo **20**

Dez Talentos que Você Pode Identificar em um Mapa

De onde vêm as qualidades extraordinárias? O que tem no mapa de uma pessoa extremamente bonita, um artista inovador, uma celebridade ou um bilionário? É óbvio que essa gente tem algo especial... e talvez você também tenha. Nas seções a seguir, revelo os segredos astrológicos por trás dos grandes dons.

Aptidão para Esportes

A presença do imponente Marte, planeta da agressividade, é muito marcante em mapas de atletas, que estatisticamente são mais propensos que os não atletas a ter esse planeta a pouca distância do Ascendente ou do Meio do Céu.

Uma conjunção Marte/Meio do Céu aparece nos mapas de Muhammad Ali, capricorniano com a referida conjunção em Touro; Tiger Woods, capricorniano com a mesma conjunção em Gêmeos; e Lebron James, capricorniano com conjunção Marte/Meio do Céu em Peixes. Há também a estonteante Simone Biles, pisciana, com conjunção Marte/Meio do Céu em Virgem, o signo da perfeição.

Marte também pode se destacar de outras maneiras. Ele pode estar bem posicionado de acordo com o signo — em Áries, signo regido por ele, ou em Capricórnio, signo de sua exaltação. Pode estar bem posicionado de acordo com o aspecto. Por exemplo, poderia estar em conjunção com o Sol, como nos mapas do nadador Michael Phelps e da jogadora de futebol Megan Rapinoe. Pode estar proeminente porque se conecta com quase todos os outros planetas, como o Marte de Roger Federer que, com exceção de Netuno, faz aspectos com todos os planetas. O mais estranho é que Marte pode ser dominante porque não forma aspecto algum. Um corpo tão solitário, desimpedido por outros planetas competindo entre si, atua sem interferência e, consequentemente, pode ser o planeta mais poderoso em um mapa.

Não quero dar a entender que Marte é o único planeta que influencia na capacidade atlética. Um Sol bem posicionado dá vitalidade. Mercúrio proporciona rapidez. Júpiter, Urano e Plutão dão poder. A aptidão para os esportes, assim como outros talentos, é uma amálgama de muitos fatores.

Por fim, embora haja atletas talentosos de todos os signos do zodíaco, signos de fogo e terra são ligeiramente mais comuns entre eles do que signos de ar e água. Assim como os artistas, os atletas se beneficiam de um toque de Leão, não porque ele estimula a capacidade atlética, mas porque instiga a paixão pelo desempenho. E *isso*, definitivamente, faz parte do jogo.

Beleza (ou Poder de Atração)

Assim como Marte promove a capacidade atlética, Vênus expande a beleza e a habilidade atrativa, sobretudo quando está:

- » Conjunta com o Ascendente, o Sol, a Lua, o Meio do Céu ou o regente do Ascendente.
- » Na primeira ou na décima casa.
- » Em Touro ou Libra, signos que rege.

Grace Kelly, Ingrid Bergman, Gregory Peck e Paul Newman tinham Vênus em conjunção com o Ascendente. E também Cameron Diaz, Angelina Jolie e Beyoncé, que tem uma conjunção tripla incomum de Vênus, Plutão e o Ascendente — um combo irresistível.

Vênus também aparece no Meio do Céu nos mapas de pessoas bonitas. Entre os exemplos estão Marilyn Monroe, James Dean, Nicole Kidman, Kim Kardashian, Victoria Beckham e David Bowie. Padrões de beleza podem mudar. Mas essa é uma área em que Vênus sempre terá a palavra final.

Nem todo mundo com Vênus proeminente ostenta um rosto maravilhoso. O que eles têm é ainda mais valioso, pois Vênus proporciona o poder de atração.

"Você me fez amá-lo", canta Judy Garland para uma fotografia emoldurada de Clark Gable. "Eu não queria isso." No entanto, ela não pôde evitar, e ninguém mais poderia. Ele tem Vênus bem no Ascendente.

Apelo de Celebridade

O artista pop Andy Warhol é conhecido por suas pinturas de sopas enlatadas da Campbell; retratos em serigrafia de Elvis Presley, Jackie Kennedy e centenas de outras pessoas; vida badalada de celebridade; e declaração visionária: "No futuro, todas as pessoas terão seus quinze minutos de fama." Bem, para ele era fácil falar. Veja os ingredientes de um apelo de celebridade (Figura 20-1):

» Planetas em conjunção com o Meio do Céu e/ou na décima casa.
» Planetas em conjunção com o Ascendente e/ou na primeira casa.
» Um toque de Leão.

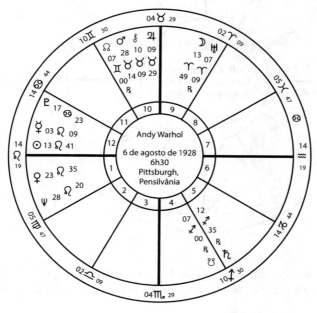

FIGURA 20-1: Mapa natal de Andy Warhol. Ele teve seus quinze minutos e mais.

© John Wiley & Sons, Inc.

CAPÍTULO 20 **Dez Talentos que Você Pode Identificar em um Mapa** 383

Então, como o mapa dele corresponde a essas especificações?

» Ele tinha Júpiter, planeta da expansão e da boa sorte, em conjunção com o Meio do Céu, e Marte, Quíron e o Nodo Norte na décima casa.

» Seu Sol fazia conjunção próxima com o Ascendente, e ele tinha dois planetas — Vênus e Netuno, guardiães da arte — na primeira casa.

» Seu Sol, três outros planetas e o Ascendente eram em Leão. A fama já era dele por direito.

O mesmo poderia ser dito para Kim Kardashian. Ela é famosa por ser famosa? Talvez sim, embora sua popularidade esteja diminuindo cada vez mais. Como Andy Warhol, tinha tudo o que era necessário para a fama (veja a Figura 20-2):

» Planetas conjuntos com o Meio do Céu: Júpiter e Saturno na décima casa, com Vênus em ampla conjunção desde a nona casa.

» Netuno em conjunção com o Ascendente na primeira casa.

» Marte em conjunção com o Ascendente na décima segunda casa.

» Nodo Norte em Leão.

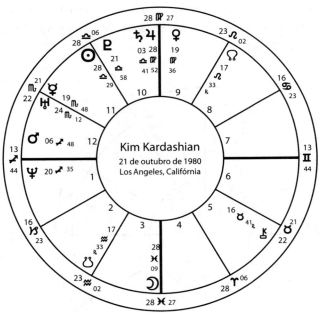

FIGURA 20-2: Kim Kardashian. Ela poderia ser mais do que famosa.

© John Wiley & Sons, Inc.

Ela também tem uma Lua extraordinária em Peixes, a qual não apenas forma aspecto com todos os outros planetas do mapa, coisa que raramente acontece, como também uma conjunção exata com um ângulo; a cúspide da quarta casa, que representa o lar e a família, duas áreas da vida cruciais para sua imagem.

Kim também tem outro ponto forte. Com nove planetas no lado esquerdo do mapa, ela tem livre-arbítrio para dar e vender. Mais que a maioria das pessoas, pode escolher o próprio caminho. Quando demonstrou interesse em seguir a profissão do pai e se tornar advogada, apesar de não ter formação superior, sua expectativa era de que essa hipótese seria recebida "com uma eterna revirada de olhos". Mas eu não estou revirando os olhos. Ela poderia ser advogada.

Primeiro, o regente de sua nona casa (das leis) é seu Sol em Libra, o signo da justiça, na décima primeira casa da consciência social. Segundo, ela tem dois planetas e o Ascendente em Sagitário, o signo das leis. Terceiro, o regente de seu Ascendente é Júpiter, que está na casa da carreira, em conjunção exata com seu Meio do Céu. E eu poderia continuar. Ela, de fato, conseguiria.

Mãos de Cura

Médicos, enfermeiras, acupunturistas, pediatras, dentistas e outras pessoas que desejam curar compartilham certas características astrológicas:

» **Por signo:** Câncer, Escorpião e Peixes, os signos de água, incentivam a empatia. Virgem estimula a curiosidade intelectual pela saúde e técnicas curativas. Aquário eleva a questão humanitária.

» **Por planeta:** Pesquisas têm demonstrado que médicos com frequência possuem Saturno em conjunção ou em oposição com o Ascendente ou o Meio do Céu. Plutão, o planeta da transformação, e Marte também têm forte aparição nos mapas de agentes de cura.

» **Por casa:** Os posicionamentos mais cruciais relacionados à saúde são a sexta casa da saúde e prestação de serviços; a oitava casa da cirurgia, pesquisa, morte e renascimento; e a décima segunda casa dos segredos e hospitais.

LEMBRE-SE

Uma casa é poderosa se contém um ou mais planetas, mas até uma casa vazia pode ser mais importante do que parece. Se o regente dela está conjunto com o Sol, a Lua, o Ascendente ou o Meio do Céu, suas questões sempre serão vitais.

EXEMPLO

Nos anos 1950, o Dr. Jonas Salk, que desenvolveu a primeira vacina contra a poliomielite, ficou mais que famoso. Ele foi reverenciado. Naquela época, a pólio era um flagelo. Só em 1952, 58 mil pessoas nos Estados Unidos contraíram a doença, muitas ficaram paraplégicas e mais de 3 mil morreram, a maioria, crianças. Depois que a vacina de Salk foi disponibilizada, esses números despencaram. Em 1994, não havia um único caso de pólio no Ocidente. Estima-se que ele salvou milhões de vidas.

Então, de onde vem esse poder de cura? O mapa dele mostra com precisão as qualidades citadas anteriormente nesta seção (veja a Figura 20-3):

» **Por signo:** Ele tem planetas em todos os três signos de água. Seu Sol é em Escorpião, bem como Marte, Mercúrio e o Ascendente. Sua Lua e o Nodo Norte são em Peixes. E seu Saturno e Plutão são em Câncer.

Ele também tem Júpiter e Urano em Aquário, demonstrando seu entusiasmo por causas humanitárias e interesse pela ciência.

» **Por planeta:** Ele não tem Saturno em conjunção ou em oposição ao Ascendente ou ao Meio do Céu. Mas seu Saturno está proeminente de qualquer forma, como parte de um Grande Trígono estreito conectando o Sol, a Lua, Saturno e Plutão.

» **Por casa:** Dr. Salk não era um clínico geral que examinava um paciente de cada vez em sua sala. Não surpreende que ele não tenha nada na sexta casa dos serviços. Em vez disso, conforme sugere seu Sol na décima segunda casa, ele trabalhava nos bastidores. Além do Ascendente em Escorpião, três planetas revelam seu interesse pela pesquisa, assim como Saturno e Plutão na oitava casa, um posicionamento inspirador para investigar questões de vida e morte.

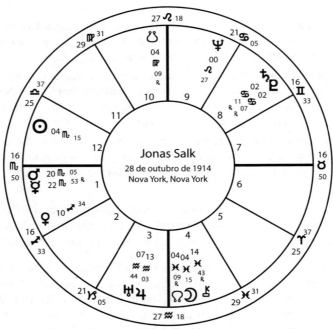

FIGURA 20-3: Dr. Jonas Salk. Sua vacina contra a pólio salvou milhões de vidas.

© John Wiley & Sons, Inc.

Talento para os Negócios

Em que os 500 CEOs da Fortune são diferentes de mim e de você? É assim que se descobrem as habilidades do executivo:

- » **Por signo:** Touro, Virgem e Capricórnio são os signos que se destacam nos negócios. Escorpião tem a mesma importância, signo do poder político, de operações secretas e do autocontrole. Nos negócios, assim como em outras áreas, também é de se esperar ver um pouco de Leão. Isso porque os leoninos almejam chegar ao topo, e eles dedicarão, de bom grado, horas (e até anos) a mais para atingir essa meta.
- » **Por planeta:** Saturno, bem posicionado por signo, casa e aspecto, garante habilidades corporativas, Mercúrio proporciona capacidade de se comunicar e Marte estimula o ímpeto competitivo.
- » **Por casa:** Procure planetas na décima casa da reputação, na sexta casa do trabalho, na segunda casa do dinheiro e na oitava casa dos investimentos. Essas casas respaldam a habilidade executiva. Da mesma fora, planetas na primeira casa conferem carisma, que com frequência é o traço decisivo de um CEO de sucesso.

EXEMPLO

Jack Welch, diretor e CEO da General Electric por 20 anos, mostra muitos desses traços (veja a Figura 20-4):

- » **Por signo:** Com planetas em todos os três signos de terra, além de Ascendente em Capricórnio e Sol em Escorpião, Welch demonstra uma evidente habilidade corporativa.
- » **Por planeta:** Saturno rege seu Ascendente e, portanto, é seu planeta regente. Mercúrio faz conjunção com o Meio do Céu. Mas seu planeta mais notável é o autoritário Marte. Ele está angular (na primeira casa), em conjunção próxima com o Ascendente, com bom aspecto e no signo de sua exaltação, todos tornando-o excepcionalmente competitivo e agressivo.
- » **Por casa:** Seu Sol está na décima casa da carreira e da vida pública, e em conjunção com o expansivo Júpiter, o que indica destaque público e é outra marca da capacidade de liderança. Sua Lua está na oitava casa dos investimentos, ao lado de dois outros planetas. O regente de seu mapa, Saturno, está na segunda casa do dinheiro.

Fale o que quiser do mundo corporativo, Jack Welch nasceu para isso. O mesmo poderia ser dito de Jeff Bezos, fundador da Amazon, e Mark Zuckerberg, cofundador do Facebook. Não se sabe o horário em que eles nasceram nem, portanto, os posicionamentos das casas. Os signos dizem tudo. Bezos é capricorniano, com cinco planetas em signos de terra e um em Escorpião. Zuckerberg é taurino,

CAPÍTULO 20 **Dez Talentos que Você Pode Identificar em um Mapa** 387

com quatro planetas em signos de terra e quatro em Escorpião. Como todas as outras pessoas, eles vivem as próprias verdades.

FIGURA 20-4: Mapa natal de Jack Welch.

© John Wiley & Sons, Inc.

EXEMPLO

Christine Lagarde é presidente do Banco Central Europeu e, antes disso, foi diretora-geral do Fundo Monetário Internacional e antes... digamos apenas que ela tem um currículo impressionante. Em 2018, a *Forbes* a citou como a terceira mulher mais poderosa da Terra. Ela não é CEO, mas, em termos de negócios, tem tudo a seu favor (veja a Figura 20-5):

» **Por signo:** Todos os signos de terra estão ativos em seu mapa. Ela tem Ascendente em Touro, Júpiter em Virgem, e Sol, Mercúrio e Meio do Céu em Capricórnio. Também tem três planetas em Escorpião, inclusive Marte. E a Lua e Plutão estão conjuntos em Leão.

» **Por planeta:** Saturno, Marte e Mercúrio são potentes. Saturno rege seu Meio do Céu e está situado em uma casa angular (a sétima), onde faz conjunção com Marte. Marte está em Escorpião, um signo regido por ele. Por fim, seu Mercúrio, como o de Jack Welch, preside a corte no topo do mapa, em conjunção com o Meio do Céu. Essa pessoa é poderosa, e é possível ver isso em todo o mapa.

» **Por casa:** A décima casa de Lagarde contém três planetas. Sua sexta casa tem apenas Netuno, mas o regente dessa casa, Mercúrio, faz conjunção com o Meio do Céu, portanto, é mais forte do que parece. Por fim, sua segunda e oitava casas não têm planetas, mas são lar dos Nodos lunares. Com o Nodo

Norte na oitava casa, trabalhar para garantir a segurança do dinheiro alheio é exatamente o que ela deveria estar fazendo.

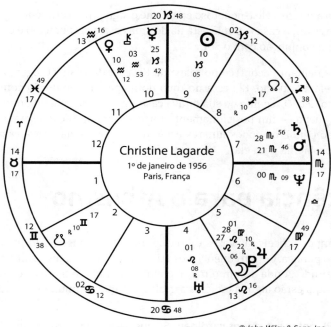

FIGURA 20-5: Mapa natal de Christine Lagarde.

© John Wiley & Sons, Inc.

Ganhar Dinheiro

Estes são os sinais tradicionais que indicam habilidade de acumular dinheiro e bens materiais, através dos próprios esforços ou da mera boa sorte:

- » Planetas na segunda e na oitava casas.
- » Planetas poderosos e com bom aspecto regendo a segunda e a oitava casas.
- » Um Júpiter bem posicionado. Se você tiver sorte, ele se conectará de alguma forma com a segunda e a oitava casas. Talvez fique posicionado em uma delas. Ele poderia formar um aspecto forte com o regente de uma dessas casas. Poderia ser o Ascendente ou estar no topo do mapa, como uma coroa.

Uma olhada no mapa de Jack Welch (Figura 20-4) mostra exatamente o esperado:

Ele tem quatro planetas na segunda e na oitava casa, inclusive Saturno, regente de seu Ascendente.

Os planetas que regem a segunda e a oitava casas estão bem posicionados. Netuno, regente da segunda casa, faz conjunção com a Lua na oitava casa. Mercúrio, regente da oitava casa, está conjunto com o Meio do Céu.

Quanto a Júpiter, ele é poderoso conforme o signo (por estar em Sagitário, signo que ele rege), a casa (porque está na décima casa da reputação) e o aspecto (por estar em conjunção com o Sol).

Algo semelhante acontece no mapa de Kim Kardashian. O regente da segunda casa dela é Saturno. Ele está no topo do mapa em conjunção com Júpiter e o Meio do Céu. O regente de sua oitava casa é a Lua. Ela está no ponto mais baixo de seu mapa — um posicionamento forte —, em oposição exata a Júpiter e ao Meio do Céu. E os nodos lunares estão na segunda e na oitava casas. Dinheiro não é problema para ela.

Competência para o Ativismo

Em tempos difíceis, às vezes é preciso um ativista visionário para reanimar a opinião pública. Com frequência, os ativistas pagam um preço alto por tomarem uma atitude. Ainda assim, têm um comprometimento inabalável e ações enérgicas. Aqui estão alguns indícios astrológicos que estimulam o ativismo:

- **Planetas em signos cardinais.** Se quer dar início a um movimento, ou a qualquer outra coisa, planetas em Áries, Câncer, Libra ou Capricórnio são fundamentais, com destaque especial para o ardente Áries, o signo de alta energia do guerreiro, e para o pé no chão, ambicioso e diligente Capricórnio, signo da estrutura.
- **Planetas em Aquário,** o signo do futuro, amante da liberdade e humanitário, ou na décima primeira casa dos amigos, da comunidade e da sociedade.
- **Um Marte proeminente**, o planeta da ação.

A ativista feminista Gloria Steinem tem todos esses indicadores celestes. Ela é ariana com quatro planetas em signos cardinais: Plutão em Câncer, Júpiter em Libra, e Sol e Marte em Áries. Ela tem dois planetas e o Nodo Norte em Aquário. Por fim, seu Marte é em Áries, um dos dois signos regidos por ele; ele faz conjunção com o Sol dela em Áries e é regente de seu Ascendente em Escorpião. Acho que nunca vi um Marte tão forte.

Ou considere o mapa da ativista climática Greta Thunberg (veja a Figura 20-6). Não sei a hora em que ela nasceu, portanto, seu mapa foi calculado arbitrariamente para o amanhecer e, por conveniência, construído usando as casas de "signo inteiro". Mas ignore as casas, por favor: sem um horário de nascimento, as divisões por casa são insignificantes. Signos e aspectos, por outro lado, são cheios de informações. Assim como Gloria Steinem, ela tem todos os indicadores do ativismo.

Ela tem quatro planetas, inclusive o Sol e a Lua, no pragmático e objetivo Capricórnio, um signo cardinal. Ela também nasceu na Lua nova, um indício promissor.

Ela tem dois planetas em Aquário, marca registrada de sua geração.

Também tem Marte em Escorpião, um signo regido por ele, em conjunção com Vênus, o que lhe dá paixão e persistência. Mas Marte também forma alguns aspectos estressantes, então, nem sempre será fácil. Observá-la será interessante.

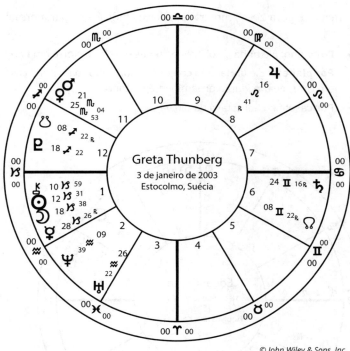

FIGURA 20-6: Greta Thunberg, ativista climática.

© John Wiley & Sons, Inc.

Paranormalidade

Se você a chama de percepção extrassensorial, clarividência, sexto sentido ou a velha e boa intuição, a paranormalidade não é tão rara como pensa. Você pode encontrá-la desta forma:

- » **Por signo:** Peixes, Escorpião e Câncer reforçam a paranormalidade. Sagitário também pode promover uma inclinação para essa área.
- » **Por planeta:** Netuno e a Lua mantêm abertos os canais da receptividade, sobretudo se estão em conjunção. Um Urano proeminente pode gerar lampejos de insights e consciência. Aspectos entre Plutão e Sol, Lua, Mercúrio ou Ascendente aumentam a capacidade de percepção. Nada disso garante que você seja paranormal. Mas se seus poderes de observação são precisos o bastante, ninguém consegue dizer qual é a diferença.
- » **Por casa:** A décima segunda, a oitava e a quarta casas têm mais relevância.

EXEMPLO

Um exemplo clássico de paranormalidade fantástica é o famoso curandeiro Edgar Cayce, que trabalhava como "diagnosticista psíquico" (expressão dele) entrando em transe e sugerindo curas para clientes que sequer tinha visto antes.

Seu mapa (Figura 20-7) mostrava todos os indícios de paranormalidade:

- » **Por signo:** Ele tinha o Sol, três planetas e o Nodo Norte em Peixes.
- » **Por planeta:** Ele tinha uma conjunção Lua/Netuno na nona casa, Ascendente em Urano e um Plutão proeminente no topo do mapa.
- » **Por casa:** Seu Sol estava na oitava casa.

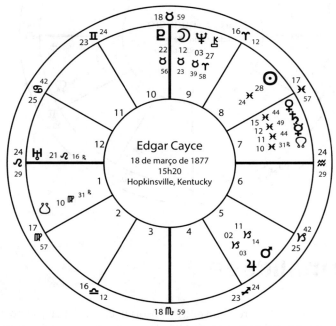

FIGURA 20-7: Mapa natal de Edgar Cayce.

© John Wiley & Sons, Inc.

Tornar-se Astrólogo

Tornar-se um astrólogo talentoso não tem nada a ver com paranormalidade. A astrologia é um conjunto de conhecimentos, não a habilidade mística de receber mensagens do mundo espiritual. Qualquer um pode aprendê-la. Mas é mais provável que você fique interessado se tiver em seu mapa algum destes itens:

- » Um Urano proeminente.
- » Atividade em Aquário e/ou uma décima primeira casa ativa.
- » Atividade em Escorpião e/ou na oitava casa. Escorpião é sutil e incisivo. Ele se sente à vontade com contradições e motivações ocultas, e adora desvendar um mistério; e astrologia tem tudo a ver com isso.

EXEMPLO

Um exemplo: Isabel M. Hickey, cujo livro de 1970, *Astrologia: Uma Ciência Cósmica*, 2ª edição, inspirou gerações de astrólogos. Olha só o que tinha (veja a Figura 20-8): Urano em ascensão na primeira casa; Saturno em Aquário; Ascendente em Escorpião; o Sol em Leão a 25°, um dos chamados graus do astrólogo; e uma sensível conjunção Lua/Netuno na oitava casa.

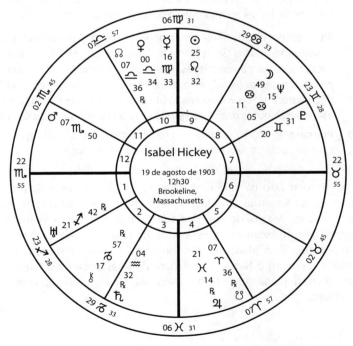

FIGURA 20-8: Isabel Hickey, astróloga extraordinária.

© John Wiley & Sons, Inc.

CAPÍTULO 20 **Dez Talentos que Você Pode Identificar em um Mapa** 393

Escrita

É impressionante a quantidade de pessoas que sonham ser escritoras. Aqui está o que é preciso para ter sucesso:

» **Por signo:** Há escritores excelentes de todos os signos do zodíaco, mas Gêmeos com frequência é estimulado pela ânsia de escrever. Ter o Sol, a Lua, Mercúrio, Ascendente ou o Meio do Céu no referido signo desperta a habilidade da escrita e a facilidade com idiomas.

» **Por planeta:** Ser um escritor de sucesso exige um Mercúrio bem potente. Mercúrio é forte se rege o Ascendente ou o Meio do Céu, se está em Gêmeos ou Virgem, se está na terceira, na sexta, na nona ou na décima casa, ou se forma aspectos fortes com outros planetas. Não se preocupe se ele não fizer nada disso. E não tenha medo se seu Mercúrio estiver retrógrado. Esse posicionamento é tão comum entre os autores que admiro que comecei a me perguntar se é, na verdade, uma desvantagem.

Saturno, o planeta da autodisciplina e da estrutura, é essencial para um escritor, sobretudo se você trabalha por conta própria.

Netuno pode ser crucial para escrever poesia, ficção, letras de música, roteiros de filmes ou qualquer coisa que seja sobretudo criativa.

A Lua é, sem dúvida, o planeta mais importante, conforme revelou o pesquisador Michel Gauquelin. Ele descobriu que escritores são mais propensos que não escritores a ter a Lua em uma das chamadas zonas de poder: a superior (isto é, a nona casa ou uma conjunção com o Meio do Céu na décima) ou em ascensão (na primeira casa em conjunção com o Ascendente ou na décima segunda casa dos segredos e da solidão).

» **Por casa:** Procure atividades na terceira casa das comunicações, na nona casa das publicações e na quinta casa da criatividade.

EXEMPLO

Para observar isso na vida real, dê uma olhada no mapa da romancista Toni Morrison no Capítulo 16. Ela não tem todas essas características. De novo, ninguém tem. Mas o Mercúrio dela faz conjunção com o Meio do Céu; Vênus, regente de seu Ascendente, está na nona casa das publicações em conjunção com Saturno; dois planetas estão na terceira casa (com mais um— Júpiter— batendo à porta); e Netuno, o planeta da imaginação, está situado na quinta casa da criatividade. Ao se tornar escritora, ela concretizou o potencial do próprio mapa.

> **NESTE CAPÍTULO**
> » Agindo na hora certa
> » Sabendo quando parar e esperar

Capítulo **21**

Dez Maneiras (e Uma Extra) de Usar a Astrologia em Sua Vida: A Arte da Sincronia

Se sincronia é tudo, então a astrologia é a chave para o sucesso; não a astrologia natal, que tem a ver com o seu mapa, mas a *astrologia eletiva*, a complexa e exigente arte de escolher uma data favorável antecipadamente. Aplicando os princípios dela, você pode identificar fases auspiciosas, evitar as problemáticas, alinhar-se com o cosmos e aumentar suas chances de ter um bom resultado. Neste capítulo, eu lhe mostro como.

DICA

Para desfrutar das maravilhas da sincronia celestial, você precisa ter um calendário astrológico. Sou adepta do *Llewellyn's Daily Planetary Guide* [conteúdo em inglês], em espiral, ou de qualquer um dos calendários de Jim Maynard, mas qualquer calendário astrológico com detalhes suficientes serve. No mínimo, sua escolha deve informar quando o Sol, a Lua e cada um dos planetas entra em um novo signo, quando a Lua está fora de curso e quando ocorrem os principais aspectos. Em algum lugar na parte de trás do calendário também deve haver uma efeméride, que lhe permite consultar, com antecedência, o mês inteiro. Dê uma olhada nos itens da Llewellyn em `https://www.llewellyn.com` [conteúdo em inglês] ou (ai, ai) acesse a Amazon.

Casar-se

Mais que qualquer outro evento, uma solicitação para escolher uma data de casamento pode levar um(a) astrológo(a) a folhear loucamente a efeméride em busca do dia perfeito, então entrar em desespero, agitando os braços. Considerando as estatísticas de casamentos, você não ficaria surpreso em ouvir que é difícil conseguir dias ideais, e que até os astrólogos se divorciam.

Já que um mapa de casamento pode descrever a qualidade de seu matrimônio e sua festa, você desejará escolher com cuidado a data. Certos eventos celestiais aumentam suas chances de fazê-lo chegar às bodas de papel. Um dos mais incentivadores é um trânsito de Júpiter por sua sétima casa do casamento. O problema é que Júpiter só retorna à sua sétima casa a cada 12 anos, e talvez você não queira aguardar tanto tempo. Mas algumas influências astrológicas surgem com bastante frequência, e vale a pena esperar por elas. Veja o que procurar quando escolher o dia:

» Certifique-se de que Vênus, o planeta do amor, esteja direto. Se estiver retrógrado, adie o casamento para algumas semanas (veja o Capítulo 18 para saber mais sobre Vênus retrógrado). Se ele estiver orbitando seu signo solar, o signo de sua Vênus ou sua sétima casa, você estará com sorte.

» Escolha um dia em que Mercúrio esteja direto. Quando esse planeta está retrógrado, mal-entendidos e problemas de comunicação tendem a surgir, imediatamente ou no futuro. Da mesma forma, é um lugar-comum na astrologia que ninguém deve assinar um contrato quando Mercúrio está em retrogradação. Casamento, além de outras coisas, é um acordo legal, e você *terá* que assinar na linha pontilhada.

» Escolha com cuidado o posicionamento lunar. Uma Lua nova, com o Sol e a Lua em conjunção, é o sinal clássico de um novo começo. A melhor Lua para um casamento é uma Lua nova em seu signo (ou no de seu pretendente); em sua sétima casa do casamento; em Libra, signo dos relacionamentos; ou em Câncer, signo do lar.

- » Se uma Lua nova não está nos planos, por quaisquer motivos, pelo menos se case quando ela estiver *crescente*, isto é, entre a Lua nova e a cheia, ficando maior e mais iluminada a cada noite. Uma Lua *minguante* já passou pelo ápice de luminosidade e está em trajetória Descendente, ficando menor e menos brilhante e, por fim, desaparecendo. Quem precisa dessa simbologia?
- » Procure um contato amistoso entre o Sol e a Lua. Um sextil (60°) ou um trígono (120°) gera harmonia. Uma quadratura estreita de 90° ou uma oposição de 180° aumenta tensões e conflitos.
- » Procure por trígonos e sextis envolvendo a Lua, Vênus e Júpiter; quanto mais, melhor.
- » Certifique-se de que a Lua não esteja fora de curso e seu horário tenha margem de erro, no caso de a garota das flores se atrasar.

LEMBRE-SE

A Lua está *fora de curso* quando fez seu último aspecto maior em um signo, mas ainda não entrou no próximo. O período fora de curso sempre vem no fim de uma trajetória lunar por um signo. Para evitar uma Lua fora de curso, agende um evento logo depois que ela entrar em um novo signo (para saber mais sobre esse período lunar, volte ao Capítulo 17).

Ir a um Primeiro Encontro

No mundo real, se alguém por quem você se interessa o chama para sair, a última coisa que tem vontade de fazer é se deparar com uma Lua minguante, então, é melhor adiar aquela margarita. Por outro lado, você pode escolher a data. Nesse caso, veja como marcar um encontro que possa levar a outro:

- » Preste atenção à Lua. Procure uma *crescente*, quer dizer, uma Lua que esteja entre a nova e a cheia. Certifique-se de que a Lua não esteja fora de curso, porque relacionamentos iniciados durante esse período são menos prováveis de ir além. Escolha um signo lunar que seja carinhoso e sensível (como Câncer, Peixes ou Touro) ou engraçado (como Gêmeos, Leão ou Sagitário).
- » Busque aspectos harmoniosos, ou seja, conjunções, sextis ou trígonos, entre a Lua e Vênus. Qualquer calendário astrológico razoavelmente detalhado terá uma lista deles (para saber mais sobre os aspectos, volte ao Capítulo 13).
- » Observe seus trânsitos planetários. Júpiter na quinta casa pode aliviar o desconforto de encontros mesmo para quem odeia a coisa toda. Júpiter passa cerca de um ano em sua quinta casa, mas aparece apenas a cada 12 anos, portanto, convém aproveitá-lo.
- » Procure trânsitos do Sol, da Lua, de Vênus ou Marte pela sua primeira e quinta casas.

» Uma Lua nova anual em sua quinta casa é a porta definitiva para o romance, assim como a Lua cheia anual que acontece seis meses depois. Não seja tímido.

Abrir um Negócio

Iniciar um negócio não é tão diferente de começar um casamento, e algumas das mesmas regras se aplicam. Ou seja:

» Certifique-se de que Mercúrio, planeta que rege os contratos, não esteja retrógrado. O mesmo vale para Vênus, planeta do dinheiro.

» Inaugure sua empresa na Lua nova ou logo depois dela. Uma Lua nova em sua segunda casa (ou em Touro) é ideal se o negócio envolve bens materiais ou é sobretudo financeiro (uma Lua nova na segunda casa também é a fase certa para pedir um aumento). Uma Lua nova em sua sexta casa (ou em Virgem) é perfeita se seu negócio é de prestação de serviços. E uma Lua nova na décima casa (ou em Capricórnio) apoia a conscientização pública de seu negócio e assegura que você será reconhecido no setor.

» Busque aspectos benéficos (sextis e trígonos) entre Saturno e Júpiter. Saturno rege estruturas e organizações; Júpiter rege a sorte e a expansão. Você quer os dois trabalhando juntos. Evite quadraturas e oposições envolvendo esses dois planetas.

Um calendário astrológico pode informar quando um aspecto está exato ou no ápice. Mas um aspecto entre dois planetas com frequência gera um burburinho logo antes do momento crucial, quando o aspecto ainda está no futuro. É como o Dia das Bruxas ou o Natal: você pode senti-lo no ar (e vê-lo nas lojas) bem antes do dia real. Depois, a energia rapidamente diminui. Sugiro que examine datas futuras em seu calendário para ver se alguns aspectos maiores estão se aproximando. Fique ciente de que, se abrir seu negócio em uma quarta-feira e na quinta houver uma oposição entre Saturno e Júpiter, você sentirá a tensão mesmo que o aspecto não seja exato. Da mesma forma, tenha em mente que quanto mais lento o planeta, maior o impacto do aspecto. Saturno estará em conjunção com Plutão? Eu reagendaria a inauguração para um dia mais vantajoso.

» Para se certificar de que sua criação seja notada, lance a empresa, ou seja, pendure a placa, corte a fita, assine os contratos sociais, aperte a mão do sócio, por volta do meio-dia. Assim, pode ter certeza de que há planetas perto do topo do mapa. Ganhando ou perdendo, você não passará despercebido.

Agendar uma Reunião

A maneira como você agenda uma reunião depende totalmente do que quer realizar. Siga estas regras:

» Se espera que a reunião o ajude a inaugurar um programa, apresentar uma nova série de metas, envolver um membro da equipe que não tenha participado antes ou apresentar uma mudança organizacional, marque-a quando a Lua estiver na fase nova ou, no mínimo, crescente.

» Para estimular um brainstorming, procure por uma conjunção, sextil ou trígono entre Mercúrio e Urano. A Lua em Gêmeos também proporciona uma explosão de ideias.

» Se deseja que a reunião chegue a um veredito em relação a um problema pendente antigo, agende-a em um dia em que a Lua esteja quase cheia. Luas cheias podem ser épocas esclarecedoras, emotivas, são períodos de revelação do que estava oculto. Também são épocas em que as coisas chegam a um acordo e são resolvidas. Se é isso que você tem em mente, a Lua cheia trabalhará a seu favor.

» Certifique-se de que a Lua não esteja fora de curso e que Mercúrio não esteja retrógrado.

Por outro lado, se está planejando uma reunião para discutir uma proposta a qual você se opõe completamente, faça o seguinte:

» Marque a reunião durante uma Lua minguante, de preferência durante os últimos dias do ciclo lunar.

» Certifique-se de que a Lua esteja fora de curso. Muitas ideias podem pairar durante a reunião. Muita discussão pode ocorrer. Mas adivinhe? Nenhuma delas surtirá efeito.

Dar uma Festa

Mais uma vez, depende do que você tem em mente. Se planeja contratar um DJ, abrir as portas e ficar até de madrugada, as regras são estas:

» Deixe a Lua entrar em Leão (opção número 1), Gêmeos ou Sagitário, seguida de Libra, Aquário ou Áries. Os signos de fogo e ar são espalhafatosos e envolventes. Talvez não criem tanta intimidade quanto outros signos, mas, sob seu feliz comando, há uma boa diversão.

> » Procure por Vênus e Júpiter. Se um dos dois forma uma conjunção, sextil ou trígono com outro planeta, é um sinal promissor.
>
> » Para ter certeza de que o sisudo Saturno não entrará de bicão e acabará com a festa, certifique-se de que ele não esteja fazendo uma conjunção próxima, quadratura ou oposição ao Sol, à Lua, Vênus, Marte ou Júpiter.

Se quer dar um jantar tranquilo para a família ou um brunch no campo para os amigos mais íntimos, a Lua em Câncer, Touro ou Peixes garantirá que todo mundo se sinta bem acolhido e alimentado.

Adquirir Aparatos Tecnológicos

Siga estas três regras simples ao comprar um computador, um smartphone ou um desses relógios que sabe o que você está pensando:

> » Certifique-se de que Mercúrio, o planeta da comunicação, não esteja retrógrado. Tudo bem, sei que estou sendo repetitiva ao citar essa influência. É sempre importante, mas há momentos, confesso, em que você pode abrir uma exceção. Só que não neste exemplo. Se puder evitar, não adquira um computador (ou um carro) quando Mercúrio estiver andando para trás.
>
> » Tenha certeza de que Urano e Marte não estão tramando nenhuma maldade. Quadraturas altamente tensas, oposições e conjunções, sobretudo de Mercúrio ou da Lua, são exatamente o que você não quer ver.
>
> » Verifique se a Lua está fora de curso.

DICA

Não é necessário, mas uma influência aquariana — possivelmente em forma de Sol ou Lua nesse signo, ou de um reconfortante trígono de Urano — garante um aparato tecnológico fora de série.

Comprar uma Casa

Considerando que a compra de uma casa é a maior aquisição que a maioria das pessoas faz na vida, você também deve ter planetas ao seu lado, começando com Júpiter, o senhor da fartura. Uma vez a cada 12 anos, ele passa pela sua quarta casa. É a melhor influência para investir em imóveis.

Mas talvez você não possa esperar tanto tempo. E talvez também não possa aguardar que a economia de mercado ideal apareça. Se precisa comprar ou vender uma casa agora, leve em conta estas sugestões:

- » Comece o processo de compra em uma Lua nova ou, pelo menos, em uma Lua crescente, em sua quarta casa ou em Câncer. Se estiver vendendo, a Lua cheia pode ser uma aliada eficaz.
- » Certifique-se de que a Lua esteja crescente ao comprar a casa. Se estiver em Touro, Câncer ou no signo da cúspide de sua quarta casa, melhor ainda. Ao vender uma casa, tudo bem se a Lua estiver minguante.
- » Procure por trígonos e sextis envolvendo o Sol, a Lua e quaisquer planetas em sua quarta casa.
- » Para ter certeza de que a venda dará certo, nunca assine um contrato quando Mercúrio estiver retrógrado, e certifique-se de que a Lua não esteja fora de curso.

Fazer uma Cirurgia

Primeiro, vamos deixar claro uma coisa: se precisa de uma operação imediatamente, você precisa e ponto-final. Ouça seu médico.

Mas talvez esteja passando por uma cirurgia eletiva ou, quem sabe, seu médico tenha lhe dado escolha. Foi essa minha situação quando quebrei o braço em um país cuja língua nativa eu não falava. Meu médico disse que eu poderia operar o cotovelo naquele exato instante ou pegar um voo para o meu país e fazer a operação lá. De qualquer modo, eu tinha que passar pela cirurgia em uma semana.

Em um caso como esse, como decidir? Estas são as regras:

DICA

- » Certifique-se de que a Lua não esteja no signo que corresponde à parte do corpo que será operada. Logo, se fará uma cirurgia no braço, evite a Lua em Gêmeos. Se planeja fazer uma cirurgia no joelho, tenha certeza de que a Lua não esteja em Capricórnio, e assim por diante.

   Para ter uma descrição dos signos e das partes do corpo associadas, veja o Capítulo 1.

- » Muitos astrólogos recomendam evitar a Lua em Escorpião para qualquer tipo de cirurgia. A astróloga Susan Miller aponta que, para cirurgias estéticas, é sensato evitar Marte em Áries, que rege a face, ou em Touro, que rege o pescoço.
- » Não faça cirurgia na Lua cheia.
- » Evite Mercúrio, Vênus ou Marte retrógrado.
- » Procure por trígonos e sextis com o Sol, a Lua e quaisquer planetas na oitava casa, e no planeta que rege o signo em sua cúspide.
- » Busque influências de apoio, como Júpiter ou Vênus em sua sexta casa da saúde.

CAPÍTULO 21 **Dez Maneiras (e Uma Extra) de Usar a Astrologia...** 401

Começar uma Dieta ou um Programa de Exercícios

Fazer dieta é uma atividade desanimadora sob quaisquer circunstâncias. O mínimo que você pode fazer é proporcionar a si uma ajudazinha celestial. Veja como:

» Uma vez por ano, há uma Lua nova em sua sexta casa da saúde. A Lua nessa fase estimula novos hábitos, então, é uma época perfeita para começar uma dieta, um programa de exercícios ou procurar um emprego.

» Seis meses após a Lua nova, uma Lua cheia em sua sexta casa pode ajudá-lo a abandonar um velho hábito, como compulsão alimentar ou um vício em chá com leite de 300 calorias.

» Saturno, o planeta da autodisciplina, pode auxiliá-lo a se manter na dieta e a criar hábitos mais saudáveis. Procure Saturno formando conjunções, trígonos e sextis com o Sol e a Lua.

» Saturno também apoiará seus esforços se estiver passando por sua primeira ou sexta casa, ou seu signo solar. É verdade que esses trânsitos podem corresponder a períodos difíceis em sua vida. O lado bom é que eles também podem trazer mais força de vontade, controle e realizações.

» Marte na sexta casa lhe confere energia extra, ideal para começar a ir à academia e a fazer disso um hábito.

Escrever um Romance, uma Biografia ou um Roteiro

Com frequência trabalho na sala dos escritores de uma biblioteca local, então sei quantas pessoas estão na batalha com romances, roteiros, biografias e outros projetos literários. Eu os vejo o tempo todo fazendo marcações em cópias impressas, tomando notas, olhando desconsolados para os próprios roteiros ou jogando paciência nos notebooks. Sei como é. Projetos literários são como dietas: fáceis de começar, fáceis de largar e mais difíceis do que pareciam no início. Veja aqui como melhorar suas chances de finalizar seu projeto:

» Comece um projeto literário na Lua nova. Ajudará se ela estiver na sua terceira casa da comunicação; na quarta casa da família (sobretudo se você estiver redigindo uma biografia ou um livro de receitas); na quinta casa (se

- estiver escrevendo poemas ou um roteiro); na nona casa (das publicações); em Gêmeos ou Virgem; ou em seu próprio signo.
- » Comece quando Mercúrio estiver direto. Se ele estiver em Gêmeos, em Virgem, em seu signo solar ou no mesmo signo de seu Mercúrio natal, é um extra.
- » Procure por um Urano em atividade se quiser dar vida a ideias originais; um Netuno ativo se quiser mais imaginação; e um Plutão ativo quando estiver pronto para mergulhar em um material emocionalmente complexo.
- » Aproveite os períodos de Mercúrio retrógrado usando-os para revisões. A retrogradação desse planeta estressa muitas pessoas, mas elas não são escritores. Para um escritor, Mercúrio retrógrado é um presente.

Relaxar

É só você forçar demais que o universo força de volta, insistindo que você precisa descansar um pouco:

- » Uma Lua nova ou cheia em sua décima segunda casa é uma mensagem evidente de que você precisa se recolher. O passeio mensal do Sol a cada ano por esse setor de seu mapa é uma época maravilhosa para agendar uma pausa.
- » Também é sensato se recolher quando a Lua está no signo que vem antes do seu. Assim, se você é escorpiano, a trajetória lunar por Libra é uma época para recuar, meditar e colocar o sono em dia, contente em saber que, quando a Lua entrar em Escorpião daí a dois ou três dias, você se sentirá revigorado.

LEMBRE-SE

A sincronia astrológica é isso aí. Não é destino. É tirar o máximo proveito dos astros.

Índice

A
Ana Mendieta, 112
ascendente, 25, 199
aspectos, 241
    fora de signo, 245
    harmoniosos, 242
    Júpiter, 264
    Lua, 253
    maiores, 242
    Marte, 262
    menores, 247
    Mercúrio, 256
    Netuno, 267
    Plutão, 267
    principais, 242
    Saturno, 266
    semiquadratura, 247
    semissextil, 247
    Sol, 248
    tensos, 242
    Urano, 267
    Vênus, 259
astrologia
    app, 38
    eletiva, 37
    horária, 37
    mundana, 37
    softwares, 36
astrologia eletiva, 395
astrólogo, 393
ativismo, 390

B
beleza, 382
Beyoncé, 99
Bruce Springsteen, 107

C
Carl G. Jung, 10
casamento, 396

casas, 26, 216
    dons criativos, 375
    Júpiter, 229
    Lua, 219
    Marte, 226
    Mercúrio, 223
    Netuno, 233
    Nodos da Lua, 221
    Plutão, 235
    Saturno, 230
    significados, 217
    Sol, 218
    Urano, 232
    vazias, 237
    Vênus, 224
casas naturais, 33
celebridade, 383
cirurgia, 401
Cláudio Ptolomeu, 44
combinações
    Aquário, 309
    Áries, 294
    Câncer, 300
    Capricórnio, 308
    Escorpião, 306
    Gêmeos, 298
    Leão, 302
    Libra, 305
    Peixes, 310
    Sagitário, 307
    Touro, 296
    Virgem, 303
comprar casa, 400
comprar tecnologia, 400
corpo celeste, requisitos, 188
criatividade
    Aquário, 372
    Áries, 362
    Câncer, 365

Capricórnio, 371
Escorpião, 369
Gêmeos, 364
Leão, 366
Libra, 368
Peixes, 373
Sagitário, 370
Touro, 363
Virgem, 367
cura, 385
cúspide, 15, 26

D

dar uma festa, 399
David Bowie, 204
descansar, 403
descendente, 206
dieta, 402
dignidade
    acidental, 23
    essencial, 23
dinheiro, 389
Donald Trump, 78
Doze Trabalhos (de Hércules), 92
Dragão
    Cabeça, 150
    Cauda, 150

E

eclipses, 346
eclíptica, trajetória, 11
Edmund Halley, 9
elemento
    ausência, 280
elementos
    água, 18
    ar, 18
    fogo, 17
    terra, 17
equinócio vernal, 12
escritor, 394
esportes, 382

F

fases lunares, 340
Frida Kahlo, 86
Fundo do Céu, 208

G

Galileu Galilei, 53
George Clooney, 73
glifo, 63
Grande Ano, 13
Grande Cruz, 243, 286
Grande Sextil, 288
Grande Trígono, 36, 285
gravidade, lei universal, 9

H

Hank Friedman, 37
Homem Zodíaco, 19

I

inconjunção, 287
Índice de Livros Proibidos da Igreja Católica, 54
Isaac Newton, 53

J

Jim Maynard, Guia Celestial, 314
Johannes Kepler, 53

L

Lady Gaga, 67
linha do horizonte, 272
Lin-Manuel Miranda, 126
Lua
    fora de curso, 346
    influências mensais, 345
    mitologia, 146
    nas casas, 344
    signos, 146
    trajetória nos signos, 342
Ludwig van Beethoven, 118

M

mapa
- balde, 275
- espalhado, 276
- feixe, 273
- gangorra, 277
- locomotiva, 275
- retificar, 33
- salpicado, 275
- tigela, 274

mapa, elementos, 20
marcar um encontro, 397
Marte, efeito, 228
Meghan Markle, 93
Meio do Céu, 208
mente
- inferior, 20
- superior, 20

meridiano, 273
modalidade, 16
- ausência, 281

movimento retrógrado aparente, 350

N

Nebulosa
- de Hélix, 133
- de Saturno, 133

negócios, 387, 398
Nicolau Copérnico, 53
Nodo
- Norte, 150
- Sul, 150

Nostradamus, 10

O

Ofiúco, 14
Oprah Winfrey, 134
orbe, 243

P

padrões, 273
paranormalidade, 391
período
- atividade, 327
- desenvolvimento, 328
- influência, 327
- obscuridade, 327

planeta
- potências, 375

planetas, 216
- em trânsito, 313
- exteriores, 157
- interiores, 157
- Júpiter, 168
- Marte, 165
- Mercúrio, 159
- Netuno, 183
- pessoais, 178
- Plutão, 188
- Saturno, 172
- sociais, 178
- transpessoais, 178
- Urano, 178
- Vênus, 162

polaridade, 16
precessão dos equinócios, 12
projetos literários, 402
Putsch da Cervejaria, 56

Q

Quadratura em T, 287
quadro de aspectos, 246
quincúncio, 287
Quíron, 21, 158, 192

R

recepção mútua, 247
retrogradação
- Marte, 357
- Mercúrio, 351
- outros planetas, 358
- Vênus, 356

reunião, 399
Revolução Científica, 53

S

Saturno, retorno, 326
signo
- aquário, 129
- áries, 62
- câncer, 82
- capricórnio, 122
- escorpião, 108
- gêmeos, 74
- leão, 88
- libra, 102
- peixes, 136
- sagitário, 114
- touro, 68
- virgem, 95

signos, 216
- combinações, 294

sincronicidade, 55
Sir Isaac Newton, 9
sistemas
- Plácido, 216
- Signo Inteiro, 216

sol nascente, 25
sombra, 355
stellium, 284

T

Tetrabiblos, 44
trânsitos, 315
- interpretação, 336
- Júpiter, 321
- Marte, 318
- Netuno, 331
- Plutão, 334
- Saturno, 324
- Urano, 328

Y

yin e yang, 16
Yod, 287

Z

zodíaco, signos, 13

CONHEÇA OUTROS LIVROS DA **PARA LEIGOS**

Todas as imagens são meramente ilustrativas.

+ CATEGORIAS
Negócios - Nacionais - Comunicação - Guias de Viagem - Interesse Geral - Informática - Idiomas

SEJA AUTOR DA ALTA BOOKS!

Envie a sua proposta para: autoria@altabooks.com.br

Visite também nosso site e nossas redes sociais para conhecer lançamentos e futuras publicações!

www.altabooks.com.br

ALTA BOOKS
EDITORA

[O]/altabooks ▪ [f]/altabooks ▪ [y]/alta_books

Este livro foi impresso nas oficinas gráficas da Editora Vozes Ltda.,
Rua Frei Luís, 100 – Petrópolis, RJ.